U0601753

守望者
The Catcher

阅读　你的生活

Princes of the Renaissance

文艺复兴
与
意大利君主

（上）

幸存者的游戏

（Mary Hollingsworth）

[英] 玛丽·霍林斯沃斯 著

尚洁 译

中国人民大学出版社

·北京·

献给约翰和伊丽莎白

目　录

导论　意大利的特性

没有人文主义者（Humanists），文艺复兴可能不会发生。这个词从拉丁语 *humanista*（人文主义者）演变而来。起初是文艺复兴时期学生们私下说的"俚语"，用以指代那些以研究历史、诗歌、语法、修辞学和道德哲学等方面的经典文本为基础，开设"人文学研究"（*studia humanitatis*）课程的"老学究"。13 世纪末的帕多瓦，一群卓有学识的法学家在拉丁诗人和史学家那里找寻到了久违的研究乐趣，一波复兴古典文化的浪潮由此而始。

当彼得拉克（Petrarch，1304—1374）结束了在阿维尼翁教廷的任职，来到帕多瓦定居后，一举将人文主义思潮转变为一场席卷意大利的文化运动。他努力复兴古典罗马文化的理想激励了许多追随者。他们也有样学样，在遍布西欧的修道院图书馆里找寻古代作家遗失的手稿，在田间地头收集农民耕田时翻出的古代钱币。更有甚者，有感于彼得拉克在文学上的造诣，模仿和学习用标准的西塞罗式拉丁语，之后是古希腊语，创作诗歌、历史著作和论文。到了 15 世纪中期，即彼得拉克逝世后不到一个世纪，人文主义已经发展成为意大利半岛占主导地位的文化思潮。

※

  人文主义思想培育了意大利独特的文化认同感，这种认同感将意大利与阿尔卑斯山以北的国家区分开来。 对意大利的世俗君主来说，人文主义思想也为他们注入了一针强心剂，特别是当罗马再次成为基督教世界的中心，罗马教廷日益意大利化的时候。14 世纪的大部分时间里，教皇一直是欧洲世俗君主的傀儡。他们最初在法国王室的保护下驻扎在阿维尼翁，其后基督教会大分裂（the Great Schism）导致教权进一步分裂，最后甚至同时出现了三位教皇，在不同的统治集团支持下，均声称自己是圣彼得的合法继承人。眼看教会的信誉岌岌可危，1417 年，教廷召开康斯坦茨大公会议，通过选举教皇马丁五世（Martin V）结束了大分裂。三年后，马丁五世重返罗马，标志着文艺复兴时期的意大利开始成为欧洲强大的经济、政治和文化力量。

  出身罗马贵族的马丁五世率先采取措施，致力于消除外国统治者对罗马教廷的干涉，他的继任者们也继续执行这一政策，红衣主教团此后几乎被意大利人占据。因"阿维尼翁之囚"而分崩离析的教皇国，在这一时期也重建权威，成为意大利半岛不可忽视的关键性角色，在诸敌对联盟之间纵横捭阖、谋取私利。无论好坏，教皇国的存在对本书所论君主的命运都产生了深远的影响，并在 15、16 世纪让意大利饱受折磨的战争中，为他们提供了施展才能的机会。

  作为强大的古罗马帝国的继承人，意大利人对他们的过去无

里米尼（Rimini），奥古斯都拱门（Arch of Augustus），公元前27年。皇帝奥古斯都为纪念弗拉米尼大道（Via Flaminia）重建工程而建。该大道将罗马与意大利北部地区连接起来。（13。图注中括注的页码即原书页码）

维罗纳，博萨里门（Porta Borsari），约公元75年。古罗马时期的城门之一，中世纪时期这座双拱造型的城门逐渐融入维罗纳城市肌理之中。城门上古典字体的铭文清晰展现了它的罗马渊源。

（14-15）

比自豪。他们可以在历史书上读到它，也可以在散落整个半岛的巨大遗迹中看到它，尤其是在罗马。但陶醉于帝国昔日荣光的不仅是罗马，诗人维吉尔（Virgil）的出生地曼图亚、卡图卢斯（Catullus）和大普林尼（Pliny the Elder）的故乡维罗纳等也是如此。维罗纳还是古罗马著名建筑家维特鲁威（Vitruvius）的出生地，他的建筑学著作对文艺复兴时期城市的景观设计产生了深远的影响。帕多瓦之子、古罗马历史学家李维（Livy）声称帕多瓦是安忒诺耳（Antenor）[①]在特洛伊战争后建立的。尤利乌斯·恺撒（Julius Caesar）曾经跨过的卢比孔河，至今仍从里米尼以北注入亚得里亚海，奥古斯都拱门和古罗马石桥是这座港口城市的骄傲。那不勒斯海湾曾是富有的罗马贵族和权倾天下的皇帝钟爱的游乐场，米兰则是君士坦丁大帝签署诏书，将基督教确立为国教的城市。

在这一时期意大利更像是一个地理概念，而非政治概念。虽然生活于斯的人们对过去的黄金时代有共同的记忆，但他们并不梦想重建一个统一的意大利来延续过去的辉煌。亚平宁半岛列国林立，且每个国家都有强烈的自我身份意识：独立的货币、税收和度量衡制度，独特的方言，地方特色的美食，以及各自的守护圣人。当罗马帝国崩溃后，意大利曾遭遇外部势力的多次入侵，如伦巴第人、拜占庭人、查理大帝率领的法兰克人等。

---

① 安忒诺耳，相传为古希腊神话中特洛伊城的一位睿智长老。根据古罗马神话，特洛伊陷落后，安忒诺耳率亲族远赴意大利北部建立殖民地。他被视为意大利维内提部落的祖先。——译者注（圈码注释均为译者注，以下不一一注明）

意大利此后更是成为查理大帝的继任者们，也就是之后的神圣罗马帝国皇帝，与日益强大的教皇之间权力斗争的主舞台。

12世纪，根据《康斯坦茨和约》(Peace of Constance，1183)①，教皇与神圣罗马帝国皇帝达成一致，授予伦巴第同盟城市独立自治特权，一批小的城市国家如雨后春笋般出现在意大利北部地区。与此同时，罗马教廷也获得了对于意大利中部拜占庭旧有领地的世俗统治权，即所谓的教皇国。罗马以南的广大领土仍然掌握在神圣罗马帝国皇帝手中，成为那不勒斯王国。这番对旧帝国的瓜分行动对文艺复兴时期意大利的政治产生了深远的影响。米兰、曼图亚、摩德纳和雷焦是神圣罗马帝国的封地，因此从感情上选择效忠于阿尔卑斯山以北的皇帝；相较之下，费拉拉、里米尼、乌尔比诺、佩萨罗和那不勒斯都是教皇的封地，从严格意义上来说，是教皇国的一部分。

起初，这些独立的城市国家建立起公社政府统治，但到了13、14 世纪，公社政府纷纷被强大的家族推翻。这些独立的王朝统治家族包括自 1262 年起统治维罗纳的德拉斯卡拉家族（della Scala），1274 年在费拉拉、1288 年在摩德纳确立统治地位的埃斯特家族（Este），1277 年起统治米兰的维斯康蒂家族（Visconti），

---

① 1167年，为了抵制神圣罗马帝国皇帝对意大利北部地区城市自治的干涉，在罗马教皇亚历山大三世的支持下，包括米兰、威尼斯、曼图亚、帕多瓦、布雷西亚在内的意大利城市组成伦巴第同盟，与神圣罗马帝国皇帝"红胡子"腓特烈一世展开了长达九年的军事对抗。其间，皇帝的军队多次遭遇军事失利。1177年双方宣布休战，1183 年签署《康斯坦茨和约》。在伦巴第同盟城市对神圣罗马帝国表示效忠的前提下，皇帝承认这些城市的独立地位，并赋予其自治管辖权。

1318年开始统治帕多瓦的卡拉拉家族（Carrara），1328年起统治曼图亚的贡萨加家族（Gonzaga）。相形之下，热那亚和威尼斯则是从富有的商人阶层中选举出总督（duke，威尼斯方言写作doge），并在其领导下，形成一种半领主式的统治。而在佛罗伦萨和其他托斯卡纳城市国家中，商人们选择建立共和国，依托选举产生的行会委员会实行统治。

　　15世纪30年代，君主制政府与共和制政府孰优孰劣成为一个热门话题。不过关于这一现实问题的争论却是在一层古典的外衣下展开的，即当下我们应该效仿西塞罗歌颂的罗马共和美德，还是推崇恺撒开启的帝国文化。对于宫廷供养的人文主义者来说，恺撒及其继任者，也就是古罗马的皇帝们才是真正的英雄人物。佛罗伦萨的人文主义者则恰恰相反，他们更推崇共和派领袖，将大西庇阿（Scipio Africanus）①视为理想的政治家，认为古罗马帝国的皇帝代表着腐朽和堕落。共和派和君主派的争论不仅停留在政治层面上，还延伸至科学与文化层面，即两种体制谁做的贡献更大。恺撒的捍卫者认为他不仅自身具备历史学家和演说家的高超技巧，还慷慨资助拉丁文学人才。

　　在人文主义者的鼓励下，文艺复兴时期的君主们选择效仿并使用其祖先的文化用语，这在当时是一个大胆且富有想象力的举动。帝国时期性情各异的皇帝们成为如今的暴君、僭主、穷兵黩武之徒和开明君主们最喜爱的榜样。当然佛罗伦萨共和国是个例

———————

①　大西庇阿（约公元前236—前183），古罗马共和国时期著名的政治家和军事将领。

外，人们毫不掩饰任何对绝对统治相关事物的厌恶之情。这一时期的贵族们选择用古典文化来教育自己的子女。他们聘请人文主义者来教授古代历史、演讲术、诗歌、伦理学和数学。当然，他们也没有忘记中世纪传统贵族的追求，因此还聘请专家教授他们骑术和比武技艺。和他们的先辈一样，文艺复兴时期的君主们也深谙艺术的宣传之道。他们在宫廷中豢养的人文主义者继承了吹嘘赞颂之传统，熟练地采用古典修辞手法，在各种传记和史书中鼓吹君主的权力与威严。15 世纪的城市在传统的城市主保圣人之外，通常也为异教人物竖碑立像，以期增添城市的古典韵味。受古罗马艺术启发的新式"仿古"（*all'antica*）造型艺术的出现，

16 世纪末的古罗马广场。图中可见安托尼努斯和法乌斯提那神庙，以及维斯帕先神庙的遗迹。摘自埃蒂安·杜佩拉克（Étienne Dupérac）的罗马古迹版画（1575 年）。(17)

改变了这一时期雕塑和绘画的风格与内容。其中一项著名的创造来自文艺复兴时期的人文主义者，他们受古罗马钱币的启发，创造了肖像勋章这一艺术类型。尤其值得注意的是，过去钱币上的肖像仅限罗马皇帝。肖像勋章在 15 世纪意大利宫廷中的复兴显然是这一时期的统治者企图与古罗马相提并论的一种尝试。这种企图在建筑艺术上体现得更是淋漓尽致。这些受统治者委托建造的宫殿、庄园别墅和教堂都装饰着古典的柱式、柱头，以及其他受古罗马建筑风格启发的细节。

从本质上看，文艺复兴时期的君主生活在一个战争的世界里。他们中的许多人都是雇佣兵出身。一些人依靠武力夺取了统治权，但战场上所向披靡的天赋却往往无法转化为宫廷所需的治国之道。并非所有的统治者都是或残忍或贪婪的暴君，但他们都野心勃勃。毕竟他们的生死存亡取决于一种比军事才能更为微妙而狡诈的权术，这样才能保证其在竞争激烈的意大利政治舞台上发展壮大，特别是在与半岛上那些拥有终极仲裁权，同时也更加反复无常的教皇、国王和神圣罗马帝国皇帝之间发生冲突或谈判时。

在明枪暗箭的战场之外，则是一个奢靡而闲适的世界：在森林和沼泽边，带着猎狗和猎鹰围猎；参加马上比武竞技大赛；在餐桌上享用美味的盛宴，欣赏戏剧和娱乐表演；在牌桌上豪掷千金；在宫殿或庄园别墅的任何地方闲聊八卦，这也是宫廷生活的一大乐趣。贵族妇女们不上战场，但她们热衷于打猎和参加宴会。理解文艺复兴时期这些君主的关键在于，他们之间都有着密切的血缘或姻亲关系，并由此结成了一个复杂的联盟和竞争网络，也带来了无休止的战争和外交往来。丈夫、妻子、情妇、岳母或婆婆、表亲和兄弟姐妹，他们之间复杂的关系网络如黏合剂一般将文艺复兴时期的社会凝聚在一起，但也可能由此结下世仇，持续威胁这个社会走向分崩离析。

文艺复兴时期的君主和他们的宫廷成员常常四处巡游，很少在一个地方停留超过一个月。有的走亲访友，有的去罗马参加周年纪念庆典或教皇加冕礼，也有的去威尼斯购物，但更多的是在城内的宫殿、城堡和庄园别墅之间迁移，将主要的居住地点从乡村转移到统治区域内的小城镇，闲暇时节则回到他们的乡间别墅打猎、钓鱼，或躲避炎炎夏日。出行主要依靠陆路交通，女士和年老体弱者一般乘坐马车，但这一时期许多妇女同大多数男人一样选择骑马出行。这种生活方式给君主们的家仆带来了巨大的工作量，他们必须随时做好打包的准备，将主人所有衣服、家居用品、银器和各种挂饰装箱，然后用骡子运走。这种时候挂毯的优势就显现出来了，由于可以方便地卷入定制的皮革旅行包中，因此运输起来相对容易。只需几个钉子，仆人们就可以用各式各样的挂毯将最不显眼的房间装饰得富丽堂皇。

意大利北部地区的君主们出行阵势则更为豪华。波河及其支流，以及沟通其间的运河组成的水路交通网不仅连通了米兰和威尼斯，还成为伦巴第平原的商品、建筑材料和农作物的重要贸易动脉，毕竟驳船比骡子更适宜装载货物。当时米兰、费拉拉和曼

皮萨内罗，《圣尤斯塔斯的幻象》，创作于 1438—1442 年（伦敦国家美术馆藏）。画家在这幅作品中详细绘制了许多品种的猎狗，它们为文艺复兴时期的君主们所拥有和喜爱。（20-21）

图亚的统治者们都喜欢乘坐自己的"鎏金巡游船"（bucintoro）[①]
出行。这种船通常在庆典仪式中使用，虽然行驶速度缓慢，但与
半岛上未铺设平整的道路相比，乘坐起来更为舒适。"鎏金巡游
船"虽然也可在河道中自主航行，但在狭窄的水域，通常还是由
划桨手人工操纵，并依靠两岸的马匹拖动前行。"鎏金巡游船"形
制巨大，结构复杂，船体长度通常能达到约 18 米，巨大的船体支
撑着上层甲板的木制房间，房间内部装饰着镀金的天花板和精致
的挂毯。[1]由于船上房间的天花板比通常的宫殿大厅低得多，为
此这些挂毯都是特制的。同时，房间的窗户还装有玻璃，屋内还
设置了烤火的炉子，使人们在潮湿的冬天也能感到温暖和舒适。

　　但最应谨记的是，文艺复兴时期意大利的宫廷仍然是一个基
督教式的社会，宗教不仅支配着普通人的生活，也主导着君主们
的日常生活。宫廷生活的节奏以基督教历法为中心。在复活节这
个基督教的重大节日期间，不仅会举行庄严的弥撒仪式，还有专
门的戏剧表演，讲述耶稣受难的故事；一些君主还会在复活节前
庆祝濯足节[②]，模仿耶稣基督最后的晚餐，为穷人们准备晚餐，给
他们洗脚，救济穷人以钱财和衣物。在基督圣体节和圣母升天节
还会举行更多的庆祝活动，还会在每年的季度日 [③] 为辛勤工作的

---

　　① 文艺复兴时期意大利北部，特别是威尼斯时兴的元首出巡交通工具。该专有名
词由 burcio（威尼斯方言中指代潟湖船只）和 in oro（镀金）合成。
　　② 濯足节（Maundy Day），在意大利也称为"神圣星期四"（Giovedì Santo），指
复活节前的星期四，是基督教用来纪念耶稣基督最后的晚餐的重要节日。
　　③ 季度日（Quarter Days），每季度开始的第一天。按照基督教传统，一般是每年
的 3 月 25 日为报喜节（Lady Day），6 月 24 日为仲夏节（Midsummer Day），9 月
29 日为米迦勒节（Michaelmas Day），12 月 25 日为圣诞节。

廷臣们送上传统的节日礼物，如米迦勒节的鹅肉。大多数君主会在其最重要的居所庆祝圣诞节和新年的到来，庆祝活动常常持续12天之久。每年的1月是尽情享用美食的季节，教堂里有雕刻着月份轮回的画板，传统上会用一个举着酒壶的农民坐在摆满食物的桌旁或欢快跳舞的形象来代表1月。这场美食盛宴通常会一直持续到四旬斋开始之前的狂欢节，等到肉食重新回归餐桌，开始再次庆祝复活节。

每座城市的主保圣人纪念日也是一年一度的重要节日，许多地方人们会举办赛马活动来庆祝。当然，无论是过去还是现在，赛马一直是统治者们才有实力参加的运动。许多文艺复兴时期的君主都拥有自己的赛马。其他非常规的庆祝活动还包括欢迎外国政要来访或迎接新娘进城。作为宫廷社会最重要的仪式之一，婚礼总是伴随着持续数天的盛宴，以及马上比武和模拟战斗、戏剧表演、骑射比赛、狩猎探险等庆祝活动。宫廷婚礼也是普通人的节日，商店关门，工厂歇业，人们都涌上街头观赏参加庆典活动的巡游车队。城市的街道上满是色彩斑斓的植物和鲜花，华丽的临时拱门上点缀着这座城市的统治家族的种种细节装饰，无声地宣告其与来访者或联姻家族之间的关系。

宫廷婚礼为手工工匠和供应商们提供了大量的工作机会。他们需要搭建一些临时的木制看台供客人们观看比赛，还要设计和搭造临时的拱门供新娘穿过。这些拱门常常用喷涂成大理石质地的浮雕装饰，并配以青铜质地的赤陶雕像。香料供应商不仅为画家提供颜料，还为厨师提供可食用色素，帮助他们更好地制作出精美的菜肴，以及展示两个联姻家族纹章和族徽的糖雕作品。画家不仅负责用版画和湿壁画来装饰墙面，还需要装饰一系列实物嫁妆，包括饰有家族纹章的旗帜、嫁奁、婚床床板和施洗托盘。宫廷里如果有孩子出生，特别是继承人降生，还会点燃篝火、鸣响教堂钟声、放烟花，甚至向全城发放免费酒水来庆祝。

在文艺复兴时期的意大利，如此奢侈和挥霍无度是权贵们的职责。一位人文主义者这样赞颂他高贵的赞助人：

> 您为了盛大的排场、荣耀的庆典活动、声势浩大的马上比武和骑射比赛一掷千金，并不是为了愉悦自己，而是为了给其他人带来更多的光荣，给深爱的臣民带来快乐，给您的宫廷增添光辉。[2]

生活在文艺复兴时期，贵族生活最明显的标志就是炫耀性消费：建造的宫殿别墅、购买的珠宝华服、圈养的马匹、添置的家具、餐桌上的珍馐美馔、参加马上比武和其他休闲娱乐活动的花费，都是财富和身份地位的象征。这一时期意大利编年史家留下的官方记录中，最令人感兴趣的是那些外来访客身上"炫富"的细节：挂着大金链子、身披锦缎和天鹅绒的阿拉伯富豪，甚至他们身后驮载行李的驮骡数量。挂毯则是体现一个富豪的家底尤为重要的标志之一。虽然这一时期普通的羊毛挂毯只比湿壁画装饰略贵，但采用丝绸和优质羊毛制成的挂毯价格直接翻了五倍，使用金银丝线编制的挂毯价格更是扶摇直上。[3]

文艺复兴时期的君主们在此基础上发展出了一种新的时尚潮流，特别是收集古典雕像和打造精致的花园，都源自他们先祖的习惯。总之，这些君主为文艺复兴时期闻名于世的建筑和艺术发展做出了卓越贡献。正是在他们的率领下，意大利创造了一套全新的话语体系，用来展示意大利式贵族精英的地位和权力，并成功地推广至整个欧洲，为当时全欧的统治者所使用。

第一章 僭主

阿拉贡的阿方索和弗朗切斯科·斯福尔扎

主要登场人物：

阿拉贡的阿方索（Alfonso of Aragon，1396—1458）
阿拉贡、加泰罗尼亚、撒丁岛和西西里岛的国王

弗朗切斯科·斯福尔扎（Francesco Sforza，1401—1466）
雇佣兵

安茹公爵热内（René，Duke of Anjou）
那不勒斯王国的合法继承人

阿隆索·博尔贾（Alonso Borja）
阿方索国王老谋深算的心腹

米兰公爵菲利波·马里亚·维斯康蒂
（Filippo Maria Visconti，Duke of Milan）
羁押阿方索国王的看守和弗朗切斯科·斯福尔扎的准岳父

比安卡·玛丽亚·维斯康蒂（Bianca Maria Visconti）
米兰公爵菲利波·马里亚·维斯康蒂的女儿

　　1435 年 8 月 5 日，海面风平浪静。阿拉贡的阿方索五世
（Alfonso V of Aragon）接到间谍的情报，沿着意大利南部海岸，
搜寻一支游弋于此的热那亚舰队。他期待用一场轻松的胜利，为
夺取那不勒斯王国的战役助力。他们在蓬扎岛（Ponza）附近发
现了热那亚人的舰队，三艘热那亚大帆船见状掉转船头，向地中
海方向行进。国王以为热那亚人胆小怕事，不敢应战，备受鼓
舞。但阿方索本应该更加警惕：热那亚人是经验丰富的战士，而
且精通海战。热那亚舰队中的剩余船只迅速出击，一边投掷浸满
沸油和生石灰的火把，一边向阿方索的舰队撞去。就在阿方索认
为这只是热那亚人的强弩之末时，那三艘大帆船又驶了回来，给
热那亚人的反击注入了新的活力。阿方索手下那些晕船的西班牙
骑士根本不是热那亚水手的对手。他们经验丰富，在颠簸的甲板
上也能熟练作战。国王和他的四百多名西班牙骑士一道沦为热那
亚人的俘虏。[1] 似乎看到了自己的国家涉险摆脱外国征服者的希
望，一位那不勒斯人欣喜地记录道："此次下海撒网捕到的鱼之
多前所未有。"[2] 但令人惊讶的是，几周之后，阿方索五世就在外

交上扭转了局面，他成功说服米兰公爵菲利波·马里亚·维斯康蒂，将他从羁押者变成自己的盟友。阿方索五世的这一举动，不仅预示着那不勒斯的政权更迭，也预示着米兰的政权更迭，并极大地改变了半岛的政治版图。

经过漫长的陆上拉锯战，那不勒斯最终在 1442 年被阿方索五世征服。八年之后，在雇佣兵队长弗朗切斯科·斯福尔扎的重兵包围之下，米兰也被攻陷。阿方索五世是卡斯提尔古老的特拉斯塔马雷家族（Castilian house of Trastamare）的后裔，而弗朗切斯科·斯福尔扎，只是一个不识字的雇佣兵的私生子，两位胜利者唯一的共同点在于他们都是篡位者。菲利波·马里亚·维斯康蒂公爵在他们的故事中都扮演了重要角色。他在对比了两人的性格后认为，国王阿方索应该是一个"天生的领主"，但斯福尔扎绝对不是[3]，尽管他拥有过人的天赋。正如埃内亚·西尔维奥·皮科洛米尼（Enea Silvio Piccolomini）在其保留了当时重要史料的回忆录中所坦陈的那样："命运之神乐见人从社会底层爬到社会顶层，但这个人不可能不靠任何个人能力就从茅舍爬上王座。"[4]耐人寻味的是，两位篡位者的故事紧密地交织在一起，他们的丰功伟绩与人文主义者不相伯仲，共同构成文艺复兴的底色。

※

1416 年 4 月 2 日，19 岁的阿方索从他父亲手中继承了阿拉

皮萨内罗,《阿拉贡的阿方索》,
1449 年(纽约大都会艺术博物
馆藏)。头盔和王冠象征着阿
方索是那不勒斯的征服者。(27)

皮萨内罗,《弗朗切斯科·斯福
尔扎》,约 1441 年(纽约大都
会艺术博物馆藏)。正如钱币
铭文所示,斯福尔扎的地位应
归功于他的岳父菲利波·马里
亚·维斯康蒂公爵。(27)

贡的王位。自 12 世纪始，阿拉贡家族就成为地中海地区一股重要的政治势力。阿方索即位时，他的正式头衔是阿拉贡、瓦伦西亚、加泰罗尼亚、马约卡岛、西西里岛、撒丁岛和科西嘉岛的国王，并被尊为雅典公爵和耶路撒冷国王。他在即位前一年与他的表妹——卡斯提尔的玛丽亚［Maria of Castile，冈特的约翰（John of Gaunt）^① 的外孙女］结婚。他不仅跟着宫廷教士学习阅读中世纪拉丁文祈祷书，还接受廷臣关于战争艺术的教育。作为一名虔诚的君主，他勤勉地践行着自己的宗教职责：他每天坚持按时弥撒，每年的濯足节他都要为许多贫民洗脚，同时"脖子上挂着餐巾，站在餐桌旁"⁵为他们提供晚餐服务。尽管非常清楚自己高贵的地位，但他始终保持着礼貌、友好和慷慨，很少发脾气，且极富幽默感。他不尚锦衣华服，衣着虽朴素但造价高昂，喜好穿着点缀黄金和珍珠的黑色天鹅绒长裤与长筒袜，显得品位十足。⁶可以说从各方面来看，他都是一个安静而严谨的人，他爱好历史、音乐和打猎。年轻时他曾一度沉溺于赌博，但在一次输掉五千弗罗林（florin）巨款后就主动戒掉了这个恶习。⁷

　　阿方索花了四年时间巩固他在西班牙的地位，然后将注意力转向更遥远的地中海属地。1420 年 5 月，他将卡斯提尔的玛丽亚留在巴塞罗那，自己率领一支庞大的舰队起航。跟随阿方索一起远征的不仅有士兵、马匹和大炮，还有他的廷臣、书记员和仆

---

① 冈特的约翰（1340—1399），英格兰国王爱德华三世的第三个儿子，兰开斯特公爵。他的女儿兰开斯特的凯瑟琳于 1388 年与卡斯提尔国王胡安一世的长子（后继位称恩里克三世）结婚，1401 年生长女玛丽亚。

人，甚至宫廷乐师和猎犬组成的庞大皇家随行团。在 6 月获得撒丁岛的控制权后，他又试图在科西嘉岛采取同样的行动，但在这里他受到了热那亚人的顽强抵抗。为了保护自己的商业利益不受西班牙的干涉，热那亚人决定斗争到底。

然而，阿方索五世的命运以一种非常意外的方式开始发生变化。1421 年初，那不勒斯女王胡安娜二世（Queen Joanna Ⅱ of Naples）派来特使，邀请阿方索前往她的宫廷，表示愿意指定他为其继承人。13 世纪法国安茹王朝夺取那不勒斯的政权后，阿拉贡家族就被驱逐出了那不勒斯王国。此后，夺回那不勒斯王国的王位一直是阿拉贡家族的夙愿。而胡安娜二世时年 50 岁，没有子嗣，眼看将成为安茹王朝的最后一位君主。巴塞罗那的王室委员会预先警告阿方索，接受女王的提议是一个冒险。不过，据他的一位廷臣所说，他充满活力地回应道："只有直面艰难险阻，才能赢得荣耀。"[8]

不过，无论阿方索表现得多么乐观，困难都是实实在在的。胡安娜二世在指定继承人问题上的犹豫不决，在意大利引起了恐慌。1420 年 11 月，教皇马丁五世（Martin Ⅴ，1417—1431 年在位）在没有征求女王意见的情况下，单方面宣布胡安娜二世的远房表亲安茹公爵路易三世（Louis Ⅲ，Duke of Anjou）为其继承人。胡安娜女王迅速做出回应，指定阿方索为她的继承人。女王对阿拉贡家族的效忠明显是故意挑起争端，因为阿拉贡家族一直是安茹家族的对手。路易三世为了报复女王的出尔反尔，劝说胡安娜二世的军队指挥官叛变，代替当时意大利最重要的雇佣兵之一穆齐奥·阿滕多洛（Muzio Attendolo），作为自己军队的首领。

尽管前路艰险，阿拉贡的阿方索还是在 1421 年 7 月 5 日正式进入那不勒斯。女王以模拟海战仪式欢迎他，并册封他为卡拉布里亚公爵（Duke of Calabria），传统上该头衔是保留给那不勒斯王位继承人的。尽管女王将城内的皇家城堡之一新城堡（Castel Nuovo）拨给阿方索做临时行宫，并为其提供狩猎和比武大会等娱乐消遣，但她拒绝阿方索插手那不勒斯的任何政治事务，这让阿方索日益焦躁不安。更糟糕的是，那不勒斯宫廷中还有一伙心怀叵测的廷臣，他们串通臭名昭著的那不勒斯贵族们，倒戈站在了安茹公爵的一边，这进一步加剧了女王和她养子之间的争吵。与此同时，广阔的意大利政治舞台上开始出现更多反对的声音，一些意大利国家跟随教皇马丁五世表达了对安茹公爵路易的支持。特别是米兰公爵菲利波·马里亚·维斯康蒂担心那不勒斯的敌对统治者会直接威胁到他的附庸——热那亚的经济；佛罗伦萨和威尼斯则忧心那不勒斯的政局变动会威胁它们在地中海航行的商船安全，因此也站在了反对阿拉贡的阵营一边。

在内外压力之下，胡安娜二世被迫撤销了她的立嗣决定；1423 年 9 月 14 日，她宣布阿方索五世为人民公敌，撤销他的继承人身份，并册封安茹的路易为新任卡拉布里亚公爵。阿方索准备奋起反抗，但安茹公爵路易的军队在穆齐奥·阿滕多洛的带领下，打得他落荒而逃。阿方索只得乘船返回西班牙，途中为了报复，他下令攻打马赛，偷走安葬于此的图卢兹的圣路易（St. Louis of Toulouse）的尸骸，这位虔诚的圣徒是那不勒斯第一位安茹国王的孙子。西班牙军队在得到阿方索的许可后，开始洗劫这座城市，但国王也同时发布了禁止强奸的命令，城内妇女在警卫的护送下被转移到城内各处教堂等安全地带。9

穆齐奥·阿滕多洛，绰号"斯福尔扎"（Sforza），即"铁腕将军"。在 1412 年前往那不勒斯为胡安娜二世的前任拉迪斯拉斯国王（King Ladislas）作战之前，他已经作为雇佣兵队长，为米兰、佛罗伦萨和费拉拉效力，且获得了很高的声誉。前往那不勒斯的同一年，本章的另一位主角——斯福尔扎 11 岁的私生子弗朗切斯科（Francesco）也加入了他的队伍。为了表示对这位雇佣兵队长的支持，国王授予这名男孩特里卡里科伯爵（Count of Tricarico）的称号。1414 年拉迪斯拉斯去世后，胡安娜二世继续雇用斯福尔扎，并赏赐土地和头衔来奖赏他的忠诚。

文艺复兴时期，意大利战争频发。马上比武、骑士比武大会和狩猎是贵族们最喜爱的休闲运动，也是作战的极好训练。15 世纪初意大利各地的战争没有职业军队参加，而是由雇佣兵军队发动，他们在雇佣兵队长的带领下作战，签署一份合同（condotta），承诺为雇主在规定时间内提供一定数量的长矛骑士参与作战。例如，穆齐奥与拉迪斯拉斯国王签订的合同是 830 组长矛骑士。一组长矛骑士由一位身穿全副盔甲的骑士、一名轻装侍从、一名仆人和五六匹战马组成。10

战争同时也是一项季节性活动。战斗通常在冬季停止，糟糕的天气导致许多道路无法通行。1424 年 1 月，在迫使阿拉贡的阿方索逃离那不勒斯之后，穆齐奥和弗朗切斯科父子在王国的北部边境继续作战。但在穿越被大雨淹没的佩斯卡拉河（Pescara）时，穆齐奥的战马在洪流中失去了平衡，连带着这位全副武装的雇佣兵队长也被卷入洪水中淹死了。年仅23岁的弗朗切斯科接管了这支雇佣军。他是个有前途的战士，和他父亲一样英俊潇洒，他把穆齐奥的绰号"斯福尔扎"作为自己的姓氏。那不勒斯女王确认他有权继承其父在王国中分封的地产，包括现在位于贝内文托、特罗亚和曼弗雷多尼亚等地的土地。这使他成为那不勒斯王国主要的封建地主之一。

如今阿拉贡的阿方索已被赶出那不勒斯，安茹公爵路易成为新的继承人，胡安娜二世不再需要斯福尔扎的服务，因此允许他在米兰和威尼斯的战争中为米兰公爵菲利波·马里亚·维斯康蒂效力。1427年12月，公爵派他去热那亚，镇压那里威胁要把米兰人赶出城的叛军。不幸的是，他在一次突袭中被擒获，但所幸没有被杀害。但此事还是激怒了以脾气暴躁著称的菲利波·马里亚·维斯康蒂。直到1429年，斯福尔扎才获得了另一次立功的机会，他被派前往托斯卡纳，与保卫卢卡的军队并肩作战，对抗佛罗伦萨人。幸运的是这次远征非常成功，他不仅于1430年7月在卢卡取得了决定性胜利，还成功地获得了佛罗伦萨人欠他父亲的5万弗罗林雇佣金。

与他的对手——阿拉贡的阿方索惊人相似的是，斯福尔扎此后的运势扶摇而上。米兰公爵维斯康蒂的一名军队指挥官意外叛逃，令他极为震惊，为了确保这位天才的雇佣兵队长的忠诚度，公爵决定将自己的私生女比安卡·玛丽亚（Bianca Maria）嫁给斯福尔扎。订婚仪式于 1432 年 2 月 23 日举行，斯福尔扎时年 31 岁，他的未婚妻只有 6 岁，这对婚姻本身来说还是太年轻了，但婚约背后的重要潜台词是，菲利波·马里亚没有儿子，斯福尔扎将成为公爵的继承人。他必须要有耐心——虽然这并不是一名战士最显著的美德之一，并小心翼翼避免得罪他棘手的未来岳父。但他的运气不错，第二年，公爵抓住教皇忙于内务的机会，怂恿斯福尔扎入侵教皇国。面对既成事实，尤金四世（Eugene Ⅳ，1431—1447 年在位）不得不将那不勒斯北部边境的安科纳和费尔莫的土地所有权割让给斯福尔扎。

当斯福尔扎在意大利的声誉和权力日盛之时，阿方索五世还在西班牙等待时机，并向他在意大利最强大的敌人示好，特别是米兰公爵菲利波·马里亚和教皇马丁五世。如果他要重新争夺那不勒斯，这两位的支持必不可少。作为一位精明的政治家，耐心是其最大的天赋。他首先与菲利波·马里亚达成一项秘密协议，通过放弃对科西嘉岛的管辖，换取对热那亚以南利古里亚海岸港口的控制权。

由于阿方索一直是西班牙的敌对教皇克莱芒八世（Clement Ⅷ，1423—1429 年在位）的支持者，讨好罗马教皇马丁五世的任务更显复杂。在首席顾问阿隆索·博尔贾的建议下，阿方索改变立场，在确保敌对教皇退位问题上发挥了关键作用，结束了基督教欧洲一个世纪的大分裂。作为回报，马丁五世将尊贵的瓦伦西亚主教职位赏赐给首席顾问博尔贾。但不幸的是，1431 年 2 月马丁五世去世，阿方索预期的政治回报并没有兑现。对他而言，时间越来越紧迫：新教皇尤金四世是威尼斯人，极不可能支持阿拉

米兰大教堂，始建于 1386 年。这是詹加莱亚佐·维斯康蒂（Giangaleazzo Visconti）权力和声誉的象征，与勃艮第和法国的大教堂相媲美，为其继任者斯福尔扎家族做出了表率。（32–33）

贡对那不勒斯的要求；而那不勒斯女王胡安娜二世的年龄越来越大，当年 6 月已年满 60 周岁。阿方索五世决定赌一把，利用尤金四世像菲利波·马里亚那样的暂时困难，制订了他返回意大利的计划。

　　当年晚些时候，阿方索离开巴塞罗那前往西西里岛，在隔海与大陆相望的墨西拿设立了他的行宫。这次他装备了一支强大的舰队，这支舰队曾在对付突尼斯海盗的战争中取得巨大成功。胡安娜女王为这支近在眼前的海军力量所震慑，开始考虑也许那不勒斯的未来在阿方索的领导下可能更安全。为此她再次修改继承权，这次她放弃了安茹公爵路易，选择了西班牙国王。但事实证明他们的和解是短暂的。1434 年 11 月路易去世后，胡安娜又一次修改了她的遗嘱，这次她选择支持路易的弟弟、新任安茹公爵热内（René of Anjou）。胡安娜女王于 1435 年 2 月 2 日去世。阿方索无视女王最新的遗嘱，自胡安娜二世去世之日起便自称那不勒斯的阿方索一世，并计划用武力夺取王国的控制权。幸运的是，安茹公爵热内是勃艮第公爵的俘虏，而勃艮第公爵的妻子是阿方索妻子的妹妹。① 但这也只算一个非常小的优势，因为他面

---

　　① 安茹公爵热内的妻子是法国洛林公爵查理二世（Charles II of Lorraine）的长女伊莎贝拉。1431 年，查理二世逝世，热内在时任法国国王查理七世的支持下，谋求继承洛林公爵头衔，但遭到查理二世的侄子沃德蒙伯爵安托万（Antoine of Vaudemont）的反对。在时任勃艮第公爵腓力三世（Duke of Burgundy, Philip III）的支持下，1431 年 7 月 1 日，安托万在布尔涅维尔战役中击败并俘获热内，之后交由勃艮第公爵腓力三世处置。腓力三世此时的（第三任）妻子——葡萄牙的伊莎贝拉（1430 年结婚），是阿方索岳母（Catherine of Lancaster）同父异母的姐姐（Philippa of Lancaster）的女儿。

临的敌意是普遍的。这一时期的意大利统治者几乎齐刷刷地站在热内一边，组成一个强大的联盟，包括来自威尼斯的新教皇尤金四世、米兰公爵菲利波·马里亚、传统上亲法的佛罗伦萨以及为了保护其商业利益而选择支持热内的威尼斯和热那亚。

正如本章开头所述，1435 年 8 月，阿方索第一次争夺那不勒斯的统治权以失败告终。他在蓬扎战役（Battle of Ponza）中大败而归，热那亚人俘虏了阿方索，并将其送到了他们的领主菲利波·马里亚公爵手中。9 月 15 日，阿方索抵达米兰时受到了各种礼遇，双方第一次会面显然是在讨论打猎。然而，话题很快就转到了政治上，阿方索强大的说服力让公爵相信，那不勒斯的法国继任者对维斯康蒂家族和米兰的威胁远远大于阿拉贡人。法国国王查理七世（Charles Ⅶ，1422—1461 年在位）的王后是安茹家族的玛丽，更令人不安的是，他的表弟奥尔良公爵（Duke of Orléans）是菲利波·马里亚的侄子，也就是他姐姐瓦伦蒂娜（Valentina）的儿子，因此是维斯康蒂家族的合法后裔，甚至比菲利波·马里亚自己的私生女比安卡·玛丽亚更有资格继承米兰公爵头衔。两人略显傲慢地达成一致，将意大利划分为两大势力范围，公爵承诺"以一切可能的方式"[11]支持阿方索夺取那不勒斯的行动。 当然，这个秘密的双边协议是不可能公开的。因此，9 月 21 日，菲利波·马里亚公开宣称他与安茹公爵热内结成联盟，然后释放了阿方索，并声称阿方索是他"费尽周折"从热那亚人手中解救出来的。[12]

但秘密条约中的另一条款直接让阿方索一世与弗朗切斯

科·斯福尔扎成为对立方。这位雇佣兵队长与他未来的岳父闹翻了，他取消了与比安卡·玛丽亚的婚约，并与尤金四世、威尼斯和佛罗伦萨签订协议，为反阿方索联盟提供 1 000 名长矛骑士。[13] 一时间，阿方索一世和维斯康蒂公爵似乎不仅要面对斯福尔扎，还要与教皇和两个共和国开战，菲利波·马里亚见状又改变主意，提出只要斯福尔扎能重新效忠米兰，就恢复他和比安卡·玛丽亚的婚约。斯福尔扎这时也显示出了高超的政治技巧。他为自己找到了另一个赞助人——富有而狡猾的佛罗伦萨银行家科西莫·德·美第奇（Cosimo de'Medici）。科西莫敏锐地意识到在米兰和佛罗伦萨之间持续几十年的敌意之后与米兰结盟的利益前景，这位银行家同意在安科纳开设一家新的银行分行，为斯福尔扎的权力竞争提供资金支持。[14] 当然，他们之间的权钱关系是最高机密。在科西莫的建议下，斯福尔扎接受了菲利波·马里亚的提议：1438 年 3 月 28 日签署了新的婚约，现年 12 岁的比安卡·玛丽亚将获得 10 万弗罗林的巨额嫁妆，以及阿斯蒂和托尔托纳的领地。

与此同时，争夺那不勒斯的战争也正在取得进展。安茹公爵热内的妻子洛林的伊莎贝尔（Isabelle of Lorraine）早已在那不勒斯建立了自己的宫廷，在支付完勃艮第公爵要求的巨额赎金之后，热内也于 1438 年进入那不勒斯与妻子会合。阿方索则选择盖塔作为其驻地。这是那不勒斯王国北部边境的一个港口，1435 年阿方索被菲利波·马里亚释放后不久就征服了该地。他首先将盖塔的城堡改造成自己和家人的宫廷与皇家住所。阿方索有三个孩子：

玛丽亚（Maria）、埃莱奥诺拉（Eleonora）和费兰特（Ferrante），他们都是私生子。王后玛丽亚（Queen Maria）是阿方索在政府事务中的得力伙伴，但不幸的是，她无法生育子嗣。虽然非婚生子女的身份在意大利的法律体系中并不妨碍其获得继承权，但在意大利以外的地方却是个问题，因此，虽然阿方索可以指定他的儿子费兰特为那不勒斯王国的继承人，但他只能让他的兄弟胡安（Juan）继承西班牙属地的国王之位。

阿方索的首要任务是夺回那不勒斯，他为此任命了一位财务主管，负责在西班牙筹集必要的资金。[15]这一时期的战争花费极其高昂。阿方索为此购买了非洲金币，将其熔化后制成威尼斯的杜卡特（ducat）金币，并将瓦伦西亚大教堂中珍藏的圣杯遗物作为贷款的担保[16]，在西班牙订购了大炮和其他重要战略物资，其中包括王后玛丽亚征寻的500名弓弩手，组织舰船将他们运过地中海。[17]也许是出于强烈的自信，阿方索还制订了一套取得胜利后的执政计划，这也能看出他的务实态度，以及掌权后所面临的实际困难。拿下盖塔后不久，他就没收了所有安茹公爵封臣的财产，让效忠于阿方索的卡斯提尔和加泰罗尼亚贵族取而代之。[18]这虽然是一份意向性声明，但也显示了他试图在那不勒斯树立自己权威的渴望，源源不断赶来盖塔表示效忠的安茹支持者们也鼓舞着他。阿方索审慎地为前来投靠的贵族授予相应的职位、头衔，以及给予其特权和收入，此举吸引了更多人加入他的阵营。迪奥梅德·卡拉法（Diomede Carafa）原本是那不勒斯显赫的贵族家族的后代，他很早就选择效忠阿方索，并在其子费兰特手下任职，他也是阿方索宫廷中除了加泰罗尼亚贵族之外唯一的意大利人。

　　弗朗切斯科·斯福尔扎被阿方索强行"征收"自己在那不勒斯的地产激怒，无意与这位新任国王建立联系。他认为，为安茹公爵热内争夺王位是维护自己利益的最好方式。1438年7月，在他与比安卡·玛丽亚·维斯康蒂第二次订婚后仅四个月，他决定采取行动，入侵那不勒斯的北部边界，夺取了与其领地安科纳相邻的亚得里亚海沿岸土地。随后，他被热内任命为军队的总司令，此举将其对阿方索的敌意再一次公之于众。[19]但不幸的是，力量的天平已经开始不可阻挡地偏向阿方索一方，阿方索的军队最终于1441年6月在特罗亚附近击败了斯福尔扎的部队。但斯福尔扎仍有两项资本：美第奇银行的支持，以及他与比安卡·玛丽亚·维斯康蒂的婚姻。两人的婚礼于10月在克雷莫纳举行，这座城市也作为嫁妆的一部分归斯福尔扎所有。

　　1442年5月，阿方索终于逼近那不勒斯城。一名工匠告诉他，沿着一条曾是古罗马水渠的废弃排水沟可以直接入城，使其避免了一场残酷的围攻战。6月1日晚，在夜色的掩护下，他派迪奥梅德·卡拉法带着200名士兵穿过沟渠，为在城墙外扎营的人打开了城门。阿方索宫廷的御用人文学者兴致勃勃地将国王的这一功绩与拜占庭将军贝利萨留（Belisarius）相提并论，因为他也曾在6世纪用同样的方法从东哥特人手中夺回那不勒斯。[20]阿方索治军有方，经常将犯有强奸罪的士兵斩首。在进入那不勒斯之后，他命士兵不要洗劫该城，否则将以绞刑论处，他的这些做法在那不勒斯人中赢得了很多支持。[21]

※

　　成功占领那不勒斯（包括罗马以南的大部分意大利地区）之
后，阿方索拥有了一个国土面积差不多与法国一样大的王国。
1443 年 2 月 26 日那不勒斯举行正式的入城仪式，庆祝阿方索的
远征胜利。一位陪同远征的加泰罗尼亚廷臣见证了这一精心组织
的活动，他向巴塞罗那发回一份报告，描述了这支华丽的骑兵队
伍。²² 在皇家号手的引领下，国王高坐于一辆由四匹高头灰马拉
着的豪华马车之上。他手持王权宝球和王室权杖，由王国的心腹
封臣们抬起，端坐于"花费了 4 000 金币"的奢华黄金锦缎篷下。
覆盖着同样昂贵的金丝锦缎的王座，也具有特殊的意义：正如加
泰罗尼亚廷臣所指出的，这就像是亚瑟王传奇故事中的"危险之
空座"（Siege Perilous）①，"除了这位征服并占领这个王国的领主，
其他国王、君主或领主都不配坐"。这个比喻用来形容阿方索的
征服是恰当的。

　　当然，这只是一次入城仪式，并非加冕礼。阿方索已于 1416
年在巴塞罗那加冕。因此，此次进城更像是一次"凯旋仪式"。
这是古罗马帝国的习俗，授予胜利的军事将领在罗马游行的荣
誉。这是文艺复兴时期的意大利第一次重新举行"凯旋仪式"。
1443 年迎接阿方索的是专人扮演的"恺撒大帝"（他是阿方索崇
拜的英雄之一），他向阿方索赠予了新王国的王位和皇冠。然而，

---

　　①　"危险之空座"，《亚瑟王传奇》中圆桌旁的空座位，注定能寻得圣杯之武
士方能入座，其余之人入座则有性命之危。

与古罗马的凯旋式最大的不同在于那不勒斯街道上蜿蜒喧闹的游行队伍中并不包括作为战利品的战俘。阿方索占领那不勒斯后，第一项行动就是对所有安茹公爵的支持者实行大赦。正如他的一位御用歌颂者所说的那样，那些跟随在游行队伍中的那不勒斯领主和贵族是"被解放的，他们不是被捆绑着，像野蛮人一样拖着走，而是作为公民，在庆祝自己从枷锁中解放出来"[23]。

征服那不勒斯的效果很快显现了出来。阿方索致力于改善那不勒斯普通民众的生活，开展大规模的城市重建运动，修复城市破旧的基础设施，扩建港口设施，并修建新的水渠和喷泉以改善城市供水。他还对王政实践的方式做了重大改革，革除了低效的安茹政府班子，并彻底推进经济改革。他用新的炉灶税取代旧的税收制度，从西班牙引进美利奴羊，对低地平原的冬季放牧权出租制度的改革更是影响深远：据一位王室专员报告，租金改为王室直接征收后，租金收入增加了五倍，从 1443—1444 年的 18 868 杜卡特增长到六年后的 103 011 杜卡特。[24]* 更重要的改革体现在政府核心部门，阿方索建立了一个中央集权的职业官僚机构，政府各部门由专业的受薪工作人员组成。

除以上改革举措之外，阿方索在那不勒斯的驻地——新城堡

---

　　　* 文艺复兴时期的意大利，货币交易是一项复杂的业务。半岛上的每个国家都有自己的银本位货币以及独立的度量衡体系。大的国家还会发行跨国流通的黄金货币，如威尼斯的杜卡特金币和佛罗伦萨的弗罗林金币；罗马也曾发行过杜卡特金币，1530 年改为发行斯库迪（scudo，复数形式为 scudi）金币。就本书而言，它们的价值都大体相似。——原作者注（星号注释均为原作者注，以下不一一注明）

也开始了新建工程。建设者们的目标是将这个位于港口的古老的安茹城堡改造成国王的官邸。城堡是文艺复兴早期君主行使权力的中心，也是对城内居民展示权威的舞台，以及保护臣民不受外敌侵犯的力量。正如当时的一位建筑师所说："城堡是城市的关键要素，就像头是身体的关键器官一样——如果失去了头，那么身体也就死亡了——失去了城堡，也就失去了对城市的控制权。"²⁵ 阿方索选择圣米迦勒（St Michael）作为新城堡的守护圣人是恰如其分的，因为这是一位将反叛天使赶出天堂的天使长。这是一座巨大而雄伟的建筑，拥有最新的防御功能，包括双护城河和五座巨大的圆形塔楼，共花费 25 万杜卡特。²⁶

两座塔楼之间的城堡入口大门设计得也别具一格：整体采用古典式风格，两边耸立着饰有凹槽纹的科林斯石柱，柱头支撑的门楣上用古典字体雕刻的 "pius"（虔诚）、"clemens"（仁慈）、"invictus"（不败）字样显然是用来称颂阿方索的。²⁷ 当时一位人文主义学者将这扇大门与古罗马时期的塞普蒂米乌斯·塞维鲁（Septimius Severus）和提图斯（Titus）的拱门相媲美，来访的米兰大使将其描述为 "一座以古典风格雕刻和加工而成的大理石拱门"²⁸。拱门的中央部分描绘了阿方索进入那不勒斯凯旋时的情景，国王坐在由马车承载的 "危险之空座" 上，由皇家号手、士兵和廷臣陪同。雕刻的风格与古罗马凯旋门上的雕塑装饰产生强烈的呼应，拱门上方还放置了另一件王国的宣传品——阿方索国王的骑马坐像。

高耸的城墙背后是优雅的花园，种植着从西班牙进口的杏树和其他果树，里面还设有马术学校、骑士比武场和王室狩猎场。[29]1443 年夏天，为宫殿供水的水渠开始动工。这条水渠还负责为面粉磨坊提供水源，但为了保证王室喷泉的用水量，面粉磨坊每年都要停工四个月！[30] 这导致新城堡的养护成本无限攀升：1443 年的月支出约为 500 杜卡特，第二年就翻了一倍，达到 1 000 杜卡特，到了 1446 年底已经超过 2 000 杜卡特。[31]1455 年，驻那不勒斯的米兰大使发回的报告中提到，阿方索每个月在新城堡上约花费 3 000 杜卡特，"这是一项宏伟而壮观的工程，没有任何东西可以干扰新城堡的工程建设，无论是来自内部还是外部"[32]。

在王宫内部，阿方索没有使用与城堡外部相似的古典风格，而是选择了西班牙风格来传达他的王家权威。他用一个更大的房间——巴罗尼厅（Sala dei Baroni）取代安茹时期的大殿。巴罗尼厅面积约为 26 米 × 26 米，可以从王室起居室进入，也可以供游客从中央庭院的楼梯进入参观。在与马略卡的建筑商吉列姆·萨格拉（Guillem Sagrera）签订的合同中，阿方索同意使用来自波佐利当地的石材，但从马略卡岛运送更易于雕刻装饰性细节的石材。[33] 大厅的天花板选用的是哥特式风格，优雅的肋骨拱，装饰着镀金的浮凸装饰物，上面绘制的是阿方索在西班牙领土的徽章。宴会期间，阳台可供乐师们表演，在餐厅里甚至架设了一架风琴。[34] 最引人注目的是精心设计的地板，地面铺设有王室纹章和阿方索个人徽章的瓷砖，包括国王在瓦伦西亚特别制作的"危险之空座"，然后花大价钱运到那不勒斯。[35]

巴罗尼厅的墙壁上装饰了很多挂毯，城堡里其他重要的房间也都是如此。阿方索拥有一组六件套挂毯，它曾属于胡安娜二世女王，描绘的是示巴女王（Queen of Sheba）会见所罗门王的故事。[36]① 他还花费 5 000 杜卡特购买了一批描绘基督受难的挂毯，均由佛兰德斯画家罗杰·范德韦登（Roger van der Weyden）精心设计。除此之外，其代理人还购买了讲述《旧约全书》中尼布甲尼撒（Nebuchadnezzar）和亚哈随鲁（Ahasuerus）等故事的挂毯。[37]② 阿方索与勃艮第方面也有着密切联系，这为他在那里的经营提供了便利。勃艮第公爵腓力三世娶了阿方索妻子的妹妹，作为回报，他授予阿方索"金羊毛骑士"（Knight of the Golden Fleece）称号。

这是腓力三世在 1429 年创立的骑士团，阿方索也成为被授予这一令人羡慕的荣誉的第一个外国人。[38] 阿方索定期将西西里岛运来的糖从那不勒斯装船北上，在布鲁日换取货物。有一次，他购买的货物由一艘勃艮第捕鲸船从佛兰德斯运来，巴塞罗那港口部门误认为这是一艘敌船，在其停靠时袭击了该船，船上的大部分货物被盗。[39] 阿方索大发雷霆，公布了一份他希望归还的物品清单，其中包括十大捆红色、黑色、绿色、灰色和紫色布料，天

---

① 根据《旧约全书·列王纪》记载，在所罗门王统治时期，示巴女王率领着一支骆驼商队，带着黄金、珠宝和香料拜访了所罗门王的宫廷。她来访的目的是通过要求所罗门王解答一些谜语来测试他的智慧。

② 尼布甲尼撒是《旧约全书·列王纪》中记载的巴比伦国王。他是巴比伦帝国最伟大的国王之一，在位期间征服了许多国家，包括以色列和埃及。亚哈随鲁是《旧约全书·以斯拉记》中记载的波斯阿契美尼德王朝的国王。

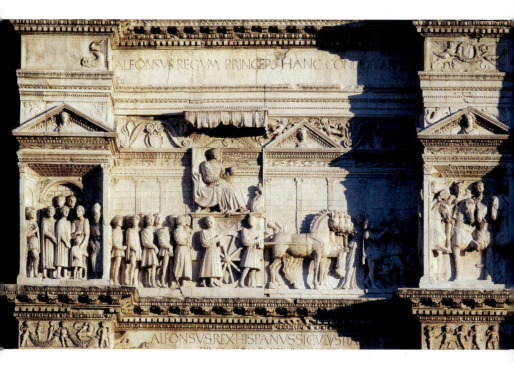

那不勒斯，新堡，阿方索拱门（Arch of Alfonso），始建于 1452 年。拱门的装饰特意采用古典浮雕风格，展示了罗马帝国将领凯旋时的游行场景。（40）

鹅绒服装，一系列黑色的帽子，十个银烛台，银碗，大量的床罩和床上挂饰，他的狩猎装备，以及许多挂毯。

阿方索的品位很奢华。他花费 745 杜卡特购买了一匹金锦缎，还向热那亚商人支付 5 610 杜卡特购买珠宝，用 1 160 杜卡特购买了 580 张貂皮，并花费 12 000 杜卡特购买了一组四件套银器，包括一座镀金十字架和一只镶有钻石、珍珠与红宝石的盐罐；国库被安置在新城堡的一座塔楼里，这座塔楼也被恰当地命名为“金塔”（Torre d'Oro）。[40] 新城堡里还有一个令人印象深刻的图书馆，在那里阿方索雇用了一支由图书管理员、抄写员、书稿彩饰师傅，以及来自格拉纳达和科尔多瓦的熟练皮革工匠组成的专业团队来负责书籍的装订。[41] 他喜欢购买画作，偏爱佛兰德斯的艺术家。在他的代理人购买的画作中，有一幅《圣乔治与龙》和一幅被称为"洛梅里尼"（Lomellini）的三联画，这两幅都是扬·凡·艾克（Jan van Eyck）的失传作品，他也曾为勃艮第公爵腓力工作。[42]

受其女婿莱昂内洛·德·埃斯特（Leonello d'Este）的影响（详见第二章），阿方索成为一个伟大的古钱币收藏家，尤其爱收集"杰出的皇帝，特别是恺撒的古钱币"。他曾告诉身边的一位人文主义学者，他亲眼见到了一枚刚刚在那不勒斯附近，也是罗马时期一个重要的港口城市——波佐利发现的尼禄金币，激发了他对古典美德和荣耀的渴望。[43] 他委托意大利艺术家皮萨内罗为银器和刺绣装饰，以及为仿古风格的勋章做设计，其中三枚勋章的图纸留存至今。[44] 这些图案多以其赞助人的侧面肖像为装饰，赞美他的慷慨，赞美他作为战士与和平缔造者的地位，赞美他对学术的热爱，以及最重要的是赞美他作为古罗马皇帝的继承者。[45]

阿方索的宫廷是文艺复兴早期欧洲最富丽堂皇的宫廷之一，就像他的城堡一样，是意大利文化和西班牙传统的独特混合物。他的宫廷语言是卡斯提尔语，但与国王关系密切的廷臣和侍从既有卡斯提尔人，也有加泰罗尼亚人，其中许多人曾在那不勒斯战争中与阿方索并肩作战。[46] 他的 108 名狩猎人和 100 名驯隼人中大部分是意大利人，但负责管理狩猎活动、喂养猎犬和管理马厩

的基本上是西班牙人。[47] 阿方索是一个远近闻名的音乐赞助人，
他雇用竖琴师和鲁特琴师为世俗音乐与舞蹈伴奏，尽管这些音乐
家大都隶属于王室礼拜堂的唱诗班，其中有一些意大利歌者，但
大部分是西班牙歌者。他命令唱诗班的西班牙主管回国招募男高
音，并支付他 960 杜卡特旅行费用。[48] 无论是规模还是质量，他
的礼拜堂唱诗班都是当时最顶尖的配置之一，共拥有 24 名歌者，
还不包括他的男高音和风琴师；相比之下，罗马教皇礼拜堂唱诗
班只拥有 18 名歌者，勃艮第公爵腓力二世有 21 名歌者，不过英
格兰的亨利六世（Henry Ⅵ）拥有 36 名歌者。[49]

　　西班牙人对阿方索宫廷的掌控也延伸到了政治领域。起初那不
勒斯的几家老牌贵族感到受宠若惊，以为被委以重任，出任 6 个按
照安茹王朝时期传统设立的职位：海军上将、元老院院长、大法官
等。但很快他们就看出，这些职位现在只是闲职，真正的权力掌
握在阿拉贡政府系统的西班牙首脑手中，这是一套阿方索强加给
那不勒斯王国的系统。[50] 为了安抚这些那不勒斯贵族，他把女儿埃
莱奥诺拉嫁给了塞萨公爵（Duke of Sessa）的继承人马里诺·马
尔扎诺（Marino Marzano），并安排自己的儿子费兰特与伊莎贝
拉·迪·基亚拉蒙特（Isabella di Chiaramonte）结婚，她是那不
勒斯首屈一指的贵族、无子嗣的塔兰托亲王（Prince of Taranto）
的侄女和继承人；他还为其他几个效忠于他的人授予了头衔。[51] 但
这些姿态并不足以弥补这些人被排除在政治实权之外的遗憾，而这
种遗憾将带来灾难性的后果（见第四章）。

　　然而，有一个领域，阿方索非常明显地偏爱意大利人。他在宫

廷中雇用了一批人文主义者担任其政治宣传员、秘书、外交官和政府官员。正是对人文主义的支持给阿方索的宫廷带来了持久的声誉。他对古代历史的热爱广为人知：他每天固定留出一个小时来听人文学者读书，这也被称为"读书时间"（ora del libro），即使在行军打仗过程中也同样如此；他在大病疗养期间，让他们给自己读一本亚历山大大帝的传记。[52] 他也热爱书籍。他有一枚徽章就设计为一本打开的书，上面有一句双关语"Liber sum"（我是书/我是自由的）（liber 在这里可以指"书"或"自由"）。他最喜欢的作家是古罗马历史学家李维。在他的遗物中，甚至拥有这名历史学家的一段臂骨。[53] 正如罗马的人文主义者弗拉维奥·比昂多（Flavio Biondo）在 1443 年写给阿方索的一封信中所说的那样，奥古斯都、图拉真和哈德良皇帝（最后两位恰好出生在西班牙）之所以名垂千古，正是因为他们对人文学者的赞助和培养。[54]

许多人文学者将他们的作品献给阿方索，希望能够在宫廷获得一席之地。这些作品中有翻译荷马的《伊利亚特》等著名古希腊文本的，有评论古罗马和古希腊历史学家的，以及更关乎现实的军事主题论文。[55] 阿方索宫廷里的人文主义者利用古典修辞手法来宣扬他们的赞助人，将其塑造为古罗马皇帝的继承人，同时模仿古罗马拉丁文风格，留下了大量关于阿方索统治的记载，这些记载不仅为征服者歌功颂德，还使其建立的新王朝合法化。但吸引阿方索的不仅是他们的学术研究，他还认识到受过教育的人能够为他的宫廷带来政治和外交技巧，为此他专门为有前途的学生建立了一所新式的人文主义学校。[56] 阿方索宫廷供养的学者中，

有许多是当时著名的人文主义者：詹诺佐·马内蒂（Giannozzo
Manetti）^① 为阿方索一世承担了多项外交任务；乔瓦尼·蓬塔诺
（Giovanni Pontano）^② 和波切利奥·潘多尼（Porcellio Pandoni）
受聘为王室秘书官。特别是潘多尼，他在将阿方索与恺撒大帝相
提并论时，更不忘将那不勒斯宣传为新时代的罗马。那不勒斯还
吸引了几位来自希腊的人文主义学者，特别是特拉布宗的乔治
（George of Trebizond）和西奥多·加扎（Theodore Gaza）。

　　阿方索宫廷中的著名人文主义者还包括安东尼奥·贝卡德
利（Antonio Beccadelli）、洛伦佐·瓦拉（Lorenzo Valla）和巴
托洛梅奥·法基奥（Bartolomeo Facio）。其中，安东尼奥·贝卡
德利更为人熟知的称呼是帕诺米塔（Panormita），取自其出生地
巴勒莫（Palermo）。帕诺米塔在 1425 年写作《赫马弗罗迪图斯》
（*Hermaphroditus*）而名声大噪，这是一本描述他在博洛尼亚大学
学习法律时声色犬马的生活的色情诗集。⁵⁷ 他于 1434 年进入阿方
索的宫廷，此前他还曾担任米兰公爵菲利波·马里亚的宫廷诗人，
但不尽如人意。阿方索在新的政府机构中给了他几个重要职位，
并派他到国外进行外交访问。他的《阿方索言行录》（*De dictis et
factis Alphonso*，完成于 1455 年）以色诺芬的苏格拉底轶事为基

---

　　①　詹诺佐·马内蒂（1396—1459），佛罗伦萨著名的人文主义学者，代表作《论
人的尊严与卓越》（*De dignitate et excellentia hominis*）。
　　②　乔瓦尼·蓬塔诺（1426—1503），意大利散文家、诗人和王室官员。他轻松诙
谐的拉丁文风格在意大利文艺复兴时期备受推崇。1471 年蓬塔诺出任那不勒斯人
文主义学院院长。该学院也被称为蓬塔尼亚学院（Accademia Pontaniana），是 15 世
纪意大利最重要的人文主义学院之一。

础，向我们描述了阿方索作为国王的性格，或者至少是他公之于众的形象。[58] 洛伦佐·瓦拉是阿方索的机要秘书之一，年薪 350 杜卡特，远远高于他在其他地方领到的 200 杜卡特薪水，但低于阿方索支付给医生和占星师的 600 杜卡特。[59] 瓦拉的作品包括对李维的评论，哲学和宗教论文，还有阿方索父亲统治时期的历史。[60] 巴托洛梅奥·法基奥是帕诺米塔的学生，他的那不勒斯生涯始于给费兰特做家庭教师，后被任命为王家历史学家，撰写《阿方索的军事和政治成就史》(*De rebus gestis Alphonso primo*)。[61]

※

　　与此同时，阿方索一世需要教皇的恩准来确保他王位的合法性。那不勒斯是教皇的领地，普遍认为那不勒斯是君士坦丁大帝（Emperor Constantine）为了奖赏教皇西尔维斯特一世（Pope Silvester Ⅰ，314—335 年在位）而永久授予其的领土，因为后者奇迹般地治愈了他的麻风病。但详细记述这份赠予的官方文件——《君士坦丁的赠礼》，却被瓦拉揭露并证明为 8 世纪时期的赝品。[62] 尽管尤金四世能无视人文主义者的争论，但他却不能忽视这样一个事实，即找到强有力的政治立场与阿方索媾和。因为，事实上，1442 年就有传言说那不勒斯、罗马和米兰之间正在计划建立一个强大的新联盟，目的是促使弗朗切斯科·斯福尔扎倒台。这位野心勃勃的雇佣兵队长仍在与安茹公爵热内密谋。这对三位统治者来说都是一个问题：斯福尔扎在阿布鲁齐的袭击威胁着阿方索王国的北部边界，并且还拒绝放弃安科纳的教皇领地，这挑战了尤金四世在教皇国的权威；同时，斯福尔扎已与比安卡·玛丽亚结婚，他不再需要米兰公爵菲利波·马里亚·维斯康蒂的支持。

同年夏天，阿方索一世和斯福尔扎之间的关系明显恶化：国王不仅没收了这位骄傲的雇佣兵队长在那不勒斯的全部财产，还选择进一步羞辱他。7月底，阿方索向斯福尔扎提供了一份为期五年的雇佣兵合同，要求斯福尔扎提供一支由 4 000 名重装骑兵和 1 000 名步兵组成的军队。合同条款很有吸引力，士兵们也普遍接受了，但斯福尔扎本应更加警惕。[63] 事实证明，这份合同是一个诡计，国王希望借此迫使斯福尔扎的竞争对手尼科洛·皮奇尼诺（Niccolò Piccinino）在下个季度接受一个较低的雇佣合同价格。诡计成功了。国王立即放弃斯福尔扎，声称他的雇佣兵合同未经王室许可，合同无效，转而与皮奇尼诺签约，但条件与他提供给斯福尔扎的完全一样。因此也不难理解，斯福尔扎在阿方索一世死后写道：

> 他是最自以为是的人，没有人能与他平起平坐；他的傲慢和骄傲就是这样，他不仅认为自己应受到民众的尊崇，还应受到众神的膜拜；他甚至认为花草树木和城墙壁垒都应向他鞠躬致敬……和他不可能建立任何形式的共同利益或友谊。[64]

尤金四世和阿方索一世的谈判于 1443 年初正式开始。1434 年，教皇为了躲避罗马爆发的反抗教皇统治的叛乱，被迫伪装成修道士逃离罗马，在佛罗伦萨设立了他的临时行宫。在那里，他计划与米兰、那不勒斯和解的消息被曝光，引起强烈震动。1443 年 3 月初，为了出席谈判，教皇被迫秘密前往锡耶纳。[65]4 月，在教皇国与那不勒斯接壤的边境小城特拉奇纳，谈判正式开始，阿方索派出了他信任的顾问瓦伦西亚主教阿隆索·博尔贾，教皇代表则是阿奎利亚的红衣主教卢多维科·特雷维索（Ludovico Trevisan）。这位好战的红衣主教也被戏称为"和平天使"（Angel of Peace），尤金四世曾将代表红衣主教的红色法帽作为对他率领教皇军队在战场上取得胜利的奖励。[66]双方于 6 月 14 日签署条约，教皇承认阿方索对那不勒斯的统治合法性，提拔阿隆索·博尔贾为红衣主教，以此换取阿方索对尤金四世在巴塞尔会议（Council of Basle），以及即将发动的十字军东征的支持。对我们的故事来说，更重要的是，阿方索还承诺协助教皇开展军事行动，将斯福尔扎赶出教皇领地安科纳。

现在，针对斯福尔扎的战役正式开始。8 月中旬，阿方索一世的军队在罗马东北部山区诺西亚与皮奇尼诺会合。两周后，他们在伊西城外扎营，并于 9 月 2 日到 3 日占领了该城。在接下来的两个星期里，他们在山路上急行军约 193 千米，迫使斯福尔扎的部队撤离圣塞韦里诺、托伦蒂诺和马切拉塔。[67]9 月底，他们开始围攻费尔莫，帕诺米塔在那里继续每天给阿方索读李维的《建城以来史记》（*Histories*），"军中的所有军官都会来旁听"[68]。就在他们驻扎在费尔莫城外时，一位王室传令官认出了一个路过营地的奸细是斯福尔扎的仆人，并迅速将他逮捕。搜查后发现，这名仆人携带了一封他的主人写给那些已经向国王投降、现归属阿方索军队的军官的信。事实证明，投降原来是个骗局，是让这批军官混入敌方阵营的一种方式。现在信中命令他们抓住阿方索，必要时杀死他，这样斯福尔扎就可以用武力占领那不勒斯，自立为王。这是一个大胆的计划，如果不是传令官在营地外发现了这名仆人，这个计划可能会成功。或许这也是一个诡计？当被指控策划暗杀时，斯福尔扎否认知晓该计划，坚持认为是阿方索故意伪造信件，以惩罚这些军官在伊西背叛了他。[69]无论故事的真相如何，这批军官都被逮捕并送往瓦伦西亚，囚禁在雅提瓦的博尔贾城堡（Borja castle）里。

最终对费尔莫的围攻还是失败了，随着冬天的到来，阿方索撤回了他的部队。但他还是很满意自己已经实现了一个直接目标，即确保那不勒斯的北部边界不受斯福尔扎的影响。尽管这六个月的战争花费极其高昂，共计 80 万杜卡特。[70]而且，对阿方索来说，不幸的是，由于斯福尔扎的阴谋，他与尤金四世和菲利波·马里亚·维斯康蒂的联盟也濒临瓦解。1444 年 1 月 24 日，比安卡·玛丽亚生下了一个健康的儿子，她的父亲也同意与她的丈夫达成和解。菲利波·马里亚现在转头与威尼斯和佛罗伦萨签署了一份联盟，以限制阿方索在意大利的野心。阿方索对此的回应是命令玛丽亚王后没收所有威尼斯人和佛罗伦萨人在其西班牙属地交易的现金和商品。[71]博尔索·德·埃斯特（Borso d'Este）

于 1444—1445 年在那不勒斯的阿方索的宫廷做客，他在一份报告中揭露了那不勒斯经济的弱点，并警告国王，现在整个意大利，包括尤金四世、菲利波·马里亚公爵、威尼斯人、佛罗伦萨人和弗朗切斯科·斯福尔扎，都认为他是他们的敌人。[72]

接下来的几年内，联盟的形势一再变化，直到 1447 年 2 月教皇尤金四世去世，不仅迎来了新的教皇，还开启了新的政治议程。这一年后来也被证明是意大利政治中的多事之秋。1447 年 8 月，米兰公爵菲利波·马里亚去世，米兰的继承权问题变得更加复杂。这是斯福尔扎获得实权的机会。然而，他并不是唯一的爵位候选者。在腓特烈三世（Frederick Ⅲ）的秘书埃内亚·西尔维奥·皮科洛米尼的回忆录中，公爵"死于痢疾，并公开宣布阿方索国王为其继承人"[73]。还有一些人对继承权有着浓厚的兴趣，特别是皮科洛米尼的赞助人，他声称米兰公国是神圣罗马帝国的封地；以及上文曾提到的法国人——奥尔良公爵查理（Duke Charles of Orléans），他的母亲瓦伦蒂娜（Valentina）是菲利波·马里亚同父异母的妹妹。

然而，在继承权问题上，米兰人自己掌握了主动权。在菲利波·马里亚死后的几个小时内，一群贵族以安布罗西亚（Ambrosian）共和国的名义夺取了权力，该共和国以米兰的守护神圣安布罗西（St Ambrose）命名。[74] 一群横冲直撞的市民摧毁了博塔·乔维亚城堡（Castello di Porta Giovia）来发泄他们对维斯康蒂公爵的仇恨，这座巨大的城堡一直以来都是公爵在米兰统治权威的象征。但这个新政权也不太受欢迎：曾经的附属城市开始反抗米兰的统治，导致

米兰的收入急剧下降，威尼斯也准备乘虚而入。弗朗切斯科·斯福
尔扎面临两个选择，但都不很讨喜：要么与米兰共和国一道对抗威
尼斯，要么反过来与威尼斯联盟，推翻共和国。最后他选择了为米
兰而战，但国库中没有足够的钱来支付他的雇佣军酬。当共和国的
贵族首领们提出让比安卡·玛丽亚成为米兰的新任统治者时，他断
然拒绝接受自己作为次要角色的地位，特别是现在。他成功帮助米
兰摆脱威尼斯人的威胁，这一功绩已经逐渐提升他在米兰公国的
知名度。[75] 但他的方式并不体面。他对皮亚琴察发起了极其恶劣的
攻击：“（城内）所有教堂的圣物、十字架和圣杯都被抢走……所
有的妇女，包括少女、人妻、寡妇、修女，都被侮辱和虐待……
所有的男性都做了俘虏，每个男人都看到自己的妻子、女儿被
羞辱。”[76]

　　然而，米兰本身的情况仍难以捉摸。在狡猾的银行家科西
莫·德·美第奇的建议下，斯福尔扎的首要事项发生了变化：从
忠于共和国转向攻击共和国本身。1448 年 10 月，他与威尼斯人
签订了一项条约，要求他们协助征服米兰，代价是公国东部的领
土。这让米兰人震惊无比。这是一个彻头彻尾的马基雅弗利式阴
谋：正如尼科洛·马基雅弗利（Niccolò Machiavelli）后来所说
的那样，“威尼斯人知道米兰人不信任斯福尔扎，斯福尔扎想成
为米兰公爵而不是米兰的军队首领”，所以他们“决定与斯福尔
扎言和，为他征服米兰提供援助，因为他们知道，当米兰人看到
斯福尔扎是如何欺骗他们时，他们一定会非常愤怒，他们会选择
除斯福尔扎以外的任何人来统治米兰”[77]。

　　正如威尼斯人所预料的那样，米兰人确实对斯福尔扎的背叛行为感到震惊，并坚持抵抗他的进攻。但斯福尔扎慢慢地收紧了攻城的包围圈。1449 年夏天，城内的食品供应已无法通过斯福尔扎军队的封锁。到了 9 月，他的军队已经在城门外安营扎寨。在最后一次试图突破斯福尔扎包围圈的绝望尝试后，安布罗西亚共和国与威尼斯签署了一份单独的和平协议。然而，这次还是斯福尔扎占了上风，现在他与科西莫·德·美第奇的合作开始有了真正的回报。由于美第奇银行的不断资助，斯福尔扎能够继续围攻米兰城。到了 1450 年 2 月，米兰人已陷入绝望。一位编年史家描述道，人们"像狗一样暴尸街头，没有面包，他们只能吃马、狗、猫，甚至老鼠"[78]。到了月底，饥肠辘辘的暴民们给斯福尔扎的军队打开了城门。弗朗切斯科·斯福尔扎于 2 月 26 日下午，即共和国宣布投降后的第二天进入米兰，但他并没有举行进城的凯旋游行。他轻蔑地拒绝在一群公民代表提供的请愿书上签字，并在一小时后离开米兰城，返回军营。之后经过一个月的谈判，才在大教堂为斯福尔扎举行了授职仪式。

※

　　米兰人民极不情愿地接受了斯福尔扎对米兰公国的野蛮征服，为了能让米兰人民心服口服，他还有很多事情要做。新公爵首先通过强调他与维斯康蒂政权的关系来证明自己的地位。至少最初，他的枢密院主要是由曾在菲利波·马里亚公爵手下担任过这一职务的人组成的。[79] 他还伪造了一份契约，声称他的岳父指定他成为自己的继承人，他甚至直接采用了代表维斯康蒂家族的毒蛇标志 * 作为自己的徽章。他的每个孩子都以"马里亚（男）或玛丽亚（女）"作为洗礼的教名，这也是维斯康蒂家族的传统。更令人震惊的是，他们被命令使用母姓维斯康蒂来签署所有的信件。而一起在宫廷生活的非婚生子女，则使用斯福尔扎这一父姓。[80]

最重要的是，弗朗切斯科善于利用艺术和建筑的视觉语言来强调与传达这种继承的连续性。他重新启动了几个维斯康蒂时期的项目工程，特别是米兰大教堂和帕维亚 ① 的切尔托萨修道院（Certosa at Pavia）。位于帕维亚的维斯康蒂城堡，他也没有更换其大殿中破旧老式的狩猎和比武壁画，而是将这些壁画重新修复。[81] 然而，在米兰城内他必须更加谨慎。菲利波·马里亚在他的统治中心非常不受欢迎，他在米兰的最后几年都是在博塔·乔维亚城堡 ** 度过的。而这座城堡作为米兰人所憎恨的政权象征，在他死后被暴民摧毁了。斯福尔扎明智地选择不将其修复为自己在城内的驻地，而是重建堡垒，并将其作为城市防御的一部分，并在此项目上花费了 30 万杜卡特巨资。[82]

---

*　现在米兰品牌阿尔法·罗密欧（Alfa Romeo）的标志上仍可以看到这条毒蛇。

①　帕维亚，位于米兰南部 30 公里外，是提契诺河畔的历史名城。

**　现如今这座也被称为"斯福尔扎城堡"（Castello Sforzesco）的建筑是 19 世纪重建而成的。

米兰斯福尔扎城堡的塔楼之一，建于 15 世
纪 50 年代。该城堡在维斯康蒂家族的城堡
遗迹上建造而成。这座早期的城堡在 1450
年的围攻中被基本摧毁，重建后成为城市
防御的一部分。（50）

　　这个新王朝遵照旧例仍在米兰市民议会厅（Corte Arengo），也就是大教堂旁边的旧公爵府设立宫廷，但斯福尔扎一家大部分时间都在帕维亚，孩子们也在那里接受人文主义教育，就像其他贵族精英成员一样。事实证明，弗朗切斯科在婚姻方面比阿方索一世更加幸运。皮科洛米尼是比安卡·玛丽亚的崇拜者，他在回忆录中称赞她"是一个具有高尚精神和非凡智慧的女人"[83]。她一共生了九个孩子，除了一个之外，其他子女都顺利成年，他们是长子加莱亚佐（Galeazzo，生于 1444 年）、长女伊波利塔（Ippolita，生于 1445 年）、次子菲利波（Filippo，生于 1449年）、三子斯福尔扎（Sforza，生于 1451 年）、四子卢多维科（Ludovico，生于 1452 年）、五子阿斯卡尼奥（Ascanio，生于1455 年）、幼女伊丽莎白（Elisabetta，生于 1456 年）和幼子奥塔维亚诺（Ottaviano，生于 1458 年）。因此斯福尔扎的新王朝并不缺合法的继承人，而且至少有四名弗朗切斯科的私生子在宫廷中与他们的同父异母的兄弟姐妹一起长大。

　　新政权的生存与维系离不开科西莫·德·美第奇的大力支持。美第奇银行近乎无限的资金支持确保了新政权的财政安全。科西莫于 1452 年在米兰开设了一家新的银行分行，从而为弗朗切斯科提供了资金。与其说这是一项商业投资，不如说是一项政治投资，尽管这位谨慎的银行家经常批评斯福尔扎的奢侈行为。最为重要的是，科西莫为斯福尔扎提供了宝贵的政治经验。在斯福尔扎从一名武将转变为一位政治家的过程中，科西莫也发挥了关键性作用。科西莫比斯福尔扎年长 12 岁，这位新公爵常常在他们的通信中称他为"父亲"。[84]

弗朗切斯科建立的新政权与维斯康蒂的旧政权有很大不同。作为一位典型的军人，他待人接物的方式是商业化且高效的。他牢牢掌控着权力的缰绳，任命专业议员、官僚和律师在政府部门中任职。最重要的是，他建立了一个新的公爵府，作为其政权的"神经中枢"，其主要职能是在确保公爵的命令得到妥善执行之外，保证公爵本人也充分了解事态进展。[85] 廷臣的首领是西科·西蒙内塔（Cicco Simonetta），他的家族早在那不勒斯时期就一直为斯福尔扎服务。公爵非常看重忠诚度，他更喜欢起用自己的老战友担任他所信任的职位。驻外国宫廷的外交官，边境要塞的守卫城主，甚至掌管建筑项目巨额资金的付款人，都是他之前的士兵。[86]

弗朗切斯科在米兰的宫廷不像阿方索在那不勒斯的宫廷那样光彩夺目。与阿方索不同，弗朗切斯科并不能算是个有人文素养的人，他接受的教育是关于现代战争的，而不是古代历史中的战斗。但他还是豢养了一批人文主义者，大多数曾在菲利波·马里亚公爵的宫廷中效力。其中一位人文主义者弗朗切斯科·菲勒福（Francesco Filelfo）曾相当严厉地评价这位新公爵是"一个对任何精妙绝伦的文学和艺术都一无所知的人"[87]。菲勒福之所以能留下这些言论，正是因为他接受了为新公爵写传记的任务，而这无疑也是受到了那不勒斯方面为阿方索歌功颂德、撰写传记的启发。[88]

菲勒福以古罗马诗人维吉尔的长篇史诗《埃涅阿斯纪》（Aeneid）（基于荷马的《伊利亚特》）为蓝本，创编史诗《斯福

尔扎纪》（*Sforziade*），描述了弗朗切斯科权力的崛起。这首史
诗与其说是用来鼓吹新的斯福尔扎王朝，不如说是用来展示菲
勒福杰出的文学才能。它以古希腊文风，搭配女声合唱团悲伤
的吟唱，渲染了斯福尔扎王朝的崛起，诗中甚至将公爵夫人比安
卡·玛丽亚塑造为古罗马神话中的女战士卡米拉（Camilla）[89][①]。
这当然不是公爵想要的，因此他命令西科·西蒙内塔重新撰写
一份更加平实的历史记载。该任务最终由西科的弟弟乔瓦尼
（Giovanni）完成，他是一名廷臣秘书，在《弗朗切斯科·斯福
尔扎传》（*Francisci Sfortiae commentarii*）一书中，乔瓦尼对
斯福尔扎权力崛起的描述清晰地表明他对该书的政治重要性更
为在意。[90]乔瓦尼·西蒙内塔的作品选择以恺撒的《高卢战记》
（*Commentaries*）为蓝本是有深意的，因为这是一个典型的为战争
行为进行辩护和美化的先例。因此，与其说《弗朗切斯科·斯福尔
扎传》一书是对斯福尔扎的赞美，不如说是对斯福尔扎所言所行的
美化和辩护，为他的权力崛起制造一种合理的正面描述。这种分歧
在两位作者对 1447 年弗朗切斯科洗劫皮亚琴察时，对该城的妇女
大肆侵犯的描述上体现得淋漓尽致。西蒙内塔声称，斯福尔扎囚禁
妇女是为了保护她们不受"伤害和虐待"，但在菲勒福的叙述中，
斯福尔扎直到虐待发生后才发布这一命令，他甚至让受尽凌辱的妇
女在监狱里唱起欧里庇得斯风格的长篇哀歌。[91]

――――――――

　　① 卡米拉，古罗马神话中的沃尔西亚少女，后来成为一群勇士的领袖，是戴安
娜女神的宠儿。古罗马诗人维吉尔的《埃涅阿斯纪》中记载了她与埃涅阿斯作战的
故事。

"您更喜欢被人害怕而不是被人爱戴吗？"菲勒福在给斯福尔扎的书信中写道，"除非您能证明自己的公正和慷慨，否则您将永远无法受到人们的尊敬。"[92]弗朗切斯科执政的最初几年问题重重。1451 年夏天，米兰暴发了严重的鼠疫，导致约 6 万人死亡。[93]威尼斯人持续侵扰米兰公国的东部边界。这还给西科·西蒙内塔带来了麻烦，因为他必须确保公爵在随军出征、离开米兰时能充分了解半岛上其他地方的政治局势。斯福尔扎还面临一个问题，即其他国家统治者的承认。尽管一系列的政治宣传在很大程度上使斯福尔扎在意大利的统治地位合法化，但神圣罗马帝国皇帝腓特烈三世拒绝承认他的政治主张。1452 年腓特烈三世前往意大利，在罗马圣彼得大教堂举行加冕仪式，并与 16 岁的葡萄牙公主埃莱奥诺拉（Eleonora）结婚时，他相当冷酷地重申了一个事实，即米兰是神圣罗马帝国的公爵领地。阿方索一次又一次成功地激怒这位"新晋"公爵，因为新娘埃莱奥诺拉是他的侄女，新娘及其亲友也由他的皇家大帆船跨越地中海，护送至利沃诺。[94]

腓特烈三世在南下的途中拒绝访问米兰。1 月 19 日他选择在费拉拉停留，在那里博尔索·德·埃斯特侯爵举办了一系列庆典、宴会和盛大的骑士比武活动来招待他尊贵的客人。四天后，来了两位不速之客，他们是弗朗切斯科公爵的长子加莱亚佐·马里亚和他的叔叔亚历山德罗（Alessandro）。被公爵打了埋伏之后，皇帝别无选择，只能在第二天（1 月 24 日，也就是加莱亚佐 8 岁生日这天）接见了加莱亚佐·马里亚，并听到了一场显然令所有在场听众都感到惊讶的演讲。"他就像一个经验丰富的 30 岁的演说家，"亚历山德罗事后告诉他的兄弟，"所有人都惊叹于这个孩子的表现，皇帝本人深表满意。"[95] 然而，腓特烈三世仍然固执己见，礼貌地拒绝了男孩在回程中访问米兰的邀请，并始终拒绝承认斯福尔扎为米兰公爵。他在佛罗伦萨停留的几天，弗朗切斯科又委托他的大使再次发出邀请，这一次，腓特烈三世甚至拒绝接见这位外交官。

在罗马圣彼得教堂举行了正式的婚礼和加冕仪式后，腓特烈三世和新娘作为阿方索一世的客人南下那不勒斯。国王为这对夫妇举行了盛大的迎接仪式，港口的 30 艘大帆船和身着王室礼服的船员们展示了那不勒斯的海军实力。[96] 每天晚上新城堡的大礼堂都会举行宴会，还有音乐、唱歌和舞蹈表演。有一次，城堡外的街道上举行骑士比武期间，街道两端的喷泉竟然喷出的是红、白葡萄酒！1452 年 4 月，阿方索招待皇帝的开支已经高达 10 万杜卡特。[97] 他还在王室庄园举行了一场精彩的狩猎活动，训练有素的放鹰狩猎人也参与其中。庄园里到处都是野山羊、鹿、野猪、野兔和豪猪，猎人们在阿方索的儿子兼继承人费兰特的带领下，借助王室猎犬追捕这些动物。埃莱奥诺拉和她的女性随从们则在一个遮阳平台上安全地观看这场狩猎。围猎盛宴整整持续了三个小时。[98]

被排除在腓特烈三世意大利行程之外明显是一种故意的冷落。当年 5 月，当弗朗切斯科得知皇帝授予博尔索·德·埃斯特摩德纳公爵头衔（Duke of Modena）时，他更加气愤。糟糕的是，他的线人还报告说阿方索一世和腓特烈三世就米兰的未来进行了私下商讨。如果皇帝决定用武力将斯福尔扎赶出公国，阿方索会向腓特烈三世提供支持。然而，阿方索已不再醉心于政治。1449年夏天，他迷恋上了19岁的卢克蕾齐娅·达拉尼奥（Lucrezia d'Alagno）。她现在是阿方索公开承认的情妇，被允许坐在他身边参加宫廷庆典，享受王后般的待遇。他还赏赐给她数不清的礼物和恩惠，包括给她的亲兄弟和表兄弟安排职位，为她的姐妹们安排与显赫家族的婚姻等。[99] 一位编年史家在记录这段历史时，震惊地写道："谁想从国王那里得到好处，就会去找卢克蕾齐娅夫人，她也借此赚了很多钱。"时任里雅斯特主教的皮科洛米尼哀叹道："一个伟大的国王……征服了意大利诸多省份，击败了最强大的军队，最后却被爱情俘虏，成为一个女人的奴隶。"[100]

※

那不勒斯和佛罗伦萨之间的战争，以及米兰和威尼斯之间的战争，分别给阿方索一世和弗朗切斯科公爵带来了严重的财政问题。战争的开支极其高昂。为了应对在伦巴第的战争，威尼斯每年要花费100万杜卡特，斯福尔扎这边也不遑多让，战争费用几乎占到了米兰公国总收入的一半。[101] 对弗朗切斯科公爵来说，更不幸的是，支付比安卡·玛丽亚奢靡挥霍的费用比支付士兵军饷更急迫，而他的军火商在收回欠款前拒绝再向他提供任何武器。[102] 政治上的影响更为深远。1453年5月，拜占庭首都君士坦丁堡落入土耳其人之手。但当教皇尼古拉五世（Nicholas V）

大声疾呼，要求发动十字军东征，收复这座古老的基督教城市之时，他发现自己无法联合意大利各强国。为此他不得不邀请阿方索一世、弗朗切斯科·斯福尔扎，以及佛罗伦萨和威尼斯共和国的代表来到罗马，参加和平会议。但谈判从一开始就困难重重：每个国家都要求以荒谬的巨额赔款作为和平的代价，斯福尔扎甚至以威尼斯方面悬赏 10 万杜卡特刺杀他为由，拒绝派特使参加会议。[103]

虽然罗马会议以失败告终，但它成为《洛迪和约》（Peace of Lodi）的前奏。1454 年 4 月，以上五国在国内财政即将崩溃的威胁下被迫坐下来谈判。签署该条约最重要的作用是结束了阿方索和弗朗切斯科之间长期的斗争。翌年，双方缔结婚约进一步巩固了两者之间的关系：阿方索一世的孙子、即将年满 6 岁的阿拉贡的阿方索（Alfonso of Aragon），将与弗朗切斯科现年 9 岁的女儿伊波利塔结婚；阿方索一世的孙女、5 岁的阿拉贡的埃莱奥诺拉（Eleonora of Aragon），今后将成为弗朗切斯科现年 3 岁的儿子斯福尔扎·马里亚的新娘。

尼古拉五世于 1455 年 3 月去世，令所有人吃惊的是，他的继任者是 76 岁的阿隆索·博尔贾，其为阿方索一世的亲信，1443 年被尤金四世任命为红衣主教。不过，无须忧虑这位来自外国的教皇会把那不勒斯或西班牙的利益放在首位，这位新任教皇加里斯都三世（Calixtus Ⅲ）上台后的首要任务就是组织十字军东征，收复君士坦丁堡。阿方索一世起初希望得到新教皇的青睐，但希望很快就破灭了，加里斯都三世拒绝授予他对那不勒斯教会的特

殊权力。尽管他授予卢克蕾齐娅·达拉尼奥的叔叔、那不勒斯大
主教雷纳尔多·皮斯切洛（Rainaldo Piscicello）红衣主教的头
衔，但还是拒绝了卢克蕾齐娅希望国王与阿拉贡的玛丽亚离婚的请
求。然而，他却在梵蒂冈接见了卢克蕾齐娅，这一举动引起一片
哗然。尤其是皮科洛米尼，他刚刚晋升为红衣主教，但仍然"认
为教皇陛下如此称赞一位王室情妇多少是不合时宜的"，他甚至
公开表示不满，拒绝以正式访问的礼节接待她。[104] 当加里斯都三
世拒绝提名阿方索一世为那不勒斯王国主教候选人时，他警告国
王道："陛下要知道，教皇是可以废黜国王的。"[105] 国王尖刻地
回应道："教皇陛下也要明白，如果一个国王愿意，他也可以找
到废黜教皇的方法。"阿方索一世于 1458 年 6 月去世。按照红衣
主教皮科洛米尼的说法，加里斯都三世"笑泪交加，既为脆弱的
生命而悲伤，也为除掉敌人而喜悦"[106]。一个多月后，教皇也去
世了，他的继任者红衣主教皮科洛米尼选择庇护二世（Pius Ⅱ）
作为教皇名。

　　另一边，弗朗切斯科公爵却变得越来越自信。《洛迪和约》在
很大程度上消除了阿方索一世和威尼斯对公国边界的威胁，尽管
腓特烈三世仍然拒绝承认他的米兰公爵头衔，但也不打算用武力驱
逐他。他也开始允许自己的孩子们使用他的父姓斯福尔扎，不再使
用母姓维斯康蒂来签署他们的信件，这些都表明他感到安全了很
多。[107] 有了更多可支配的资金，他掀起了一场城市改造运动，通
过改造运河系统，为城市带来更多的经济效益。他还委托建造了
一个大救济院——马焦雷救济院（Ospedale Maggiore，始建于

弗朗切斯科·斯福尔扎，米兰公爵，斯福尔扎王朝的创始人。由博尼法西奥·本博（Bonifacio Bembo）于 1460 年前后绘制（米兰布雷拉美术馆藏）。(61)

1456 年），并在市内建造了几座新教堂。这些新教堂被分配给一些新建立的基督教修会及其分支，它们多是在日益蓬勃发展的教会改革运动中兴起的。

其中，圣玛丽亚加冕教堂（Santa Maria Incoronata）是弗朗切斯科和比安卡·玛丽亚共同赞助修建的一个工程项目。这座隶属于奥古斯丁修会的教堂采取了一种特殊的形制设计。它拥有一个双层外立面、两个中堂和两座祭坛，公爵一方的祭坛供奉着圣母，公爵夫人一方的祭坛则供奉着托伦蒂诺的圣尼古拉（St Nicholas of Tolentino），他在 1446 年才被封圣。以上这些教堂和救济院的建筑风格都是明显的哥特式，这也是斯福尔扎追随的维斯康蒂风格，这种风格在米兰大教堂上体现得特别明显。

有趣的是，古典风格此时正在意大利北部其他宫廷中蔚然成风（见第二章和第三章），有证据表明，弗朗切斯科公爵身边也有一伙新时尚的鼓吹者。负责建造大救济院的石匠安东尼奥·菲拉雷特（Antonio Filarete）为此专门写了一篇建筑论献给公爵。这并非一本技术手册，而是模仿柏拉图对话录的风格，通过高度具有想象力的描述，展现了赞助人和建筑师如何建城。菲拉雷特用了一系列有趣的比喻来描述赞助的过程。在他看来，赞助人就像一个陷入热恋中的男人，从不在意花钱多少；但赞助人和建筑师在项目设计过程中都是不可或缺的，赞助人是父亲，建筑师是母亲，建筑师建造完成的项目就是他们的孩子。[108] 许多细节都暗示了这篇文章与斯福尔扎宫廷之间的联系。建筑师菲拉雷特和协助他的宫廷学者菲尔福（Filelfo）在名字上形成互文，以及文章

米兰，圣玛丽亚加冕教堂，始建于1451年。由公爵夫人比安卡·玛丽亚为奥古斯丁修会赞助修造。这个教堂的一部分是为了纪念托伦蒂诺的圣尼古拉，他也是该修会的第一位圣人，于1446年被封圣。（56–57）

prinapiare pche furono tante lepietre diqueste ruine che tutti ifondamenti dum
partita cioe della croce della parte deglhuomini furono fatti fino alpian tereno

Sicke essendo disegnato illuogho doue far fidoueua questo spedale alnome di
Cristo & della annuntiata fu ordinata una solenne processione collo arcive-
scouo & contuta lacherica El ducha Francesco sforza insieme colla illustrissi
ma biancha Maria Il conte Galeazzo & madonna Ipolita & Filippo maria
& altri suoi figluoli compiu altri Signori intraquali uifu ilsignore Marche
se di Mantoua el Signore Guglielmo dimon ferrato furu ancora due inboscia
dori del Re alfonso di Ragona Il nome deluno fu il conte di Santo angelo
laltro fu uno gentile huomo napoletano furu ancora il Signore Taddeo da Ime
la & piu & piu huomini degni iquali colpopolo di Milano uennono colla detta
processione alluogho diputato & disegnato doue della prima pietra fidoueua
collocare & giunti alluogho predetto io insieme con uno diquegli diputati fu po
sta lapietra laquale era istituita adonere mettere nelfondamento sopra laqua
le era scripto ilmillesimo & ancora ildi elmese ilquale millesimo correua 1457
adi 4 daprile & cosi certe altre arimonie lequali erano queste cioe prima tre
tre uasi diuetro Uno pieno dacqua laltro di uino laltro dolio & Io ghordinai
uno uaso diterra nelquale era una cassetta dipionbo doue era piu cose intra
laltre uera certe memorie diteste scolpite di alcuni huomini degni difama &
apresentaue queste cose doue lacina era fara adouerla mettere & in contato
questo husico el Signore insieme colpontefice & io insieme colloro collocamo que
sta pietra collatre sopra dette cose pdare inquesto luogho una dimostratione alle
pfone glisu fatto come adire uno segno o uoi dire termine glisu fatto come
adire una colomna o uoi dire uno pilastro nelquale fu scripto uno pigrama
fatto p messer Tommaxo claruti & diceua inquesta forma cioe :

FRANCISCVS · SFORTIA · DVX · IIII · SED · QVIAM · ISSVM · PER · P · PRAECESSO
RVM · OBITVM · VRBIS · IMPERIVM · RECVPERAVIT · HOC · MVNVS · CRISTI
PAVPERIBVS · DEDIT · FVNDAVIT · QVE · M · CCCC · LVII · DIE · D · XII · APRILIS

Si che tutte queste cose uolle che fussono dipinte nelportico & comemorate fane pin
no di buoni maestri imodo era degnia cosa auedere. Era ancora sopra alla po
ta delmezzo uno pigrama fatto plodegnia poeta philelfo come dinanzi e scrip
to & diceua cosi uolle questo nostro Signore desidipiomessi inquesto della nostra
nuoua cita & cosi umanzi alla porta fu fatto uno diquesti termini maquesto
fu fatto dbellissimo marino & fu scolpito intorno didegnie cose intralaltre glisu
scolpito la immagine delsignore Come egli misse & colloco laprima pietra &la
cora lauia & alcune altre degnie memorie. Et disopra nella somma uno bo
llo fioriremento colla immagine della annuntiata Disopra uera scolpito ancora
iquanto tempi dellanno & tutto lodistio come sifaccia & piu gentilezze lequa
li diloueira credo gliupiacera come piace adni uede quello dimilano. Siche for
mito questo spedale ilquale alun somamente piacque. Et intrallaltre cose de
ome quando alcuno forestiere lanesse uicitato. facona uedere questo p uno de
degni hodifitii chonella terra sua fusso :

菲拉雷特，公爵府设计
稿，约 1460 年（佛罗伦
萨国立中央图书馆藏）。
菲拉雷特想象中的斯福尔
扎城还包括穷人、手工业
者、商人和教士的住所，
每处住所的规模和装饰都
依据等级而定。（58）

中的一座理想之城直接被命名为"斯福尔扎城"（Sforzinda），城门以公爵夫人比安卡·玛丽亚和他们的孩子命名。最重要的是，这个故事讲述了一位建筑师如何向他的赞助人展示古典建筑语言的优势，特别是如何用这种建筑语言来表示等级的区分，这种区分在米兰宫廷中显得十分重要。[109]

　　弗朗切斯科极为看重社会地位，他一生都在为提升自己的社会地位而奋斗。现在作为意大利最大的国家之一的统治者，他终于赢得了他一直渴望的来自其他国家君主的尊重。《洛迪和约》之后，他在意大利政治舞台上的地位急剧上升。1462年，科西莫·德·美第奇在两人的通信中对这位后辈的政治家精神给予了高度评价："你做出的决定不仅对自己和朋友有利，也对整个意大利有利。"[110]弗朗切斯科与科西莫·德·美第奇的密切关系使米兰和佛罗伦萨之间的联盟关系更加稳固，成为《洛迪和约》下权力平衡得以维系的核心力量。弗朗切斯科的政治创新之一是设立常驻外交官，定期向他报告意大利地区主要国家的重大事件，特别是罗马这座基督教世界的首都。可靠的新闻成为一种宝贵的商品，在15世纪意大利弥漫着流言蜚语的宫廷中并不易得。因此，文艺复兴时期的大使们所撰写的报告往往篇幅很长，记录了日常工作的细枝末节、重大事件，特别是各类道听途说和流言蜚语，这往往对制定外交政策很有帮助，直到今天仍然是引人入胜的阅读材料。

　　此前，外交大使只是为了特定目的临时派遣的职位，设立常设大使馆是一项耗时费力的过程。但事实证明这些花费是值得的。到 15 世纪末，向外国宫廷派驻外交大使的政策已成为整个欧洲通行的标准。科西莫·德·美第奇最初也认为派驻外交官是一种奢侈的行为，但他也不得不改变主意。[111]1464 年科西莫去世时，美第奇家族对弗朗切斯科公爵的外交大使尼科德莫·特兰切迪尼（Nicodemo Tranchedini）表达了诚挚的感谢。首先，他让科西莫的儿子皮耶罗（Piero）顺利地继承了其父在佛罗伦萨共和国的领导地位，尽管是以一种非常不共和的姿态；两年后，特兰切迪尼大使又在平息针对美第奇家族的暴乱中发挥了积极作用。弗朗切斯科公爵的政治家风范在他的老对手阿方索国王于 1458 年去世后也表现得淋漓尽致。此时此刻，他搁置了旧日双方的恩怨，协助阿方索的私生子费兰特平息叛乱，顺利继承了那不勒斯王国的王位（详见第四章）。

　　弗朗切斯科只比他的对手多活了 8 年，1466 年 3 月 8 日他因水肿发作而去世。尽管一开始普遍不被看好，他们之间的敌意有时还会引发双边战争，但弗朗切斯科和阿方索还是在意大利建立了自己的王朝——尽管没有合法的继承人，阿方索一世不得不将他在西班牙的领地留给自己的兄弟。弗朗切斯科公爵生前虽然极力避免双方下一代的继承人卷入斗争的旋涡，但是这种竞争关系仍然在 15 世纪接下来的时间里继续支配着意大利的政治局势。

第二章　骑士与人文主义者

莱昂内洛·德·埃斯特和西吉斯蒙多·马拉泰斯塔

主要登场人物：

莱昂内洛·德·埃斯特（leonello d'Este，1407—1450）
费拉拉侯爵

西吉斯蒙多·马拉泰斯塔（Sigismondo Malatesta，1417—1468）
里米尼勋爵

尼科洛三世（Nicolò Ⅲ）
费拉拉侯爵，莱昂内洛的父亲

吉内芙拉·德·埃斯特（Ginevra d'Este）
西吉斯蒙多的妻子和莱昂内洛的妹妹

伊索塔·德·阿蒂（Isotta degli Atti）
西吉斯蒙多的情妇

莱昂·巴蒂斯塔·阿尔贝蒂（Leon Battista Alberti）
教皇的书记员

尤金四世
教皇

Di quà e là del Po，Tutti figli di Nicolò

波河两岸，都是尼科洛的子女。[1]

这首流行小调对 15 世纪费拉拉首任侯爵阳刚之气的吹嘘绝非无中生有。尼科洛三世一生有三十多个孩子，他结过三次婚，拥有几十个情妇，其中包括贵族和平民，甚至连蹄铁匠的妻子和女仆都不放过。他自己也是私生子，在他的第一个合法生育的孩子（女儿）之前，他至少有六个私生子，在合法的男性继承人诞生之前，他还有几个私生子。[2] 他并没有刻意隐藏这些孩子，而且为了追逐当时流行的骑士文化，他还以亚瑟王传说里的骑士和夫人的名字为孩子们命名，如莱昂内洛［Leonello，莱昂内尔（Lionel）爵士］、博尔索［Borso，博尔斯（Bors）爵士］、吉内芙拉［Ginevra，格尼维尔（Guinevere）］和伊索塔［Isotta，伊索尔德 / 伊索尔特（Isolde/Iseult）］。

非婚生子女在 15 世纪意大利的王公贵族中很常见，一位法国游客甚至惊讶地发现"意大利的宫廷对待非婚生子和婚生子没有

什么区别"[3]。 非婚生子女常常在宫廷中与同父异母的合法兄弟
一起长大，并在王朝的权力游戏中扮演着重要角色：儿子可以当
兵作战，或进入教会任职，以期日后在罗马教廷产生影响力；女
儿则是便利的新娘，用来巩固与其他贵族家族的联盟。非婚生子
女的母亲也不会被遗忘，会定期得到土地或赠礼；如果是单身母
亲，还会得到一份嫁妆，并被安排嫁给一个体面的人。虽然非婚
生子女理论上是没有继承权的，但在教皇的施恩下这种问题很容
易被修正。但像尼科洛这样拥有如此规模的私生子仍是潜在的不
稳定因素，心怀怨恨的母亲也一样。

　　这一章就是通过介绍两位私生子君主——费拉拉侯爵莱昂
内洛·德·埃斯特和里米尼勋爵西吉斯蒙多·马拉泰斯塔的命
运，来讲述私生子和情妇的故事。莱昂内洛是尼科洛三世众多子
女中的一位，尼科洛的第二任妻子是西吉斯蒙多的表妹帕里西
纳（Parisina），而西吉斯蒙多也将与尼科洛的女儿吉内芙拉结
婚。作为幼子，他们都在年轻时加入雇佣军，积累领兵打仗的经
验；之后也都在长兄去世后继承了爵位，在意大利政局动荡期间
掌握了一方霸权。但在性格上，他俩天差地别：莱昂内洛是一名
知识分子，性格温和，教皇尤金四世甚至认为他可以成为一名好
教士；相较之下，西吉斯蒙多是一个勇猛且野心勃勃的战士，可
以毫无顾忌地将个人利益置于忠诚之上。这两位地方诸侯也是文
艺复兴运动的先驱，他们复兴了古罗马的文化，创造了当时最高
雅时髦的宫廷文化。但是他们的故事仍让人不寒而栗，无论艺术
多么绚丽，文艺复兴社会本质上都充满暴力。

※

埃斯特家族和马拉泰斯塔家族是两个联系极其紧密的精锐雇佣兵王朝，统治着意大利东北部的两块教皇国封地。费拉拉和里米尼的宫廷相距仅约 32 千米，一天之内即可轻松到达。自 10 世纪以来，埃斯特家族一直掌管着肥沃的波河平原，1264 年成为费拉拉的领主，1288 年受封帝国采邑摩德纳。埃斯特家族非常富有，他们拥有欧洲最好、最肥沃的农耕用地，因此他们对雇佣兵收入的依赖程度低于他们的邻居马拉泰斯塔家族。自 1280 年以来，马拉泰斯塔家族一直是里米尼的统治者，此后的一个世纪里，他们的影响力进一步扩展到亚得里亚海沿岸的佩萨罗、法诺和切塞纳等城市，以及一些较小的城市公社，如塞尼加利亚、福斯布隆、蒙达维奥和蒙多尔福。马拉泰斯塔家族固若金汤的塔防工事和军事技能驰名意大利，但残酷的竞争导致马拉泰斯塔家族的遗产在 1400 年时被不同分支瓜分，而埃斯特家族的财富和封地则保持不变，并且在 1409 年尼科洛三世将家族领地扩展至雷焦艾米利亚地区。

尽管尼科洛三世的私生活很不检点，但他是一个精明的政治家，既有远见卓识，又极具耐心。在他统治的 48 年间，费拉拉一跃成为意大利半岛上具有影响力的大国。他的头三个儿子都是他最喜欢的情妇、锡耶纳贵族斯特拉·德拉·阿萨斯诺（Stella dell'Assassino）所生。

皮萨内罗,《莱昂内洛·德·埃斯特》,约
1441年(贝加莫卡拉拉学院美术馆藏)。
这位统治者的形象显示出他更愿意追求学
术,而非当个军人。〔66〕

当她于 1419 年去世时，被准许安葬在圣弗朗切斯科（San Francesco）的埃斯特家族墓室中，尽管尼科洛在头一年就已经迎娶了他的第二任妻子帕里西纳·马拉泰斯塔，即西吉斯蒙多的表妹。尼科洛侯爵始终很器重斯特拉的儿子们。长子乌戈（Ugo）得到了教皇的认可，因此被指定为继承人，并让次子梅利亚杜斯（Meliaduse）也进入教会发展事业，三子莱昂内洛被派往著名的雇佣兵队长布拉乔·达·蒙托内（Braccio da Montone）那里学习作战技能。但莱昂内洛的军事生涯在 1425 年 5 月戛然而止。当尼科洛发现乌戈与他的妻子帕里西纳有染，愤怒之下把他们一并斩首。"声名显赫的尼科洛侯爵砍掉了他的儿子乌戈的头，因为帕里西纳夫人是乌戈的继母。"一位当地人在编年史中简要记录了这一丑闻，一时成为轰动整个意大利的头条新闻。[4] 这段禁忌之恋的残酷结局不仅展现了尼科洛的愤怒，也表明了当时对待爱情的双重标准：尽管文艺复兴时期的费拉拉将通奸视为违法行为，但侯爵自己的已婚情妇中没有一个人因为这项罪名而受到惩罚。更悲惨的是，埃斯特家族档案中的大量账簿显示，两年前帕里西纳曾买了一本讲述命运多舛的恋人特里斯坦（Tristan）和伊索尔德（Isolde）的爱情故事的书，他们的通奸行为也以死亡告终。[5]

不知出于什么原因，尼科洛决定跳过次子梅利亚杜斯，指定莱昂内洛作为他的继承人。他在遗嘱中还特别提到了莱昂内洛"虔诚、公正和智慧"，表明他更相信这个儿子的政治能力。[6] 15 世纪 20—30 年代是意大利的动荡和困难时期，南部那不勒斯王国的继承人战争如火如荼，北部米兰和威尼斯共和国为争夺伦巴第平原的控制权，一直你来我往。尼科洛三世控制的领地与米兰和威尼斯都有接壤，他非常清楚，介入任何一方都有可能使费拉拉被另一方视为敌手。因此，他不遗余力地维持着费拉拉的中立，并与两大邻国保持良好的关系。他也清楚地认识到指导他的继承人学习外交艺术的重要性，因此他让莱昂内洛直接参与到政治事务中来。

莱昂内洛本人也广受爱戴。"他说话亲切，平易近人，还长着一张迷人的脸"，这是时人对这位未来之君的典型描述。[7] 1429年，22 岁的莱昂内洛与曼图亚侯爵（Marquis of Mantua）詹弗朗切斯科·贡萨加（Gianfrancesco Gonzaga）的小女儿玛格丽塔（Margherita）订婚。两人于 1435 年举行婚礼，时年玛格丽塔 17 岁，尼科洛侯爵用征收的特别税举办了一场盛大而奢华的婚礼仪式，迎接她来到费拉拉。但新娘的父亲在同意这桩婚事之前提出了两个条件：他未来的女婿必须获得合法身份；尼科洛三世还必须发表公开声明，指定莱昂内洛为其继承人。尼科洛毫不犹豫地满足了詹弗朗切斯科的要求。甚至当他的第三任妻子、萨鲁佐侯爵（Marquis of Saluzzo）的女儿里扎尔达（Rizzarda）在1431 年生下合法的继承人埃尔科勒（Ercole），一年后又生下西吉斯蒙多（Sigismondo）时，他也没有改变莱昂内洛继承人的身份。

有趣的是，曼图亚侯爵还对莱昂内洛的未来产生了一个间接的影响。詹加莱亚佐（Giangaleazzo）大胆创新，决定在曼图亚开设一所人文主义学校来教育自己的孩子（见第三章）。受此启发，尼科洛三世于 1429 年邀请人文主义者瓜里诺·达·维罗纳（Guarino da Verona）来费拉拉，担任莱昂内洛的家庭教师，年薪高达 350 杜卡特。[8] 莱昂内洛此时已经到了学习古典文化课程的年龄，他对接受人文主义教育备感欣喜，瓜里诺也很喜欢教导这个热情的学生。他们学习的主要文本是尤利乌斯·恺撒的《高卢战记》，瓜里诺将其作为一本政治家手册，向莱昂内洛传授如何做理想的政治家和战士。当莱昂内洛询问他的导师如何看待游泳时，瓜里诺回答说这是一项健康的运动，恺撒本人也很喜欢游泳。[9]

里米尼这边，西吉斯蒙多也正走在通向权力的道路上。1427 年，当他只有 10 岁时，他的父亲就去世了，他同父异母的长兄加莱奥托·罗伯托（Galeotto Roberto）成为法诺的新领主。加莱奥托·罗伯托和西吉斯蒙多一样是私生子，只是母亲不同。这一年，16 岁的新任法诺领主与尼科洛三世的私生女玛格丽塔（Margherita）结婚，这进一步巩固了马拉泰斯塔家族和埃斯特家族之间的联系。西吉斯蒙多和他的弟弟多梅尼科（Domenico）搬到了他们的叔叔里米尼领主卡洛·马拉泰斯塔（Carlo Malatesta）的宫廷里，卡洛没有孩子，因此把他兄弟的三个儿子都视作自己的继承人。第二年，他说服教皇马丁五世让西吉斯蒙多的身份合法化。1429 年，卡洛去世，加莱奥托·罗伯托作为继承人成为里米尼、切塞纳和法诺的领主，西吉斯蒙多将成为下一任领主，除非罗伯托生出儿子。

西吉斯蒙多就此开始了他的军事生涯。1430 年，年仅 13 岁的西吉斯蒙多就率领着自己的部队参加了战斗；第二年，他帮助加莱奥托·罗伯托击退了对里米尼的攻击。1431 年 11 月，为了改善马拉泰斯塔和威尼斯之间的关系，西吉斯蒙多与威尼斯共和国的雇佣兵队长、赫赫有名的卡马尼奥拉伯爵（Count of Carmagnola）弗朗切斯科·布松（Francesco Bussone）的女儿订婚。但六个月后卡马尼奥拉伯爵因叛国罪被处决，他宣布解除婚约，但拒绝归还女方的嫁妆。现在，所有人都知道加莱奥托·罗伯托即将去世，西吉斯蒙多很快就会成为里米尼的新任领主。加莱奥托·罗伯托极其虔诚，据传他从未与妻子同房，并在妻子的同意下自愿献身于禁欲主义。他因长期禁食而形销骨立，身上长满了湿疹，于 1432 年 10 月 10 日去世，年仅 21 岁。他认为自己不配安葬在圣弗朗切斯科教堂内的马拉泰斯塔家族墓室，因此要求安葬在广场外的坟墓里，那里很快就成为当地奇迹崇拜的热门地点。

年仅 15 岁的西吉斯蒙多就此成为里米尼和法诺的领主（切塞纳归他的弟弟多梅尼科所有）。尼科洛三世决定维持两大家族之间的联盟关系，于 1433 年 5 月将他的女儿吉内芙拉（也是莱昂内洛同父异母的妹妹）许配给这个年轻的野心家。第二年 2 月，西吉斯蒙多为欢迎他的新娘嫁入里米尼举办了一场盛大的仪式，他命令所有店铺关门三天，以便他的臣民能够来观看娱乐活动，活动还包括在城区主要广场竖立的堡垒中进行的模拟战斗。西吉斯蒙多的军事生涯在接下来的几年内突飞猛进：1435 年他被任命为教皇尤金四世的军队总司令官，1437 年还与威尼斯签订了一份雇佣兵合同，到了 1439 年，他夺取了近邻蒙特费尔特罗

（Montefeltro）家族控制的八座城堡，进一步扩大了马拉泰斯塔家族控制的地区（见第四章）。他的骁勇善战已经令战场内外的敌人闻风丧胆，他最喜欢的私人徽章是大象，因为这象征着军事胜利。

　　尼科洛三世也在努力维护与威尼斯共和国以及罗马教廷的良好关系。他与教皇马丁五世和尤金四世关系融洽，教皇也深知一个独立的费拉拉对教皇国乃至整个意大利政局的价值。尼科洛三世得到的回报最明显的就体现在经济上：罗马教廷对这块教皇领地每年收取的人头费大幅下降，从 1400 年的一万弗罗林下降到三十年后的四千弗罗林。[10] 此外，当尤金四世决定召开一次联合东西方教会的协商大会时，他选择费拉拉作为这次著名的大公会议的会议地点。会议于 1438 年 4 月 9 日开幕，出席会议的三位重要人物是 1438 年 1 月抵达费拉拉的教皇尤金四世、希腊东正教大主教约瑟夫二世（Joseph Ⅱ），以及从君士坦丁堡经海路前往威尼斯的拜占庭帝国皇帝约翰八世帕莱奥洛戈斯（John Ⅷ Palaiologos）。约翰八世在那里还接见了尼科洛三世，以及他的两个儿子莱昂内洛和博尔索。与这些王公显贵同行的是规模庞大的随行人员，其中包括意大利人文学者、希腊学者和东西两大教会的神学家，他们就圣灵性质展开的激烈争论与狩猎聚会和宴会交织在一起。虽然 7 月暴发的瘟疫迫使尤金四世将会议地点从费拉拉移到了佛罗伦萨＊，但莱昂内洛还是如鱼得水，尽情享受

　　＊　因此，历史学家通常将这次会议称为费拉拉 - 佛罗伦萨大公会议。

这次与当今最顶尖学者面对面探讨知识理论的机会。

与帕多瓦、曼图亚和里米尼等邻国不同，费拉拉没有古罗马的历史可供夸耀。它位于波河可通航的支流北岸，在中世纪才逐渐走向繁荣，于1135年开始修建一座精美的罗马风格大教堂。到了1400年，费拉拉城市的天际线被埃斯特家族的权力象征占据。位于城市中心位置的科尔特宫（Palazzo di Corte，始建于1243年）是埃斯特家族的宅邸，隔着中央市场与大教堂遥遥相望；老城堡（Castello Vecchio）是一座巨大的、没有任何花哨装饰的堡垒，于1385年在镇压了反对尼科洛三世的叔叔尼科洛二世（Nicolò Ⅱ）的叛乱后开始建造，作为对日后叛乱的震慑。还有泰达尔多城堡（Castello Tedaldo，始建于1395年）和新城堡（Castel Novo，始建于1425年），是尼科洛三世在波河码头两端建造的另外两座大型堡垒，以抵御水路进攻。还有一些乡村宫殿和狩猎场，特别是贝菲奥雷宫（Belfiore）和贝雷加多宫（Belreguardo），都是由尼科洛三世建造的。

※

1441年12月26日尼科洛三世去世，莱昂内洛成为费拉拉侯爵。尽管萨鲁佐的里扎尔达试图为她十岁的儿子埃尔科勒争夺爵位，但尼科洛生前精心的安排使这次继承权之争处理得干净利落。

　　莱昂内洛牢牢控制着局面，他的弟弟博尔索则担任首席顾问，这位寡妇不得不在第二年离开费拉拉。本质上看，莱昂内洛延续了他父亲的政策，即在米兰和威尼斯之间保持权力平衡。在整个统治期间，他都试图避免卷入政治斗争之中，但这一规则在1442年夏天被打破，他敏锐地意识到局势的变化，决定承认阿拉贡的阿方索五世是那不勒斯王位的合法继承人。莱昂内洛的第一任妻子玛格丽塔·贡萨加于1439年去世，1443年4月1日费拉拉侯爵与那不勒斯国王的女儿阿拉贡的玛丽亚订婚，这进一步巩固了双方的联盟关系。那不勒斯方面认为这是一个完美的组合，正如阿方索驻加泰罗尼亚的大使在发回西班牙的报告中评价的那样，这是"一段盛大而美好的婚姻，因为他（莱昂内洛）是一个非常富有的城市领主"[11]。博尔索进一步巩固了那不勒斯与费拉拉的关系。1445年至1446年，他在那不勒斯待了几个月，莱昂内洛年轻的同父异母兄弟埃尔科勒和西吉斯蒙多也被送到了阿方索的王宫，接受那里的人文主义教育，掌握骑士的技能以及更残酷的职业军人的作战方式。莱昂内洛的这一英明之举，将国内反对派勾结尼科洛的任何一个合法儿子的风险降到最低。

　　37岁的莱昂内洛和正值青春的玛丽亚于1444年举行了婚礼，并以盛大的宴席招待前来贺喜的客人，包括来自那不勒斯的王家亲友和廷臣，以及来自意大利地区其他国家的大使。狂欢持续了两个星期，宴会、骑士比武大赛，以及在莱昂内洛的乡村别墅贝菲奥雷宫举行的狩猎盛会。在那里，新郎和新娘围观了猎手捕杀大量的野生动物。[12] 根据一位编年史家的说法，这场盛大的婚礼

皮耶罗·德拉·弗朗西斯卡（Piero della Francesca），《西吉斯蒙多·马拉泰斯塔》，约 1450 年（巴黎卢浮宫藏）。大多数西吉斯蒙多的肖像画都侧重于他的军事成就。但这幅作品模仿了古罗马钱币上的侧面像，展示了他对古代文化的兴趣。[71]

皮萨内罗，《莱昂内洛·德·埃斯特》，1441年（贝加莫卡拉拉学院美术馆藏）。已知皮萨内罗为费拉拉侯爵铸造了六枚勋章，这是其中之一。所有这些都证明了他对古典文化的热情与支持。(72)

派对共消耗了一万五千份甜食、八万只鸡、四千头牛、"无数的野鸡和鸽子"以及两万桶酒。[13]

　　莱昂内洛为纪念这场联姻，委托人制作了一枚肖像勋章，上面的铭文不仅标注了他费拉拉侯爵的头衔，还特别注明了他是阿方索国王的女婿。[14]肖像勋章在15世纪40年代成为一股流行风尚。作为这种艺术类型的首批赞助者，莱昂内洛曾委托人制作一枚勋章，以纪念他在1441年成为费拉拉、摩德纳和雷焦的统治者，他的做法为勋章在意大利其他王室宫廷的普遍流行起到了很大作用。肖像勋章源自古典时期统治者发行的钱币，彼特拉克和其他14世纪的人文主义者特别热衷于收集这些钱币，莱昂内洛侯爵本人也是如此。文艺复兴时期的君主喜欢在自己的勋章头像上强调自己作为古罗马帝国传统继承人的身份。1435年，莱昂内洛第一次结婚时，宫廷艺术家皮萨内罗为他心目中的英雄恺撒大帝绘制了一幅肖像，获得了2枚杜卡特金币的奖赏。[15]目前还不清楚这幅肖像是绘画还是勋章。一般认为，皮萨内罗制作的第一枚勋章是拜占庭皇帝约翰八世帕莱奥洛戈斯的勋章，1438年他曾短暂地出席费拉拉大公会。[16]皮萨内罗制作的六枚莱昂内洛肖像勋章如今都保存了下来，它们的背面都装饰着深奥的古典意象，至今仍令研究者们困惑不已。当然，上面那枚纪念联姻的勋章也许更容易解释，它迷人的背面展示了丘比特正在教一只狮子［lion意指莱昂内洛（Leonello）］唱歌。[17]

　　考虑到费拉拉和那不勒斯之间的文化关联，这枚勋章的意象特别贴切。阿拉贡的阿方索很快就接受了他的女婿对皮萨内罗肖像勋章的热爱（见第一章），而莱昂内洛则受到了他岳父热爱音乐的启发，开始效仿阿方索在那不勒斯的做法，成为宗教和世俗音乐的主要赞助人。他在费拉拉的宫廷里加盖了自己的私人小礼拜堂，在里面供奉着祭坛画和镀金的银器，还引入了从法国来的唱诗班歌手。[18]

　　更重要的是，莱昂内洛的宫廷对人文主义学者有着一股强大的吸引力，由于他们的存在，费拉拉成为文艺复兴时期人文主义运动的中心之一。莱昂内洛的首要任务之一是恢复费拉拉大学（Studium），该大学成立于1391年，但由于财政困难当时已完全关闭。1442年1月17日，也就是他父亲去世三周之后，新侯爵就筹措资金、招募教师重新开办费拉拉大学。该大学也为莱昂内洛身边的人文主义学者提供了就业机会，如希腊学者西奥多·加萨（Theodor Gaza）和意大利学者巴西尼奥·达·帕尔马（Basinio da Parma）。莱昂内洛的导师瓜里诺也搬离王宫，成为费拉拉大学新任的修辞学教授，尽管他仍然充当莱昂内洛的秘书，并偶尔为其履行外交任务。费拉拉大学重新开办后，学生人数激增：15世纪30年代，平均每年只有34名学生入学，10年后，这一数字达到了338名。[19]

　　一名来自米兰的医生安吉洛·德森布里奥（Angelo Decembrio）也是被吸引到费拉拉的人文主义学者之一，他的文章《论政治文化》（*De politia litteraria*）记录了侯爵与他的人文主义学者之间就各种话题展开的讨论，展示了许多关于费拉拉宫廷和莱昂内洛本人的情况。德森布里奥最具说服力的评论是关于莱昂内洛的外

表："他的着装风格不像其他君主那样奢华与夸张。"[20]事实上，在德森布里奥的描述中，我们看不到一个君主的典型形象，相反他更像一名谦虚而博学的知识分子。他醉心古典文化，喜欢与他身边的人文主义学者们就古典作家的美德展开激烈的辩论，他利用自己的财富和地位来促进学术研究，而非提高自己的个人地位和声望。

莱昂内洛不是他同时代人中最慷慨的赞助人，然而，作为文艺复兴文化的第一批赞助人，他以其谦逊的方式投入对古典文化的学习和复兴之中，值得被后人铭记。与这一时期的其他国家的君主不同，他没有在城堡等传递王朝权力方面花费过多。这位一心避免国际政治冲突的君主，在国内也倾向于塑造一位和平者的形象。身边的人文主义者也有意将他宣扬为一位知识渊博的鉴赏家，而不是一名热衷于修建城堡的建筑师，而后者是文艺复兴早期的其他君主，特别是西吉斯蒙多·马拉泰斯塔所钟爱的形象。他的许多艺术委托都是纯粹出于私人爱好，比如为他各处住所的书房制作昂贵的细木镶嵌装饰和湿壁画，收藏古钱币、精雕细刻的珠宝，以及由皮萨内罗和威尼斯画家雅各布·贝里尼（Jacopo Bellini）为其绘制的优雅而谦逊的肖像画。

埃斯特家族的图书馆在1436年仅有279册藏书，而这些还是受莱昂内洛赞助、投奔费拉拉宫廷的人文主义者捐赠的。[21]侯爵本人对他父亲喜欢亚瑟王一类的传奇故事不屑一顾，"这些书我只会偶尔在冬夜里读给我的妻子和孩子们听"[22]。他用大量的古典文献，包括许多由他宫廷里的人文主义者翻译的文献，大大增加了图书馆藏品的数量，并雇用了一批抄写员和微缩画家来创作与润饰这批手稿。他对古典文化的兴趣还体现在他对宝石和其他珍宝以及古罗马硬币的收藏上，"我常常兴奋地把玩欣赏着铜币上恺撒的头像……它们给我的印象不亚于苏维托尼乌斯（Suetonius）[①]和其他作者对他们的描述"[23]。

　　莱昂内洛将费拉拉改造成一个人文主义宫廷的愿望也反映在他对宫殿和城堡装饰的新态度上。尽管他对挂毯的艺术价值持批判态度，但他喜欢和欣赏挂毯的制作技术。据闻他曾说过："这一工种的确需要很多的技巧，但织工和设计师往往更关心华丽的色彩和挂毯表面的魅力，而不是图案绘制中展现出的科学技术。"[24] 尽管莱昂内洛对这种贵族品位的重要展览品评价不高，但他还是在他父亲收藏的大量佛兰德斯挂毯的基础上添砖加瓦。新挂毯大多以狩猎场景或纹章标识装饰，他还将自家画师设计的纹样送到布鲁塞尔的织工那里加工。1444 年，他延请两名佛兰德斯织工在费拉拉开设了手工工坊，这在当时的意大利宫廷还是独树一帜。[25]

　　莱昂内洛自住宅邸的装饰壁画也有新的主题。与他的父亲不同，莱昂内洛并不太中意那些中世纪骑士传说主题，如《崔斯坦和伊索德》（*Tristan and Isolde*）[②] 或查理大帝的圣骑士（Charlemagne's

---

　　①　苏维托尼乌斯（69—122），罗马帝国早期著名历史学家，代表作为《罗马十二帝王传》。

　　②　《崔斯坦和伊索德》，12 世纪欧洲流行的骑士浪漫故事。故事灵感来源于凯尔特人（Celts）的传说，讲述康沃尔郡骑士崔斯坦和爱尔兰公主伊索德之间的爱情。

paladins）^①一类的故事，或者由大象和独角兽等组成的充满异国
情调的族徽和纹章装饰，他的选择更能反映新的文艺复兴旨趣。[26]
他委托人绘制了一幅古希腊女先知西比拉（Sibyls）的壁画来装
饰贝雷加多宫的一个房间，在贝菲奥雷宫的书房绘制了另一幅文
艺缪斯的壁画。遗憾的是这两幅壁画都没有保存下来，但可以确
认的是在一封瓜里诺写给莱昂内洛的信中提及了贝菲奥雷宫的壁
画，这位人文主义者还利用他对古典文化的理解，就如何描绘每
位缪斯提出了自己的见解。[27]这类专家顾问在文艺复兴艺术发展
中发挥了重要作用。正是从阅读古典文学中得到启发，莱昂内洛
认为画家只是一种技术工匠，他们有复制其所见的技能，但缺乏
发明力和创造力。[28]

　　另一位向莱昂内洛提供专业建议的人文主义者是莱昂·巴蒂
斯塔·阿尔贝蒂，他是一位流亡的佛罗伦萨贵族的私生子，博学
多才，后出任教皇身边的书记员这一罗马教廷的高级官员。正是
以这种身份，1437—1438 年阿尔贝蒂随教皇一行参加了在费拉拉
举行的大公会议，并与莱昂内洛结为好友。他将自己撰写的几部
喜剧献给了这位侯爵，并认为莱昂内洛是"一位真正的君主和博
学之人"[29]。阿尔贝蒂本人也是一位学识渊博的人文主义者，他对
古罗马文化有着浓厚的兴趣，是文艺复兴时期肖像勋章革新的先
驱，并在 1430 年左右委托人制作了一枚自己的椭圆形小饰板。[30]

---

　　① 　查理大帝的圣骑士，历史上指公元800年前后跟随查理大帝征战的十二位勇
士。中世纪时期，查理大帝及其圣骑士的故事在欧洲广为流传，其中的代表作有
《罗兰之歌》。这类彰显勇敢与牺牲精神的骑士文学自此也蔚为风潮、经久不衰。

他曾写过几篇对话录和论文，内容包括家庭生活、语言文学甚至航海船只（Navis，完成于 1447 年）。他还曾尝试从罗马南部阿尔班山的内米湖中发掘一艘古罗马时期的战船，但以失败告终。[31] 他以三篇艺术论文闻名于世，分别是《论绘画》（*De pictura*，完成于 1435 年）、《论雕塑》（*De sculptura*，未注明日期）和《论建筑》（*De re aedificatoria*，完成于 1452 年，1485 年首次出版）。阿尔贝蒂声称，之所以能写出《论建筑》，是因为受到了莱昂内洛的热情鼓舞。[32]

1443 年，费拉拉举办了一场艺术竞赛，主题是为莱昂内洛的父亲尼科洛三世建造一座雕像。这座雕像的风格要求恢复古典雕塑中的一种特殊类型——骑马塑像。中世纪的意大利北部，用骑马塑像来表彰军事才能的做法很流行，但这些塑像大多是木制的，因此此次竞赛的获胜作品将是自古典时期以来第一座真人大小的独立铜像。阿尔贝蒂担任了此次竞赛的评委，并受其启发撰写了一篇《论马》（*De equo animante*，完成于 1442 年），并献给莱昂内洛。该论文以古典文献为基础，是一本关于如何护理马匹、如何治疗马的疾病，以及如何将马训练成赛马、猎马、战马等技能的手册。更重要的是，阿尔贝蒂还参与了骑马雕像底座的设计。* 雕像的底座设计成拱门的形制，并与科尔特宫相连，其优雅的混合式柱头和凹槽纹立柱展现了建筑师对古典遗迹的深入研究。这也成为阿尔贝蒂的第一件已知作品，而我们也即将看

---

　　*　如今拱门底座仍位于费拉拉的骑马雕像原址，但上面的骑马雕像却在 1796 年被暴徒损毁。

皮萨内罗,《马》(铅笔线描),绘制于
1434—1445 年(巴黎卢浮宫藏)。
皮萨内罗对鸟类等动物的细致研究展
示了他作为一名画家的高超技能。(77

费拉拉，骑马雕像底座拱门（Arco del Cava），
建造于 1443 年。可能是由莱昂·巴蒂斯塔·阿尔
贝蒂设计，拱门的古典风格反映了他对古罗马建筑
的深入研究。(78)

到，他对文艺复兴时期的建筑发展产生了巨大影响。

※

里米尼这边，西吉斯蒙多正在战场上忙碌地追求他的梦想，将马拉泰斯塔的领土全部纳入自己的掌控之中。1444 年初，他首先计划将他的表兄加莱亚佐·马拉泰斯塔（Galeazzo Malatesta）赶出佩萨罗和福斯布隆。此时加莱亚佐已近 60 岁高龄，无法亲自上阵作战，他只得雇用了一名当地的雇佣兵队长——乌尔比诺伯爵费德里戈·达·蒙特费尔特罗（Federigo da Montefeltro），他成功击退了西吉斯蒙多的进攻。直到冬季来临，战争局势仍僵持不下，而这两名雇佣兵队长都为次年签下了获益丰厚的新合同：西吉斯蒙多成为教皇尤金四世的军队总司令，蒙特费尔特罗则加入弗朗切斯科·斯福尔扎伯爵麾下，准备加入教皇与阿拉贡的阿方索之间的战争（见第一章）。此时，狡猾的加莱亚佐已经开始厌倦西吉斯蒙多的好战行为，他设计击败了他的表弟：他将自己的两块封地直接卖给了他的盟友，蒙特费尔特罗花费 13 000 杜卡特买下福斯布隆，弗朗切斯科·斯福尔扎伯爵以 20 000 杜卡特的价格买下佩萨罗，并任命他的弟弟亚历山德罗·斯福尔扎为那里的新任领主。[33]

西吉斯蒙多大发雷霆：首先，他觉得表兄在公开侮辱自己；其次，他一直对乌尔比诺这个山巅小国垂涎三尺，因此对费德里戈恨之入骨；最后，他自认为作为弗朗切斯科·斯福尔扎的女婿，没有得到应有的忠诚和情义，尽管两人在 1442 年才结成翁婿关系。西吉斯蒙多在他的第一任妻子吉内芙拉·埃斯特去世两年后，迎娶了斯福尔扎的女儿波利塞纳（Polissena）。值得一提的是，西吉斯蒙多在 15 岁时就成了里米尼的领主，他上台后既没有什么执政经验，也没有家族前辈的约束，加之生性冲动、好斗，因此他对乌尔比诺领主的诽谤可以说是不明智的。在写给弗朗切斯科·斯福尔扎的信中，他指责费德里戈胆小怕事，甚至破罐子破摔，对费德里戈是否有权继承乌尔比诺领主头衔提出质疑。[34] 乌尔比诺此前的统治者奥丹托尼奥·达·蒙特费尔特罗（Oddantonio da Montefeltro）在那年夏天遭到暗杀（见第四章），由于其没有合法的男性继承人，西吉斯蒙多认为他的兄弟多梅尼科有权继承乌尔比诺的领主头衔，因为奥丹托尼奥的妹妹维奥兰特（Violante）是多梅尼科的妻子。但是，在西吉斯蒙多介入之前，费德里戈·达·蒙特费尔特罗就夺取了权力，并声称他是奥丹托尼奥同父异母的私生兄弟。西吉斯蒙多坚持认为这是谎言，新伯爵不可能与奥丹托尼奥有任何血缘关系——无论其是否为合法子女，而且他还找到了一些相关证据。这场指控引发的争吵，对西吉斯蒙多和他的对手蒙特费尔特罗都产生了重大影响（见第四章）。

　　蒙特费尔特罗对西吉斯蒙多的这些指责反应极大，他的回击也凶猛无比且夹枪带棒。他不仅反将一军，质疑西吉斯蒙多的父子关系，而且还继续对其进行恶毒的羞辱，称他是一个瞎眼的

麻风病人、一个家暴和毒害妻子的人、一个强奸犯，"把法诺的
修道院变成了妓院""导致 11 个修女怀孕"[35]。西吉斯蒙多也不
甘示弱地反驳道："你在罗马教廷散布谣言，让大家对我恶语相
向……我决心用人格来证明我是一个比你更好的人。"[36] 但我们也
即将看到，这场持续的争吵对西吉斯蒙多的声誉还是产生了持久
的影响，尽管最初西吉斯蒙多还是占据了优势。

　　他在尤金四世的军队中担任总司令，成功遏制弗朗切斯科·斯
福尔扎在马尔凯地区的扩张，并将安科纳附近的大片伯爵领地交还
教皇控制。此外，尤金四世也不喜欢费德里戈·达·蒙特费尔特
罗。教皇不仅拒绝承认蒙特费尔特罗是乌尔比诺的合法统治者，还
因为他购买教皇封地福斯布隆而将其逐出教会。西吉斯蒙多对此深
表满意。为了惩戒西吉斯蒙多的表兄加莱亚佐私自售卖教皇封地
一事，教皇还将他连同购买佩萨罗封地的弗朗切斯科和亚历山德
罗·斯福尔扎一并逐出教会，并警告以上四人，如果他们继续违抗
教皇的旨意，他们将被强行逐出各自的封地。威尼斯人这次选择站
在西吉斯蒙多一边，并警告斯福尔扎，任何挑战里米尼领主的领地
权的企图都不会成功，"领土与领主的关系是最紧密而深情的"[37]。

　　但不幸的是，西吉斯蒙多的赞助人尤金四世于 1447 年 2 月 23
日去世，新教皇尼古拉五世对此时意大利政治局势的看法与前任
教皇大相径庭。他首先取消了尤金四世的四项绝罚令，并在收到
12 000 杜卡特的金钱回报后，承认亚历山德罗作为佩萨罗统治者
和费德里戈作为乌尔比诺和福斯布隆领主的权利。[38] 西吉斯蒙多则
因为自己的利己行为折损了事业前程。1447 年秋天，他与阿拉贡

的阿方索签订了一份雇佣兵合同，但他之后不仅撕毁了协议，还拒绝归还国王已经支付的 32 400 杜卡特的预付款，这成功地激怒了阿方索。[39] 第二年春天，西吉斯蒙多更是直接加入反对阿方索的联盟，选择为佛罗伦萨共和国而战。此时佛罗伦萨共和国正忙于保卫其托斯卡纳南部的盟友，它们正遭到阿方索一世的攻击。同年秋天，他被佛罗伦萨派往皮翁比诺港（Piombino）援助盟军，该港口正被一支强大的那不勒斯军队从陆地和海上两面包夹，这支军队共 6 000 人，包括 1 000 名优秀的西班牙弓弩手以及 19 艘船和战舰。[40] 两军此次交锋血腥异常：阿方索一世的军队被困在皮翁比诺的城墙和西吉斯蒙多军队之间，腹背受敌，导致 1 000 多人伤亡。当时普遍认为这是西吉斯蒙多最酣畅淋漓的一场完胜。[41]

　　里米尼那边，西吉斯蒙多还有其他更关心的事情，特别是他美丽的情妇。他此时狂热地爱上了伊索塔·德·阿蒂，当地一位羊毛商人的女儿。1446 年，时年 14 岁的伊索塔成为西吉斯蒙多的情妇。第二年 5 月，她生下一个儿子，但之后不久就夭折了，西吉斯蒙多将这名可怜的孩子安葬在圣弗朗切斯科教堂的马拉泰斯塔家族礼拜堂内。[42] 西吉斯蒙多还有其他情妇，但伊索塔明显是他的最爱，她的家人不仅在里米尼宫廷中占有一席之地，还在政府中任职：伊索塔的父亲是西吉斯蒙多政府枢密院的成员，她的哥哥也被授予骑士身份。但并不是每个人都很高兴，特别是西吉斯蒙多的妻子波利塞纳，以及她的父亲弗朗切斯科·斯福尔扎。1449 年，波利塞纳突然死亡，斯福尔扎对西吉斯蒙多的敌意更增一分，尽管西吉斯蒙多将妻子的死因归结于瘟疫，但斯福尔扎并不这么想。

　　有鉴于此，西吉斯蒙多和斯福尔扎之间不可避免地爆发了一场公开争论，互相谩骂起来。斯福尔扎坚持说他的女儿自己躲在修道院里，避免在宫廷内遭到伊索塔的羞辱，然后她就被西吉斯蒙多谋杀了。西吉斯蒙多慌乱之中只能反咬一口，指控波利塞纳不忠，甚至贿赂一名教士试图让他作伪证，但这名教士拒绝服从，因此被投入监狱。[43] 关于这件事情的真相至今仍莫衷一是，尽管波利塞纳很可能的确死于瘟疫。但这个故事值得注意的是，七年后西吉斯蒙多与伊索塔结婚，君主与其情妇最终走向婚姻在文艺复兴时期是非常罕见的。身份的变化也给伊索塔带来了新的任务：作为妻子，她现在不仅要负责养育她自己的五个孩子（四个儿子和一个女儿），还要负责养育西吉斯蒙多其他妻子和情妇所生的孩子。虽然他的前两位妻子所生的儿子都在出生后不久就夭折了，但他确实有一个合法的女儿，以及更多在他与伊索塔结婚之前和之后出生的私生子，其中有几个得到了教皇尼古拉五世的合法认定。

　　与莱昂内洛不同，同当时许多出身雇佣兵队长的君主一样，西吉斯蒙多真正感兴趣的是军事问题：他"对战争颇有研究"，并从中获得了很多乐趣。[44] 根据一位编年史家的说法，他"以建筑为乐"，所以西吉斯蒙多的第一个建筑计划毫无意外地选择了军事项目。[45]1437 年，他开始改造马拉泰斯塔家族的旧城堡，使其成为新的君主强权的象征。与莱昂内洛不同，在建筑外观视觉上，他不仅想要传达出对墙内被统治民众的权威，还要能够震慑墙外的敌人。更令人惊讶的是他委托人制作了一枚新建筑的纪念勋章，这是文艺复兴时期第一枚以建筑物而非人物为主题的纪念勋章［尽管西斯蒙多城堡（Castel Sismondo）以他本人的名字命名］。这座城堡在 16世纪基本被毁，但根据勋章上的图像可知，这是一个强大的防御要塞，锯齿状的要塞周围是倾斜的幕墙，城堡各角由巨大的塔楼加固。它的设计甚至可以抵御炮火的攻击，美观而坚固的西斯蒙多城堡被誉为当时意大利的建筑奇迹之一。[46]

　　在莱昂内洛的启发下，西吉斯蒙多也成为一名狂热的肖像勋章赞助者。他中意的艺术家也与他的第一任妻子的哥哥（莱昂内洛）相同，特别是皮萨内罗和他的学生马泰奥·德·帕斯蒂（Matteo de' Pasti），帕斯蒂为西吉斯蒙多制作了多枚勋章，其中就包括上文提到的西斯蒙多城堡勋章。[47]在为西吉斯蒙多制作的第一批勋章中，有一枚是专门为伊索塔定制的，勋章的侧面环绕刻印着"致里米尼的伊索塔，你为意大利的魅力和美德增光添彩"的铭文，勋章背面是大象的图案，这是西吉斯蒙多最喜欢的图案，象征着军事力量和胜利。

　　在 15 世纪这股新式勋章潮流的赞助者中，西吉斯蒙多的品位独树一帜，他对那些人文主义者研究古典文学作品而做出的设计以及背后的深奥意象不感兴趣。当然这也并不奇怪，这位骄傲的战士使用军事意象来设计自己的勋章，事实上也很有特色。皮萨内罗设计的一枚勋章的背面就展示了一位全副武装的骑士，他身着锁子甲和头盔，头盔的护面闭合，一副随时投入战斗的姿态，周身环绕着马拉泰斯塔族徽图样；另一枚勋章是纪念西吉斯蒙多1445 年被任命为尤金四世军队的总司令，勋章背面的图案设计成一个骑马的骑士正带领着军队作战。[48] 西吉斯蒙多为数不多的没有军事元素的勋章设计成他和伊索塔的对面侧向图，这是马泰奥·德·帕斯蒂依据古罗马钱币中皇帝及其妻子的图案设计而成的。[49] 西吉斯蒙多委托他人为自己设计了大约 15 种不同图案的勋章，以当时的标准来看，这是一个非常庞大的数字。目前在他的城堡和其他建筑的地基中共发现了超过 175 枚勋章，这估计只是陪葬他的勋章总数中的一小部分而已。[50]

　　里米尼有着古老而辉煌的历史，它是古罗马时期的一座港口，当时被称为阿里米努姆（Ariminum）。到了文艺复兴时期，这座城市仍然保留着皇帝奥古斯都时期修建的罗马式拱门和一座罗马式大桥。里米尼离恺撒大帝越过卢比孔河（Rubicon）、向罗马进军的地方也只有几千米。15 世纪 50 年代，它是意大利最文雅的宫廷之一。西吉斯蒙多和伊索塔身边围绕着很多人文主义者和艺术家，他们用散文、诗歌和造型艺术来颂扬马拉泰斯塔的威望。西吉斯蒙多自己也写诗，主要是赞美伊索塔。甚至庇护二世（我们即将看到，他对西吉斯蒙多的评价并不高）也认为他"能言善辩""喜欢钻研历史，也对哲学略知一二"[51]。在里米尼宫廷的众多人文主义者中，罗伯托·瓦尔图里奥（Roberto Valturio）曾是教皇的一名书记员，后来他成为西吉斯蒙多的秘书，并撰写了一篇名为《论军事问题》（*De re militari*，约 1450 年）的论文，文章中将他的赞助人吹捧为唯一能与古代伟大的指挥官齐名的现代军人。西吉斯蒙多将这篇极尽吹嘘奉承之能事的文章制成昂贵的手稿，并装订成册，连同一两枚勋章，作为礼物送给欧洲各国的君主。[52]

马泰奥·德·帕斯蒂, 伊索塔·德·阿蒂
纪念章, 1449—1452 年（华盛顿美国国
家美术馆藏）。
这枚美丽的伊索塔纪念章背面装饰着一头
大象, 这是她的爱人西吉斯蒙多的标志。

〔84〕

　　人文主义者巴西尼奥·达·帕尔马也非常喜欢夸赞军事强人西吉斯蒙多，为此他专门从费拉拉莱昂内洛的宫廷投奔到里米尼。他在史诗《赫斯珀瑞斯》（*Hesperis*，完成于 15 世纪 50 年代初）中热情地赞颂了他的新赞助人的丰功伟业，这首诗和菲勒福为弗朗切斯科·斯福尔扎创作的《斯福尔扎纪》一样，都受到了维吉尔《埃涅阿斯纪》的启发。诗中将西吉斯蒙多塑造成带领拉丁人民抵御野蛮人入侵的勇士，这显然是对那不勒斯的阿方索一世（也是西班牙阿拉贡的阿方索五世）的一种暗戳戳的讥讽，也是暗喻西吉斯蒙多在皮翁比诺围攻战中制止了阿方索一世在意大利扩张的野心。在为该史诗创作的插图彩饰中，就有一幅绘制的是他在皮翁比诺的营地。更重要的是，巴西尼奥在诗中托朱庇特（Jupiter）之口，委托西吉斯蒙多将野蛮人——他笔下代指阿拉贡人的"凯尔特人"——赶出意大利，为拉丁人带来和平。[53] 因此我们也可以看到，西吉斯蒙多放弃了这一时期欧洲宫廷普遍采用的哥特式装饰风格，转而选择古罗马帝国的古典拉丁风格，无疑是对上述思想的一种视觉化表达。

　　西吉斯蒙多对文艺复兴时期艺术发展做出的最重要贡献体现在圣弗朗切斯科教堂的改造和重建上。尽管马拉泰斯塔圣堂（Tempio Malatestiano）*是我们更为熟知的名字，但它是一座基督教建筑，而且一直以来是马拉泰斯塔家族的墓穴所在地。1447年，教堂改造计划启动，西吉斯蒙多首先在教堂内建造了两座新

----

　　* "马拉泰斯塔圣堂"这个名字可以追溯到 19 世纪。

礼拜堂，一座用以供奉圣西吉斯蒙德（St Sigismund），日后这也将是他自己的安葬地，另一座供奉圣米迦勒（St Michael），日后用于安葬伊索塔。[54]1447 年 9 月，教皇尼古拉五世发布一项诏书，授予伊索塔赞助小礼拜堂的权利，并允许她花费 500 弗罗林进行改造。这笔钱很可能来自西吉斯蒙多，因为伊索塔当时只有 15 岁，刚做了他一年的情妇，尽管四个月前他们刚把夭折的小儿子埋葬在了这里。

礼拜堂的装饰极尽奢华。西吉斯蒙德礼拜堂入口的拱门坐落在两端优雅的复合式拱座上，拱座分别由一对黑色大理石雕刻的大象托起。伊索塔的坟墓也相应地安放在大象身上。在礼拜堂内部，皮耶罗·德拉·弗朗切斯卡的祭祀壁画（作于 1451 年），以虚构的古典建筑为背景，展示了西吉斯蒙多虔诚地跪拜于圣西吉斯蒙德面前，这一次，他没有身着盔甲，正对着圣西吉斯蒙德的圆形徽章上描绘他的西斯蒙多城堡。祭祀画中出现城堡较为罕见，但这也表明西吉斯蒙多对城堡的重视，认为它是其权力的卓越象征。更不寻常的是画面中出现了一对灰狗，正如一位学者指出的，其灵感很可能并非来自西吉斯蒙多的猎犬，而是来自他的人文主义者，以及他们对古埃及死神阿努比斯（Anubis）①的兴趣。[55]

三年后，西吉斯蒙多决定对圣弗朗切斯科教堂的内部进行更彻底的翻新重建，采用彩色大理石装饰墙面，其中红色大理石来

---

①　阿努比斯是古埃及神话中一位与木乃伊制作与死后生活有关的胡狼头神，也是死神的化身。

自维罗纳，白色大理石则是斥巨资横跨意大利东西，从卡拉拉运
送而来。邻近的拉韦纳圣阿波利那（Sant'Apollinare）修道院院
长因为准许西吉斯蒙多从该修道院古老的教堂中取走 100 车大
理石、蛇纹石和斑岩而遭到严厉斥责。[56] 重建工程的第二阶段包
括新建几座礼拜堂，其中一座是为了安放西吉斯蒙多的前两任妻
子吉内芙拉·德·埃斯特和波利塞纳·斯福尔扎的坟墓，还有一
座所谓的"行星礼拜堂"（Chapel of the Planets，实际是为了献
给圣杰罗姆），上面装饰了一系列行星和黄道十二宫的浮雕。在
西吉斯蒙多的星座——巨蟹座上点缀着里米尼和西斯蒙多城堡的
景色。

　　1450 年，西吉斯蒙多最具创新性的工程——教堂的新外立
面建设开始动工，由莱昂·巴蒂斯塔·阿尔贝蒂亲自设计，他是
古典文化的专家和莱昂内洛的朋友。作为建筑史上里程碑式的建
筑，它的重要性值得大书特书。这是首座采用罗马帝国时期建筑
风格修建而成的文艺复兴建筑。外墙正立面的设计中，三个拱门
的两侧分别是带凹槽纹路的复合式立柱，它们共同支撑着立面上
方古典风格的门楣，该造型部分借鉴了里米尼于公元前 27 年建
成的奥古斯都拱门，这座拱门当时是为了纪念皇帝修复弗拉米尼
大道而建的。西吉斯蒙多作为赞助人被刻印在门楣的铭文中，铭
文采用优雅的古典大写字母书写。马泰奥·德·帕斯蒂负责监督
该建筑工程，为此还专门铸造了一枚纪念章，在巴西尼奥的《赫
斯珀瑞斯》手稿中，也有一幅彩饰图描绘正在建造中的教堂外
立面。[57]

里米尼，圣弗朗切斯科大教堂，重建于约 1450 年，由文艺复兴时期建筑风格的先驱阿尔贝蒂设计。受罗马万神殿穹顶的启发，起初的设计计划在教堂屋顶加盖一个宏伟的圆顶。(87)

    从纪念章的图案可以看出，该建筑的顶部计划建造一个巨大的半球形圆顶，灵感来自古罗马的万神殿，但实际并未完成。沿着教堂的两侧有一系列壁龛，西吉斯蒙多将他宫廷里豢养的人文主义者和廷臣的坟墓安放在那里，其中就包括瓦尔图里奥和巴西尼奥，他们死后也陪伴在其赞助人左右，就像生前一样。

    重建后的教堂因其大量使用古典装饰细节招致了许多批评，特别是庇护二世，他认为这座新的圣弗朗切斯科教堂"充满了

.

异教徒的艺术作品，与其说是基督教圣地，不如说是异教恶魔崇
拜者的神殿"[58]。事实上，西吉斯蒙多一直小心翼翼，确保教堂
的基督教背景。教堂内的铭文也忠实记录了他将这座建筑献给
上帝，以纪念他在一次异常血腥的战斗中幸存下来的誓言。铭
文最后写道："在他身后留下了一座神圣而重要的纪念碑。"[59]此
外，教堂外立面每个复合式柱头的中心都装饰有带翅膀的小天使
头像，这是一个显而易见的基督教细节，而这个图案在门楣上也
反复出现。[60]在《论军事问题》中，瓦尔图里奥也对这座"为荣
耀上帝而建造的无与伦比的纪念碑"赞不绝口，"在这座历史名
城，没有什么比它更古典、更值得一看"[61]。他甚至还预言西吉
斯蒙多将为此名垂青史："今后人们会用托斯卡纳语、法语和西
班牙语传唱献给您的赞歌……未来几个世纪都会有人颂扬您的功
绩。"[62]

※

　　不幸的是，这一辉煌的未来竟然从未实现过。1458 年庇护
二世当选为教皇之后，西吉斯蒙多的命运发生了巨大的变化。
庇护二世的两大亲密盟友——那不勒斯的阿方索一世和费德里
戈·达·蒙特费尔特罗恰巧是西吉斯蒙多的两大劲敌。教皇决定
从西吉斯蒙多手中收回塞尼加利亚、蒙达维奥和蒙多尔福这三块
教皇封地，转而分给自己的家族成员。为了给这一不太合法的行

为辩护，庇护二世着手对西吉斯蒙多展开政治歼灭，对这个战士发起了猛烈的攻击。他在回忆录中勾勒了西吉斯蒙多性格中的邪恶本质，例如，"他的欲望如此肆无忌惮，甚至侵犯了他的女儿和女婿"；"他压迫穷人，抢劫富人，连寡妇和孤儿都不放过"；"他憎恨教士，蔑视宗教"；"他用剑或毒药相继杀害了他的两任妻子"；等等。这一连串的指控不禁令人想起西吉斯蒙多的对手费德里戈·达·蒙特费尔特罗在 15 世纪 40 年代对他的那些侮辱。但这些指控再次被证明几乎没有任何事实依据。[63] 教皇甚至还故意羞辱伊索塔，称她为西吉斯蒙多的情妇，尽管两人已于 1456 年结婚。[64]1460 年，庇护二世召集举行了一次公开的宗教审判，一位教会律师在法庭上指控西吉斯蒙多犯下了一系列可怕的罪行，包括抢劫、纵火、屠杀、淫乱、通奸、乱伦、谋杀、渎神、背叛、叛国甚至异端，并敦促教皇"将这个肮脏可恶的怪物从意大利身上清除掉"[65]。12 月 25 日，西吉斯蒙多被逐出教会，他的所有财产被收归教会所有。[66] 现在教皇甚至做出了一个史无前例的决定，判处西吉斯蒙多下地狱：

> 让他成为地狱的公民。西吉斯蒙多的罪行，在我们的时代是前所未有的，因此需要新的和前所未有的审批程序。迄今为止，还没有凡人以谥圣仪式的方式下过地狱。西吉斯蒙多将是第一个被认为有资格获此殊荣的人。根据教皇的命令，他将作为魔鬼和被诅咒者一道加入地狱的行列。

　　1462 年西吉斯蒙多被正式宣判。曼图亚的大使在报告中写道："本月（4 月）27 日星期二，红衣主教在上帝面前集会，公布了对西吉斯蒙多·马拉泰斯塔勋爵的起诉书，以渎神、盗窃、通奸、乱伦和异端的罪名对他做出判决。"[67] 第二天早上，西吉斯蒙多的三个真人大小的雕像被烧毁：第一个位于圣彼得大教堂的台阶上；第二个在卡皮托，古罗马帝国的中心；第三个在鲜花广场（Campo dei Fiori），即普通罪犯被处决的市场。每一个雕像在焚毁前都要念诵道："这是西吉斯蒙多·马拉泰斯塔，背信弃义之王，上帝和人类的敌人，根据红衣主教团的决定被处以火刑。"[68]

　　1462 年秋天，庇护二世对西吉斯蒙多发起了猛烈的军事进攻，蒙达维奥在秋天沦陷。第二年春天，争夺法诺的战争爆发。威尼斯人派出舰船援助西吉斯蒙多，但该港口还是在 9 月沦陷，紧接着塞尼加利亚也沦陷了。威尼斯支持西吉斯蒙多的目的很明确，就是为了保护其南部边界免受教皇野心扩张的影响，再加上佛罗伦萨和米兰的支持，迫使庇护二世与西吉斯蒙多签订休战协议。但是教皇提出的和谈条约极其苛刻：西吉斯蒙多仅被允许保留里米尼及其城墙外 8 千米范围内的土地，他的兄弟多梅尼科允许以同样的条件保留切塞纳，当兄弟俩死后这两块封地都要归还给教会。当西吉斯蒙多于 1432 年掌权时，马拉泰斯塔家族已经统治了亚得里亚海沿岸，从切尔维亚和切塞纳一直向南延伸到安科纳的大片领土。现在他们几乎失去了所有的领地，也失去了作为王朝统治者的地位。

　　面对庇护二世扑面而来的敌意，西吉斯蒙多的回应是积极寻找教皇的敌人并与之建立联盟。1458 年阿方索一世去世后，那不勒斯王国的王位继承战争随即打响。西吉斯蒙多迅速向塔兰托亲王提供支持，他是那不勒斯的贵族之一，支持安茹公爵热内重新回归那不勒斯。塔兰托亲王给西吉斯蒙多支付了 16 000 杜卡特，但 1462 年夏天当安茹的军队在特罗亚被击败后，他能做的也不多了。[69] 西吉斯蒙多甚至还向基督教的死敌——土耳其苏丹穆罕默德二世（Mehmed Ⅱ）派出使团请求支援，穆罕默德二世提出以马蒂奥·德·帕斯蒂作为抵押，为苏丹提供服务。这位艺术家携带着地图和军事书籍被派往君士坦丁堡，包括罗伯托·瓦尔图里奥的《论军事问题》，将其作为礼物送给苏丹。[70] 但不幸的是，他在克里特岛被威尼斯当局逮捕，并被送往威尼斯接受审讯，十人议会（Council of Ten）虽然指控他从事间谍活动，但没有更多证据，只得警告之后予以放行，但同时也警告西吉斯蒙多不得再试图与苏丹联系。

里米尼清晰地见证了西吉斯蒙多在庇护二世那里所受的屈辱。由于缺乏资金，圣弗朗切斯科教堂的重建工程不得不停工。尽管从未完工，但幸运的是，它没有像西斯蒙多城堡那样被摧毁。由于被剥夺了大部分领土，国家收入也急剧下降；更糟糕的是，他作为雇佣兵队长的就业选择也限制重重。1464 年 3 月，西吉斯蒙多决定与威尼斯签署一份协议，在莫雷亚 * 与土耳其人作战，留下伊索塔在里米尼摄政。不过，当得知负责军事行动的威尼斯官

---

* 即如今希腊的伯罗奔尼撒半岛。

员是西吉斯蒙多曾经的一名情妇的现任丈夫且极其善妒时，连这份工作都变了味。[71]1466 年 3 月，他返回里米尼，精神和身体全面崩溃，于 1468 年 10 月 9 日在那里去世。

西吉斯蒙多不应该被这么多丑闻抹黑。庇护二世对他的公开谴责在当时也遭到了广泛的批评，其中甚至包括他的敌人。然而，虽然可以把他看作两个无良统治者——庇护二世和费德里戈·达·蒙特费尔特罗合伙陷害的受害者（见第四章），但这名天才般的军人并不是一个成熟的政治家，他缺乏谨慎、耐心和控制自己火暴脾气的能力。西吉斯蒙多把里米尼留给了伊索塔和萨卢斯蒂奥（Sallustio），这是他仍健在的第三个儿子，也是伊索塔所生的第二个儿子，他们的女儿则因通奸被丈夫斩首。几个月后，他的长子罗伯托（Roberto）对萨卢斯蒂奥的地位提出挑战，并在他们父亲的老对手费德里戈·达·蒙特费尔特罗的帮助下，夺取了对里米尼的控制权。伊索塔被排挤，萨卢斯蒂奥和他的弟弟瓦莱里奥（Valerio）双双被谋杀，罗伯托为了庆祝胜利，迎娶了费德里戈的女儿伊莎贝塔（Isabetta）。但他于 1482 年死于疟疾，把里米尼留给了他的私生子潘道夫（Pandolfo），这是另一个令人不齿的人物，据说同时谋杀了自己的母亲和弟弟。潘道夫也被他的臣民厌恶。1500 年，里米尼被切萨雷·博尔哈（Cesare Borgia）夺走，马拉泰斯塔家族也随之灭亡。

相比之下，莱昂内洛为埃斯特王朝的未来制订了周密的计划。当他 1450 年死于"可怕的头痛"时，他无视自己的私生子弗朗切斯科（Francesco）的请求，将费拉拉留给了他的弟弟博尔索。[72]

博尔索一直是莱昂内洛忠诚而高效的得力助手，他也将证明自己是一位贤明的统治者，通过在 1452 年获得摩德纳公爵头衔、1471 年获得费拉拉公爵头衔来提高家族地位。博尔索没有子嗣，他把国家留给了弟弟埃尔科勒，他是尼科洛三世和萨鲁佐的里扎尔达所生的合法子嗣，埃斯特家族一直延续到 16 世纪（见第六章和第十章）。

　　虽然性格截然不同，但莱昂内洛和西吉斯蒙多共同获得了意大利文艺复兴时期头两名赞助人的荣誉。他们展现了罗马帝国形象的灵活性，不仅为学识渊博的鉴赏家也为军人统治者提供了可资模仿和借鉴的范式，尽管它无法保证赞助人死后的名声。但令人惊讶的是，这两位统治者的重要成就确实在历史中渐渐被遗忘，甚至在学术界之外也很少有人记得或认可。西吉斯蒙多的名声不可避免地被庇护二世的荒唐指控玷污，而莱昂内洛则逐渐沦为无名之辈，被其继承者的成就掩盖。

第三章　以家族为重的人

卢多维科·贡萨加和勃兰登堡的芭芭拉

主要登场人物：

卢多维科·贡萨加（Ludovico Gonzaga，1412—1478）
曼图亚侯爵

勃兰登堡的芭芭拉（Barbara of Brandenburg，1422—1481）
卢多维科·贡萨加的妻子

弗朗切斯科·贡萨加（Francesco Gonzaga，1444—1483）
红衣主教，卢多维科和芭芭拉的儿子

他们的其他孩子：费德里戈（Federigo）、詹弗朗切斯科（Gianfrancesco）、苏珊娜（Susanna）、多罗蒂亚（Dorotea）、塞西莉亚（Cecilia）、鲁道夫（Rodolfo）、芭芭莉娜（Barbarina）、卢多维科（Ludovico）和宝拉（Paola）

庇护二世
教皇

莱昂·巴蒂斯塔·阿尔贝蒂
教皇的书记员

安德烈亚·曼特尼亚（Andrea Mantegna）
画家

　　1459 年 5 月 27 日，庇护二世穿过曼图亚的狭窄街道时，两旁护送的骑兵队伍浩浩荡荡，鲜衣怒马，给聚集在路边观看游行的群众留下了深刻印象，他们尽情享受着宗教节日之外的意外收获。教皇及其随行的宫廷人员出巡是一个相当壮观的场面，那些拥挤的人群很少有机会在有生之年再次目睹这一场景。教皇是基督教世界的领袖，是圣彼得的继承人，是耶稣基督钦点来领导全体信徒的尊贵之人。相对于世俗王公，教皇享有最高的精神权威，这也使其成为欧洲政治舞台上最强势的人物之一。庇护二世不仅个人厉行节俭，他还觉得有必要让手下的红衣主教也收敛一些奢侈作风，但他仍期望在旅行途中能展现教皇的气派和风格：

　　　　首先是教廷的仆人和红衣主教的家庭侍仆，接着是教廷不太重要的官员，然后是十二匹佩着金鞍和辔头的白马……穿着盔甲的贵族骑着这队盛装马匹扛着三面大旗……他们后面跟着国王和诸侯的使者，以及在金色十字架指引下的教廷副执事、审计员、抄写员和律师。接

> 下来是由白马驮着的金帐幕，里面装有圣餐……后边跟
> 着尊贵的红衣主教团，最后是教皇本人，他端坐在高高
> 的宝座上，穿着闪烁宝石光芒的教皇法衣……身后浩浩
> 荡荡地跟着贴身侍奉的贵族和侍者，以及主教、公证人、
> 修道院院长和一大群教士。[1]

　　这段描述出自庇护二世的回忆录，展示了文艺复兴时期欧洲的王公贵族是多么看重出行的排场。在那里，炫耀性的铺张场面是凸显等级的核心标志。给众人留下深刻印象的不仅仅是教皇庞大的随行人员队伍，还包括显眼的财富：金项圈和贵重的珠宝，昂贵的天鹅绒、丝绸和装饰有昂贵皮草的锦缎，以及身着统一制服的仆人和许多贵客的坐骑。善于鉴别马匹的曼图亚人对这些昂贵的纯种马和骡子更感兴趣。

　　庇护二世此次是来曼图亚主持召开一个国际会议，商讨对土耳其人发动十字军东征。因此在接下来的六个月里，这个小城市取代罗马，成为整个基督教世界的中心。城内挤满了身穿红袍的高级红衣主教和身着长袍法衣的主教，以及来自欧洲各国宫廷的大使和教廷官员们。他们奋笔疾书，起草大量的诏书、豁免令、任命书，以及给予信徒们精神恩惠。这对曼图亚侯爵卢多维科·贡萨加来说是一场政治上的巨大成功，当然还有经济上的好处，为客人提供大量的食物和马匹的饲料，所有这些都必须进口到该城市。

　　对于意大利北部小国的统治者来说，在无情的意大利政治世

界中生存既依赖运气，也需要判断。这些城邦太弱小，无法依靠自己的军事力量来抵抗大国的侵略，他们需要更为圆滑高效的策略，特别是高超的外交手腕以及富有成效的家族联盟，才能战胜敌人。本章将展示卢多维科·贡萨加和他的家族如何利用这些策略来保护自己小小的国家。更重要的是，还将展示这场教皇会议如何激励他将曼图亚改造成为一座辉煌的文艺复兴宫廷，使其声名远播，显赫到与其规模完全不相称的程度。

※

曼图亚是意大利最小的公国之一，坐落在伦巴第平原，位于米兰和威尼斯这对强敌之间。这座城市的发展与明乔河（Mincio）息息相关，通过布伦纳山口（Brenner pass）北上德国的旅行者必须通过明乔河这条支流从波河抵达加尔达湖。曼图亚就建在河中的岛屿之上，周围是蚊蝇出没的沼泽地，冬季寒冷泥泞，夏季潮湿难耐。公元前 70 年左右出生在曼图亚的罗马诗人维吉尔曾用诗化的语言这样描述自己的家乡："伟大的明修斯河蜿蜒曲折，细长的芦苇在岸边环绕。"[2] 文艺复兴时期，这片沼泽地成为水禽狩猎的极佳场地，附近的贵族一时趋之若鹜。

1328 年，在一次血腥叛乱之后，贡萨加家族成为曼图亚的领导者（capitani），之后每年的 8 月 16 日，他们会通过举办礼拜仪式、游行，以及在城市街道上举行激动人心的赛马比赛（palio）

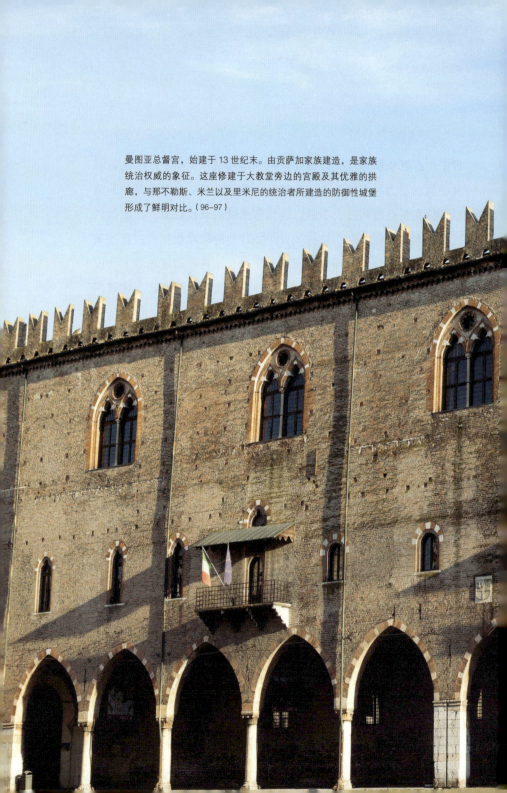

曼图亚总督宫，始建于 13 世纪末。由贡萨加家族建造，是家族统治权威的象征。这座修建于大教堂旁边的宫殿及其优雅的拱廊，与那不勒斯、米兰以及里米尼的统治者所建造的防御性城堡形成了鲜明对比。（96–97）

来庆祝镇压叛乱大获全胜。作为意大利最好的赛马饲养者，贡萨加家族的坐骑常常获得一等奖。他们在 6 月 29 日还会举行另一场赛马会，这是纪念曼图亚的守护圣徒圣彼得的庆祝活动的一部分，其中还包括更具娱乐性的驴子、士兵和妓女的追逐赛。[3] 曼图亚还因拥有圣血遗骸而闻名，该遗物保存在圣安德烈亚教堂（Sant'Andrea），每年基督升天节（the Feast of the Ascension）的公开展示活动都会吸引大批的朝圣者。作为这一珍贵圣物的监护人，卢多维科的父亲詹弗朗切斯科在铸造的银币上明确展示了贡萨加家族作为曼图亚保护者的形象，也寓意了城市以圣物箱为中心。[4]

与邻近的费拉拉侯爵尼科洛三世一样，15 世纪 20 年代米兰和威尼斯日益增长的敌意对詹弗朗切斯科也产生了极大的影响，他明白在这场冲突之外保持中立的重要性。然而，詹弗朗切斯科处理问题的方案与尼科洛三世不同。费拉拉是教皇的领地，但贡萨加人对神圣罗马帝国皇帝的忠诚度很高，詹弗朗切斯科充分地利用了这一点。1433 年他被任命为威尼斯军队总司令，为了平衡双方的利益关系，这位首领（capitano）进一步加强了他与其封建领主的联系。这无疑是明智之举，因为米兰也是神圣罗马帝国的封地。同年，皇帝西吉斯蒙德（Emperor Sigismund）公开肯定了他与詹弗朗切斯科的联盟，授予他更尊贵的侯爵头衔，并同意詹弗朗切斯科的继承人卢多维科与皇帝的侄女、勃兰登堡侯爵（Margrave of Brandenburg）的女儿芭芭拉·冯·霍亨佐伦（Barbara von Hohenzollern）订婚。

这位新任侯爵为庆祝自己晋升为欧洲的贵族精英，委托皮萨内罗用湿壁画装饰他的宫廷大殿，壁画主题是亚瑟王的圆桌骑士。当然，詹弗朗切斯科也是人文主义的早期赞助者，收集了一批西塞罗和其他古典作家的手稿。1423 年，詹弗朗切斯科对人文主义这一新兴学问做出了前所未有的贡献。他邀请人文主义者维托里诺·达·费尔特雷（Vittorino da Feltre）在曼图亚开办了一所学校。这所学校以其所在地佐伊萨宫（Ca' Zoiosa）命名，是文艺复兴时期欧洲第一所教授人文主义知识的学校，最初旨在教育詹弗朗切斯科的六个子女，以及廷臣家庭和当地贵族的子女。维托里诺是一位极其敬业的老师。他习惯早起，喜欢在冬天清晨的烛光下，和孩子们一起吃早餐，每天和他们一起做弥撒。上午，他们学习哲学、历史、修辞学、诗歌和其他拉丁文与希腊文的经典文本，还学习音乐和绘画；下午，无论天气如何，他们都在户外进行体育锻炼，包括球赛、击剑和骑马。到了夏天，他们集体到阿尔卑斯山脚下避暑。

维托里诺的学生们学术造诣各不相同。未来的侯爵卢多维科是个胖乎乎且略显内向的男孩，虽然行动上略显笨拙，但他非常聪明，喜欢学习。在维托里诺的教导下，他成长为一个正直、诚实、忠诚和温文尔雅的人。他的弟弟卡洛（Carlo）在学习上就不那么自觉了，他对运动更感兴趣，他们最小的妹妹塞西莉亚聪慧过人，七岁时就精通古希腊语，人文主义者安布罗吉奥·特拉维萨里（Ambrogio Traversari）见了之后都倍感惊讶。[5] 她本来与乌尔比诺伯爵的继承人奥丹托尼奥·达·蒙特费尔特罗有婚约，但震惊于他的种种丑闻和恶行，因此拒绝嫁给他，转而进入修道院。当两位父亲为嫁妆讨价还价时，詹弗朗切斯科告诉蒙特费尔特罗伯爵"塞西莉亚不是像马或其他东西那样的商品"[6]。最小的弟弟亚历山德罗（Alessandro）患有先天性畸形，经常生病，但他也非常聪明，是维托里诺最喜欢的学生。他日后也成为卢多维科最亲密的知己和助手。[7]但可悲的是，卢多维科的大多数兄弟姐妹都英年早逝；嫁给费拉拉侯爵莱昂内洛的玛格丽塔 21 岁去世；塞西莉亚 25 岁去世；詹卢西多（Gianlucido）也是如此，他非常聪明，本打算在教会中发展；而活泼的卡洛和长期患病的亚历山德罗都是 39 岁去世。幸运的是，作为贡萨加王朝的未来的卢多维科自己在 1478 年去世时已经是 66 岁高龄。

　　贡萨加王朝在为卢多维科选择联姻对象上特别幸运。当这对夫妇在 1433 年 7 月订婚时，芭芭拉还差三个月满 11 岁。她在那年圣诞节来到曼图亚，不会说意大利语，而且遵照她姻亲的要求，只从娘家那边带了几个仆人过来，"这样就会尽快忘记她的德国习俗"[8]。芭芭拉是一个勇敢的小女孩，她很好地适应了曼图亚的生活，与她丈夫的弟弟妹妹们一起在佐伊萨宫学习，并在第二年与卢多维科完婚。但直到 1438 年左右，她才生下他们的第一个孩子，是个男孩，但不幸的是在婴儿期就夭折了，她接下来的两个孩子（都是女孩）也是如此。然而，当卢多维科在 1444 年成为侯爵时，芭芭拉已经生下了两个男孩：3 岁的继承人费德里戈和 6 个月大的弗朗切斯科。在接下来的 20 年间，她又生了 9 个孩子，4 个男孩和 5 个女孩，其中只有一个孩子没能度过危险的童年期。考虑到文艺复兴时期欧洲婴幼儿的高死亡率，这是一项了不起的成就。卢多维科还有几名非婚生子女，他们同他的合法子女一样，都在佐伊萨宫接受维托里诺的人文主义教育。1446年，维托里诺去世后，他们继续接受维托里诺学生的教育。

事实证明，芭芭拉的确是一个非常称职的妻子。从曼图亚档案馆中保存下来的大量信件中可以看出，她深受丈夫和宫廷的喜爱与信任。她聪明勤奋，对政治、外交、财政和家庭问题都有着敏锐的认知。她甚至可以在丈夫外出作战时，能干地负责和处理国家事务。

但卢多维科和他父亲的关系则充满了矛盾和紧张。相较于稳重能干的卢多维科，詹弗朗切斯科更偏爱他的次子卡洛——这个充满活力和富有冒险精神的战士。在侯爵担任威尼斯军队总司令期间，也常常选择卡洛一起冲锋陷阵。1436年，无计可施的卢多维科为了急于得到父亲的认可，与菲利波·马里亚·维斯康蒂公爵签订了一份300名长矛骑士的雇佣兵合同。换句话说，就是与威尼斯作战。但合同中还有一条规定，他不会与父亲兵戎相见。[9]这是一个令人意想不到的背叛行为，而且，要知道卢多维科最重要的美德就是忠诚，这就更令人吃惊了。此外，此举背后的动机也并不明晰，难道只是出于对弟弟的嫉妒？但不管是什么原因，侯爵都非常生气，以一种公开的方式表达了他的愤怒，将卢多维科驱逐出曼图亚。同时采取非常规手段，获得了神圣罗马帝国的批准，改变继承人身份，将卡洛列为继承人。然而，两年后，当侯爵本人也"叛逃"到米兰阵营时，卢多维科又恢复了继承人身份。所以很可能卢多维科的背信弃义实际上是一个巧妙的诡计，以避免惹恼威尼斯人。

※

　　卢多维科于 1444 年 9 月 23 日成为曼图亚侯爵，一年后他的头衔得到了皇帝腓特烈三世的正式认可。和他的父亲一样，在米兰和威尼斯两强争霸之间夹缝求生的卢多维科，首要任务就是保卫自己的边界。1447 年菲利波·马里亚公爵去世，弗朗切斯科·斯福尔扎谋求上台之际，这项任务变得越来越复杂。斯福尔扎的忠诚度变化莫测，为了维持均衡和保持曼图亚的独立性，卢多维科也不得不做出一些战术上的调整，轮流为佛罗伦萨、威尼斯和那不勒斯而战。这一策略可能在战术上取得了成功，但却给曼图亚带来了严重的财政问题。佛罗伦萨共和国在拖欠雇佣兵军饷问题上臭名昭著，它甚至逼迫卢多维科"同意"将合同中未付清的军饷捐出，资助佛罗伦萨重建圣母领报大教堂（Santissima Annunziata）。[10] 直到 1450 年，卢多维科确定斯福尔扎将成为战争的胜利者，他才出兵支援。

　　斯福尔扎和卢多维科的性格截然不同。傲慢的斯福尔扎喜欢通过改变效忠对象来获得对敌人的优势，而卢多维科生性谨慎，高度重视诚信，他曾经写道："我们既不是财富的子民，也不是财富的朋友，我们不能只追求利益……在这里永远只有一个卢多维科，参照一套标准和榜样。"[11] 斯福尔扎本人也相当欣赏卢多维科沉稳的天性，认为他能充分激发手下发挥出最佳水平，但他还是觉得自己是更伟大的战士。[12]1448 年 9 月，卢多维科率领的威尼斯部队在卡拉瓦乔被斯福尔扎率领的米兰军队击溃。幸运的是卢多维科没有被俘虏，也无须被迫支付赎金来重获自由。他设法找到了一匹马，与两名战友一起逃了出来，但他身负重伤，疼痛难忍。在给芭芭拉写的紧急信件中，他要求提供一头骡子和一些垫子，因为他"身心都痛苦异常"[13]。

　　1450 年斯福尔扎占领米兰后，说服卢多维科签署了一份更长的雇佣兵协议。这不是一份传统的军事协议，其中的某些条款表明作为新公爵的盟友，卢多维科十分重要。首先，斯福尔扎同意他的继承人加莱亚佐·马里亚与卢多维科的长女苏珊娜订婚。但这更像是一种意向性声明，因为此时苏珊娜只有三岁。卢多维科军饷的支付方式也发生了变化：战争期间他的年薪为 82 000 杜卡特，和平时期降至 47 000 杜卡特。[14] 为了应对《洛迪和约》给意大利带来的长期稳定，可变动军饷无疑是一项创新，可以更好地保证那些贪婪的雇佣兵队长的忠诚度。因此这一时期对"战争"也有了明确的定义：有 4 000 名重装骑兵参加，持续三个月以上的战斗。[15] 但斯福尔扎的这份合同中没有提及卢多维科应提供的士兵数量，只是要求他向公爵保证"亲自带着骑兵和步兵，以及他的国家（荣誉）而来"。换句话说，这更像是两个国家首领之间的联盟，而不是君主和他的雇佣兵队长之间的那种传统军事协议。在接下来的十年里，弗朗切斯科公爵定期与卢多维科续签协议。卢多维科也认真地履行了他作为忠诚盟友的职责：公爵病重时，卢多维科在米兰待了一个月，直到斯福尔扎完全康复才回家。[16]

但回到曼图亚，卢多维科也面临自己的问题，特别是他的弟弟卡洛，一直在觊觎他的侯爵头衔。这个胆大妄为的野心家策划了多个阴谋，妄想推翻他哥哥的统治，甚至在 1453 年请求威尼斯军队的支援，对曼图亚发起进攻。卢多维科亲自率领军队上阵抵抗，最终在戈伊托（Goito）战役中击败了他的弟弟。三年后卡洛去世，为夺爵一事画上了句号。虽解除了这个麻烦，卢多维科还面临着财政问题。自 1454 年签署《洛迪和约》以来，卢多维科从米兰获得的军饷收入已经从"战时"费降到了"和平"费。此外，弗朗切斯科公爵自己也正在为财政问题发愁，米兰国库空虚，导致支付卢多维科的军饷总是拖欠多时。当庇护二世宣布他打算召开一次宗教大会，商讨对土耳其人发动十字军东征时，卢多维科迅速抓住了这次机会，积极宣传曼图亚的优势：比如对年迈的教皇来说，曼图亚离罗马很近；对神圣罗马帝国的代表来说，曼图亚离他们的边境也很近，因此是一个召开国际性宗教大会的理想地点。卢多维科的大使在罗马教廷大力游说，芭芭拉则哄骗她的德意志同胞同意在曼图亚举办大会。成功举办此次大会对于解决曼图亚的财政问题，可以说是一个非常令人欢欣鼓舞的推动力，也成为意大利其他地方羡慕嫉妒的原因。正如一位闷闷不乐的红衣主教所抱怨的那样，教皇的这个决定"让外国人发家致富，而让自己人（罗马人）陷入贫困"[17]。

本名埃内亚·西尔维奥·皮科洛米尼的庇护二世于 1458 年 8 月当选为教皇，时年 52 岁。这个年龄对教皇来说还算比较年轻，但他的健康状况堪忧，患有痛风、肾结石和慢性咳嗽。他是第一位人文主义教皇，撰写了多部文学作品，包括他的回忆录，这些都成为这一时期的精彩史料。作为一个意大利人，他的旅行经验也非常丰富，造访过欧洲许多地方。他最初担任红衣主教多梅尼科·卡普拉尼卡（Domenico Capranica）的秘书，后来又成为神圣罗马帝国皇帝腓特烈三世的秘书，皇帝还授予他桂冠诗人称号。他甚至还到访过苏格兰，并在北海经历了一场可怕的风暴。他在回忆录中谈到"（这里的）男人矮小而勇敢，女人很漂亮"，而且"没有什么比得上辱骂英格兰人让（他们）更开心的事"[18]。隆冬一月，庇护二世开始从罗马北上曼图亚，他只选择了六名红衣主教随行，并允许其他人在锡耶纳加入队伍。他打算在那里庆祝复活节并休整一段时间，因为届时天气会更暖和，道路也不再被冰雪阻隔。当他在 5 月下旬抵达曼图亚时，天气几乎已经热到无法旅行。

卢多维科侯爵在与费拉拉接壤的边境小城雷维尔附近会见了教皇一行。庇护二世在那里从费拉拉侯爵的鎏金巡游船换乘到卢多维科的迎宾礼船上，沿着明乔河开始前往曼图亚的最后一段旅程。会议最终在 6 月 1 日正式开幕，但令教皇失望的是，预期的商谈代表一个都没有抵达。然而，庇护二世仍然很乐观，坚持留在曼图亚，并要求教廷也驻留该市。教皇事后也承认，红衣主教们特别挑剔，认为"这个地方泥泞不堪、瘴气肆虐，很不健康。加上热浪袭人，酒都变质到无法饮用，食物也难吃，很多人都感到不舒服，一些人还发烧了，除了青蛙的叫声，其他什么声音都听不到"。他们甚至担心自己会因为湿热的空气而发烧死亡。[19]

少数尊贵的客人能够在卢多维科的猎场躲避炎热，在那里他们还可以打猎消遣。但是卢多维科也向他的猎户抱怨红衣主教罗德里戈·博尔哈（Rodrigo Borgia）（见第五章）用"这么多的猎狗和扑杀网来打猎，将在几天内毁掉整个村庄"[20]。其他红衣主教还在明乔河上划船取乐，据说气急败坏的教皇只得赶来斥责他们这种不得体的行为，这条传闻也可能是芭芭拉向她的朋友比安卡·玛丽亚公爵夫人汇报的。[21]

与此同时，组建一支军队抵抗土耳其人的进攻已经迫在眉睫。到了 7 月，来自罗得岛、塞浦路斯、阿尔巴尼亚、波斯尼亚、匈牙利和其他直接受到土耳其威胁的地区的代表团终于陆续抵达，但直到 8 月中旬，才看到有欧洲大国参会的身影。8 月 15 日，勃艮第的腓力公爵率领的一个使团抵达曼图亚，护送使团前来的是他侄子率领的四百名骑兵，但这支队伍在曼图亚严重水土不服，士兵们发高烧，仅仅待了三个星期就离开了。弗朗切斯科·斯福尔扎公爵和博尔索·德·埃斯特侯爵都承诺在 8 月中旬到会，但随着日期的临近，他们开始各种搪塞推诿，似乎也在担心高温带来的不良后果。最后，博尔索违背了他亲自出席大会的承诺，拒绝前往仅有 80 千米路程的曼图亚。庇护二世在回忆录中厌恶地记录道，博尔索缺席仅仅是因为他的占星师预测他如果前往曼图亚就会死掉。[22]

弗朗切斯科公爵明智地等到酷暑结束之后，于 9 月 17 日进入曼图亚。在 47 艘船的护卫下，他沿着波河顺流而下，卢多维科和芭芭拉在曼图亚边境迎接他，但只带了 22 艘船随行。这一差别明确界定了两位统治者的实力地位。随着秋天的到来，意大利其他地区的代表团开始涌入曼图亚，法国和德意志的使团也终于抵达。锡耶纳特使在 9 月 25 日写道："教士、领主、各国大使和廷臣将曼图亚装点得富丽堂皇。"[23]

曼图亚如今到处都是各类统治者，因此毫不意外地开始了关于优先权的争论，而这在文艺复兴时期的欧洲是个颇为棘手的问题。"国王不给国王让路，公爵不给公爵让路，每个人都想为自己争取更高的地位。"庇护二世在回忆录中如实记录道。[24] 主教们之间也有类似的争论，他们反对给教廷律师让路的习俗，教皇现在取消了这一做法，但他不能对世俗王公行使同样的绝对权力。而且关于土耳其问题，每个国家所持的看法都不尽相同，让他们就联盟问题进行谈判几乎是不可能实现的。特别是对威尼斯人来说，他们的贸易网络对进入东地中海和君士坦丁堡的通道极为依赖。即便不是寻求友谊，至少也是在寻求建立与土耳其苏丹的合作关系，因此威尼斯人极不情愿地派代表前往曼图亚。

大会最终于 1460 年 1 月闭幕，虽然没有达到庇护二世所期望的效果，但对卢多维科来说能算得上是一次个人的胜利。精疲力竭的侯爵在 5 月南下锡耶纳附近的佩特里奥罗，在那里他接受了硫黄温泉治疗，这在文艺复兴时期的医学家看来是有益身体健康的。[25] 承办此次大会的回报很快就来了。1461 年 12 月 18 日，庇护二世在一次宗教会议上宣布，任命卢多维科的次子弗朗切斯科为红衣主教。这个年轻人当时只有 17 岁，但贡萨加家族一直小心翼翼地保守着这个秘密，并确保教皇认为弗朗切斯科已经马上年满 22 岁。

因为根据教规法，这是他可以合法成为红衣主教的年龄。[26] 弗朗切斯科从小就注定要在教会中有番作为：他 9 岁时就被尼古拉五世任命为首席书记官。但在他还是个孩子的时候，似乎也并不是特别适应教会生活。他的导师巴托洛梅奥·马拉斯卡（Bartolomeo Marasca）认为他不是非常聪明，并向芭芭拉抱怨他"记忆力很差"，尽管他能从"每周两到三次的拉丁语对话"中受益。[27] 事实上，弗朗切斯科更热衷于打猎，而不是拉丁文或祷告。1458 年 9 月，他在卡夫里亚纳的狩猎场兴奋地给母亲写信道："今天我们抓到了两头鹿、一只野鸡和一只野兔。"[28]

1462 年 3 月，弗朗切斯科作为教会新晋大红人的地位已经显而易见，他将南下到罗马参加一场秘密仪式，庇护二世在那里将授予他红衣主教的头衔。随行人员规模庞大，包括他的弟弟詹弗朗切斯科和他的叔叔——跛脚的亚历山德罗。他们在佛罗伦萨逗留了三天，芭芭拉收到了随行团队里不同成员的来信：她的儿子们虽然很忙，但还是设法给母亲留了简短的字条；弗朗切斯科的秘书和大总管都写了长信汇报情况；她还收到了丈夫的弟弟寄来的长篇大论。亚历山德罗详细列举了佛罗伦萨当局为表敬意而赠送给弗朗切斯科的礼物，包括各种类型的蜡烛、巨大的杏仁蛋糕、十大盒甜食、两个装满灯笼鱼的大银碗、四条超级大的鳗鱼、160 瓶葡萄酒（一半是特雷比亚诺白葡萄酒，一半是红葡萄酒）以及 50 袋斯佩尔特面粉。[29]

弗朗切斯科擢升为红衣主教是文艺复兴时期红衣主教演变过程中的关键一步。巴塞尔会议上将红衣主教的人数确定为 24 人，并

安德烈亚·曼特尼亚，《年轻的弗朗切斯科·贡萨加》，约 1460 年（那不勒斯卡波迪蒙特国家博物馆藏）。弗朗切斯科自出生起就注定献身于教会，在 9 岁时即被任命为罗马教皇的书记官。（105）

建议将名额平均分配给以下几个基督教国家：法国、西班牙、英格兰、苏格兰、德意志和意大利，其中任何一个国家的人数都不得超过总数的 1/3。从严格意义上来讲，弗朗切斯科此次当选红衣主教占用的是德意志的名额，是应他的舅舅、勃兰登堡选帝侯阿尔布雷希特三世（Prince Elector Albrecht Ⅲ）的要求做出的选择。然而，卢多维科和芭芭拉肯定是与罗马教廷谈判的关键性人物，而且这项任命对曼图亚的好处远远超过对遥远的勃兰登堡的好处。还有一点值得强调，卢多维科此项运作的影响极为深远：弗朗切斯科是意大利文艺复兴时期各大统治王朝中第一个成为红衣主教的成员，无论是那不勒斯国王，还是米兰公爵，或者其他任何一个人，都没有获得得这项殊荣。最重要的是，他的当选还开启了一个重要的先例：到 15 世纪末，几乎所有的意大利统治王朝都有一名家族成员进入红衣主教团。到 1500 年，红衣主教团基本已由意大利人把持：1458 年 26 位红衣主教中只有 9 位是意大利人；到 1492 年，27 位红衣主教中就只剩 6 名是非意大利人了。

※

曼图亚会议对贡萨加家族的后续回报不仅仅是弗朗切斯科当选红衣主教。在担任曼图亚侯爵的 15 年间，卢多维科只在首都启动了一个大型建设项目：一家大型救济院。在更贴近社会生活的层面上，他对明乔河的水路网络进行了实质性改造，以利于货物和农产品的运输。但在装饰和美化曼图亚上，侯爵还是不太舍得花钱，这一态度即将发生重大改变。曼图亚会议结束后不久，卢多维科的一名代理人汇报了他与罗马教廷的一名成员的谈话，内容关于曼图亚泥泞不堪的街道，报告最后写道："我于是回答他，尊贵的殿下已经开始铺设广场，并计划对全城的道路进行铺设和整修。"[30] 但此时卢多维科正在进行一项更雄心勃勃的计划：重新开发市中心。他显然听到了一些批评的声音，认为与米兰等欧洲大国和宫廷相比，曼图亚实在微不足道。但这不重要，他决定放弃米兰公爵钟爱的哥特式风格，选择古罗马帝国的文化语言，以此来宣告他对弗朗切斯科公爵的独立性。推动他的是人文主义者莱昂·巴蒂斯塔·阿尔贝蒂，这位教皇的书记员在参加曼图亚会议时曾与侯爵会过面。

阿尔贝蒂此时的名声越来越大，这当然要归功于他为莱昂内洛·德·埃斯特和西吉斯蒙多·马拉泰斯塔主持设计的新式建筑项目（见第二章），尤其是他撰写的《论建筑》（1452 年，1485 年首次印刷）使其成为古典建筑领域的专家。阿尔贝蒂以古罗马建筑师维特鲁威（Vitruvius）的著作为基础，向 15 世纪的赞助人展示了古罗马的建筑语言如何运用到他们的宫殿、城堡、教堂和所有其他宏伟建筑的设计之中，而这些建筑将构成一座强大城市的基本特征。这一点与侯爵改造曼图亚的雄心不谋而合。更重要的是，阿尔贝蒂此时已以一名建筑师自居，并在拥有知识的建筑设计师和掌握手工技能的传统手工工匠之间划出了一道清晰的界线。这是现代建筑师概念演变过程中的一个重要里程碑。

architect（建筑师）这个词在中世纪已经被遗忘，是阿尔贝蒂通过阅读维特鲁威的文字，重新学习并复兴了这一概念。[31]

卢多维科和阿尔贝蒂之间的第一次沟通应该是在 1459 年 12月，曼图亚会议闭幕前不久，侯爵派人给阿尔贝蒂送信，请求他归还维特鲁威论文的副本，因为庇护二世想要借阅，"如果您没有带走这本书，而是将它留在此处，还烦请您给目前书的主人写封信通告一声，这样我们可将书借给教皇陛下。如果您这样做的话，我将不胜感激"[32]。我们对维特鲁威这份手稿的下落一无所知，但在 1460 年 2 月 27 日，也就是教皇离开曼图亚的一周之后，阿尔贝蒂写信给卢多维科，请求借住在贡萨加家族位于卡夫里亚纳的狩猎小屋：

> 我感到有些不舒服，我的一些朋友明智地建议我换个环境，换换空气。所以我向您的秘书皮耶罗·斯帕尼奥罗（Piero Spagnuolo）询问能否借住在您的某间乡村别墅；他认为卡夫里亚纳是最好的，我同意了。[33]

在信的结尾，阿尔贝蒂提道："圣塞巴斯蒂亚诺（San Sebastiano）、圣洛伦佐、凉廊以及市政厅的模型已经完成，我相信您一定会喜欢它们的。"

卢多维科的曼图亚中心改造计划主要围绕着埃尔贝商业广场（Piazza delle Erbe）和存放着珍贵圣血遗物的圣安德烈亚教堂展开。阿尔贝蒂信中提及的三个计划都与这个项目有关：古罗

马风格的圣洛伦佐教堂、商业广场上的凉廊和市政厅［位于执政
官广场（Palazzo del Podestà），因其外立面设有古罗马诗人维吉
尔的雕像而被称为"维吉尔宫"］。但不幸的是，这个项目从一开
始就困难重重。最主要的障碍来自圣安德烈亚修道院院长卢多维
科·努沃罗尼（Ludovico Nuvoloni），卢多维科希望拆除或改建
的许多地产都归他所有，甚至连圣洛伦佐教堂也是。早在 1460
年 7 月，努沃罗尼院长就强烈反对卢多维科的计划，"他明确告诉
我们，他一百年都不会同意"[34]。卢多维科侯爵决定采取强制性
措施，关闭修道院，取而代之的是建立一座大圣堂。① 这种教堂
类似一种新的世俗基金会，卢多维科可以对其进行控制并从中获
益。但是他必须首先处理好修道院院长这个"老大难"问题，而
这需要得到教皇的批准。

卢多维科为了迫使努沃罗尼院长离开，第一步就是发动一场针
对修道院院长的抹黑运动，以便在教皇法庭上诋毁他。起初，他
指责努沃罗尼失职，当证明不成立后，又指责他有财务问题。最
后，他对修道院是否遵守宗教仪式提出质疑，但都没有结果。[35]
修道院院长是律师出身，在罗马教廷本来也有自己的关系网和
支持力量，他坚决不同意拆除修道院，也不愿辞职。不仅如此，
他还反过来指责卢多维科欺诈。但侯爵坚称："不，这不是欺
诈……我们拆掉这些房子只是为了美化这个地区。"但侯爵此时
也无计可施，只能等待修道院院长去世。

---

① 大圣堂（collegiate church），天主教或英国国教中的一类教堂。该类教堂并不
拥有主教的职权或辖区，而是由某个共同社团或教士团体捐助建立。

在 1460 年 2 月 27 日的信中，阿尔贝蒂提到的第四个计划是
建造一座新教堂献给圣塞巴斯蒂亚诺。这个项目反倒取得了巨大
成功。一个月后，也就是 3 月，据说工程就已经开工，开始打地
基了。文艺复兴时期意大利流行崇拜圣塞巴斯蒂亚诺，据说他能
保护人们免遭瘟疫之苦。卢多维科很可能就是为了这一点，选择
将新教堂奉献给这位圣徒，感谢他在教皇召开曼图亚会议时保护
该城免遭瘟疫之苦。新教堂坐落在城市边缘的河岸边，在一座地
下室上加高而成，以确保它在汛期不会被洪水淹没。在视觉上，
它与斯福尔扎的米兰大教堂，甚至中世纪曼图亚优雅的哥特式
拱门全然不同。其壮观的外立面上，位于顶端的古典三角楣装
饰墙被优雅的拱门弧线分开，壮观的桶形拱顶上覆盖着古希腊
十字造型的四座巨型桁架，这些建筑风格都源自古罗马。但不
幸的是，这个项目后来遇到了诸多困难，一直未能完工。＊红衣
主教弗朗切斯科在 1473 年写道："虽然（该建筑）是以古典形式
来建造的，而且与巴蒂斯塔·阿尔贝蒂先生所设想的也没有什么不
同，但我仍然不明白它到底是要建成一座教堂、清真寺还是犹太
会堂。"[36]

尽管建筑改造项目遇到了困难，但卢多维科与阿尔贝蒂的友
谊仍在持续。1463 年底，这位书记员再次来到曼图亚，侯爵给
他送来了一篮子鹌鹑。[37] 他还给卢卡·范切利（Luca Fancelli），
也就是负责圣塞巴斯蒂亚诺教堂建设工程的包工头，提供帮助和

＊　圣塞巴斯蒂亚诺教堂现在的外观是 20 世纪 20 年代思路不明的修复的成果。

莱昂·巴蒂斯塔·阿尔贝蒂,自画像勋章,
1430—1435 年（华盛顿美国国家美术馆藏）。
阿尔贝蒂是一名流亡的佛罗伦萨贵族的儿子,
他幸运地在教会行政部门谋得一份生计。（109）

曼图亚圣安德烈亚教堂外立面，始建于 1470 年。阿尔贝蒂设计的
外墙气势恢宏，融合了古雅典神庙和古罗马凯旋门的元素。(110)

建议。1463 年 12 月，范切利写信给卢多维科，告诉他阿尔贝蒂"非常想铺设整个路面，还告诉我这可能需要大量的地砖，但我估计 36 000 块就够了"[38]。作为赞助人，卢多维科对他所有的项目都密切关注，他及时答复了范切利，以及其他受雇于他的工地包工头，满足他们的要求，有时还关心他们的个人问题。当范切利在工地摔倒并伤到睾丸时，他的主人回复道："上帝允许人们在他们犯错的地方接受惩罚。"[39]值得注意的是，侯爵用第二人称单数（tu）称呼所有这些工匠，但他与阿尔贝蒂的通信中全部使用第二人称复数（Voi）这一礼貌性的尊称，这些细节清楚地表明阿尔贝蒂并非侯爵的雇员，而是一个受人尊敬、有社会地位的人。

1464 年，当新教皇保罗二世（Paul Ⅱ）在 12 月初突然解雇了所有的书记员时，卢多维科迅速向他的朋友伸出援助之手。1465 年 1 月 1 日，他写信给保罗二世，向他推荐"最优秀的巴蒂斯塔·德·阿尔贝蒂先生，近年来我已经非常了解他，常常邀请他来我的宫廷做客，他也一直为我提供各种服务，对此我非常感激"[40]。五天后，他又写信给儿子红衣主教弗朗切斯科，请他在罗马为不幸的阿尔贝蒂提供一些力所能及的帮助："你也知道巴蒂斯塔先生最近为我们做了许多事情，不仅仅是在设计和建造圣塞巴斯蒂亚诺教堂这方面。我们非常感激他。现在他写信给我们，恳请我们向教皇陛下推荐他。"他告诉儿子："希望你也能出于对我们的尊重，尽你所能地推荐他。"[41]1 月 11 日，卢多维科再次写信给阿尔贝蒂，让他知道自己已经采取了哪些行动，并提到

"如果还有什么可以做的，我们将非常乐意效劳"⁴²。

　　同时，卢多维科对曼图亚的形象改造也发生在总督宫，即贡萨加家族在曼图亚的权力中心。他委托人制作了包括他自己和妹妹塞西莉亚，以及父亲詹弗朗切斯科和他的导师维托里诺·达·费尔特雷的肖像勋章。卢多维科的勋章正面是其身穿罗马式盔甲的侧面像，背面是身着骑士盔甲、脚跨高头大马的侧面像；塞西莉亚现在是一名嘉勒修女会①的修女（Clarissan nun），她的勋章背面恰好描绘了一只象征贞洁的独角兽。⁴³ 卢多维科此时也开始收集古典文献手稿。1459 年，西西里的人文主义者乔瓦尼·奥里斯帕（Giovanni Aurispa）在费拉拉去世，卢多维科的代理人花了 60 杜卡特从这位人文主义者的藏书中购入了大量希腊文手稿，其中就包括荷马史诗的评注本。⁴⁴

　　为了筹备曼图亚会议，贡萨加宫廷的家庭生活也必须做出一些改变。为了妥善迎接教皇随行人员的到来，卢多维科和芭芭拉将大教堂对面旧的家族宫殿腾了出来，以便安置庇护二世及其家人。随后他们搬进了圣乔治城堡（Castello San Giorgio），这座坚固的城堡俯瞰着连接曼图亚和大陆的堤道——圣乔治桥（Ponte San Giorgio）。但要把这座堡垒改造成适合家族和宫廷成员居住的生活区，还需要做大量的整修工作。一位占星家警告说，推倒它将会遭遇致命灾祸。侯爵冷静地回答道："我们不

———————
① 嘉勒修女会（Order of Saint Clare），也称贫穷修女会，是罗马天主教的一个女性修会，由修女阿西西的圣嘉勒和圣方济各创立于 1212 年的棕枝主日（Palm Sunday）。

需要占星家。如果你就是那位对我的父亲预言城堡会坍塌的人的话，那么你真是对占卜一无所知，因为我们当时已经拆除了一半。"[45]

卢多维科对新式风格的偏好在圣乔治城堡的室内装饰上体现得非常明显。他选择的艺术家是安德烈亚·曼特尼亚，一名20多岁的年轻画家，在维罗纳和帕多瓦这些人文主义运动发源地深受学术赞助人的青睐。1457年，他接受侯爵的邀请加入贡萨加宫廷。尽管卢多维科立即向其支付了20杜卡特用于搬家到曼图亚，但画家直到1460年才正式到任。[46]卢多维科求贤若渴，为了吸引曼特尼亚到曼图亚工作，开出了极其优渥的条件：画家的年薪为180杜卡特，并免费提供一栋住房，以及养活六口人的粮食和柴火。要知道当时曼图亚市中心一家理发店的年租金也只需9杜卡特。[47]当然，曼特尼亚的工作也是各种各样的。除了总督宫和卢多维科正在维修与装饰的各类城堡，如戈伊托、卡夫里亚纳、萨维奥拉、马尔米罗洛和贡萨加等之外，他还为各种婚礼、教会盛宴和其他庆典提供装饰设计。他为侯爵创作的最早的作品之一是弗朗切斯科的肖像画（约1460年），此时他还很年轻，还未前往罗马担任红衣主教。曼特尼亚还为圣乔治城堡的新礼拜堂绘制了一系列版画（也就是所谓的"乌菲齐三联画"），包括《基督升天》（*Ascension of Christ*）、《三博士来朝》（*Adoration of the Magi*）和《行割礼》（*Circumcision*），以及《圣母之死》（*Death of the Virgin*），透过这幅画背景中的窗户，可以看到明乔河中往来的船只和圣乔治桥。

安德烈亚·曼特尼亚，《圣母之死》，约 1460 年（西班牙普拉多美术馆藏）。
透过画中的窗户，可以看到明乔河中的圣乔治桥。（115）

　　曼特尼亚在这里创作的最著名的作品是卢多维科的卧室兼正式会客厅——皮克塔室（Camera Picta，始于 1465 年）*。卢多维科没有选择皮萨内罗在大约 30 年前为他父亲绘制的亚瑟王宫廷那种宣扬骑士精神的风格，而是希望让自己的宫廷与古罗马帝国传统产生联系。曼特尼亚在该房间的装饰是一个错觉艺术的杰作：房间的拱顶采用仿古的灰泥粉刷成型，上面装饰着古罗马皇帝肖像的圆形浮雕，圆拱形屋顶上装饰着取材于古典神话故事的浮雕。在天花板的中央，他创作了一个虚构的穹顶之窗（oculus），窗外明显是天空，几名宫廷妇女围绕着一圈护栏，一边嬉笑一边说着闲话，护栏边的一个花盆似乎摇摇欲坠，一个赤裸的小天使（putto）正想把一个苹果扔进房间。

　　房间的墙上挂着卢多维科以及他的家人和廷臣的画像。这些人物被设置在一些虚构的窗帘背后，似乎暗示他们正处在这一场景之中。其中一幅画里，侯爵拿着一封信，正在认真地与他的秘书交谈，旁边的芭芭拉身着奢华的金色长袍。

　　他们的身份地位因环立四周的孩子、廷臣和宫廷侏儒而更加凸显。文艺复兴时期的宫廷热衷收集侏儒，看重的是他们能提供一些粗俗乐趣。比如这幅画中的侏儒，他的手势似乎在粗俗地暗示卢多维科和芭芭拉交合的成果。卢多维科的椅子下面是他的老狗鲁比诺（Rubino），它对主人极其忠诚。有一次侯爵外出旅行，芭芭拉发现鲁比诺一直在宫殿里徘徊，"从一个房间到另一个房

---

　　*　如今这个房间通常被称为"新婚夫妇室"（Camera degli Sposi），但这个称呼是 17 世纪才开始出现的。

安德烈亚·曼特尼亚，《穹顶之窗》，1465—1474 年（曼图亚总督宫藏）。

"错视画"（trompe l'oeil）的杰作。曼特尼亚在皮克塔室的天花板上绘制了嬉笑的贵族妇女和小天使靠在虚构的石雕护栏边，似乎摇摇欲坠的戏剧性场面。(116)

间地寻找你"。这条狗死后，卢多维科把它埋在一个从他卧室就能看到的地方，并为它立下墓碑和墓志铭。[48]另一面墙上绘制的是身着贡萨加家族制服的猎手和卢多维科的猎犬们。第三个场景中，卢多维科的另一只狗正躺在主人脚下，而侯爵正在欢迎红衣主教弗朗切斯科，以及其他更多的家庭成员，包括卢多维科的两个小孙子和两位统治者：皇帝腓特烈三世，以及丹麦国王克里斯蒂安一世（Christian I），后者是芭芭拉妹妹的丈夫。[49]

※

曼图亚改造工程进行的同时，卢多维科和芭芭拉为孩子们谋划的未来却遭遇了诸多困难，为曼图亚未来的政治发展蒙上了一层阴影。1457 年，侯爵夫妇发现 10 岁的长女苏珊娜开始出现脊柱异常的迹象，不得不取消了她与加莱亚佐·马里亚·斯福尔扎的婚约。弗朗切斯科公爵顾念旧情，同意让她的妹妹多罗蒂亚替代姐姐履行上述婚约，并继续雇用卢多维科做米兰军队的指挥官。1463 年 3 月，卢多维科遵循惯例与公爵续签了雇佣兵合同，但同年晚些时候，弗朗切斯科公爵毫无征兆地取消了加莱亚佐·马里亚与多罗蒂亚的婚约，宣布他的继承人将与法国国王路易十一（Louis XI）妻子的妹妹萨伏依的博纳（Bona of Savoy）结婚。[50]这对卢多维科来说是一种公开的侮辱，他非常愤怒。但弗朗切斯科公爵却再次侮辱了他，提出如果卢多维科同意与米兰签订终身雇佣合同，就恢复婚约，此举实际上是让曼图亚成为米兰的附属国。

接下来的两年里，卢多维科拒绝与他的旧盟友或其他任何人签署雇佣兵协议。但当弗朗切斯科公爵于 1466 年 3 月 8 日溘然长逝，现年 54 岁的卢多维科突然成为多方争取的对象，那不勒斯国王费兰特和弗朗切斯科的遗孀、米兰公爵夫人比安卡·玛丽亚都向他伸出了橄榄枝，威尼斯甚至为了得到这位传奇的雇佣兵队长，报出了 10 万杜卡特的高价。[51] 卢多维科拒绝了威尼斯和米兰，于 4 月 1 日与那不勒斯签订了一份新的雇佣合同。在合同中，他成功加上了一项条款，即他本人不必亲自出战，这使他能够在相对舒适和悠闲的环境中度过生命中的最后 12 年，光这一点就让他同时代的人羡慕异常。

多罗蒂亚被抛弃后的下场极为凄惨，郁郁寡欢 4 年之后，于 1467 年 4 月去世，年仅 18 岁。整个家族都受到了沉重的打击。据费拉拉驻罗马大使的报告，她的哥哥红衣主教弗朗切斯科曾公开表示，"他的父亲、他本人、他的任何兄弟或任何家族成员都希望（加莱亚佐·马里亚公爵）没有好下场……因为多罗蒂亚的死完全是他一手造成的，没有其他原因"[52]。侯爵本人则比较宽厚：1476 年，当加莱亚佐·马里亚遭到暗杀时，卢多维科指派自己的军队驻扎到米兰边境，为公爵的幼子詹加莱亚佐（Giangaleazzo）行使其继承权提供军事保障（见第五章）。

不幸中的万幸是，卢多维科其他孩子的婚姻并不取决于斯福尔扎的青睐。卢多维科安排他的继承人费德里戈与巴伐利亚公爵约翰（Duke Johann of Bavaria）的妹妹玛格丽塔·冯·维特尔斯巴赫（Margherita von Wittelsbach）订婚。1463 年 7 月，侯爵派费德里戈的两个兄弟詹弗朗切斯科和鲁道夫组成迎亲队伍，前往因斯布鲁克护送玛格丽塔前往曼图亚。17 岁的詹弗朗切斯科对新娘印象深刻，他向母亲汇报说："虽然她个子不高，而且略显丰腴"，但她"非常可爱"[53]。卢多维科还通过将他的两个小女儿嫁给德意志的邦国君主，加强他与神圣罗马帝国宫廷的联系。三女儿芭芭拉，也被亲昵地称为芭芭莉娜，在 1474 年嫁给了符腾堡公爵（Duke of Württemberg）埃伯哈德一世（Eberhard Ⅰ）；三年后，最小的女儿宝拉嫁给了戈里齐亚伯爵（Count of Gorizia）莱昂哈德（Leonhard）。1466 年，玛格丽塔生下一个儿子，贡萨加王朝更加人丁兴旺。曼特尼亚为皮克塔室创作的壁画中，《会议场景》里站在侯爵和红衣主教弗朗切斯科之间，较高的那个男孩就是他。在卢多维科写给芭芭拉的信中，他对长孙弗朗切斯科（见第六章）的出生似乎很淡定，"（为了欢庆他的诞生）而点燃篝火和鸣钟示意实在太幼稚了"。他告诉芭芭拉：

> 我们当年出生的时候可能还值得如此（大肆庆祝），但那只是因为我们杰出而幸运的父亲终于迎来了他唯一的一个儿子，避免了我们家族走向终结。感谢上帝，现在情况已不再如此。[54]

与此同时，红衣主教弗朗切斯科正在罗马教廷进一步确立自

安德烈亚·曼特尼亚，《宫廷场景》，1465—
1474 年（曼图亚总督宫）。该壁画描绘了卢多维
科和芭芭拉与他们的孩子，忠诚的女仆和几位
廷臣交谈的场景。（118–119）

安德烈亚·曼特尼亚，《会议场景》，1465—1474 年（曼图亚总督宫）。
该壁画描绘了卢多维科侯爵和他的孩子们，包括位于画面中心的红衣主教弗朗切斯
科，以及他的孙子们。(120)

己的地位。芭芭拉负责为她的儿子招募可靠的廷臣和仆人，卢多维科在罗马的代理人巴托洛梅奥·博纳托（Bartolomeo Bonatto）则为其寻找合适的住所。文艺复兴时期的欧洲，家族规模也是衡量地位的重要指标之一。而作为红衣主教，弗朗切斯科现在的社会地位比他先前作为一名诸侯的次子时要高太多。因此该如何安排更符合他目前的状况，曼图亚方面对此事展开了大量讨论。卢多维科自己也不甚清楚，只得向更熟悉罗马方面情况的博纳托征求意见。在询问并征求了几位红衣主教的意见之后，博纳托建议道："最多 20 位侍从，一位高级神职人员，6～8 名教士，4 名驯马师，其他人员包括厨师、餐桌管理员、采购员和马夫，总共 60 人就可以了。但最重要的是，要配备一名德高望重的管家。"[55] 芭芭拉却认为这个数字还不够，她把弗朗切斯科的家庭规模增加到 82 人。[56] 她还决定把那个众人垂涎的管家职位指派给弗朗切斯科的启蒙老师巴托洛梅奥·马拉斯卡（Bartolomeo Marasca）。但这并不是一个明智的选择，虽然马拉斯卡是一名教士，严格且极度虔诚，但他出身于一个鱼贩家庭，显然不是贵族。[57] 尽管如此，马拉斯卡还是对弗朗切斯科极为忠诚。1464年，这位 20 岁的红衣主教甚至不得不写信让他的母亲跟马拉斯卡解释，他不希望他的老师还像对待小孩一样，陪他入睡。芭芭拉只得回复说，他的老师一直都像爱自己的孩子一样爱他，并恳求他"试着对他亲近些"[58]。

从各方面来看，红衣主教弗朗切斯科都很享受在罗马教廷的生活，履行红衣主教成员所应履行的礼仪和社会职责，尽管他唱功极差，在礼拜仪式上惹得保罗二世频频发笑。[59] 但这并不重要，教皇和其他重要人物的青睐才是他事业发展的关键，这些人才能决定能给予弗朗切斯科的恩惠，以及其他收入来源的多寡。卢多维科曾语重心长地建议他的儿子："我是靠曼图亚侯爵和军人的身份谋生，而你则要做好一名高级教士该做的。"[60] 红衣主教对他的父亲言听计从，每年都向有权有势的罗马教廷副总理大臣罗德里戈·博尔哈赠送雀鹰。他还明确支持庇护二世发动的十字军东征运动，甚至自己还装备了一套盔甲和战船加入教皇的舰队，侯爵为此还向他的儿子赠送了一对战马以资鼓励。[61] 1464 年 8 月，当教皇的舰队即将从安科纳起航时，庇护二世去世了，红衣主教们不得不返回罗马选举他的继任者。对弗朗切斯科和他的同僚们来说，新一轮趋势逢迎又开始了，他们必须在自身利益、家族忠义和教廷地位之间不断权衡。

随着时间的推移，弗朗切斯科事业上的发展证明了在罗马教廷中心拥有一名家族成员的价值。他开始积累恩惠，尽管这些恩惠不一定非常有利可图，但确实增强了卢多维科侯爵对其管控领土内教会的控制。1460 年，弗朗切斯科被任命为波利罗内的圣贝内代托修道院［San Benedetto Polirone，也被亲切地称呼为圣贝内代托波（San Benedetto Po）］理事，这是曼图亚附近一座非常重要的本笃修道院。作为红衣主教，甫一上任弗朗切斯科就利用自己在教皇会议的影响力，接管了该地区其他本笃修会的管理职位。1466 年，他被任命为曼图亚教区的大主教，并在接下来的一个世纪里，将这个职位牢牢掌握在贡萨加家族手中。

现在就剩下因顽固的努沃罗尼院长阻挠而长期停工的圣安德烈亚教堂有待处理了。卢多维科侯爵曾计划在修道院院长去世时把这个教区交给弗朗切斯科。所以当弗朗切斯科发现自己的父亲改变主意，打算把这个职位交给他的小儿子卢多维科时，感到非常震惊。1469 年 5 月，弗朗切斯科写信给他的母亲，表示很高兴听闻 9 岁的卢多维科接受了此次任命，但"我实在不知道是什么说服了我尊敬的父亲大人，让他如此决绝地不让我拥有圣安德烈亚修道院"[62]。弗朗切斯科清楚地知道，芭芭拉对她丈夫的说服力应该更强，之后的事实也证明了这一点。

1470 年 3 月，努沃罗尼院长去世，侯爵终于得偿所愿，控制了修道院及其珍贵的圣血遗物。当然，红衣主教弗朗切斯科在罗马教廷多方运作，帮助其父完成对修道院进行改革和重建教堂的夙愿都是必不可少的。3 月 16 日，弗朗切斯科向卢多维科汇报，他已正式向保罗二世询问自己能否接任圣安德烈亚修道院院长一职，一周后该请求得到确认。

4 月 21 日，他再次写信给他的父亲，感谢他们每年为重建教堂捐赠 200 杜卡特，并承诺自己每年也会捐赠同样的金额。[63]

同年秋天，阿尔贝蒂在曼图亚给卢多维科侯爵写信："我最近还听说，大人您还在和您的臣民们讨论圣安德烈亚教堂的建设问题，您的主要目的是创造一个更大的空间，让更多人能瞻仰圣血遗物。"[64]他再次阐释了新教堂的设计方案："我把它寄给您。这套方案将使教堂空间更宽敞、更不朽、更庄重、更明亮舒适，且成本更低。这种形式的教堂在古代被称为神圣的伊

曼图亚圣安德烈亚教堂内部主厅，始建于1470年。这座教堂宏伟敞亮的内部空间，以及格纹状桶形拱顶的灵感来自古罗马广场（Roman Forum）上的马克森提乌斯会堂（Basilica of Maxentius）。（124~125）

特鲁里亚，如果您喜欢的话，我将按比例画出设计图来。"10
月 22 日，正在贡萨加城堡小住的卢多维科侯爵回复道："我们
已经看过你送来的设计，我们非常喜欢。但我们对它不是很了
解，可以等到我们都在曼图亚之后，我们再交谈沟通，看看哪
种方案是最好的。"[65] 虽然我们不知道此次沟通的结果，但显然，
最终建成的教堂在风格和规模上都是复兴古罗马帝国建筑风格
的一座里程碑。教堂气势恢宏的外墙结合了古代神庙经典的装
饰图案和凯旋式的拱门，牢牢占据了教堂门前广场的中心位置；
教堂内部，阿尔贝蒂所承诺的巨大空间，灵感直接来源于古罗
马广场上的马克森提乌斯会堂。

红衣主教弗朗切斯科对古罗马的建筑遗迹一直很感兴趣。
1462 年 3 月他到达罗马后不久，他的律师就向芭芭拉报告说：
"今天他在罗马四处骑行，拜访了一些教堂等许多古典建筑。"[66]
他迫不及待地想让圣安德烈亚的建筑项目尽快开工。即便当时建
筑资金还没有到位，但他还是在 1471 年 1 月对谨慎的父亲说，
"一旦开工"，这个项目就会吸引到捐款。他还特意拿米兰大教堂
做例子，劝说道："我不希望它像米兰大教堂一样，一直没能完
工。"[67] 除了资金问题，还有一个障碍需要克服：圣安德烈亚教
堂所在地仍然是本笃会的会所，因此必须得到教皇的许可才能重
建。但不幸的是，保罗二世一直没有同意，直到他在 1471 年 8
月去世之后，项目最终才得以启动。

保罗二世的继任者西克斯图斯四世（Sixtus Ⅳ）对卢多维科
侯爵和红衣主教弗朗切斯科更为友好。他不仅是米兰公爵的委托

罗马，马克森提乌斯会堂。由马克森提乌斯皇帝于 307 年开始修建，继任者君士坦丁皇帝接力修建完成。君士坦丁以十字架的名义，在 312 年的米尔维安桥战役中击败了马克森提乌斯。（127）

人，在选举教皇的过程中，红衣主教也出力颇多，让西克斯图斯
四世欠了他一个人情。教皇的回报也很直接。第一次是在 1471
年秋天，侯爵的幼子卢多维科被任命为教皇的书记官。[68] 第二次
是在 1472 年 1 月 15 日，红衣主教弗朗切斯科向他的父亲汇报道：

> 关于父亲大人您嘱咐过我，尽快获得拆除并重建圣
> 安德烈亚教堂的许可一事，我已与教皇陛下谈过，他口
> 头上同意父亲大人您可以将教堂部分或全部推倒，以您
> 的意愿为准。[69]

一个月后，工程开工。同年 6 月，西克斯图斯四世颁布圣谕，
将圣安德烈亚修道院改为大圣堂。

在处理这一堆麻烦事的同时，红衣主教弗朗切斯科继续在罗
马教廷享受生活。根据当时的记载，他生得英俊潇洒，有一个私
生子，应该是在曼图亚与自己的仆人有染的结果。这个孩子的昵
称为“小红衣主教”（Cardinalino），最初由贡萨加家族敬爱的女
主人芭芭拉照顾，后来获得了合法身份。[70] 红衣主教弗朗切斯科
此时也已成为一名重要的艺术赞助人。他对古典文化的兴趣很快
就体现在他的罗马宫殿里。在那里，他展示了许多收集而来的古
典雕塑和古钱币，以及勋章、宝石、浮雕珠宝、挂毯、银器等奇
珍异宝。[71] 他还拥有约 200 份手稿，其中包括以希腊文和拉丁文
对照编写的豪华版荷马史诗《伊利亚特》和《奥德赛》，这套手
稿也被称为“梵蒂冈的荷马史诗”[72]。管家马拉斯卡对他的奢侈

举动感到震惊，并多次就此写信给芭芭拉。"在我的最后一封信中，我恳请您写信给（弗朗切斯科），告诉他控制开支的重要性，不要屈从于欲望，尤其是那些既不必需也不太有用的物品。"节俭的马拉斯卡在这里抱怨的是一个镀金大象银盐罐，大象的背上还驮着一座城堡。红衣主教为了这个极尽奢华的盐罐花了400杜卡特巨款。[73] 还有一次，弗朗切斯科给他的母亲送来了三头骆驼，用他的话说是"丈夫、妻子和他们的小女儿"，还有一个"没有受过洗礼"的土耳其奴隶。[74]

这一时期，红衣主教普遍热衷于炫耀他们的教会王子身份，而奢华的排场以及对禁欲主义的无视成为所有如王宫贵族般生活的红衣主教的主要特征。弗朗切斯科也受到了这股奢侈之风的影响，导致他的日常开支远远超出了他的收入，不得不依靠银行家的资助来满足他的奢侈品位。但当他们过于贪得无厌时，就像美第奇银行在1466年所做的那样，他被迫向他的父母、其他红衣主教，甚至是他的弟弟卢多维科借钱来偿还债务。弗朗切斯科去世后，在要求偿还欠款的债权人名单中，就包括他的几位家族成员，以及曼图亚大教堂的一名教士，他的欠款高达500杜卡特；还有美第奇银行，他们要求从红衣主教的遗产中拿出3 500杜卡特用于偿还欠款。[75]

卢多维科侯爵于1478年6月12日去世，三年后芭芭拉去世，红衣主教本人于1483年10月去世。在曼图亚戏剧性地成长为意大利最重要的文艺复兴时期宫廷的过程中，他们都发挥了自己的作用。

第四章　阴谋与贪婪

那不勒斯的费兰特一世

和费德里戈·达·蒙特费尔特罗

主要登场人物：

阿拉贡的费兰特一世（Ferrantei of Aragon，1425—1494）
那不勒斯国王

费德里戈·达·蒙特费尔特罗（Federigo da Montefeltro，
1422—1482）
乌尔比诺公爵

西克斯图斯四世
教皇

阿方索（Alfonso）
卡拉布里亚公爵（Duke of Calabria），费兰特一世的继承人

吉罗拉莫·里亚里奥（Girolamo Riario）
伊莫拉的领主，西克斯图斯四世的外甥

加莱亚佐·马里亚·斯福尔扎
米兰公爵

弗朗切斯科·萨尔维亚蒂（Francesco Salviati）
比萨大主教

洛伦佐·德·美第奇（Lorenzo de' Medici）
银行家

1478 年 7 月 25 日，西克斯图斯四世写信给他的军队指挥官费德里戈·达·蒙特费尔特罗，解释了他和他的盟友——那不勒斯国王费兰特一世在当月早些时候对佛罗伦萨共和国，或者更确切地说，对佛罗伦萨事实上的领导者洛伦佐·德·美第奇发动战争的原因：

> 上帝的荣耀正危在旦夕，我们愿意付出一切代价助您取得胜利，我们的目的是直截了当且公平公正。除了那个忘恩负义、已被逐出教会，且满嘴异端邪说的洛伦佐·德·美第奇以外，我们不会向任何人开战；我们祈求上帝惩罚他的邪恶行为，并恳请您代表上帝，为他邪恶地、毫无缘故地对上帝和教会犯下的错误报仇，他的忘恩负义汲干了无穷之爱的泉源。[1]

对教皇而言，美第奇犯下的罪行确实很严重：两个月前，佛罗伦萨当局公开处决了 5～6 名教士和一位大主教，这直接触犯了神职人员享有世俗管辖豁免权的法律。教皇为了报复这一行为，发布了一份名为《邪恶之子》（Iniquitatis filius）的诏书，将洛伦佐逐出教会，并向佛罗伦萨宣战。然而，教皇自以为是的愤怒实际上是为了掩盖一个令人不安的事实：这些教会成员是因为参与谋杀洛伦佐·德·美第奇而被处决。更令人震惊的是，这次袭击发生在佛罗伦萨大教堂这块神圣之地。这次袭击也将长达五年的政治斗争推向高潮。最初只是西克斯图斯四世和美第奇家族之间的争吵，后来升级为颠覆佛罗伦萨政权的阴谋。在教皇狡猾的侄子吉罗拉莫·里亚里奥的指挥下，卷入斗争的阵容逐渐壮大，甚至包括一些意大利最有影响力的人物，特别是费兰特一世和费德里戈·达·蒙特费尔特罗，而西克斯图斯四世始终隐藏在背景之中，如同一个黑暗的幽灵。旧仇未报又添新仇，政变失败使教皇再也无法掩饰自己的尴尬处境，如此强烈的愤怒也就不难理解了。

　　本章讲述了一个与阴谋和贪婪有关、充满了恶意的故事，其中没有一个人物是无辜的，甚至连受害者也一样。希望通过结盟来增强自己统治力的费兰特国王、渴望获得社会地位的天赋型雇佣兵队长里亚里奥、矢口否认参与这个阴谋的教皇本人都不是无辜的。更重要的是，透过这个故事我们了解到文艺复兴时期的统治者们为了获得社会地位、财富和政治权力，可以相互妥协到何种程度。

※

费兰特一世和费德里戈·达·蒙特费尔特罗是旧盟友，尽管他们的身份地位不同，但也有许多的共同点，特别是对自身生存处境的不安全感。造成这种状况的根本原因是他们都是私生子，虽然教皇的诏书让他们的身份合法化，但这还是给他们上台执政带来了一些问题。而且更令人惊奇的是，他们还都涉嫌谋杀自己的姐妹。正是相似的境遇和不安全感诱使他们卷入了 1478 年的阴谋，以及阴谋败露之后蓄意谋划、寻求脱身之道的结局。

1444 年 7 月 23 日，乌尔比诺公爵奥丹托尼奥遭到暗杀，他同父异母的哥哥费德里戈·达·蒙特费尔特罗乘机夺取了政权。这位 17 岁的少年公爵与尼科洛三世的女儿伊索塔·德·埃斯特结婚，平日里骄奢淫逸，一位编年史家曾绘声绘色地将他描绘成一个连环通奸者，导致"被他愤怒的臣民杀死，因为他不分昼夜地侮辱他们的妻子"[2]。甚至传言公爵遭到暗杀后还被去势，阴茎被塞回嘴里，以示羞辱。"乌尔比诺人随后找到费德里戈大人，请他立即接管这个国家。"教皇尤金四世将奥丹托尼奥从伯爵晋升为公爵之时，时年 22 岁的费德里戈似乎早已做好接替奥丹托尼奥的准备。尽管没有证据表明他直接参与了这场暗杀，但他与奥丹托尼奥之死脱不了干系的谣言却一直存在。甚至到了 15 世纪 70 年代，费兰特一世的儿子阿方索还在愤怒地指责他是第二個该隐。[3]①

然而，当时更具争议的话题是，费德里戈坚持声称奥丹托尼奥是自己的同父异母兄弟。许多人包括费德里戈的亲信大臣，都坚持认为他不是上一代乌尔比诺伯爵吉丹托尼奥·达·蒙特费尔特罗（Guidantonio da Montefeltro）的私生子，而是伯爵军队的指挥官贝纳迪诺·德·乌巴尔蒂尼（Bernardino degli Ubaldini）的儿子。[4]但是当费德里戈的邻居、里米尼的领主西吉斯蒙多·马拉泰斯塔也发出这种质疑时，费德里戈勃然大怒，歇斯底里地指责西吉斯蒙多是一个瞎眼的麻风病人、一个家暴和毒害妻子的人、一个强奸修女的罪犯等，希望罗列的这些可怕罪行足以掩盖他自己的罪恶感。[5]我们也看到了，费德里戈幸运地将他对西吉斯蒙多的荒唐指控持续了下去（见第二章）。

受到来自家庭、邻国，特别是罗马教廷的反对，费德里戈在上台的最初几年间，统治的合法性不断受到质疑和挑战。教皇尤金四世不仅拒绝将奥丹托尼奥持有的公爵头衔授予费德里戈，还拒绝正式批准他的合法继承权。与此同时，还有其他人也在觊觎着乌尔比诺公爵头衔，特别是西吉斯蒙多的弟弟多梅尼科·马拉泰斯塔，他的妻子维奥兰特·达·蒙特费尔特罗（Violante da Montefeltro）是奥丹托尼奥的妹妹。1446年3月，费德里戈伯爵识破了一个涉及西吉斯蒙多和维奥兰特的妹妹斯维瓦（Sveva）的阴谋。斯维瓦当

---

① 该隐（Cain），《圣经》中人类祖先亚当和夏娃所生的两个儿子之一，该隐为长兄。他因为憎恶弟弟亚伯的行为，将其杀害，后受上帝惩罚。他在后世的传说故事中也背上了杀亲者的罪名，被认为是世界上所有恶人的祖先。

时住在乌尔比诺，并计划为阴谋者提供进入该城市的机会。除了对他的妹妹手下留情，其他所有身在乌尔比诺的阴谋者都被处决。[6]直到 1447 年，尼古拉五世当选为教皇，费德里戈才正式被承认为乌尔比诺伯爵，但新教皇还是拒绝授予他将继承权传给其婚内子孙的权利，奥丹托尼奥的公爵头衔也被取消。[7]

随着其合法的统治地位得到正式承认，关于其亲子关系的疑虑也开始消退，费德里戈在战场上令敌人闻风丧胆的威名也逐渐确立起来。他还是一名头脑冷静的政治家，小心翼翼地权衡着结盟的利弊。经济回报固然很重要，但首要任务还是确保乌尔比诺的安全，免受西吉斯蒙多的野心影响。16 岁时，费德里戈与菲利波·马里亚·维斯康蒂公爵签订了第一份雇佣兵合同，为米兰效力了几年。1442 年 10 月，他改为向阿方索一世效忠，并很可能在第二年访问那不勒斯时第一次见到了费兰特。[8]1446 年，他与弗朗切斯科·斯福尔扎签订了一份雇佣兵合同，这次联盟虽然给他带来了政治利益，但也导致了面部毁容。1450 年，在庆祝斯福尔扎成功征服米兰而举行的一场骑士比武中，对手的长矛直接从他鼻子上方戳进了头骨，造成右眼球直接迸出眼眶。这一幕令所有人毛骨悚然，因为在这个时代一个小小的伤口通常都是致命的，但费德里戈幸运地活了下来，尽管他不得不在 1453 年告病还乡，疟疾发作严重威胁到他仅剩的左眼视力。[9]

1451 年，费德里戈伯爵又回到阿方索一世的阵营，因为此时传言神圣罗马帝国皇帝计划将斯福尔扎赶出米兰，并执行菲利波·马里亚公爵的秘密条款，将公国遗赠给阿方索一世而非他的女婿。阿方索国王为此向费德里戈支付了很高的报酬，并特别承诺在乌尔比诺受到任何攻击时，向其提供军事援助。1454 年《洛迪和约》之后，费德里戈的雇佣兵合同也到期了，阿方索一世奖励他每年 6 000 杜卡特的养老金。为了进一步巩固联盟关系，费德里戈还被任命为王室顾问，并晋升为那不勒斯军队总司令。[10] 与其他为增加收入而经常改变阵营的雇佣兵队长不同，费德里戈伯爵在余生中一边积累财富，一边成为那不勒斯最忠诚的盟友。

1458 年 6 月 27 日，费兰特继承那不勒斯王位，费德里戈将有机会证明他作为军人、外交家和盟友的价值。1455 年，加里斯都三世意外当选教皇，那不勒斯和罗马之间的关系已濒临恶化。新教皇曾是阿方索一世的首相和太子费兰特的导师，但现在他拒绝承认费兰特为国王，并宣称那不勒斯的封地权已经失效。费德里戈伯爵冒着公开反对教皇指令的危险，派他的长子邦孔特（Buonconte）前往那不勒斯庆贺新国王继任，但在返回乌尔比诺的路上，邦孔特不幸感染瘟疫去世。[11]

费兰特上台之后困难重重，但他早已训练有素。阿方索一直在为其顺利接班努力做好准备，费兰特在御前会议和私人交流时的表现都令人瞩目，他沉默寡言，但神情专注。他不是一个容易对付的盟友，圆滑世故且诡计多端，他常常为自己辩解道："我只是师从一个好老师而已。"[12] 但对他的继承权怀有敌意的并不仅仅是罗马教廷。他父亲的老对手安茹公爵热内，很快就抓住这些机会，谋求重新夺回对那不勒斯的统治权。安茹公爵的野心很快在那不勒斯内部得到了响应和支持，由此也引发了一场由费兰特的两名亲戚领导的叛乱。他们是费兰特妻子伊莎贝拉的叔叔——塔兰托亲王乔瓦尼·安东尼奥·奥尔西尼（Giovanni Antonio Orsini），以及费兰特同父异母的姐姐埃莱奥诺拉的丈夫——罗萨诺亲王（即塞萨公爵）马里诺·马尔扎诺。当时马尔扎诺以讨论休战为借口，将费兰特诓骗到一个会议上，并用匕首袭击了他。幸运的是，费兰特逃过一劫。

　　继位一个多月后，得知加里斯都三世去世，费兰特感到非常欣慰。8 月 19 日传来了一个好消息，红衣主教团选举埃内亚·西尔维奥·皮科洛米尼为新任教皇庇护二世。这对费兰特和费德里戈来说，无疑是个惊喜的好兆头。

　　通常，新选举的教皇都会对现有政治格局做出调整，庇护二世也不例外。他是一位新型教皇，野心勃勃地想利用自己的影响力提升那些贫穷的锡耶纳亲戚在意大利贵族精英中的地位。这也是教皇发展史上的一个重要时刻。正如一位历史学家所指出的那样，这位教皇和他的继任者利用这一"教皇背景下的王朝叙事"，对意大利的未来产生了戏剧性的效果。[13]

　　教皇新政直接体现在庇护二世不仅推翻了前任教皇对费兰特和那不勒斯的裁决，还支持费兰特对安茹的热内和叛乱的那不勒斯贵族的战争。此举也反映出教皇建立自己家族王朝的野心。作为回报，费兰特将那不勒斯王国最显赫的阿马尔菲公爵（Duke of Amalfi）头衔授予教皇的侄子安东尼奥·皮科尼尼（Antonio Piccolomini），并允许王室纹章与公爵纹章并列；还将自己的私生女、阿拉贡的玛丽亚（Maria of Aragon）也许配给阿马尔菲公

多米尼克·加吉尼（Domenico Gagini），《费兰特一世半身像》（巴黎卢浮宫藏）。这种半身像风格来源于古罗马雕塑，反映了国王作为人文主义赞助人的重要性。（136）

爵。到了 1458 年底，费兰特一世的前景不再暗淡：教皇特使为其加冕国王头衔进一步确保了费兰特一世统治的合法性，他还与庇护二世签订了联盟协议。此外，得益于教皇的影响力，他还获得了父亲的老对手——弗朗切斯科·斯福尔扎公爵的支持，后者此时正需要得到神圣罗马帝国皇帝的支持，以获得对他自己头衔的正式承认，而时任神圣罗马帝国皇帝恰好是费兰特的表妹夫 [①]。（见第一章）。

尽管费德里戈·达·蒙特费尔特罗和弗朗切斯科公爵的弟弟佩萨罗领主亚历山德罗能征善战，但战争之初对费兰特一世来说进行得并不顺利。1460 年 7 月 7 日，他在维苏威火山以东的萨尔诺遭到重创；两星期后，费德里戈伯爵也在圣法比亚诺遭到攻击，被迫退兵。[14] 甚至当法国国王投其所好，以派 7 万名士兵参加十字军东征为诱饵，试图说服教皇改变立场，支持安茹公爵之际，庇护二世仍然坚定地支持费兰特。[15] 直到 1462 年 8 月，费兰特在特罗亚的决定性战役中击败敌军，战争才转向对国王有利的局势。一个月后，反叛军领袖塔兰托亲王明智地选择倒戈，表明费兰特国王即将成为最终的胜利者。1465 年 7 月，安茹的海军舰队在伊斯基亚岛（Ischia）附近被击败，费兰特终于在 7 年之后重返首都。

为了庆祝胜利，费兰特一世组建了一支骑士团亲卫队。皇家骑士团在这一时期的欧洲宫廷常常被视为王室权力的象征，也

---

① 时任神圣罗马帝国皇帝腓特烈三世（1440—1493 年在位）的妻子葡萄牙的埃莉诺是费兰特的表妹。

塔沃拉·斯特罗齐（Tavola Strozzi），约 1480 年（那不勒斯卡波迪蒙特博物馆藏）。这幅画是为了庆祝费兰特 1465 年的胜利所作。它描绘了坐落于那不勒斯海滨的新城堡王宫及其高大坚固的城墙。（138–139）

代表了其在宫廷受宠的地位。埃尔曼骑士团（Knights of the Ermine）于 1465 年 9 月 29 日正式成立，这一天恰好也是基督教的圣米迦勒节。正如 1442 年他的父亲将新城堡献给圣米迦勒，以此来庆祝战胜安茹军队一样，费兰特一世将他的骑士们献给这位天使长，明显也是在暗示自己的胜利："天上发生了争战。米迦勒同他的使者与龙作战……它们都打败了，天上再也没有它们的地方。大龙就是那古蛇，名叫魔鬼……"（《启示录》12：7—9）[16]① 相关仪式也蔚为壮观，包括献祭一枚金色的项饰勋章和一件奢华的貂皮衬里红色缎面斗篷。

费兰特一世现在可以集中精力加强王权，并利用他的子女在意大利和阿尔卑斯山以北的地区建立起一个联盟网络。他的妻子伊莎贝拉女王共生育四子两女：阿方索（Alfonso，生于 1448 年）、埃莱奥诺拉（Eleonora，生于 1450 年）、费德里戈（Federigo，生于 1452 年）、乔瓦尼（Giovanni，生于 1456 年）、比阿特丽斯（Beatrice，生于 1457 年）和弗朗切斯科（Francesco，生于 1461 年）。这些合法出生的孩子确保了阿拉贡王朝继承权的延续。国王还有十多个由几个不同情妇所生的私生子，他们也在宫廷中长大。那不勒斯和米兰的联盟是《洛迪和约》的基础，1455 年阿拉贡和斯福尔扎签署的两份订婚协议进一步巩固了这一联盟：费兰特的继承人、卡拉布里亚公爵阿方索（时年 7 岁）将与弗朗切斯科·斯福尔扎的女儿伊波利塔（时年

---

① 译文参考《圣经》中文和合本（2010 年修订版）。

10 岁）结婚；阿拉贡的埃莱奥诺拉（时年 5 岁）将与弗朗切斯科公爵的第三个儿子斯福尔扎·马里亚（时年 4 岁）结婚。1465年，在费兰特一世重新登上王位后不久，第一对新人的婚礼顺利举行；但第二对的婚约却失效了，埃莱奥诺拉改嫁给了费拉拉的埃尔科勒·德·埃斯特公爵（见下文）。费兰特国王一如既往地手头拮据，为了节省 1/3 的约定嫁妆（6 000 杜卡特），他只能许诺授予埃尔科勒一块王国的封地，但他从未履行承诺。[17] 之后，让费德里戈与勃艮第公爵的女儿结婚，以此来巩固那不勒斯对安茹的防御这一计划也失败了。费德里戈后来与萨伏依的安妮（Anne of Savoy）结婚，这进一步加强了那不勒斯和米兰之间的联系，因为安妮是萨伏依的博纳的妹妹，而博纳是弗朗切斯科公爵的继承人加莱亚佐·马里亚的妻子，后者即将在 1466 年成为新的米兰公爵。

对费兰特一世来说，更头痛的是他与那不勒斯贵族们的关系，他们可能被打败了，但远远没有被吓倒。令人惊讶的是，那不勒斯王国中只有不到 20% 的城镇和村庄真正归王室所有，一些省份根本没有王室的土地，因此费兰特决定任命自己的家族成员来接管从叛军手中没收的土地和贵族头衔，以此来增强自己的权力。[18]比如，他的二儿子费德里戈最早被封为斯奎拉斯亲王（Prince of Squillace），之后又成为塔兰托亲王，最后当他与叛军的女儿结婚时，又获封阿尔塔穆拉亲王（Prince of Altamura），他的妻子将该头衔作为嫁妆的一部分；他的四儿子弗朗切斯科成为圣安杰洛公爵（Duke of Sant'Angelo），之后又与维诺萨公爵（Duke of Venosa）的女继承人结婚；他的女婿安东尼奥·皮科洛米尼

弗朗切斯科·劳拉纳（Francesco Laurana），《伊
波利塔·斯福尔扎半身像》，约 1472 年（华盛顿
美国国家美术馆藏）。一般认为这尊半身像为伊波
利塔，它是劳拉纳为那不勒斯宫廷女性雕刻的几
尊半身肖像之一。（141）

则取代那位曾经刺杀费兰特的马里诺·马尔扎诺，成为新的塞萨公爵。但国王对那不勒斯贵族威信的蓄意破坏将带来灾难性的后果。

尤其是费兰特一世花费了大量资金来修护其王权的主要象征物——新城堡。此举也旨在进一步强化他在首都的权威，同时也为了掩盖他破产的事实：由于缺乏来自母国西班牙的资金支持，他施政的空间极其有限。当庇护二世为了实现阿方索一世的遗愿，向费兰特索取 6 万杜卡特用以装备十字军时，国王找各种借口推脱了6 个月，还是只送来了总额的一半。[19] 但他用昂贵的大理石喷泉、凉亭和鸟笼来装饰城堡，并为了有一个气派的广场作为城市的脸面，而拆除了城堡前的一些建筑，还委托人制作了一扇极其昂贵的青铜对开门置于新城堡的入口。[20] 这扇大门由他的火炮设计师、修士古里耶莫·达·佩鲁贾（Fra Guglielmo da Perugia）* 铸造而成，他还曾为阿方索一世制造过时钟、大炮和其他武器。费兰特对古里耶莫大为赞赏，将他的薪水从每年 400 杜卡特提高到 600 杜卡特。[21] 城堡大门上栩栩如生地再现了国王镇压反叛的贵族及其安茹盟友的战争场面。[22] 整个画面共分为六大场景，每一幅都配有说明性的铭文标识，包括马尔扎诺试图刺杀国王，以及特罗亚战役的胜利（1462 年 8 月 18 日），并以线条标记，将费兰特与恺撒大帝的成就相提并论。大门的上方装饰着另一组昂贵的青铜浮雕，描述他接受教皇代表加冕的仪式过程，

---

    * 有时他会被误认为是巴黎的纪尧姆修士（Fra Guillaume of Paris），当然这只是对佩鲁贾（Perusinus）的拉丁文写法的误读。

也是展示其王位合法性的明确证据。[23]

　　费兰特一世的宫廷不像他父亲的那样享有盛名，弗朗切斯科·菲莱福（Francesco Filelfo）甚至认为现在那不勒斯的人文主义氛围已经被狩猎游戏取代。当然这么说有点不公平。[24] 和阿方索一样，费兰特也是一个热衷于音乐的人。他派为自己效力的佛兰德斯作曲家约翰内斯·丁克托里斯（Johannes Tinctoris）回佛兰德尔为自己的王室礼拜堂招募新的唱诗班成员，并支付给他一笔可观的费用，但警告他"谨慎小心地使用"[25]。费兰特还在音乐上与加莱亚佐·马里亚·斯福尔扎公爵展开激烈竞争，后者多次从那不勒斯挖走他的唱诗班成员，这让国王非常愤怒。[26]

　　费兰特还有一个爱好随他的父亲，即热爱书籍。他鼓励新印刷技术的发展，并成立了意大利的第一批出版社之一。[27] 阿方索宫廷的许多人文主义者在那不勒斯的王位继承战中也一直对阿拉贡王朝保持着忠诚。由于无法用现金支付酬劳，费兰特用他从叛军马里诺·马尔扎诺那里没收的一座花园来奖励帕诺米塔，并任命他为自己的王位继承人——卡拉布里亚的阿方索的导师。[28] 帕诺米塔的继任者是乔瓦尼·蓬塔诺，他还以 400 杜卡特的薪酬兼任王室秘书。蓬塔诺还撰写了一部《那不勒斯战争史》（*De bello napoletano*），以及一系列关于服从、坚忍和自由的道德训诫文章。[29] 他写作了论辉煌（magnificence）的小册子来赞颂费兰特的赞助精神，他在文章中将"辉煌"定义为统治者有责任适当地向公众展示自己的地位，而"华丽"（splendour）则更适合在私人场合展示。蓬塔诺解释说:"就像我们不会用奢华的银盘装残羹冷炙一样,身居高位的人也不会吃粗茶淡饭。餐桌上金银餐具光芒四射,食物自然也丰盛美味。"[30]

※

这些有关"辉煌"和"华丽"的理论在乌尔比诺也体现得很明显,费德里戈伯爵为了展示自己的地位和野心,苦心经营自己的宫廷。他的第一任妻子真蒂莱·布兰卡莱奥尼(Gentile Brancaleoni)于 1457 年去世,三年后,38 岁的费德里戈伯爵迎娶了邻居亚历山德罗·斯福尔扎的女儿巴蒂斯塔(Battista)(时年 14 岁),她此时已经继承其父佩萨罗领主的头衔。婚后不久,庇护二世授予费德里戈世袭特权,允许他将伯爵头衔传给他的合法儿子,但截至目前,巴蒂斯塔只生下了女儿。[31]与这一时期的其他君主不同,费德里戈的周围没有人文主义者,许多依靠撰写吹捧谄媚之作谋生的人失望不已。据维斯帕西亚诺·达·比斯蒂奇(Vespasiano da Bisticci)的记载,伯爵喜欢在吃饭时听人诵读李维的《建城以来史记》,在大斋期听人诵读宗教读物,对食物的需求也很简单,不吃甜食,更不喝酒。[32]他的宫廷相对没有那么大排场,总共约 400 名廷臣和工作人员。相较之下,那不勒斯宫廷中,仅王室猎手和驯鹰师就超过了 200 人。[33]一名学者将费德里戈形容为一个"妄自尊大"(prima donna)之人,当然他

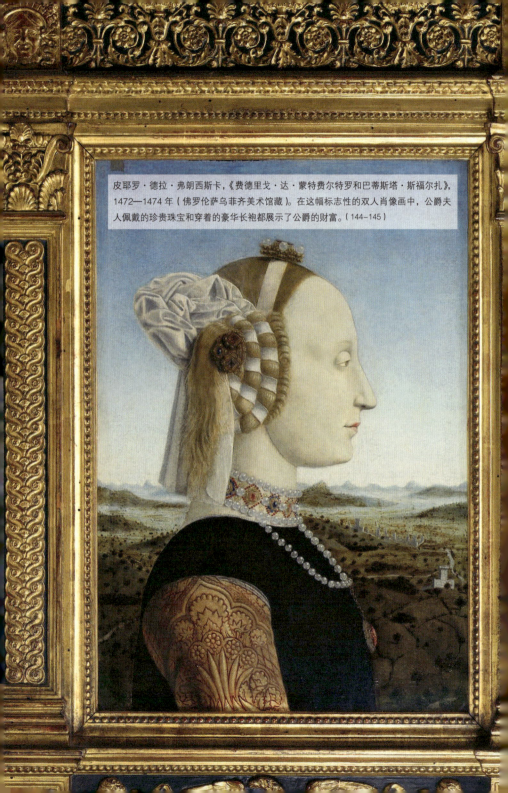

皮耶罗·德拉·弗朗西斯卡，《费德里戈·达·蒙特费尔特罗和巴蒂斯塔·斯福尔扎》，1472—1474 年（佛罗伦萨乌菲齐美术馆藏）。在这幅标志性的双人肖像画中，公爵夫人佩戴的珍贵珠宝和穿着的豪华长袍都展示了公爵的财富。（144–145）

的确有过于挑剔的神经质的一面。[34] 他在宫廷里制定了一套烦琐
的规则。比如，宫廷医师的妻子不允许一起住在宫廷的房间，因
为他需要"日夜值班，随叫随到地满足他主人的要求"，而负责
他寝宫的仆人每天必须洗手和剪指甲。[35]

　　费德里戈最引人注目的是在建筑及其装饰上花费了巨额资金。
事实上，据估算，他在艺术上赞助的钱远远超过了其他任何一位
文艺复兴时期的君主，当然，还有很多其他方面他也超过了。[36]
他第一任妻子的嫁妆中包括乌尔比诺山顶的小城堡，这成为他最
初的世袭财产，但（与费兰特一世一样）真正改变命运的是得到
了庇护二世的青睐。1462 年秋天，教皇以一种决然而嗜血的口气
命令他，"去吧"，"去征服、摧毁和吞掉这个可恶的西吉斯蒙多，
去中和掉他给意大利下的毒"[37]。马拉泰斯塔控制的城堡要塞一
个个地落入费德里戈手中。蒙达维奥的居民甚至向费德里戈支付
了 3 000 杜卡特的赔偿金，才免受陷落之苦。[38] 受惠于庇护二世，
费德里戈经此一役，获得了 50 多座马拉泰斯塔掌控的城堡和城
镇，此外，作为雇佣兵队长的他还获得了一笔可观的军饷收入。
据估算，他在 1451—1482 年的总收入高达 158 万杜卡特，其中
至少有 87.5 万杜卡特是纯利润。[39]

　　费德里戈接管这些城镇后开始大兴土木，还将自己的堡垒和
城堡升级改造。在乌尔比诺，他更是挥金如土，新建了一座主教
座堂、几座小教堂，以及修道院和其他象征伟大的文艺复兴城市
的地标性建筑。其中耗资最甚的项目是 1468 年动工的伯爵宫，
据说前前后后共花费了 20 万杜卡特。正如建筑上的铭文所称，它

始建于伯爵"推翻了强敌"之后，这显然是指费德里戈击败了西吉斯蒙多·马拉泰斯塔。他自己的解释是他想"在乌尔比诺建造一座与我们祖先的地位和名声，特别是与自己的身份相称的华美豪宅"[40]。

这座新宫殿的确令人印象深刻。与那不勒斯的新城堡不同，它依山而建，有两堵风格迥异的外墙。从南边的山路仰望，巨大的城墙、壁垒和炮塔让人不禁联想到坚固的堡垒；相形之下，面向城市的外立面则优雅而宽阔，高大的落地窗和大门都布满了精心雕刻的装饰，隔着中央广场，与对面的新主教座堂遥遥相望。新宫殿的中心是一座富丽堂皇的中央庭院，周围环绕着一圈复合式石柱支撑的拱廊，其上方楼层的窗户两侧装饰着科林斯式壁柱。这些装饰组合并没有严格遵循古罗马建筑风格，因此该庭院通常被认为不如西吉斯蒙多·马拉泰斯塔在里米尼的圣弗朗切斯科教堂或卢多维科·贡萨加在曼图亚的圣安德烈亚教堂那么"古典"。然而，这些石柱都是基于古典原型设计的，门楣上的铭文也是如此。

宫殿的内部也很宏伟壮观，有着极其宽敞的接待大厅和会客厅，以及为家族成员和到访的客人提供的私密房间，还配备有小礼拜堂、花园凉廊，以及马厩、厨房、储藏室和地窖，甚至还有一个专门蓄冰的地方。据称，费德里戈花了 5 万杜卡特用来购置银器和家具。像其他"暴发户"（parvenus）一样，他不得不为自己好不容易获得的贵族特权买单。[41] 其中一件奢侈品是一套描绘特洛伊战争的挂毯，花费 2 557 杜卡特，这套挂毯是由图尔奈的

乌尔比诺公爵府外立面，约建于1475年。这座防御性的外立面提醒人们乌尔比诺曾是一个战略要塞，扼守南至罗马西至佛罗伦萨，纵贯亚平宁山脉的交通要道。（148–149）

乌尔比诺公爵府庭院内部，约兴建于 1460 年。这座优雅的拱形庭院还刻着典雅的古典铭文，彰显着新公爵所取得的成就。（150-151）

让·格雷尼尔（Jean Grenier of Tournai）编织而成，他曾为勃艮第公爵查理也制作过一套类似的挂毯。[42]另一项奢侈的投资是建设自己的图书馆。年轻时费德里戈曾短暂地在费尔特雷的维托里诺创办的学校学习，知道学习古典知识的重要性，但与其他君主不同，他没有家族藏书，只能自己购买。这座图书馆共有 1 100 卷藏书，这在当时来看也是颇具规模的图书馆，其中甚至包括关于古代农业和数学的珍本，也有关于历史和诗歌的古本与善本。许多手稿是由佛罗伦萨书商维斯帕西亚诺（Vespasiano）提供的，根据他的估算，费德里戈伯爵光购买手稿就花费了 3 万杜卡特，不过由于他急于完成这项有利可图的委托，手稿的誊抄和彩饰质量受到了一定影响。[43]

图书馆有一本藏书是弗朗切斯科·迪·乔治（Francesco di Giorgio）撰写的建筑论文首版。他是一名训练有素的画家，同时也是一名工程师，他也即将成为 15 世纪末意大利最重要的防御工事专家。该论文（约完成于 1475 年）是专门献给费德里戈的，其中包括一系列精美的图纸，展示了水磨、采矿设备、起重机和水泵，特别是与防御工事有关的设计。费德里戈卓越的军事才能与弗朗切斯科·迪·乔治的技术专长相结合，为新型堡垒的开发提供了诸多创新性设计，这些堡垒能够抵御这一时期正在不断升级、威力也越来越强大的攻城炮。在费德里戈继承人的带领下，乌尔比诺将成为引领创新防御工事的中心（见第七章）。

自 1444 年成为乌尔比诺伯爵以来，费德里戈已经走过了漫长的道路。他有钱有势，以强悍的军人作风和精明老练的政治风

范而闻名，他将在 1472 年庆祝自己 50 岁的生日，对于文艺复
兴时期的君主来说，他已经算高龄了。然而，他仍有一个最大的
野心未能满足：他始终觊觎的那个公爵头衔，那个他的前任所享
有的尊贵头衔，没有一个教皇，甚至是宽容的庇护二世，愿意授
予他。

※

1471 年 8 月，整个意大利，特别是乌尔比诺和那不勒斯，都
在热烈祝贺新选举上任的教皇。西克斯图斯四世的当选非同寻
常，他是前方济各会会长，德高望重，且因渊博的神学知识而
广受尊重（鉴于日后事态的发展，这些细节值得牢记）。他出身
于利古里亚，与米兰关系密切，但对罗马教廷来说完全是个局外
人。上任之初，他倾向于对意大利的所有统治者都施以恩惠。9
月初，曼图亚驻罗马特使的报告中提到"这位教皇显然想和所有
人都打成一片"[44]。但几周后就有证据表明，教皇打算给予费兰
特一世一些实质性恩惠。他将著名的蒙特卡西诺修道院恩赐给费
兰特国王 15 岁的儿子乔瓦尼。按照十年前卢多维科·贡萨加侯爵
的先例（见第三章），乔瓦尼估计很快也会荣升为红衣主教。教
皇还取消了那不勒斯每年应缴纳的财政贡赋，甚至将费兰特欠下
的教廷债务一笔勾销。

1473 年 6 月，罗马教廷公开庆祝那不勒斯 – 罗马联盟成立，

描绘特洛伊战争的挂毯，1470—1490 年（纽约大都会艺术博物馆藏）。这类精美的挂毯展现了费德里戈·达·蒙特费尔特罗的精英地位。(153)

并为费兰特的女儿埃莱奥诺拉举行了盛大的欢迎招待会，她正准备前往费拉拉嫁给埃尔科勒·德·埃斯特公爵。

作为教皇的外甥、红衣主教彼得罗·里亚里奥（Pietro Riario）邀请的尊贵客人，教皇和教廷高层向埃莱奥诺拉赠送了无价的珠宝、银器和昂贵的锦缎作为礼物。她的 7 位女伴每人都得到了一颗钻石。[45] 此次访问活动的高潮是红衣主教举办的一场宴会，因宴会极尽铺张挥霍之能事，很快就成了奢华的代名词。[46] 44 道菜中有整只雄鹿、乳猪、山羊、山鸡、鹅、烤鳗鱼和鲟鱼，还有用镀金石榴籽装饰的山鸡，以及满满地装饰着红衣主教的纹章式样的山鸡肉冻，这也成为埃莱奥诺拉最爱的一道美食。除了主菜以外，还有制作成劳作的海格立斯（Hercules，暗指埃莱奥诺拉的丈夫埃尔科勒公爵）的精美糖雕，以及歌舞表演，"5 名男士和 9 名女士跳芭蕾舞，其间还有演员装扮成半人马和海格立斯表演愉快的战斗"。宴会持续了 6 个小时，上菜的间歇还会提供香水供食客们洗手，以及才华横溢的音乐家和歌手们的表演，他们演唱的曲目多受到古典神话启发。

察觉到那不勒斯和米兰之间的敌意，西克斯图斯四世非常注意平衡对这两大统治者所施的恩惠。在某种程度上，他也在敦促这些老对手协调好相互关系，尽管他们之间的竞争仍然暗流涌动。跟随卡拉布里亚公爵夫人伊波利塔·斯福尔扎远嫁那不勒斯的米兰廷臣并不受那不勒斯宫廷的欢迎，他们对斯福尔扎家族的忠诚成为公爵夫人和她丈夫之间频繁争吵的根源。[47] 然而，在政治博弈的背后，西克斯图斯四世也在密谋提升自己家族的社会地位，就像曾经的庇护二世那样，让自己的家族也能跻身意大利统治精英的行列。当然，他的野心和行事的规模要大得多。

在当选教皇几个月内，西克斯图斯四世就将自己的甥侄——彼得罗·里亚里奥和朱利亚诺·德拉·罗韦雷（Giuliano della Rovere）擢升为红衣主教。受他们叔叔的影响，两人都是方济各会的修士，但他们身上丝毫看不出修士的影子。朱利亚诺，也就是未来的教皇尤利乌斯二世（Julius II），在当选红衣主教后不久就有了一个情妇，而彼得罗对奢侈享乐的沉迷更是成为一个传奇。在他于 1474 年 1 月去世前的两年多里，他一共挥霍掉了30 万杜卡特，还欠下了 6 万杜卡特的债务。[48] 教皇的另外三个侄子则注定走经世之路，为此教皇积极寻求费兰特一世和加莱亚佐·马里亚公爵的帮助。费兰特一世同意莱昂纳多·德拉·罗韦雷（Lionardo della Rovere）与他的一个私生女订婚，并授予这位新女婿索拉公爵（duke of Sora）头衔。1475 年莱昂纳多去世时没有留下继承人，该爵位传给了他的表弟、14 岁的乔瓦尼·德拉·罗韦雷（Giovanni della Rovere），也就是红衣主教朱利亚诺的弟弟。与此同时，红衣主教彼得罗也前往米兰，为他的弟弟吉罗拉莫·里亚里奥谋求一个职位。出身小杂货店老板的吉罗拉莫是西克斯图斯四世在彼得罗去世后最喜爱的外甥，他被授予博斯科伯爵（Count of Bosco）头衔。在一次"高度机密"的交易中，加莱亚佐·马里亚公爵以 16 000 杜卡特的价格将该头衔卖给吉罗拉莫，第二年他就与马里亚公爵的私生女卡特琳娜（Caterina）订婚，时年新娘只有 10 岁，而吉罗拉莫已经 30 岁。[49]

西克斯图斯四世构筑家族王朝的野心离不开强大的资金支持，为此他将目光投向了银行家洛伦佐·德·美第奇，希望施以几项重要的恩惠来进一步融洽双方的关系。时年 22 岁的洛伦佐以佛罗伦萨特派大使的身份来到罗马参加教皇的加冕仪式时，受到了西克斯图斯四世的热情欢迎，教皇给予洛伦佐及其家人诸多恩惠，包括赦免全族所有罪行，并赠送他多件教皇收藏的珍贵古董，包括一件价值连城的浮雕饰物——法尔内塞杯（Tazza Farnese）。[50] 但洛伦佐与费兰特一世的关系并不算特别融洽。过去的几十年间，那不勒斯经常为美第奇家族的敌人提供庇护。但他与费德里戈伯爵的关系非常密切，后者不仅是他的教父，还曾多次担任佛罗伦萨军队的指挥官。当得知洛伦佐的长子于 1472 年 2 月出生时，费德里戈伯爵的妻子也刚好在一个月前为自己生了一个儿子，他寄信祝贺道：“请告诉你的妻子，她比我的妻子更厉害，她在生下儿子之前已经生了八个女儿。”[51] 同年晚些时候，洛伦佐让费德里戈率领佛罗伦萨军队前往沃尔特拉，协助平定反美第奇的叛乱。经过 25 天的鏖战，沃尔特拉才被迫投降。但取得胜利之后，费德里戈并没能阻止他的 5 000 名士兵对该城及居民长达 12 小时的洗劫、强奸和屠杀。费德里戈在这次屠城中意外获得了一本宝贵的多语种《圣经》，他把这本书收藏在自己的图书馆里。[52] 之后，费德里戈伯爵还向佛罗伦萨的市政委员会提供了宝贵的建议，即建立一座堡垒来阻止进一步的叛乱。洛伦佐为了奖励费德里戈的此次胜利，专门给他定制了一个精美的银色头盔，上面刻印着海格立斯战胜狮鹫（象征着沃尔特拉）的图案。[53]1473 年 7

月，洛伦佐同意任命红衣主教彼得罗·里亚里奥为佛罗伦萨大主教，并在次月举行了奢华的欢迎仪式，庆贺红衣主教到任，一系列举动显示佛罗伦萨和罗马之间的关系仍然很融洽。

然而，西克斯图斯四世的计划在 1473 年 5 月被彻底打乱了。据传闻，加莱亚佐·马里亚公爵与洛伦佐·德·美第奇密谋，准备以 10 万杜卡特的价格将教皇领地伊莫拉卖给佛罗伦萨。[54] 教皇坚决反对佛罗伦萨在亚平宁半岛的权力扩张，对该提议严词拒绝。此外，他还劝说加莱亚佐·马里亚接受更低的报价——4 万杜卡特，让他的外甥吉罗拉莫·里亚里奥（也是马里亚公爵的女婿）成为伊莫拉的统治者，并要求他的银行家们筹措必要的资金。但不幸的是，洛伦佐此次将他的个人情感置于商业意识之上，并且他认为自己受到了侮辱，拒绝给教皇贷款。这是一个即将产生重大影响的决定。教皇非常生气，决定转而向美第奇家族的竞争对手帕齐家族（the Pazzi）贷款，以示惩罚。帕齐家族自然很乐意向教皇提供这笔贷款。

西克斯图斯四世的诡计让费德里戈伯爵感到有机可乘，他决心与教皇结盟。1473 年 5 月，他接受红衣主教朱利亚诺·德拉·罗韦雷的邀请，来到与罗马十二宗徒圣殿（Santi Apostoli）相连的气派宫殿做客，伯爵在这里受到了教皇司仪的特别礼遇。在举行仪式的礼拜堂里，他被安排在"红衣主教团坐席一列，紧挨着最后一名红衣主教，这个荣誉席位通常只会预留给国王的长子"[55]。当费德里戈在那个夏天重回罗马时，他的社会地位提升已经有目共睹。8 月 21 日，他在宏伟的圣彼得大教堂里被正式授予乌尔比诺公爵头衔，这座气势雄伟的大教堂由古罗马皇帝君士坦丁于公元 4 世纪建造而成。这是他自 1444 年继位以来一直梦寐以求的头衔，也是蒙特费尔特罗家族社会地位不断提升的首要标志。第二天，他的女儿乔凡娜（Giovanna）与教皇的侄子乔瓦尼·德拉·罗韦雷订婚。9 月初，身披貂皮内胆猩红缎面披风的费德里戈来到那不勒斯，等待费兰特一世在新城堡的王家小礼拜堂为其举行仪式，授予他"埃尔曼骑士"（Knight of the Ermine）称号，以感激他帮助国王奋勇抵抗安茹入侵。更令人意想不到的是，当月晚些时候，费德里戈还被英格兰国王爱德华四世（Edward Ⅳ）的代表授予"嘉德骑士"（Knight of the Garter）称号，这显然是对其军事声望的认可。

梦寐以求的心愿得以实现，费德里戈对自己的新身份感到无比自豪也就不足为奇了。为此在新宫殿的设计中，他处处不忘彰显自己的身份，庭院的窗户上以及楼上会客室的壁炉架上都印有"费德里戈公爵"（FE DUX）字样。更值得注意的是，他在受封为公爵之后，才开始对委托人制作个人肖像画感兴趣，并且这些肖像画充满了对其崇高地位的暗示。宫廷画家乔斯·凡·根特（Joos van Ghent）笔下的费德里戈和他儿子圭多巴尔多（Guidobaldo）的肖像全面展现了公爵的理想形象：一名天生的战士，全副武装，头盔放在脚边；一位成功的政治家，脖子上挂着"埃尔曼骑士"的金链勋章，身着费兰特一世送给他的貂皮内胆猩红缎面披风，左膝上系着爱德华四世授予的"嘉德骑士"勋章；一名博学的学者，正在阅读一本皮革装订的手稿。此外，这种家族王朝类型的双人肖像画是这一时期重要的肖像学创新，它旨在描绘一个新王朝的创立者和它的未来，年轻的圭多巴尔多手持西克斯图斯四世赐给费德里戈的公爵权杖。[56]

　　1475 年前后，费德里戈开始对新宫殿内部进行装饰，而精美绝伦的小书房（studiolo）是其中最耗资不菲的一个房间，也被公认是文艺复兴时期的艺术瑰宝之一。书房的面积仅为 3.5 米 × 3.5 米，鎏金的天花板上镶嵌着费德里戈的标志图样，墙壁上覆盖着嵌花面板，精致地镶嵌在各种棕色的木材如胡桃木、纺锤木、梨木和深色橡木上，构造出一个虚拟的书房场景：有格栅橱柜、成堆的书籍、乐器、星盘、一篮子水果、笼子里的鹦鹉、棋盘，以及一只正坐在阳台上敲打坚果的可爱小松鼠，远方可以看到亚平宁山脉的美丽风景。嵌花面板上方是一系列名人肖像，包括：《圣经》中的人物，如摩西和所罗门；古典时代的哲学家，如柏拉图和亚里士多德；早期基督教会的教父，如圣安布罗西和圣奥古斯丁；中世纪的英雄人物，如但丁和圣托马斯·阿奎那。费德里戈还把两位在他职业生涯中发挥重要作用的教皇——庇护二世和西克斯图斯四世的肖像也包括在内。

※

　　1474 年也见证了教皇和洛伦佐·德·美第奇之间的关系戏剧性恶化的开始。7 月，因拒绝贷款给教皇西克斯图斯四世的外甥吉罗拉莫·里亚里奥购买伊莫拉所需的资金，教皇决定再给这位银行家一点颜色看看。他索性将利润丰厚的教皇账户转移到了帕齐银行。尽管这给罗马教廷造成了一定的财政困难，但他现在更加坚定地开始削弱洛伦佐的政治权威。1474 年 10 月，他任命帕齐家族的表亲弗朗切斯科·萨尔维亚蒂（Francesco Salviati）为比萨大主教，但洛伦佐拒绝批准这一任命。两位统治者的关系进一步恶化。同年 10 月，佛罗伦萨拒绝支付费德里戈公爵应得的军饷，因为他现在明显是教皇的盟友；12 月，当洛伦佐要求费德里戈将那匹他喜欢的战马借来参加骑士比武时，公爵干脆地拒绝了，因为他已经把那匹马借给帕齐家族了。[57] 与此同时，那不勒斯国王费兰特也开始偏袒美第奇家族的敌人，特别是佛罗伦萨的宿敌锡耶纳；他还安排一名帕齐家族的成员到那不勒斯的萨尔诺（Sarno）教区任职。洛伦佐意识到了他与教皇心生嫌隙的根源。在写给加莱亚佐·马里亚公爵的信中，他将日益恶化的局势归咎于帕齐家族，他们"被费兰特国王陛下和乌尔比诺公爵吹捧过头了，因此想尽办法来伤害我"[58]。

在这种日益敌对的氛围下，意大利地区几个大国之间的关系也开始明显恶化。加莱亚佐·马里亚公爵尤其不信任西克斯图斯四世，以及这位过去的门徒与那不勒斯国王之间的联盟。一想到当初马里亚公爵在教皇选举中对其的大力支持，就更令人痛心。1474 年 11 月，他与洛伦佐·德·美第奇（官方上是与佛罗伦萨）和威尼斯签订了联盟条约，并邀请西克斯图斯四世加入联盟。但教皇一口回绝，并召集他的盟友费兰特一世和费德里戈·达·蒙

乌尔比诺公爵府的书房，建于1476年。书房的设计旨在展示费德里戈对学问的兴趣。这些精美的嵌花面板构建出一个虚拟的壁橱，里面装满了书籍和科学仪器。〔158〕

特费尔特罗到罗马商讨对策。1475 年恰逢罗马举行圣年庆典，国王和公爵很容易伪装成虔诚的朝圣者前来罗马访问。尽管如此，西克斯图斯四世还是竭尽全力向费兰特一世示好，派他的侄子红衣主教朱利亚诺·德拉·罗韦雷，以及位高权重的罗马教廷副总理大臣罗德里戈·博尔哈到教皇国的边界，亲自护送国王到罗马。但费兰特并不打算把时间浪费在虔信之上。当时的一位目击者表示，国王带来了好多猎鹰，以致罗马城内的猫头鹰数量锐减。[59] 费德里戈公爵这边则简单得多，他不仅是教皇军队总司令，还常常收到罗马馈赠的金玫瑰，这是教皇每年大斋节期间为表彰对教会做出贡献的人赠送的镶有珍贵珠宝的镀金玫瑰花。

　　三位统治者一致认为，教会应与那不勒斯和乌尔比诺结成联盟，对抗米兰、佛罗伦萨和威尼斯。面对洛伦佐对权力极其自负的态度，西克斯图斯四世表达了强烈的不满："我们必须拿起武器好好教训他一番，让他意识到自己只是一介平民，而我们才是取悦上帝的教皇。"[60] 此时，双方脆弱的权力平衡已经岌岌可危，1476 年 12 月，洛伦佐最亲密的盟友加莱亚佐·马里亚公爵被暗杀，他年仅 7 岁的儿子詹加莱亚佐继承公爵头衔，但米兰公国实际上落入摄政者——马里亚公爵遗孀萨伏依的博纳手中。据说，教皇在得到这个消息后感叹道："意大利的和平已经结束了！"[61] 此话的确具有预见性。

　　一年之内，羞辱美第奇家族的愿望已经逐渐演变为颠覆佛罗伦萨政权、谋杀洛伦佐的阴谋。转变的确切时间尚不清楚，毕竟策划这样一场惊天大阴谋不可避免地需要秘密进行。我们目前所知的大部分内容来自梵蒂冈卫队军官蒙特塞科伯爵（Count of Montesecco）乔瓦尼·巴蒂斯塔（Giovanni Battista）的供词。虽然这份供词是佛罗伦萨人用严刑拷打换来的，但它的真实性得到了其他信息来源的证实。当时，帕齐银行罗马分行的负责人弗朗切斯科·德·帕齐（Francesco de' Pazzi）和他的表弟、比萨大主教弗朗切斯科·萨尔维亚蒂在梵蒂冈召开秘密会议，邀请蒙特塞科伯爵参加。他首先要宣誓保密，然后才能得知此次的任务：帮助他们推翻美第奇政权。这是一个涉及权力高层的阴谋，特别是西克斯图斯四世的外甥、伊莫拉伯爵吉罗拉莫·里亚里奥。因此这两人向他保证："没有得到伊莫拉伯爵的同意，我们怎么敢这么做？"[62]

　　事实上，里亚里奥想要颠覆佛罗伦萨政权的动机最为强烈：他视洛伦佐为劲敌，洛伦佐不仅有政治抱负，还有政治影响力。里亚里奥的舅舅西克斯图斯四世教皇去世后，洛伦佐甚至剥夺了他伊莫拉伯爵的头衔。里亚里奥将他的计谋向蒙特塞科和盘托出："将洛伦佐和朱利亚诺（Giuliano）碎尸万段后，率领士兵进占佛罗伦萨。"[63]蒙特塞科的任务就是带领士兵冲入城内，支援美第奇家族的反对者。里亚里奥和帕齐家族认为，这些反对者届时将会站出来反对这位暴君。但蒙特塞科还是有些担心："教皇会同意（我们这么做）吗？"他得到的回答是："教皇极其厌恶洛伦佐，他比任何人都希望这样做。"[64]后来，蒙特塞科在觐见西克斯图斯四世时，教皇承认不喜欢洛伦佐，也希望佛罗伦萨政府能够有所改变，但他坚决表示不希望有人因此遇害。1478 年 2 月 6 日，费德里戈公爵驻罗马的代理人给他的主人发了一封密信，报告说虽然计划进展顺利，但蒙特塞科却忧虑重重："里亚里奥伯爵目前还有两件事不太确定：第一，是否让蒙特塞科参与进来，因为他似乎非常不情愿的样子……第二，是否将动手的日子提前一天。"[65]

4月26日，蒙特塞科终于抛开种种顾虑决定参与进来。在佛罗伦萨大教堂举行弥撒的过程中，弗朗切斯科·德·帕齐和两名手持匕首的牧师残忍地袭击了洛伦佐和他的弟弟朱利亚诺，朱利亚诺当场身亡，洛伦佐却奇迹般地逃脱了。但颠覆美第奇政权的计划失败了，里亚里奥等人高估了佛罗伦萨的反美第奇情绪，混乱之中并没有民众起来暴动造反。

两天后，米兰大使在报告中提到威尼斯政府"确信且公开表示，费兰特国王借吉罗拉莫·里亚里奥伯爵之手，主导了刺杀洛伦佐·德·美第奇的行动……而（费德里戈）公爵与国王一直保持着密切联系"[66]。而且两人明确地得到了回报：费兰特一世获得了托斯卡纳南部海岸的港口以及锡耶纳；而费德里戈通过向那不勒斯国王尽忠，以及感恩教皇，获得了梦寐以求的公爵地位。威尼斯人同时确信"教皇本人也暗许了这一切"，尽管西克斯图斯四世是否为该谋杀案的同谋还有待商榷。可以肯定的是，作为国王的首席军事顾问，费兰特一世和费德里戈都很清楚这个谋杀计划，尽管他们没有直接参与此次暴力事件。他们主要负责策划暗杀之后的战争，尽管政变失败，但战争仍在进行。

佛罗伦萨人很快就找到了西克斯图斯四世和吉罗拉莫伯爵涉嫌参与此次阴谋的证据，并于5月4日公布了蒙特塞科的供词。

但有一点值得注意，他们删去了所有涉及费兰特一世或费德里戈公爵参与的内容，大概是为了给未来的外交和谈留出空间。然而，现代学者在档案馆中已经找出相关证据，填补了上述空白。证据显示费德里戈设法向生性多疑的洛伦佐隐藏了他的计划。早在 1477 年秋天，洛伦佐就得知费德里戈公爵已派遣那不勒斯士兵进入托斯卡纳南部，"应乌尔比诺公爵的要求，国王的五路骑兵先遣队已经前往马雷马"[67]。公爵自然无法隐瞒军队的动向，所以他假装改换门庭，向米兰暗中示好，商谈下一年度的雇佣兵合同，但随后又推迟签署相关合同文件。[68]12 月，据一位曼图亚特使的消息，公爵的腿受到了"四五处严重的刀伤"，这大大影响了他的战斗力；但同月，费德里戈在罗马的代理人收到的消息却是公爵的健康状况非常好。[69]正如米兰大使在政变后提交的报告所言，"公爵假装推迟签署合同"的原因现在已经非常清楚了。[70]

1478 年 4 月 26 日，佛罗伦萨发生的事情震惊了整个欧洲。几个小时内，市政厅大殿的外墙上悬挂了 20 具尸体，其中包括弗朗切斯科·德·帕齐、比萨大主教弗朗切斯科·萨尔维亚蒂以及他们的许多亲属和同党，两名行刺的牧师几天后被发现藏身于一座修道院里。西克斯图斯四世的甥孙、红衣主教拉斐尔·里亚里奥（Raffaello Riario）家中的牧师和唱诗班的童声高音也被绞死，因为他们也在刺杀现场的大教堂参加了弥撒仪式。此时，离拉斐尔 17 岁的生日还不到一周，离他成为红衣主教也仅仅 5 个月，他甚至还没来得及去罗马出席正式的任命仪式。正如前文所述，西克斯图斯四世的反应极其强烈，甚至有人认为教皇反应过度了。他指责佛罗伦萨人，特别是洛伦佐·德·美第奇渎神，残暴地谋杀教会成员，侵犯教会豁免权，最后甚至威胁到，如果不把洛伦佐扭送罗马受审，将对整个城市施以决罚。费兰特一世也向佛罗伦萨派出特使，要求政府放逐洛伦佐，否则将面临全面的战争。但佛罗伦萨政府对这两个要求都置若罔闻。

7月初，战斗打响。费德里戈公爵率领教皇的军队，装备了一批叫"残酷""绝望""胜利""毁灭"以及其他尚武绰号的火炮，越过边界，进入佛罗伦萨领土。[71] 很快他就与卡拉布里亚公爵阿方索率领的那不勒斯军队会合，两支军队畅通无阻地向北进军。到了8月，他们开始围攻卡斯泰利纳，在推进到离城墙32千米时战斗停止，准备过冬。第二年4月，西克斯图斯四世提出如果佛罗伦萨接受他的条件，就解除决罚令，但他的提议再次遭到了拒绝。1479年9月初，卡拉布里亚公爵阿方索在波焦因佩里亚莱赢得了一场著名的胜利，局势开始对佛罗伦萨不利。费德里戈公爵的防御工事专家弗朗切斯科·迪·乔治也参加了这场战斗，他因绘制此次战斗场景获得了额外的3杜卡特奖励，阿方索还专门将这幅画送给了他远在那不勒斯的父亲。[72]

此时，战争已经对佛罗伦萨造成了实际的困难。费兰特一世也不遑多让，那不勒斯的国库几乎被战争掏空了。为了脱身，他向美第奇家族抛出了一个他们急需的停战条款。四处寻找盟友的国王将目光投向了米兰，其长期支持的卢多维科·斯福尔扎在那年秋天控制了米兰的摄政委员会（见第五章）。费兰特一世告诉卢多维科，他愿意与佛罗伦萨单独举行和平谈判。11月12日，卢多维科将这一信息透露给洛伦佐安插在米兰的代理人，建议他立即采取行动。不到一个月，洛伦佐乘坐王室舰队前往那不勒斯，双方就停战条约展开谈判，并于 1480 年 3 月 13 日签署和平协议。西克斯图斯四世为此大发雷霆。

同年 7 月，费兰特一世还面临着另一场灾难。150 多艘土耳其船只满载 18 000 名武装士兵占领了那不勒斯的奥特朗托城（Otranto），并在当地展开了野蛮屠杀。该城的大主教和守城官员被残忍肢解，许多人被掳走做奴隶。[73] 全城 22 000 人中，有超过一半的人被折磨和杀害，其中 813 人因拒绝皈依伊斯兰教而被处决。* 这是土耳其人第一次进犯意大利本土，这对那不勒斯人来说是一次沉重的打击。卡拉布里亚公爵阿方索率领军队去南方支援，而他的父亲因为急需用钱，以 99 份手抄本、46 本印刷书和一些珠宝为担保，向佛罗伦萨银行家巴蒂斯塔·潘多菲尼（Battista Pandolfini）贷款 38 000 杜卡特。贷款合同规定，潘多菲尼可以在一年后出售没有赎回的抵押品，但费兰特保证他将及时偿还贷款。[74]

西克斯图斯四世虽然对费兰特的背叛感到愤怒，但还是组建了一支舰队，于 1481 年 9 月协助阿方索驱逐土耳其人，收复奥特朗托城。据同时期的历史学家西吉斯蒙多·德·孔蒂（Sigismondo de' Conti）的记载："如果费兰特的敌人不是土耳其苏丹，教皇会非常冷漠地见证他不忠实盟友的不幸和损失。"[75] 为

---

* 这 813 人被追认为殉道者，并于 1771 年封为圣徒，2013 年教皇弗朗索瓦一世为他们举行了封圣仪式。

了纪念这场胜利，铸造了两枚勋章：一枚献给西克斯图斯四世，另一枚献给卡拉布里亚公爵阿方索。但不甚妥当的是这两枚勋章的背面设计相同，都是象征忠贞的裸体女神形象和一句维吉尔的名言："拯救备受欺压之人，摧毁自命不凡之辈。"[76]

※

1480 年 3 月，费兰特一世与洛伦佐达成的和平协议标志意大利政局的重组。费兰特一世、卢多维科·斯福尔扎和洛伦佐·德·美第奇组成了所谓的三国联盟。当然，这也离不开美第奇银行明智的资金支持。可想而知，该联盟不可能得到罗马教廷的欢迎和支持。西克斯图斯四世决心惩罚费兰特一世的不忠，吉罗拉莫·里亚里奥则对洛伦佐恨之入骨，希望借此机会，在意大利混乱动荡的政局中再捞一笔。吉罗拉莫策划的谋杀行动成为洛伦佐的一桩心头之恨，他之后又花了八年的时间才完成了复仇。当最终借弗利（Forlì）公爵的臣民之手，完成对吉罗拉莫的血腥暗杀之后，洛伦佐才得以开怀庆祝。[77]

时针拨回到 1481 年 9 月，吉罗拉莫抵达威尼斯，希望与共和国举行结盟谈判。但他却忘记了基本的礼仪，用总督的鎏金巡游船载他穿越潟湖的船桨手，加上总督府负责接待贵宾的仆人们都没有收到小费，导致他在威尼斯的声望一落千丈。[78]双方结盟表面上是为了确保吉罗拉莫对伊莫拉，以及声名远播的封地弗利的控制权——此前教皇刚从前领主那里没收该封地，并转交给了他最宠爱的外甥——然而私下里，西克斯图斯四世和吉罗拉莫怀揣着一个更加野心勃勃的目标。他们希望借助威尼斯海军，夺取那不勒斯位于亚得里亚海沿岸的港口，自己的军队则从陆路进攻那不勒斯，最终将费兰特赶下台。作为回报，教皇将协助威尼斯征服费拉拉，因为费拉拉公爵夫人正是费兰特一世的女儿埃莱奥诺拉。对威尼斯人来说，能够控制富裕的费拉拉公国实在太具诱惑力，以至于他们放弃了一贯的谨慎态度。吉罗拉莫伯爵在此次谈判中成功，回到罗马。

意大利又一次面临被战争分裂的危险。这一次，费兰特一世成为佛罗伦萨人的盟友，费德里戈公爵被任命为联盟军队的总司令，他们此前参与帕齐阴谋的罪行被轻易地掩盖了。1482 年 3 月底，联盟的特使们抵达乌尔比诺，想让费德里戈在合同上签字，但他们不得不等到 4 月 15 日，这是公爵的占星家许可的日子。[79] 战争终于在 5 月打响。卡拉布里亚公爵阿方索率领他的军队挺进教皇国。但不幸的是，在 8 月 21 日的死亡广场（Campo Morto）战役中，那不勒斯军队被罗伯托·马拉泰斯塔（Roberto Malatesta）率领的威尼斯军队打得溃不成军。该战役因罗马以西的这片沼泽地流行疟疾而得名。

失败的消息传到费拉拉之时，费德里戈公爵正遭受着疟疾的折磨。他担心自己年仅十岁的小儿子圭多巴尔多会把乌尔比诺输给获胜的将军罗伯托·马拉泰斯塔，后者不仅是他的老对手西吉斯蒙多的儿子，而且还娶了他的女儿（见第二章），应该会毫无顾忌地在他在外作战时夺取乌尔比诺。[80]尽管身体每况愈下，但费德里戈仍坚持立即启程赶回乌尔比诺，但在队伍抵达博洛尼亚之前，他的病情已经严重恶化，被迫折返。他同父异母的妹妹维奥兰特，也是西吉斯蒙多的弟弟多梅尼科的遗孀，此时在费拉拉圣体修道院担任院长，她离开修道院，选择在兄弟临终前陪伴其左右。费德里戈于 9 月 10 日在费拉拉去世，直至人生的终点，他都被死后一切皆空的恐惧折磨着，无论是他从马拉泰斯塔获得的一切，还是他拼尽一生获得的一切。但不知道是天意还是巧合，罗伯托·马拉泰斯塔此时也被同样的病痛折磨，并在他岳父去世的第二天也命丧黄泉。费德里戈的棺材在运回乌尔比诺安葬的途中，每晚都会在沿途的城镇停留。戎马一生的费德里戈，在当时享有极高的声誉，经过弗利时甚至受到了民众的致敬。

最终，圭多巴尔多和平继承了费德里戈的公爵头衔，乌尔比诺继续由其后代统治到 17 世纪（见第六章）。圭多巴尔多在乌尔比诺兴建了圣贝纳迪诺教堂（San Bernardino）来安葬他的父亲，并委托皮耶罗·德拉·弗朗切斯卡为教堂的主祭坛绘制了一幅祭坛画，即后世所熟知的"布雷拉（Brera）祭坛画"[81]。这幅画集中颂扬了费德里戈所取得的成就。身着全副盔甲的费德里戈以跪姿居于画面右侧，身旁的地面上放置着他伤痕累累的头盔，这象征着他对 1450 年比武事故后奇迹般逃出生天的庆幸之情；天花板上悬挂着一枚鸵鸟蛋，这象征着他儿子奇迹般的诞生和对圣母的感激之情。费德里戈作为文艺复兴时期理想君主的形象也一直留存至今。1477 年一篇关于他伟大成就的演说辞中，将其誉

圭多·马佐尼（Guido Mazzoni），《哀歌》（局部），1492年（那不勒斯隆巴尔迪的圣安娜教堂藏）。该组雕塑用八座真人大小的陶土雕像，呈现了众人见证基督受难的场景，其中亚利马太的约瑟夫以卡拉布里亚公爵阿方索为原型。（166）

为"意大利的仲裁者，罗马教会的捍卫者，拉丁和平的奠基人，学术研究之父，意大利民族的守护者。你（费德里戈）只用一只眼睛，就比别人用阿尔戈斯（Argos）①的一百只眼睛还要看得更远"[82]。

费兰特一世则没有那么幸运，他去世后的声誉和形象也没有那么好。1484 年 8 月，当战争最终结束时，很明显只有西克斯图斯四世完成了他的复仇：威尼斯没有获得费拉拉，并且不得不归还从那不勒斯夺取的所有港口；费兰特一世的国库也被战争的巨大开支消耗殆尽。更糟糕的是，在和约签署后的几天里，西克斯图斯四世就去世了，他的继任者英诺森八世（Innocent Ⅷ）来自热那亚，一个对那不勒斯有着长期敌对传统的城市。费兰特的统治地位越来越不稳固。为了筹集资金，他将炉灶税和盐税大幅提高 50%，这不仅让民众的经济负担更加沉重，还进一步激怒了当地贵族，他们对国王肆意将贵族头衔和国内地产转让给王室成员，甚至国外的罗马教皇家族成员出离愤怒。他们站出来指责费兰特将王室享乐置于国内经济发展之上，将上好的农业用地用作自己狩猎的庄园；他们还反对为了联姻必须缴纳一笔税费，以获得王室的许可。最重要的是，他们反对卡拉布里亚公爵阿方索，他正越来越多地从他 60 岁的父亲手中接过权力的缰绳。阿方索素来横行霸道，他曾毫无顾忌地吹嘘计划将那不勒斯方圆 48 千米内的所有地产搜刮充公，并置于王室的直接控制之下。这进一

---

① 阿尔戈斯是古希腊神话中的百眼巨人。传说他头上长有 100 只眼睛，可以观察各处发生的事情，即使在睡觉时也保持两只眼睛睁着。

步加剧了国内业已紧张的政治局势。

1485年10月，那不勒斯贵族们再次起义反抗费兰特的统治。在教皇英诺森八世的支持下，贵族的反叛升级为一场内战，费兰特在三国联盟军队的帮助下平息了这场战争。10个月后由国王和教皇签署的和平条约中，费兰特一世同意赦免叛乱者，但没过几天他就背弃了自己的诺言。叛乱者遭到了无情的惩罚。数百名贵族和他们的妻子、孩子被扔进位于新城堡地下室的肮脏牢房，个人财产也被悉数没收。其中一座宫殿作为礼物送给了洛伦佐·德·美第奇，以回报他的支持。[83]

尽管财政早已入不敷出，但阿拉贡王室再次以一场名副其实的建筑狂欢来庆祝对那不勒斯贵族的胜利。但这次不再是由费兰特，而是由他的继承人来组织策划。据阿方索的一名廷臣若安皮耶罗·莱奥斯特洛（Joampiero Leostello）所说，卡拉布里亚公爵"痴迷于建筑"，"这让许多穷人重新变得富有"，特别是"那些有四五个女儿的建筑商，曾经困窘不堪的他们现在很容易把女儿嫁出去，因为他们在建造宫殿和房屋的过程中不断地赚钱"[84]。

作为一名文艺复兴文化的赞助人，卡拉布里亚公爵阿方索的声誉主要建立在两座优雅的别墅基础上，即公爵夫人别墅（La Duchesca）和波焦雷亚莱别墅（Poggioreale）。它们是文艺复兴建筑史上的里程碑，用纪念军事胜利的场景做装饰也更能体现公爵的个性。公爵夫人别墅为他的妻子伊波利塔·斯福尔扎所建，位于公爵的官方驻地卡普阿诺城堡（Castel Capuano）内。别墅装饰了一座精美的喷泉，喷泉上方安放着女神帕特诺普

（Parthenop）的雕像，传说她是那不勒斯的奠基人。一股清泉从她的乳头喷出，流到其下环绕的赤身小天使（putti）嘴里，再汇入喷泉池中。1490年，阿方索将附近的一座女修道院的修女们遣散到其他地方，原址改建为奥特朗托殉道者纪念礼拜堂，用以存放十箱殉道者的遗骨。[85]那不勒斯城外不远的波焦雷亚莱别墅则要宏伟得多，它是一座优雅的多立克式乡郊别墅，拥有下沉式圆形剧场和美丽的花园，可远眺维苏威火山。卡拉布里亚公爵最爱在此举办宴会、音乐演出和星空晚宴。他还计划在那不勒斯建造一座巨大的办公大楼——法庭宫（Palazzo dei Tribunali），以容纳政府各部门，其占地规划面积超过2.3万平方米，建成后将成为文艺复兴时期意大利最大的市政建筑。但它从未从纸面落地开工，这也许是某种象征，预示了阿方索对阿拉贡王朝权力和地位的信念。[86]

阿方索希望以宏伟华丽的建筑工程来彰显他的王室地位，但这仍掩盖不了那不勒斯和阿拉贡王朝逐渐走向衰落的沮丧现实。山雨欲来风满楼，费兰特一世于1494年1月25日突然去世，享年70岁。自15世纪50年代和他父亲统治末期以来，费兰特一直是意大利政治中的一个关键人物，他在两次严重的王位继承危机中幸存下来，很大程度上得益于他的政治技巧。但与费德里戈·达·蒙特费尔特罗以军事奇才、娴熟的政治家和博学的艺术赞助人的形象名留青史不同，费兰特没有留下任何美名。即使在当时，也没有人对这位主宰了政治舞台数十载的统治者去世表示出巨大的悲痛之情。据教皇司礼约翰内斯·布尔查德（Johannes

Burchard）所说，费兰特去世前甚至没有人为他做忏悔礼，"没有恩典之光，没有十字架，没有上帝"[87]。在费拉拉，甚至有传闻说埃尔科勒公爵的这位岳父"在听闻法国国王查理将率领一支大军入侵意大利，意在夺取他的王位后"陷入了严重的抑郁状态（见第五章）。[88]

　　当卡拉布里亚公爵阿方索，也就是继任的那不勒斯国王阿方索二世听到这个消息时，他"夸下海口，声称自己将与法国国王公开战斗……并夸张地表示……他不会像低等动物那样躲藏在狭窄的地道或树林的某个洞穴中"[89]。这位新任国王的大吹大擂，在法国军队抵达那不勒斯王国边界的现实面前都化为了泡影。他于 1495 年 1 月 23 日退位，乘船逃往西西里岛。他的继任者、26 岁的儿子费兰特二世，几乎没有对法国人进行任何抵抗，而是在伺机反攻。同年 5 月，在戒备森严的新城堡留下一支驻军后，法军大部队撤离回国。但工程师弗朗切斯科·迪·乔治在新城堡下开挖的隧道中引爆地雷后，这支驻军也于 11 月被赶走。不幸的是，费兰特二世于次年 10 月突然病逝，将那不勒斯王国留给了阿方索二世的弟弟费德里戈，即费兰特一世的次子。但那不勒斯此时面临的政治和经济问题，因阿拉贡王朝的动荡而进一步恶化，该王朝在多年内经历了四任国王，已脆弱不堪。最终，西班牙国王斐迪南和伊莎贝拉占据了上风，他们驱逐了自己的叔叔阿拉贡的阿方索的末代私生子，夺取了那不勒斯。1504 年，斐迪南在那不勒斯设立一名总督，开始在西班牙远程掌控这个王国。

第五章　蝮蛇之巢

卢多维科·斯福尔扎、阿斯卡尼奥·斯福尔扎

和詹加莱亚佐·斯福尔扎

主要登场人物：

卢多维科·斯福尔扎（Ludovico Sforza，1452—1508）
米兰统治者

阿斯卡尼奥·斯福尔扎（Ascanio Sforza，1455—1505）
红衣主教，卢多维科的弟弟

詹加莱亚佐·斯福尔扎（Giangaleazzo Sforza，1469—1494）
米兰公爵，卢多维科的侄子

阿拉贡的伊莎贝拉（Isabella of Aragon，1470—1524）
米兰公爵夫人，卢多维科的侄媳

乔瓦尼·斯福尔扎（Giovanni Sforza）
佩萨罗的领主，卢多维科的堂弟

卡特琳娜·斯福尔扎（Caterina Sforza）
弗利的统治者，卢多维科的侄女

亚历山大六世（Alexander Ⅵ）
教皇

切萨雷和卢克蕾齐娅·博尔哈（Cesare and Lucrezia Borgia）
教皇的子女

查理八世和路易十二（Charles Ⅷ and Louis Ⅻ）
法国国王

在其父遭到暗杀后，年仅 7 岁的詹加莱亚佐·斯福尔扎成为新一任米兰公爵。加莱亚佐·马里亚公爵死于 1476 年 12 月 26 日，当时正值一年一度的圣诞盛宴狂欢季，节庆的热闹氛围通常会持续 12 天。但这一年的圣诞季出现了几个不祥的预兆：一颗彗星在天空中闪耀、乌鸦行踪诡秘等。暗杀者事先制订了周密的行动计划，埋伏在圣斯蒂法诺教堂门口等待马里亚公爵，依照惯例他会在圣斯蒂芬节这天来此做弥撒。他们厚厚的斗篷下藏着锋利的匕首，以递交请愿书为借口拦下了公爵，然后迅速用匕首刺向他的腹股沟和腹部。还没等周围的人反应过来，这位 32 岁的公爵就已经倒在了血泊之中。

加莱亚佐·马里亚并不得民心。他的遗孀萨伏依的博纳担心他无法完成临终忏悔，要求教皇赦免他的罪行。在她列出的罪行中，这位前米兰公爵曾经

热衷对外战争，无论是合法的还是非法的；喜好劫掠和蹂躏他国，对臣民压榨勒索；蔑视，甚至公然违抗公平正义；横征暴敛，甚至连神职人员也不放过；骄奢

淫逸，臭名昭著，诸多罪行实在罄竹难书。[1]

这三位暗杀者是心怀不满的爱国者，他们从古代世界谋杀暴君的事件中得到启发，却并没能一举摧毁斯福尔扎王朝对米兰公国的统治。詹加莱亚佐以他的曾祖父、米兰第一任公爵詹加莱亚佐·维斯康蒂的名字命名，他有一个弟弟埃尔梅斯（Ermes，6岁）、两个妹妹比安卡（5岁）和安娜（6个月），以及其他几个私生兄弟姐妹。但这位新公爵的不幸在于他还有五个叔叔，他们都是胆识过人的雇佣兵队长弗朗切斯科·斯福尔扎的儿子。弗朗切斯科曾利用自己的军事才能在1450年夺取了米兰公国的统治权。加莱亚佐·马里亚遇刺时，弗朗切斯科的其他几个儿子——菲利波（27岁）、斯福尔扎（25岁）、卢多维科（24岁）、阿斯卡尼奥（21岁）和奥塔维亚诺（18岁）也不遑多让，或多或少都继承了他们父亲的勇气和野心。

这一章讲述的就是这位年轻的公爵和他的恶棍叔叔们的悲剧故事，以及他们如何全盘摧毁弗朗切斯科公爵精心建立的斯福尔扎王朝和良好的政府声誉。他们的确是一窝毒蛇，就像那条点缀在整个公国建筑上的家族纹章中的毒蛇一样。

※

在加莱亚佐·马里亚被刺当天的晚些时候，公爵的权力无缝转移到了摄政委员会手中。该委员会正式宣布詹加莱亚佐为新任公爵，他的母亲萨伏依的博纳为摄政王。然而，真正的权力掌握在西科·西蒙内塔手中，他是公爵办公厅主管，也是弗朗切斯科和加莱亚佐·马里亚忠实的左右手。正是西蒙内塔坚决执行已故公爵的政策，禁止他的兄弟们干涉米兰政权，并将他们排除在摄政委员会之外。除了老二菲利波似乎满足于在公国过着平静的生活，以及幼弟奥塔维亚诺在 1477 年的一次事故中意外溺水而亡之外，其他三兄弟都有叛乱迹象，但西蒙内塔很快就将其压制下去了。斯福尔扎 1465 年被费兰特一世封为巴里公爵，流放到位于那不勒斯的庄园；卢多维科早在 1476 年 6 月就曾与斯福尔扎密谋刺杀其公爵兄长，阴谋败露后被流放到法国，如今被送往比萨，在那里度过了几年闲散的狩猎时光。阿斯卡尼奥注定要在教会中发展一番事业。年仅 10 岁时，他的父亲就慷慨地将公国内最富有的基亚拉瓦莱修道院（abbey of Chiaravalle）赐给了他。现在他在佩鲁贾大学继续深造，不过他很快就发现自己更喜欢打猎、放鹰和赌博，而不是学习。

　　不幸的是，西蒙内塔苦心经营的局面看似稳定，但注定不会长久。1478 年 4 月，佛罗伦萨爆发政变，美第奇家族被逐出城的消息震动了整个意大利半岛，而最震惊的莫过于佛罗伦萨最亲密的盟友——米兰。在随后的战争中，西蒙内塔仍然忠于美第奇家族，派遣军队援助佛罗伦萨人，对抗由教皇西克斯图斯四世和那不勒斯王国组成的联盟军队。斯福尔扎和卢多维科却趁机站在敌人一边反对西蒙内塔，并在费兰特一世的协助下进犯米兰南部边境。摄政委员会立即宣布他们为叛军，但两兄弟继续得到那不勒斯国王的支持。当斯福尔扎在 1479 年 8 月意外身亡，国王费兰特一世随即让卢多维科继承巴里公爵的头衔。一个月后，卢多维科逼迫寡嫂萨伏依的博纳出手干预，以凯旋之势重返米兰。同年秋天，他巧妙地绕过萨伏依的博纳和西蒙内塔，夺取了摄政委员会的实际控制权。到了 11 月，他开始腾出手干预意大利半岛政局，通过斡旋调停那不勒斯的费兰特一世和佛罗伦萨的洛伦佐·德·美第奇之间的冲突，成功激怒了教皇西克斯图斯四世（见第四章）。

西蒙内塔当然知道接下来会发生什么。他告诫萨伏依的博纳："尊贵的公爵夫人，如果我将（为此）身首异处，则您会在不久的将来失去您的国家。"[2] 西蒙内塔随即遭到了监禁，财产也被悉数没收，1480 年 10 月 30 日卢多维科下令将其处决，这个结局对于一个为斯福尔扎家族殚精竭虑、忠诚一生的老人来说，实在是过于残酷。卢多维科接下来开始折磨博纳，几乎令她痛不欲生。他首先把她和儿子詹加莱亚佐强行分开，将小公爵软禁在博塔·乔维亚城堡的密室里。1480 年 11 月 2 日，博纳终于逃离米兰，但还没来得及跨过公国的边境进入萨伏依，就被扣留并囚禁在阿比亚特格拉索。1482 年，她写道："那个邪恶的、背信弃义的卢多维科大人不仅剥夺我们的自由，还施虐于我们的生活。"[3]

不到四年时间，卢多维科就成为他未成年侄子的摄政王，而在实现这一目标过程中展现出来的冷酷与无情，令整个意大利印象深刻。更为重要的是，他已经成为米兰事实上的统治者，他的名字甚至开始与合法公爵的名字并列出现在官方文件中。在米兰之外，他的地位也得到了广泛的认可。教皇司礼约翰内斯·布尔查德的记录显示，教皇接见了"米兰公爵詹加莱亚佐和巴里公爵、'摩尔人'（il Moro）卢多维科的大使"[4]。

卢多维科的父亲因其黑发、黑眼和黑肤色，给他起了个"摩尔人"的绰号。当他从一个体弱多病的孩子成长为一个身强体壮的男人后，他也聪明地意识到利用自己绰号的优势。在无法获得米兰公爵头衔的情况下，"摩尔人"这个绰号成为一个独特的且不寻常的个人标识。他的印章和私人文件上，常用一个戴着白色头巾的黑色脸部轮廓作为标志，并常使用黑色稿纸，这些都成为他的"活标签"[5]。贝尔纳多·贝林乔尼（Bernardo Bellincioni）是卢多维科豢养的宫廷诗人，他曾谄媚地称赞自己主人的政治才能结合了狐狸的狡猾、狮子的精力和猛禽的贪婪。1530年前后，保罗·乔维奥（Paolo Giovio）后知后觉地讽刺道，卢多维科"比其他君主明智得多，当然，只要他的政策不会被逆境和多变的命运阻挠"[6]。

在除掉西蒙内塔之后，他还将宫廷中任何可能造成麻烦的人一一铲除。西蒙内塔的弟弟乔瓦尼是米兰政府办公厅的书记员，也是弗朗切斯科·斯福尔扎官方传记的作者，被投入监狱。米兰老牌贵族成员、军队总司令詹贾科莫·特里乌尔齐奥（Giangiacomo Trivulzio）也被毫不客气地就地免职。后来卢多维科对这一举措后悔不已。事实上，由于卢多维科身边始终环绕着一批忠诚的亲信，贵族们普遍发现自己被排挤出了权力中心。而且他们很快发现，卢多维科无意与任何人分享权力，特别是不愿与他的侄子和弟弟分享。阿斯卡尼奥先是被流放到费拉拉，然后又被流放到那不勒斯费兰特一世的宫廷。他在那里谋划许久，试图将他哥哥推下台。阿斯卡尼奥觉得自己更适合当一名战士而非教士，他与威尼斯签订了一份雇佣兵合同，于 1482 年 9 月率领 1 000 名重装骑兵向布雷西亚挺进，此时卢多维科向他伸出了橄榄枝，两人勉强达成和解。[7] 作为回报，阿斯卡尼奥当选为红衣主教，并于 1484 年 3 月完成授职仪式，并享受了米兰公国丰厚的福利所带来的财富，包括诺瓦拉和克雷莫纳主教区的地产，以及米兰的圣安布罗焦（Sant'Ambrogio）修道院。但卢多维科让他的兄弟保证只能待在罗马，因此显而易见，阿斯卡尼奥实际上是从米兰流放到了罗马。[8] 然而，正如我们即将看到的，阿斯卡尼奥并未浪费自己在罗马的光阴，他逐渐成为教皇宫廷中最具影响力的人物之一，并且最终成为卢多维科重要的支持者。

　　至此，卢多维科终于能够腾出手来，斥巨资打造一个充满艺术家、哲学家和诗人的宫廷，以此来彰显自己的不凡品位。与加莱亚佐公爵不同，卢多维科对音乐兴味索然，早前享有盛誉的礼拜堂唱诗班此时基本上已经解散。他的宫廷诗人贝尔纳多·贝林乔尼写了一首十四行诗，赞美卢多维科宫廷里的四位艺术大师，他们是历史学家和人文主义者乔治·梅鲁拉（Giorgio Merula）①，

---

　　① 乔治·梅鲁拉（1430—1494），精通古典拉丁文和希腊文。自1486年应卢多维科的邀请来到米兰学院从事人文主义教育和撰写维斯康蒂家族史（未完成）。他培养的学生包括《廷臣论》的作者巴尔达萨雷·卡斯蒂廖内（Baldassare Castiglione）。

金匠卡拉多索（Caradosso）^①、来自费拉拉的军事专家詹尼诺大师（master Giannino）以及佛罗伦萨艺术家莱奥纳多·达·芬奇（Leonardo da Vinci）。包括贝林乔尼、卡拉多索、达·芬奇以及建筑师布拉曼特（Bramante）在内的许多艺术家此时都隶属于一个米兰人文主义学园，该学园由卢多维科赞助支持，是一个囊括了宫廷贵族、哲学家、音乐家、诗人和艺术家的非官方组织，他们常常举行聚会辩论，有时还为戏剧娱乐节目提建议和做贡献。9

卢多维科本人也热爱文学，曾计划撰写一部关于当代人文主义名流的历史，并将他的父亲列入其中。他十分崇拜自己的父亲弗朗切斯科公爵，这与加莱亚佐·马里亚公爵形成了鲜明的对比。马里亚公爵非常看重自己的维斯康蒂血统，通过采用维斯康蒂家族的徽章，以及用他们的曾祖父、第一位维斯康蒂公爵的名字——詹加莱亚佐来给自己的继承人命名，来反复强调这一点。卢多维科则很难把自己对权力的渴望建立在第一位米兰公爵詹加莱亚佐的继承人身上，因为第二位詹加莱亚佐公爵还在博塔·乔维亚城堡里活着。但他确认自己是其父的合法继承人。因此，当从西蒙内塔兄弟那里没收的财物中发现乔瓦尼·西蒙内塔编写的《弗朗切斯科·斯福尔扎传》（见第一章）的手稿时，卢多维科决定在审慎修改的基础上将其付印出版。

1483 年，卢多维科下令印刷了 400 本《弗朗切斯科·斯福尔

① 卡拉多索，原名克里斯托弗·福帕（Cristoforo Foppa），文艺复兴时期著名的金匠、模具师和雕塑家，曾为卢多维科制作了一枚勋章和几件金饰。他最著名的作品是在罗马铸造的一枚勋章，背面刻有和布拉曼特一起设计的圣彼得大教堂图案。

扎传》，之后又出版了两个版本。这些版本里均装饰了精美的插图，并在空白处点缀了大量的摩尔人形象。[10] 更重要的是，这三个版本的前言充满了对卢多维科个人才能的讴歌，以此证明他才是弗朗切斯科公爵军事和政治才能的真正继承者。卢多维科还计划为他的父亲竖立一座高 7 米多的骑马纪念碑，展现公爵跨坐腾飞骏马的英姿，这也是一种类似的公开表态。1489 年 7 月 22 日，有报道称卢多维科正计划"为他的父亲建造一座气派的墓穴，并委托莱昂纳多·达·芬奇制作模型，展示身穿盔甲的弗朗切斯科公爵骑着一匹巨大的青铜马"，但这个在技术上雄心勃勃的项目从未真正铸造完成。[11]

达·芬奇之所以搬到米兰，成为卢多维科宫廷的座上宾，主要得益于他的军事设计才能。在 1486 年左右写给卢多维科的一封信中，他列举了自己可以提供的技能以及设计草图，包括便携式桥梁、攻城机械、海战武器、水雷、迫击炮和大炮。他还补充道："在和平时期，我还可以最大限度地满足您在公共和私人建筑上的需求。"[12] 他当然能理解卢多维科对国防的重视。卢多维科曾在信中写道："堡垒和士兵是最重要的东西，因为他们是维护国家安全和展现国家力量的基础。"[13]

卢多维科在佛罗伦萨的代理人还向他推荐了当地最好的画家，包括波提切利（Botticelli）、菲利皮诺·里皮（Filippino Lippi）、佩鲁吉诺（Perugino）和吉兰达约（Ghirlandaio），但似乎这些人都不太符合他的欣赏品位。卢多维科宫廷里另一位关键的艺术家是建筑师多纳托·布拉曼特，他对阿尔贝蒂在里米尼、费拉拉

莱昂纳多·达·芬奇,《研究扬蹄站立的马》, 约 1485 年 (皇家收藏)。
这是达·芬奇早期研究设计弗朗切斯科·斯福尔扎骑马青铜纪念碑的线稿,
展现他正在践踏一个倒下的敌人。 (177)

和曼图亚的建筑的学习和理解，激发了其对古典建筑风格的兴趣。

和他的父亲一样，卢多维科深刻地意识到艺术和建筑在塑造权威形象上的重要作用。他特意接手了弗朗切斯科公爵未完成的建筑项目，特别是米兰大教堂、克雷莫纳的圣西吉斯蒙多教堂和帕维亚的切尔托萨修道院。但在自己启动的建筑项目里，他舍弃了父亲对传统哥特式的偏爱，而选择时尚的古典风格。卢多维科比大多数文艺复兴时期的君主更需要宣扬自己的权威，他选择罗马帝国时期的视觉形象来展示自己的地位。而且，尽管他的簿记员小心翼翼地以詹加莱亚佐公爵的名义记录这些项目的往来交易，但在所有相关项目的显著位置，铭刻的卢多维科大名才是最显眼的。

卢多维科还在公国内的所有主要城镇开展了城市重建运动。在米兰，他拆除了柱廊和其他一些障碍物，颁布了鼓励统一住房高度的法律，并拆除了博塔·乔维亚城堡和大教堂周围的一些建筑物，建造出一整块气派的广场。[14] 圣沙弟乐圣母堂由于空间所限，无法在其东端建造一个合适的空顶，布拉曼特从古罗马建筑的原型中获得灵感，利用"错视画"技巧，巧妙地绘制了一幅菱格状桶形拱顶图，伪造了一座空顶。圣安布罗焦大教堂是一座献给米兰的守护神圣安布罗西的古老建筑，卢多维科和红衣主教阿斯卡尼奥扩建了该修道院，并委托布拉曼特设计一座科林斯式神父住所和两处回廊，一处是爱奥尼亚式，另一处是多立克式。红衣主教阿斯卡尼奥也为帕维亚的新大教堂做出了贡献，布拉曼特依据对哈德良皇帝蒂沃利（Tivoli）别墅的

米兰，圣沙弟乐圣母堂（Santa Maria presso San Satiro），唱诗席，始建于 1478 年。由多纳托·布拉曼特设计，这个虚构的菱格状桶形拱顶是为了放置一幅创造奇迹的圣母像而专门设计的。（178）

考察，为教堂地下室设计了拱顶。[15] 在私人建筑项目中，达·芬奇依据当时的文学作品中对古罗马皇宫内室的描述，模仿户外用餐（al fresco）的凉亭，为博塔·乔维亚城堡的一个房间绘制了壁画。

新建筑风格在卢多维科最为看重的项目——维杰瓦诺（Vigevano）小镇改造工程中得到了充分的体现。他希望教皇能授予该地自治市地位，红衣主教阿斯卡尼奥为此在罗马也展开了游说，但仍然没能实现。卢多维科非常喜欢该地，以及坐落于此的维斯康蒂城堡，据说"他非常喜欢待在那里，不仅因为空气清新健康，还可以猎取各种野兽和鸟类"[16]。他大力投资当地经济，开凿新运河，革新该地区的农业技术，特别是桑树、水稻种植技术，以及引进新品种的羊群。为了确保自己的产业有利可图，他还公器私用，给予自己一项特权，不必支付所有进入米兰和帕维亚的货物需缴纳的惯例性费用。[17] 他将古老的维斯康蒂城堡翻新改造成一栋豪华的别墅，并在那里度过了大部分时光。他为自己、家人及宾客准备了起居室、宽敞的会客厅、花园、迷宫、鱼塘和鸽舍；为自己豢养的猎鹰配备了一个巨大的鹰笼，为他饲养的马匹以及培育的赛马准备了大型的马厩。他还将老旧的商人广场改造成一个巨大的古典风格的广场，周围环绕着优雅的拱廊。根据他自己于 1492 年 5 月 3 日发布的公告，它"必须足够宏伟和气派，才配得上一位君主的伟大和尊严"[18]。

※

与此同时，詹加莱亚佐公爵仍然苗壮成长，逐渐成年，但卢多维科故意对宣告公爵成年的时间含糊其辞，并将他看押在博塔·乔维亚城堡的最深处，秘不示人，对外宣称是为了保护他免遭暗杀。然而，局势并不完全在卢多维科的掌控之下。早在1472年，加莱亚佐·马里亚公爵就为他当时年仅三岁的继承人和他的外甥女阿拉贡的伊莎贝拉定下婚约，她是卡拉布里亚公爵阿方索和加莱亚佐·马里亚的妹妹伊波利塔的女儿。卢多维科无法否认这份婚约，因为伊莎贝拉是他的盟友、那不勒斯国王费兰特一世的孙女，而国王曾为卢多维科颁发过埃尔曼骑士勋章，这是斯福尔扎－阿拉贡联盟的另一个公开标志。

1489年2月，婚礼在米兰隆重举行。詹加莱亚佐现在离他20岁的生日还差几个月，已经远远超过了当时的正常成年年龄，伊莎贝拉则小一岁。城市沿途装饰着临时搭起的拱门，挂满了传统婚礼上常见的绿植：常春藤、杜松、月桂、象征神圣维纳斯的桃金娘，以及象征忠诚的柠檬。[19]

大教堂门前的大广场上耸立着一座巨大的拱门，推测由布拉曼特设计，上面装饰着卢多维科敬仰的父亲的伟大事迹。按詹加莱亚佐自己描述，这些画布上绘制着"我们声名显赫的祖父所有的胜利和令人难忘的事迹"[20]。但令人惊讶的是，米兰和那不勒斯之间持久的敌意也很明显。费拉拉的大使对新娘的印象并

不好，认为她"皮肤黝黑，也不怎么漂亮"²¹。另一位观察家也
注意到了拱门上弗朗切斯科公爵战胜伊莎贝拉的曾祖父、那不
勒斯的阿方索一世的场景，"弗朗切斯科·斯福尔扎对萨莫奈人
（Samnites，即意大利南方人）士气十足的战役，对威尼斯人所有
辉煌的行动，以及为米兰人留下的所有壮举"²²。

持续数周的婚礼庆祝活动早在上一年的 12 月就已经在那不
勒斯拉开了序幕，这些都让新娘疲惫不堪。双方代理人刚参加
完在王室宫廷举办的代理婚礼，米兰方面的代表就在第二天指责
费兰特一世用非足金金币支付了 10 万杜卡特的部分嫁妆，这让
大家都很尴尬。²³12 月 30 日，伊莎贝拉登上了王室舰船，忍受
着可怕的冬季海上风暴，于 1 月 18 日抵达热那亚。由于生病和
旅途疲惫，她不得不在前往米兰之前暂时在托尔托纳歇息休整。
新娘端坐在这场似乎没有尽头的宴会上，每道菜都会搭配一个
神话故事，如戴安娜把她的情人阿克特翁（Actaeon）变成了鹿
肉^①等。宴会结束后还有芭蕾舞表演，由来自卢多维科宫廷的舞
蹈大师出演俄耳甫斯（Orpheus）与欧律狄刻（Euridice）。^{24②}

1 月 28 日，她终于抵达位于维杰瓦诺的公爵别墅，在那里她
与詹加莱亚佐度过了第一个夜晚。但很明显，她的丈夫要么是不
愿意，要么就是"性无能"，导致两人没能顺利圆房。费拉拉的

---

①　古罗马诗人奥维德在《变形记》中记载的一则神话故事。年轻的猎人阿克特
翁不小心与正在沐浴的女神戴安娜相遇，后者一怒之下将阿克特翁变成了牡鹿，并
剥夺了他说话的能力，之后被他的猎人伙伴及猎犬杀死。
②　欧律狄刻是古希腊神话中的仙女，后来嫁给俄耳甫斯。在她死后，俄耳甫斯
进入冥界试图将她带回，但以失败告终。

维杰瓦诺，公爵宫，1492 年建成。这座壮观的拱门广场毗邻气势恢宏的公爵府，为维杰瓦诺这座小镇平添了一抹宏伟的色彩。但卢多维科希望教皇授予该地自治市地位的努力并不成功。(181)

弗朗切斯科·劳拉纳，《阿拉贡的伊莎贝拉》，约 1490 年（维也纳艺术史博物馆藏）。这位不幸的公爵夫人被她丈夫的叔叔万般羞辱。不仅从她丈夫那里夺取了权力，下毒害死了他，还把她的儿子们从她身边强行带走，致使母子分离。（182）

大使认为，这位 19 岁的公爵显现出与他年龄不符的幼稚，看起来"又像小男孩，又像个傻瓜"，因为"他害怕被羞辱"。[25] 他的叔叔卢多维科确实羞辱了他。作为官方证人之一，他出席了当晚的初夜圆房仪式，并狠狠地嘲笑了他侄子的"性无能"。卢多维科可能非常残忍，且显然采取了强制性手段来控制甚至欺凌他的侄子，迫使其屈服。

卢多维科持续恐吓詹加莱亚佐，并竭尽所能地在公共场合羞辱他，好让他无法生下继承人。公爵的"性无能"招致了各种流言蜚语。那不勒斯宫廷传言"这位声名显赫的公爵患了隐疾，是个彻头彻尾的性无能，所以才无论如何都无法与公爵夫人圆房"[26]。在米兰，则谣传卢多维科用巫术对这对夫妇下咒语，以阻止伊莎贝拉受孕。这对夫妇也许求助过草药疗法。詹加莱亚佐同父异母的妹妹、弗利公爵夫人卡特琳娜·斯福尔扎（Caterina Sforza）是一本食谱的作者。书中包括如何判定妻子的贞操，以及如何伪造贞操（将康乃馨磨成粉，泡葡萄酒后制成栓剂置于阴道）的方法，还有治疗男性阳痿的方法，其中包括服用萨蒂里翁（Satytion）的根（即兰花根）、胡椒粉和蜥蜴粉的混合剂。[27] 伊莎贝拉则采取了更为实际的措施来挽救自己的婚姻。她向自己的家人寻求帮助。两名"女性专家"专程从那不勒斯赶来"鼓励公爵夫人帮助公爵"[28]。根据费拉拉大使的判断，伊莎贝拉必须"帮公爵弥补过失，并在床上驯服他，因为女人必须为她们的丈夫做任何事情"[29]。值得注意的是，就在两人婚后一年多，伊莎贝拉真的怀孕了，于 1491 年 1 月 30 日生下了一个儿子，并用詹加莱亚佐祖父的名字将其命名为弗朗切斯科，之后他们又生了三个女儿：伊波利塔（1493 年 1 月）、博纳（1494 年 2 月）和比安卡（1495 年）。

当詹加莱亚佐还是个未成年人时，卢多维科还能以他的保护者自居，但随着公爵日渐年长，这种假象越来越难以维持。特别是在小弗朗切斯科出生后，就更难行得通了。然而，正如宫廷诗人贝林乔尼所说的那样："公爵虽然已经完婚，（但）卢多维科仍拼死维护自己的世袭财产。"[30] 他尽可能不让詹加莱亚佐和伊莎贝拉出现在公众视野中。伊莎贝拉到达米兰后不久，卢多维科就下令让他们搬到帕维亚的城堡，在那里，他们每年仅靠 13 000 杜卡特的微薄津贴生活。尽管后来津贴提高到 15 000 杜卡特，但公爵夫人必须向卢多维科的财务主管汇报每项开支的用途。公爵夫人身边所有的那不勒斯人都被勒令离开，替换成卢多维科自己的人。伊莎贝拉曾经抱怨道，她的家庭是由"没有地位的男人和女人组成，这里只有奴隶或无足轻重的人"。那些安插在他们身边的人更像是"卢多维科的间谍，而非她的私人仆人"[31]。当然，这就是那些人的用途。

贬低公爵夫人的另一个有效手段是公开批评伊莎贝拉的行为。显然，她的品位太过异域，太过放纵（也可以称为"那不勒斯风格"），比如她嗜好甜饮料。但伊莎贝拉也有自己的武器——她在那不勒斯的祖父和父亲，费兰特国王和卡拉布里亚公爵阿方索。当他们要求卢多维科必须向公爵夫人表示应有的尊重时，他的反应是为这对夫妇举办了一场奢华的宴会，即所谓的天堂盛宴（Festa del

Paradiso），达·芬奇亲自排演了一场壮观的表演，并设计了舞台布景。然而，早在 1479 年，曾经在卢多维科抢班夺权过程中出手相助的费兰特一世，他们之间的亲密友谊已经开始逐步瓦解。

1490 年，眼看着伊莎贝拉逐渐显怀，卢多维科的个人王朝计划变得愈加紧迫。早在 1480 年，他就与费拉拉公爵埃尔科勒 5 岁的女儿比阿特丽斯·德·埃斯特（Beatrice d'Este）订下婚约，现在他的新娘已经 15 岁，是时候举行婚礼了。选择在 1491 年 1 月末举办婚礼庆典并非巧合，因为这恰好是伊莎贝拉的预产期。卢多维科还安排了一场双重的婚礼庆典，更增加了他这一决定的恶意。这一天不仅将举行他与比阿特丽斯的婚礼，还将举行詹加莱亚佐的妹妹安娜与比阿特丽斯的弟弟、费拉拉侯爵的继承人阿方索的婚礼。詹加莱亚佐和伊莎贝拉缺席了这一系列奢华的宴会、戏剧表演和其他娱乐活动。其中的一场骑士比武大赛，卢多维科的一名廷臣率领着一支由 12 名黑衣"摩尔人"组成的队伍闯入出场名单中，以此对新郎致敬。[32] 婚礼活动的另一个亮点是参观公国宝库，库房位于博塔·乔维亚城堡内，受邀参观的客人们惊叹于里面藏有"数十万杜卡特金币……事实上通常来讲大约有 80 万杜卡特金币……以及数不清的银器、雕像、珠宝和金质勋章"[33]。

从各方面来讲，比阿特丽斯都很漂亮，且热衷于跳舞。但她似乎也是一位非常果敢的年轻女士，眼里无法容忍任何竞争对手，特别是伊莎贝拉。公爵夫人只比这位新娘年长 5 岁，而且她们还是嫡亲的表姐妹，伊莎贝拉的父亲卡拉布里亚公爵阿方索和比阿特丽斯的母亲阿拉贡的埃莱奥诺拉是亲兄妹。但在伊莎贝拉生下小弗朗切斯科后，她们的关系变得越来越紧张。不仅如此，比阿特丽斯还得应付卢多维科年轻的情妇塞西莉亚·加莱拉尼（Cecilia Gallerani）。1490 年左右，达·芬奇为年仅 17 岁的塞西莉亚绘制了一幅可爱的人物肖像画。这幅作品也成为文艺复兴图像学的一项迷人的研究。[34] 达·芬奇笔下，塞西莉亚抱着一只还未褪去过冬皮毛的白鼬，在当时人们的眼中，它是纯洁的象征。画中还暗含着其他信息。白鼬在这里可能暗示了她姓氏的谐音，因为白鼬在古希腊文中称为"galée"（加莱）。当然，这只动物也可能暗指卢多维科，因为他是那不勒斯埃尔曼骑士团的成员，这幅画也可能是对他们亲密关系的公开庆祝。更为重要的是，研究者们认为白鼬也许还是怀孕的象征。因为后来我们都知道了，1491 年 5 月，即卢多维科与比阿特丽斯结婚后几个月，塞西莉亚就为他生了一个儿子切萨雷（Cesare）。虽然卢多维科此后将塞西莉亚送出了宫廷，但他还是正式承认了这个儿子，塞西莉亚还继续给他做了几年的情妇。

与此同时，红衣主教阿斯卡尼奥尽管被"强制流放"到了罗马，但他在教皇宫廷也开始发挥作用。而且凭借其政治天赋，他已然成为红衣主教团中极具影响力的人物。当那不勒斯贵族起义反抗国王费兰特一世时，他站在了教皇英诺森八世的对立面，公开反对教皇支持起义的决定，并与另一位亲阿拉贡王朝的红衣主教——位高权重的罗马教廷副总理大臣罗德里戈·博尔哈建立了密切的关系。但这一举措使他俩以及卢多维科都遭到了来自另一

莱昂纳多·达·芬奇,《抱白鼬的女人》,约 1490 年(克拉科夫国家博物馆藏)。卢多维科的情妇,17 岁的塞西莉亚·加莱拉尼,在画中怀抱着一只白鼬,这在传统上是纯洁的象征。(187)

位红衣主教朱利亚诺·德拉·罗韦雷的强烈敌意，因为主教团内他们是主要的竞争对手。阿斯卡尼奥每年有 5 万～6 万杜卡特的巨额收入，其中还包括来自米兰公国国库的 13 500 杜卡特的丰厚津贴，是整个罗马最为富有的红衣主教之一。[35] 他热衷于打猎和赌博，还养了一只会学舌吟诵教义（Credo）的鹦鹉。[36] 他还是文学、音乐和艺术的慷慨赞助者。他自己写诗，还雇用了若斯坎·德普雷（Josquin des Prez）等音乐家，他们都在加莱亚佐·马里亚公爵被暗杀后，因公爵小礼拜堂解散失去了工作。他还以奢华的生活排场闻名，在保罗·科尔特西（Paolo Cortesi）于 1510 年出版的论文中，将他视为理想的王公贵族般的红衣主教的典范。1492 年 6 月，卡拉布里亚公爵阿方索的长子费兰特对罗马进行正式访问时，费拉拉大使的报告提到红衣主教"在他的宫殿里安排了持续一整天的宴会活动，其间为了欢迎这位那不勒斯王子，还为他专门上演了一场精彩绝伦的戏剧表演"[37]。

※

时间已经证明 1492 年是欧洲历史的分水岭。正是在这一年，热那亚探险家克里斯托弗·哥伦布（Christopher Columbus）横跨大西洋，发现了一个新大陆，从根本上改变了欧洲中心主义的世界观。

这一年的开头就极具戏剧性。西班牙国王斐迪南和伊莎贝拉进入格拉纳达地区，庆祝他们战胜穆斯林，将其赶出了自己的国家。老成练达的红衣主教罗德里戈·博尔哈在罗马举办了一场斗牛比赛，来庆祝这一事件。4 月，洛伦佐·德·美第奇死于痛风并发症，这一戏剧性事件加速改变了意大利的政治格局。16 世纪的历史学家弗朗切斯科·奎恰迪尼（Francesco Guicciardini）认为只有洛伦佐能够"阻止卢多维科·斯福尔扎和费兰特一世之间的仇恨和猜疑"，但如果没有他从中斡旋，双方长期的敌意不久就会演变成为公开的对抗。[38]

两个月后，英诺森八世也去世了。闷热难耐的 8 月初，红衣主教团在梵蒂冈举行秘密会议，选举新任教皇。阿斯卡尼奥是三位主要候选人之一，另外两位是朱利亚诺·德拉·罗韦雷和罗德里戈·博尔哈。据卢多维科驻罗马的代理人发回的报告，阿斯卡尼奥可以稳获 7 张选票以及 4 张可能性选票，但不足以达到总数的 2/3 所需的 16 张选票。[39]朱利亚诺·德拉·罗韦雷有 9 名坚定的支持者，以及法王查理八世的支持，是最受欢迎的人选。费拉拉的特使认为阿斯卡尼奥应该比罗德里戈·博尔哈有优势，因为博尔哈的西班牙背景让他并不受欢迎。但他也提到，如果助博尔哈当选，将会获得丰厚的回报，特别是令众人艳羡的罗马教廷副总理大臣职位。这令他成为具有潜在竞争力的候选人。[40]经过四天毫无定论的投票，阿斯卡尼奥决定扮演教皇制造者的角色，将他手中所有的选票都投给了博尔哈。8 月 11 日，博尔哈正式当选为新任教皇——亚历山大六世。

红衣主教们的确选出了一位精明世故的政治家，他在以腐败著称的罗马教廷服务了 36 年，深谙权术之道，对权钱的利益交换更是驾轻就熟。但很少有人意识到，意大利政治的未来将深深地被他在子女身上所寄托的野心支配。至 1492 年，亚历山大六世共有六个孩子在身边，都是由他的情妇们所生。1462 年出生的佩德罗·路易斯（Pedro Luis），不幸于 1488 年去世。1467 年出生的伊莎贝拉（Isabella）、1469 年出生的吉罗拉玛（Girolama），她们都在成年后嫁给了罗马贵族。另外四个较小的孩子分别是 17 岁的切萨雷（Cesare）、16 岁的胡安（Juan）、12 岁的卢克蕾齐娅和 10 岁的约弗雷（Jofrè）。虽然博尔哈之前的几任教皇也都有孩子，但他们通常为了教士所谓的"独身主义"，将这种打破规则的炫耀之情掩藏在"侄子"（在意大利语中，nipote 既可以指侄子也可以指孙子）这一称谓之后。但令人震惊的是，亚历山大六世毫不掩饰地炫耀他的孩子们都是在他成为红衣主教后出生的，甚至还有一个儿子是在担任教皇六年之后出生的。

亚历山大六世为数不多的艺术赞助项目之一是用来庆祝他的大家族，当然也绝非巧合。这些位于梵蒂冈教皇起居室的壁画装饰进一步强调了他的西班牙血统。起居室主厅绘有亚历山大的圣凯瑟琳（St Catherine of Alexandria）的生平场景。之所以选取这位圣徒，是因为她的纪念日 11 月 25 日恰好是斐迪南和伊莎贝拉于 1491 年在格拉纳达击败摩尔人的日子。壁画中，放荡不羁的父亲穿着全套教皇长袍跪拜于复活的基督面前，而他的女儿卢克蕾齐娅被描绘成圣凯瑟琳，他的儿子们则神气十足地站在一群衣着奢华的人群之中注视着这一幕。更令人奇怪的是，这些位于梵

蒂冈教廷内部的房间，天花板上却绘有古埃及神灵伊希斯（Isis）
和奥西里斯（Osiris）的故事。奥西里斯的标志与博尔哈家族的
族徽标志相同，都是一头公牛，这种关联也激发了教皇麾下的一
位人文主义者去追溯教皇的异教神灵血统。

　　亚历山大六世曾被广泛指责通过不正当的金钱手段来贿选和
收买选票，其中主要受益者就是红衣主教阿斯卡尼奥。教皇司礼
布尔查德曾在他的日记中写道：

　　　　据说，为了获得阿斯卡尼奥和其他人的选票，在教皇
　　选举的秘密会议召开前，他（亚历山大六世）牵了四头驮
　　满银币的骡子来到阿斯卡尼奥的宫殿。他给出的理由是放
　　阿斯卡尼奥这里比放自己那里更安全，但实际上这些银币
　　就是用来收买阿斯卡尼奥的，以获得他的选票。[41]

　　没有更多的证据可以证明或反驳这个故事的真伪，但新教皇
上台后确实给予了红衣主教团许多恩惠。值得注意的是，只有五
个红衣主教被排除在外，即朱利亚诺·德拉·罗韦雷和他四个最
亲密的支持者。

　　阿斯卡尼奥受到的恩惠则越来越多。亚历山大六世给他在梵
蒂冈专门准备了一个房间，让他成为宫廷红衣主教，这原本是为
最受宠的廷臣保留的荣誉。年底他获得了更多有利可图的职位，
包括备受尊崇的匈牙利埃格尔大主教职位，并被任命为驻博洛尼
亚宫廷大使。最重要的是，他现在接替博尔哈，成为罗马教廷的

《斯福尔扎祭坛画》，1495 年（米兰布雷拉美术馆藏）。这幅祭坛画是卢多维科在他的第二个儿子出生后不久委托人创作的。图中他裹着襁褓，跪在他母亲身边，他们的长子跪在他父亲旁边。（190）

副总管，是教皇宫廷中仅次于教皇本人的二号人物。

亚历山大六世还将他在罗马设计建造的副总管驻地——"旧文书宫"（Cancelleria Vecchia）*赐给阿斯卡尼奥作为日常办公地和居住地。阿斯卡尼奥随即将自己的宫殿让给了他哥哥加莱亚佐·马里亚公爵的私生女卡特琳娜·斯福尔扎和她的孩子们，她的丈夫伊莫拉伯爵吉罗拉莫·里亚里奥几年前遭到暗杀。[42]

米兰这边，卢多维科也有很多值得庆祝的事情，尤其是他自己的王朝血脉。1493 年 1 月 25 日，比阿特丽斯·德·埃斯特生了一个儿子，他们以比阿特丽斯父亲的名字埃尔科勒为他命名。他出生的套房位于博塔·乔维亚城堡内城、公国宝库的隔壁，作为卢多维科的心肝宝贝，这个位置确实合情合理。为了庆祝新生命的诞生，这个房间还做了一番奢华的装饰，所有的家具全部用金色的锦缎和深红色的天鹅绒覆盖。[43]为了更好地照料比阿特丽斯，卢多维科还确保她身边时刻都有能提供高端且熟练的服务的侍从，以及邀请比阿特丽斯的母亲阿拉贡的埃莱奥诺拉前来陪伴。他本人也确实是个爱孩子的好父亲，他曾经因为宝贝"正在出牙，导致昨天和今天都不太舒服"而感到非常痛苦。[44]不过，他小心翼翼地确保埃尔科勒的诞生始终占据最重要的地位。作为对比，公爵夫人伊莎贝拉在一两天前生下女儿后，没有得到任何特殊的待遇，也没有访客来道贺。

这位心满意足的父亲也期待能从他弟弟的成功中获益。当然，

* 即如今的斯福尔扎－切萨里尼宫（Palazzo Sforza-Cesarini）。

阿斯卡尼奥也不负众望，他的政治手腕立竿见影。在新任教皇上台后的几个月内，亚历山大六世就提议将他的女儿卢克蕾齐娅嫁给佩萨罗领主乔瓦尼·斯福尔扎。他是卢多维科和阿斯卡尼奥的堂弟，亚历山德罗·斯福尔扎的孙子（见第二章），他的第一个妻子最近刚因分娩去世。这对夫妇于 1493 年 2 月 2 日订婚，新娘的嫁妆为 31 000 杜卡特。同年 6 月，在梵蒂冈的教皇宫殿举行了婚礼和隆重的庆祝活动。[45]150 名罗马未婚少女，其中包括教皇的情妇朱莉娅·法尔内塞（Giulia Farnese）陪伴着年仅 13 岁的新娘参加婚礼，一名年轻的非洲女孩负责牵着新娘的曳地裙摆。教皇司礼布尔查德在日记中写道，当晚在梵蒂冈举行的宴会"一直持续到午夜凌晨，一些粗俗下流的悲喜剧让每个人都开怀大笑"[46]。

卢多维科还有另一个收获。时任红衣主教的亚历山大六世与费兰特一世关系密切，但当亚历山大六世与红衣主教朱利亚诺·德拉·罗韦雷为新任教皇职位争论得不可开交之际，费兰特国王选择站在了亚历山大六世的对立面，两人的关系自此开始变味。卢多维科与费兰特的关系也不断恶化。公爵夫人伊莎贝拉的儿子，也是米兰公国的合法继承人，因卢多维科的宝贝儿子埃尔科勒的出生而黯然失色，伊莎贝拉为此感到心烦意乱，只得向她父亲乞求帮助。她写道："我宁愿自杀，也不愿再忍受这种暴政的奴役，不愿在外国继续忍受来自敌人的监视。"[47]卢多维科还对费兰特一世的亲密盟友之一皮耶罗·德·美第奇（Piero de' Medici）的行为感到不满。皮耶罗现在是佛罗伦萨共和国的实际

（de facto）领导人，他的妻子是忠于费兰特国王的那不勒斯贵族。卢多维科非常厌恶皮耶罗。当皮耶罗前往罗马祝贺亚历山大六世当选教皇时，卢多维科看到这位 20 岁的年轻人穿着华丽、珠光宝气非常生气，认为"这个皮耶罗似乎想和他一争高下，不仅想与他以及意大利其他的王公贵族平起平坐，甚至还想超越他们"[48]。很显然，卢多维科对自己的身份地位相当敏感。

1493 年 4 月，亚历山大六世在卢多维科和阿斯卡尼奥两兄弟的纵容和默许下，与米兰、威尼斯、曼图亚和费拉拉签署了一项联盟协议，共同反对那不勒斯和佛罗伦萨。费兰特一世和卡拉布里亚公爵阿方索对该联盟做出的回应极具针对性，他们提醒卢多维科，他掌握的权力是多么的不稳定。他们向奥尔良公爵路易透露，会支持他将斯福尔扎家族赶出米兰所做的任何努力，因为路易是詹加莱亚佐·维斯康蒂和他第一任妻子瓦卢瓦的伊莎贝尔的合法曾外孙。卢多维科的反应则极具侵略性且充满了挑衅意味。他明确表示如果法王查理八世决定夺取那不勒斯王位，他将鼎力支持。而且正如我们即将看到的，卢多维科还制订了其他计划来惩治他的侄子和侄媳的"桀骜不驯"。

※

与此同时，亚历山大六世的政策，尤其是他与斯福尔扎兄弟的密切关系，开始让整个欧洲陷入不安和恐慌。费兰特一世严厉地批评教皇"除了不择手段地为自己的孩子们加官进爵之外，他什么都不在乎"，"与他狼狈为奸的两兄弟，除了战争和破坏之外，他们唯一想做的就是霸占教皇的位置"[49]。但仅靠斯福尔扎兄弟，仍然无法满足亚历山大六世所有的王朝野心。他还需要得到西班牙国王斐迪南和伊莎贝拉的支持，来帮助他儿子甘地亚公爵（Duke of Gandia）胡安发展事业。5月，教皇颁布著名的《划界训谕》（Inter caetera），划分并认定了新大陆的归属权，但严重偏袒西班牙。8月，他得到了回报，西班牙国王同意胡安与一位西班牙王室公主的婚约。并且在周边君主们的压力和调解下，为了平息他与费兰特一世的矛盾，同月亚历山大六世还与那不勒斯签订了联盟条约。结盟的标志是为约弗雷·博尔哈和阿拉贡的桑西亚（Sancia of Aragon，公爵夫人伊莎贝拉同父异母的私生妹妹）订立婚约。国王授予他的新女婿斯奎拉斯亲王称号，并每年支付其4万杜卡特。

能同时与卢多维科·斯福尔扎和费兰特一世结盟，这并非易事，连米兰驻罗马的特使都对此印象深刻：

> 许多人认为教皇自从当选后就失去了理智……（但）他不仅设法将女儿嫁给了斯福尔扎家族……还说服那不勒斯国王招其子为婿，并给其头衔和封地。我不认为这是一个没有头脑的人能够取得的成就。[50]

但同时与这两个敌人维持盟友关系是极其困难的。起初，教皇小心谨慎地平衡着他施予的恩惠。约弗雷订婚后的一个月，他增设了 12 位新红衣主教。一位是他自己的儿子切萨雷；另一位是亚历山德罗·法尔内塞（Alessandro Farnese），他的情妇朱莉娅的哥哥；还有一位是比阿特丽斯 15 岁的弟弟伊波利托（Ippolito），这明显是给米兰的恩惠。其他 9 位红衣主教由神圣罗马帝国、法国、西班牙、英国、威尼斯甚至波兰的统治者提名，但没有来自那不勒斯的人选。

卢多维科当然明白博尔哈教皇、西班牙和那不勒斯之间重新建立密切联系的意义。斯福尔扎和博尔哈的未来议题即将发生分歧，鉴于这种不确定性，卢多维科必须采取措施，寻找其他的强大盟友，以保护他刚刚起步的王朝。为此，当得知神圣罗马帝国皇帝腓特烈三世在那年夏天去世后，他与新皇帝马克西米利安一世（Maximilian I）取得联系，希望通过谈判，让他娶自己的侄女、詹加莱亚佐公爵 22 岁的妹妹比安卡·玛丽亚（Bianca Maria）为妻。这场代理婚礼于 1493 年 11 月 30 日在米兰大教堂举行，教堂内部装饰着一座凯旋门，悬挂着神圣罗马帝国和斯福尔扎家族的纹章，凯旋门的顶端还耸立着"已故的弗朗切斯科公爵骑马雕像"，可能是达·芬奇设计的灰泥模型，"下面还有帝国的徽章和我丈夫的纹章"，比阿特丽斯告诉她的姐姐、曼图亚侯爵夫人伊莎贝拉·德·埃斯特（Isabella d'Este）。[51]

这场充满了野心的联姻竞赛同样耗资巨大，卢多维科用 50 万杜卡特的现金、珠宝和其他贵重物品作为他侄女的嫁妆。[52] 除此之外，卢多维科还做了其他更多阿谀奉承之事，如给自己的宝贝

儿子埃尔科勒改名为马西米利亚诺（Massimiliano），以强调皇帝
作为斯福尔扎政权保护者的身份。但巨额的彩礼并没能满足马克
西米利安，他向卢多维科提出额外的现金要求，作为皇室确认其
公爵头衔的保证金。马克西米利安在 9 月 5 日颁布了一份谕告，
任命卢多维科为公爵，但给出的理由极为牵强，说卢多维科是弗
朗切斯科·斯福尔扎被封为公爵后生的第一个孩子。所以毫不奇
怪，皇帝坚持认为这份文件必须保密。[53]

卢多维科还与法王查理八世商谈结盟，承诺将支持法国国王
夺取那不勒斯王位。这对费兰特一世来说，是更为公开的敌意。
1493 年秋天，意大利各大宫廷谣言四起，说查理八世计划入侵意
大利，而他的主要支持者是米兰的卢多维科，他甚至为此向法王
提供 10 万杜卡特借款。[54] 亚历山大六世本来想避免偏袒任何一
方，但 1494 年 1 月费兰特一世突然去世，这迫使他不得不对那
不勒斯的未来做出抉择：是承认卡拉布里亚公爵阿方索为费兰特
的继承人，还是接受法国国王对那不勒斯王位的要求？红衣主教
阿斯卡尼奥率领红衣主教团的大多数成员试图说服教皇选择后一
种方案，但经过八个小时的激烈辩论，亚历山大六世决定支持阿
拉贡王朝。他任命了一名教皇特使于 5 月前往那不勒斯为阿方索
二世加冕，然后亲自主持了约弗雷·博尔哈和新国王的私生女桑
西亚的婚礼。

红衣主教阿斯卡尼奥和教皇之间的关系开始变得紧张，但并
不敌对。4 月 1 日在神庙遗址圣母堂举行的弥撒上，教皇司仪无
意中听到两人就目前的现状开起了玩笑。红衣主教说："当教皇

与那不勒斯国王和谐相处时，会听到康科迪亚（Concordia，也意为'协和'）大主教主持的弥撒。"教皇回应道："当教皇与卢多维科·斯福尔扎和平相处时，他会听到佩斯［Pace，在意大利语中意为'和平'，也是西班牙巴达霍斯（Badajoz）主教区的拉丁语名称］大主教主持的弥撒。"[55]

卢多维科此时迫切需要调整权力的平衡，他派驻罗马的大使提出了一个巧妙的建议："如果我们能说服红衣主教朱利亚诺·德拉·罗韦雷改变立场，支持法国的话……"他向卢多维科暗示道："我们将拥有一件反对教皇的强大武器。"当然这也是反对费兰特的武器，尽管这一点没有明着点出来。[56]他们密谋的诡计果然成功了。4月23日，朱利亚诺·德拉·罗韦雷乘船离开奥斯蒂亚（Ostia）①前往法国。在那里，朱利亚诺的一系列举动证明他的确是卢多维科和阿斯卡尼奥的可靠盟友。他不仅鼓励法国入侵那不勒斯，而且还希望以此迫使教皇改变立场，甚至鼓动查理八世一再威胁召开会议，废黜教皇亚历山大六世。7月，奥尔良公爵路易在亚历山大港会见了卢多维科，并收取了第一批10万杜卡特的贷款。[57]在罗马，阿斯卡尼奥组建了一支由士兵、弓箭手和骑兵组成的援军，以阻止那不勒斯军队在法国军队到来之前的任何进击。

当年夏天，关于法国军队正在萨伏依边境集结的报道，让局势变得越来越紧张。此前那些关于情形可能继续恶化的传言突然

---

① 奥斯蒂亚，意大利中东部古城，位于台伯河口，是罗马出海的港口。

变成了严峻的现实。有消息证实，查理八世已经集结了 3 万人的
大军进攻意大利，另有 1 万人的军队将乘坐 100 艘船组成的舰队
驶往那不勒斯海岸。[58] 这支军队的规模远远超过了意大利人几个
世纪以来所见过的场面。他们在 8 月底越过阿尔卑斯山。9 月中
旬，台伯河河口就已经出现了法国的大帆船。9 月 9 日，查理八
世本人抵达阿斯蒂（Asti）[①]。在那里，他受到了卢多维科、比阿
特丽斯和她的父亲费拉拉公爵埃尔科勒的欢迎。

普遍认为是卢多维科造成了如今混乱的局面，他也因此备受
指责。从他决定支持法国国王对那不勒斯王位的要求，以此来清
理自己与敌人的旧账，并树立自己王室盟友的威望来看，如此种
种都是令人震惊的短视行为。但他似乎没能意识到，他可以鼓动
法国人进入意大利，但在无外援的情况下，他并没有足够的个人
力量撤销这份邀请。乔维奥在回顾了 15 世纪意大利的黄金时代
之后评论道："如果不是一切都被这场致命的混乱打破，我们现
在也会很繁荣。"他把这一切的责任归咎于四位性格各异的统治
者：卢多维科是被那不勒斯国王阿方索二世的"狂妄自大激怒"，
威尼斯人是"贪心不足蛇吞象"，亚历山大六世则展示出"最恶
劣的人性"。[59]

詹加莱亚佐公爵可以说是这一混乱局面的首位受害者。他已
经病重数月，而治疗他的医生恰是卢多维科的私人医生，这绝非

---

① 阿斯蒂，位于意大利西北部皮埃蒙特大区的城镇。

巧合。当 10 月初查理八世去帕维亚看望他的表妹①、公爵夫人伊莎贝拉时，发现她"景况凄惨，她的丈夫重病在身，和她的儿子和一两个女儿一起被囚禁在这座城堡里"。这一幕也被陪同访问的法国政治家菲利普·德·康敏斯（Philippe de Commynes）记录在他的日记里。[60] 10 月 21 日，詹加莱亚佐意料之中地去世了。虽然官方给出的死因是性生活过度（滥交），但这明显是来自他叔叔最后的冷嘲热讽。有证据表明他死于砷中毒，卢多维科的医生给他注射的剂量过大。[61] 据威尼斯日记作者多梅尼科·马里皮耶罗（Domenico Malipiero）的记载，"米兰的詹加莱亚佐公爵死于流感，但人们普遍认为是被他的叔叔卢多维科下毒害死的"[62]。尽管他们三岁的儿子弗朗切斯科拥有合法继承权，但伊莎贝拉却无力执行。在詹加莱亚佐去世几个小时之后，枢密议会就宣布卢多维科为新任公爵。一个多月后，他就把伊莎贝拉和她的孩子们转移到戒备森严的博塔·乔维亚城堡中。

　　查理八世和他的军队穿过公国向佛罗伦萨边境进发。皮耶罗·德·美第奇为了换取佛罗伦萨的和平，轻率地向法军交出了比萨、利沃诺和其他战略要塞。不幸的是，他的做法并没有得到佛罗伦萨共和政府的许可。当他第二天返回佛罗伦萨时，他和他的家族并没有收到英雄般的欢呼（"我们时代的和平"），相反因为僭越了他们应有的权力而遭到流放。又过了 18 年，他们才重返佛罗伦萨。与此同时，到了圣诞节，佛罗伦萨人民选出了一个

---

　　①　查理八世的母亲萨伏依的夏洛特（1441—1483）是伊莎贝拉的婆婆萨伏依的博纳（1449—1503）的亲姐姐。

亲法的神权政府，由一位极具魅力但狂热的多明我会修士吉罗拉
莫·萨沃纳罗拉（Girolamo Savonarola）领导。

在罗马，不顾红衣主教阿斯卡尼奥的劝阻和敦促，亚历山大
六世完全放弃了在这场冲突中保持中立的立场，继续奉行忠于那
不勒斯的政策。12月9日，教皇下令逮捕所有亲法的红衣主教，
但阿斯卡尼奥被允许在警卫看守的条件下，留在梵蒂冈的舒适公
寓里。布尔查德的记录显示，阿斯卡尼奥很快又重新得到了教皇
的青睐。他在待降节（Advent）①的第三个星期日（12月14日）
参加了西斯廷教堂的弥撒，坐在教皇的左边，教皇"在整个仪式
中都与他谈笑风生，甚至在举起圣体的时候也不例外"[63]。亚历
山大六世把他的决定保留到了最后一刻。他最终改变了主意，同
意与查理八世会谈。查理八世在红衣主教阿斯卡尼奥和朱利亚
诺·德拉·罗韦雷的护送下于12月31日进入罗马。由于法国军
队规模过于庞大，整个进城仪式共耗费六个小时。[64]

1月初，法王查理八世决定举行遵从教皇的公开仪式。作为
回报，教皇擢升他的两位主教为红衣大主教，法王的军队也获得
穿越教皇国的通行权。阿方索二世听到这个消息后大为震惊。这
位曾经夸下海口，说要与查理八世战斗到底，而不会"像低等动
物那样躲藏在树林的某个洞穴中"的国王迅速退位，将王位留给
了他的儿子费兰特二世。[65]现在回想起来，他其实应该再耐心一
些，听听亚历山大六世是怎样虚与委蛇，特别是在被查理八世提

---

①　待降节是基督教教会的重要节期，是为了庆祝耶稣基督圣诞前的准备期与等
待期，也被看作教会的新年。

醒并要求教皇册封自己为那不勒斯国王时。

　　1495 年 1 月 28 日，法国军队终于离开罗马。这让罗马市民松了一口气，那些不守规矩的外国士兵肆意掠夺的情况，他们已经忍受了好几个星期。查理八世向那不勒斯进军的过程中几乎没有遭到任何反抗。他于 5 月在那不勒斯大教堂"加冕"为王，但由于没有得到教皇的批准，这并不是一个有效的加冕仪式。事实上，之前的四个月里，亚历山大六世一直忙于外交谈判，以建立一个反对查理八世的神圣联盟。该联盟得到了神圣罗马帝国皇帝马克西米利安、西班牙国王斐迪南和伊莎贝拉、威尼斯，甚至现在已经正式成为米兰公爵的卢多维科的响应。此时只有佛罗伦萨仍然坚定地支持法国。萨沃纳罗拉充满激情地宣讲布道，野蛮攻击着教皇及其政策。由于不愿意与神圣联盟正面对抗，查理八世在加冕仪式后立即离开了那不勒斯。他于 6 月 1 日抵达罗马，但亚历山大六世已明智地离开，避免与他见面。罗马城此次为法国士兵的到来做好了准备。卢多维科的大使报告说："从城里运走的银器和贵重物品比过去一百年中的任何时候都要多。"但查理八世禁止他的军队再次洗劫罗马，城内秩序一切正常。[66] 在福尔诺沃与神圣联盟进行了一场激烈的战斗后，查理八世率领他的军队于那年夏天离开了意大利（见第六章）。

　　从几个方面来看，查理八世的入侵都是意大利历史的分水岭。尽管夺取那不勒斯的行动可能失败了，但之后意大利仅维持了非常短暂的和平时期。正如我们即将看到的，此次入侵只是意大利更为戏剧化的政治变革的前奏。法国的入侵还标志着文艺复兴的战争性质发生了重要变化。更大规模的军队配备上了更新式、破坏力更大的火炮，冷酷无情地洗劫城镇，杀害当地居民。正如时人所记录的那样："意大利已经有几个世纪没有见过如此阵仗的战争方式了，这令所有人都感到异常恐惧。"[67] 查理八世指挥的是一支职业军队，也是当时欧洲装备最为精良的军队。他们配备有轻型的青铜大炮，可以用马拉的炮车运载，与意大利常见的用牛拉的笨重铁炮不同。[68] 在法军面前，意大利军队毫无抵抗力。随着战争变得更加血腥和致命，全面战争开始取代 15 世纪早期的消耗性围城战争，战争也变得更加昂贵。[69]

此次法国入侵还有一个不太为人所知的后果：1494 年随法国军队来到意大利的流行病——梅毒。历史学家弗朗切斯科·奎恰迪尼记载了这场疾病的流行："法国人称其为那不勒斯疱疹，意大利人则反过来称其为法国病……但显然，它应该来自克里斯托弗·哥伦布发现的那些岛屿。"[70] 奎恰迪尼可能是对的。在几种解释梅毒是如何被带到欧洲的理论中，这就是其中之一。当梅毒病毒到达意大利之后，它以惊人的速度传播到普通民众中。阿斯卡尼奥·斯福尔扎是众多受害者之一，他于 1497 年初严重发病。1499 年，在圣彼得大教堂举行的复活节弥撒上，教皇司仪不得不将红衣主教巴托洛梅·马尔蒂（Bartolomé Marti）从他原本的座位移到最后一排的座位，因为他此时的病情已经非常严重。红衣主教胡安·博尔哈也因为染上梅毒，有两年时间无法公开露面。圣天使堡的城主巴托洛梅奥·卢纳特（Bartolomeo Lunate）于 1497 年死于梅毒。[71]

※

对斯福尔扎家族和博尔哈家族来说，1497 年是一个可怕的年份（annus horribilis）。1 月 3 日，比阿特丽斯·德·埃斯特产下一个死胎，几个小时后就去世了。在罗马，有传言说她"生了一个怪物"[72]。这是她的第三个儿子，第二个儿子于 1495 年 2 月出生，并以他祖父弗朗切斯科的名字命名。这无疑也是为了故意惹恼公爵夫人伊莎贝拉。①

比阿特丽斯去世时年仅 21 岁，卢多维科为失去他活泼的妻子感到悲痛万分。正如他向自己的姨表姐、曼图亚侯爵夫人伊莎贝拉·德·埃斯特哭诉的那样，"我失去了这个世界上最亲爱的人"[73]。威尼斯驻米兰的大使也注意到卢多维科公爵突然变得更加虔诚，每天在比阿特丽斯的墓前祈祷两次。甚至在漫长而炎热的夏季，他也一直待在米兰，为其日夜祈祷。[74] 他还坚持支付比阿特丽斯此前在怀孕时向各个教堂承诺捐献给圣母的以保佑她安全分娩的钱，尽管这个祈祷显然没有得到回应。

比阿特丽斯早逝后，更残酷的后续是卢多维科决定将现年 6 岁的公爵长子弗朗切斯科与他的母亲强行分开，将公爵夫人伊莎贝拉迁到米兰的另一座宫殿居住，以方便他掌控这个孩子的抚养和成长过程。尽管神圣罗马帝国承认卢多维科拥有米兰公爵的地

---

① 因为她的长子，也是已故公爵詹加莱亚佐合法的继承人，也名为弗朗切斯科。

位，但大多数米兰人仍坚持认为詹加莱亚佐的幼子才是合法的统治者。据说卢多维科把他禁锢在博塔·乔维亚城堡里，"因为一年多以前，有一次他出去的时候，有人高喊：公爵！公爵！米兰公爵（卢多维科）不喜欢这种声音，因此下令禁止他离开城堡，只能和他的母亲以及其他至亲、姐妹住在那里"[75]。

卢多维科将比阿特丽斯的墓安放在圣玛丽亚感恩教堂（Santa Maria delle Grazie），并委托雕塑家克里斯托弗·索拉里（Cristoforo Solari）制作了一座宏伟的大理石纪念碑。

这原本就是为他和妻子准备的合葬墓，上方安放着他俩的卧式肖像。* 比阿特丽斯死后，卢多维科大肆改造了这座由他父亲建造的教堂，拆除了旧式的哥特式空顶，为这座追思礼拜堂建造了一座纪念坛，顶部的一座巨大圆顶可能是由布拉曼特设计，其规模和建筑风格受到古典建筑的启发。虽然没能完成对教堂哥特式中殿和外墙的翻新，但他还是重建了教堂的回廊和圣器室。并且最著名的是，他还委托达·芬奇为修道院的斋堂绘制了《最后的晚餐》。虽然达·芬奇在这幅壁画上的油彩实验并不成功，而且这幅作品在完成后不久就开始褪色，但他对这一主题的诠释却是惊人的创新。在装饰有公爵纹章的圆形屋顶下，这幅壁画并没有讲述圣餐（Eucharist）的由来，而是不同寻常地讲述了餐桌上更为戏剧性的一刻，"你们中将有一人背叛我"，这一幕也预示了即将到来的耶稣受难（Crucifixion）。

---

*   该墓现存于帕维亚的切尔托萨。

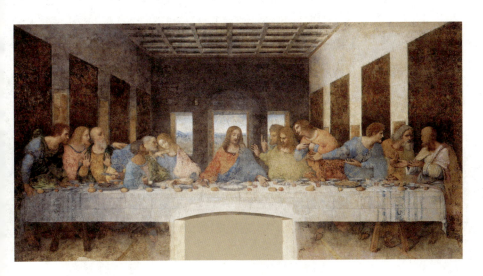

莱奥纳多·达·芬奇,《最后的晚餐》, 1498 年（米兰圣玛丽亚感恩教堂藏）。由卢多维科公爵委托其为教堂修道院的斋堂创作。这幅壁画被公认为达·芬奇的杰作。(199)

与此同时,1497 年 6 月,也就是比阿特丽斯去世六个月后,甘迪亚公爵、亚历山大六世最喜爱的儿子胡安·博尔哈的尸体被发现漂浮在台伯河上。他身中九刀,毫无疑问是被谋杀的。一名木材商在晚上看到有五个人把尸体扔进了河里,但他不能或不愿意指认其中任何一个人。嫌疑人名单上斯福尔扎家族赫然在列,特别是阿斯卡尼奥和他的堂弟乔瓦尼。几天前,红衣主教阿斯卡尼奥曾与甘迪亚公爵发生了激烈的争吵,之后又没有立即出席公开的红衣主教全体会议。他的宫殿被搜查了一番,但没有发现任何线索。亚历山大六世坚持认为他的朋友是无辜的,"上帝保佑,我一直像对待兄弟一般待他,实在不应该对他产生如此可怕的怀疑"[76]。怀疑乔瓦尼则源自一条谣言,说他与卢克蕾齐娅·博尔哈即将解除婚姻关系。但幸运的是,当时阿斯卡尼奥正在米兰与卢多维科讨论这条谣言,而他的兄弟还没有离开佩萨罗。阿斯卡

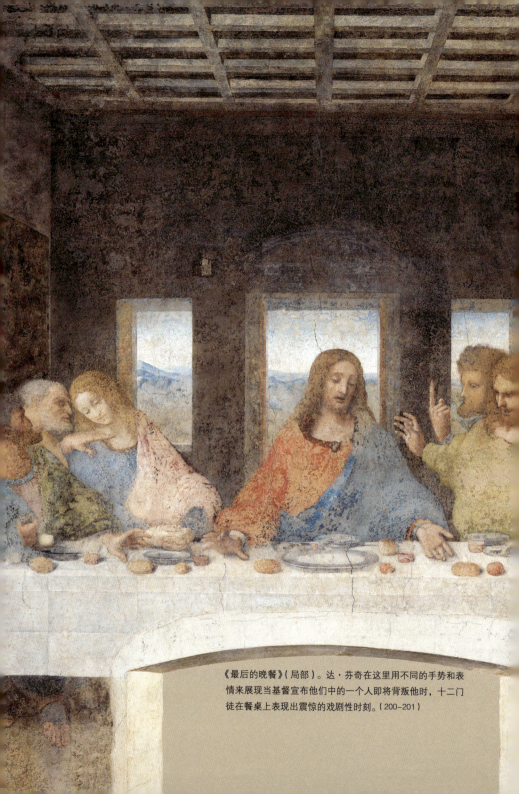

《最后的晚餐》（局部）。达·芬奇在这里用不同的手势和表情来展现当基督宣布他们中的一个人即将背叛他时，十二门徒在餐桌上表现出震惊的戏剧性时刻。（200-201）

尼奥在写给他哥哥的信中说道："虽然他们中的任何一位都不可能犯下如此残忍的罪行，但我很高兴乔瓦尼能够证明他和他哥哥都是无辜的。"[77] 罗马的官方调查最终没有逮捕任何人，但是，尽管缺乏确凿的证据，民间历史仍将这一罪行归咎于胡安的哥哥切萨雷。胡安的遗孀也对切萨雷有罪深信不疑，她委托人绘制了一幅祭坛画，描绘他残忍地刺死胡安的行为。

这起谋杀案为本已充斥着滥用职权和腐败的教廷更增添了一抹骇人听闻的色彩。1497 年，亚历山大六世的教廷官员资格与圣俸审查官（datary）詹巴蒂斯塔·费拉里（Giambattista Ferrari）被指控将请愿书当作"屠夫的账单"扔掉。[78] 同年 9 月，他的私人秘书巴托洛梅奥·弗洛雷斯（Bartolomeo Florès）被捕，指控其伪造公文和信件。教皇司仪记录道："他们承认大约有 3 000 份伪造的公文。"[79] 胡安被谋杀后一段很短的时期里，教皇曾一边忏悔一边试图通过一些改革的措施，但很快又重返他的王朝议题。这一次又很快会把整个意大利，包括卢多维科和阿斯卡尼奥，再次卷入混乱之中。

而乔瓦尼和卢克蕾齐娅·博尔哈离婚的传言当然是真的。1497 年 12 月 20 日，亚历山大六世将这一消息公之于众。很明显，乔瓦尼备受屈辱，并付出了沉重的代价。他被迫以书面形式声明他因"性无能"导致这段婚姻破裂，并归还卢克蕾齐娅 31 000 杜卡特的嫁妆。四天后，红衣主教阿斯卡尼奥参加了在梵蒂冈举行的会议，会上教皇宣布切萨雷·博尔哈打算辞去红衣主教的职务，"教皇希望通过这种方式尽可能减少丑闻的产生"[80]。切萨雷真正的目标是那不勒斯的王位。为了得到它，他计划与阿拉贡的卡洛塔（Carlotta of Aragon）结婚。她是费德里戈一世（Federigo Ⅰ）的独生女。前一年，费德里戈一世从他侄子费兰特二世手中继承了那不勒斯王位。卢克蕾齐娅离婚的原因也越来越清楚了。教皇想通过"亲上加亲"来加强新的博尔哈－阿拉贡联盟。1498 年 6 月，他宣布卢克蕾齐娅与阿拉贡的阿方索（Alfonso of Aragon）订婚。他是阿方索二世的私生子，也是卢克蕾齐娅的嫂子桑西亚同父异母的弟弟。一旦正式手续完成，切萨雷就不再是红衣主教，他和卡洛塔的婚事就会随之而来。但可惜的是，费德里戈国王对这名未来女婿的预期计划感到恐慌，拒绝同意这门亲事。

※

与此同时，在法国发生的一个意外事件，不仅对意大利产生了严重影响，还给斯福尔扎家族带来了灭顶之灾。1498 年 4 月 7 日，查理八世不小心把头撞到了门楣上，虽然一开始他似乎没有受伤，但几小时后他就倒下去世了，年仅 28 岁，且没有留下合法的继承人。他与妻子布列塔尼的安妮（Anne of Brittany）结婚六年才生下一个健康的儿子，但在三岁时死于麻疹。她之后又生了三个儿子和三个女儿，但不幸的是，这些孩子要么出生时就已经死亡，要么是出生后不久即夭折。现在王位只能传给查理八世的表哥奥尔良公爵路易，即路易十二。他不仅是那不勒斯安茹王朝既定的王位继承人，也是米兰公国的继承人。卢多维科对此的反应是下令在米兰的街头巷尾张贴詹贾科莫·特里乌尔齐奥一只脚倒吊着的画像。他是卢多维科当年的雇佣兵队长，在其第一次夺取米兰政权后被解雇了，现在是路易十二的军队指挥官。这种侮辱性的画像是文艺复兴时期惩罚叛徒的惯常做法。[81]

有了法国王室的资源可供支配，路易十二打算加强其对米兰和那不勒斯统治权的要求。卢多维科公爵和费德里戈国王都无法忽视这一点，但教皇亚历山大六世的行动实际上决定了他们的命运。在应对此次政治局势时，亚历山大六世再一次把他的家族利益放在首位。他决心首先要确保切萨雷与卡洛塔的婚姻，为此向这位新任法国国王提供了一个令其无法拒绝的恩惠。他知道路易十二因其现任妻子瓦卢瓦的让娜（Jeanne of Valois）*无法生育子女，一直想和她离婚，然后迎娶查理八世富有的遗孀布列塔尼的安妮，而阿拉贡的卡洛塔此时正好在安妮的宫廷担任她的侍女。教皇心领神会，随即帮他做好了安排。1498 年 8 月 17 日，教皇与法国国王联盟的基本条款公之于世，不仅令卢多维科震惊不已，连那不勒斯的费德里戈一世以及西班牙的斐迪南和伊莎贝拉都对此感到震惊。在罗马，阿斯卡尼奥与教皇吵作一团，阿斯卡尼奥指责他与路易十二结盟将给意大利带来灾难。亚历山大六世反驳道："记住，是你的兄弟，是他首先邀请法国人进入意大利的。"[82] 阿斯卡尼奥试图通过站在斐迪南和伊莎贝拉一边来避免

---

* 法国的让娜后来建立了一个致力于圣母玛利亚的修女会，她在 1950 年被封为圣徒。

灾难发生，西班牙大使曾威胁亚历山大六世要召开会议废黜他。但教皇利用他的权力安抚了西班牙人，不仅授予斐迪南和伊莎贝拉"天主教国王"（Most Catholic Kings）的称号，还大大提升了他们对西班牙教会的自由裁量权。

1499 年 1 月，路易十二和布列塔尼的安妮结婚，但他们拒绝同意切萨雷和阿拉贡的卡洛塔订婚。作为让步，他们同意将另一位"卡洛塔"——纳瓦拉国王的妹妹夏洛特·德·阿尔布雷特（Charlotte d'Albret）嫁给他。这对夫妇于 5 月完婚。虽然切萨雷失去了获得那不勒斯王位的机会，但他的父亲承诺用意大利的世俗权力安抚他野心勃勃的儿子。7 月，亚历山大六世决定收回包括伊莫拉、法恩扎、弗利、切塞纳、里米尼、佩萨罗、乌尔比诺和卡梅里诺在内的教皇领地，谎称他们没有缴纳会费。作为一个整体，这八块领地形成了一个面积广阔的领土国家，即罗马涅公国（the duchy of the Romagna）。该公国从费拉拉沿着亚得里亚海海岸一直延伸到那不勒斯的边界。作为教皇和法国联盟交易的一部分，切萨雷将得到法国的援助，确保他轻松征服并占据这个新的国家。

1499 年夏天，第二支法国军队越过阿尔卑斯山进入意大利，此次由詹贾科莫·特里乌尔齐奥坐镇指挥。7 月 14 日，红衣主教阿斯卡尼奥以打猎为名，携带 20 万杜卡特的贵重物品和现金逃离罗马，返回米兰参与公国的防御工作。然而，到了 8 月中旬，卢多维科的盟友显然无法提供更多的帮助：神圣罗马帝国皇帝手头有更棘手的任务要处理，而那不勒斯的费德里戈一世又过于孱弱。9 月 1 日，当特里乌尔齐奥元帅和他的士兵们向米兰无情推进时，卢多维科只得越过阿尔卑斯山，逃到神圣罗马帝国安全的皇宫避难，红衣主教也很快跟了上来。

9月6日，特里乌尔齐奥进入米兰，在那里他拿到了博塔·乔维亚城堡珍宝库的钥匙。一个月后，由路易十二打头的一支一流的骑兵队伍也赶到了米兰。队伍中包括切萨雷和路易十二的其他盟友——费拉拉、萨伏依、蒙特费拉、曼图亚、佛罗伦萨和威尼斯的代表。路易十二参观了达·芬奇的《最后的晚餐》，并征用了卢多维科的猎犬，将它们送回法国，在自己的昂布瓦斯（Amboise）公园放养。[83] 他还授予特里乌尔齐奥维杰瓦诺公爵头衔，并将卢多维科在该地珍贵的别墅一并赏赐给他。国王还遵守了他与亚历山大六世达成的协议，派出了大约 6 000 名骑兵和步兵，协助切萨雷征服罗马涅公国。

然而，罗马涅战役刚刚开始，法国军队就不得不折返，以应对斯福尔扎的军队对米兰的反攻。红衣主教阿斯卡尼奥率领一支来自神圣罗马帝国的援军姗姗来迟，于 2 月 1 日占领了科莫，两天后进入米兰，四天后卢多维科也进入了米兰。但斯福尔扎的复辟并没有持续多久。法国人迅速重新集结，并在源源不断的南下法军支援下，于 4 月 8 日在诺瓦拉战役（Battle of Novara）中痛击斯福尔扎的军队。卢多维科当场被俘，阿斯卡尼奥虽然临阵脱逃，但几天后还是在皮亚琴察附近被法国人抓获。当红衣主教被俘的消息传到罗马时，亚历山大六世支付给信使 100 杜卡特的巨额小费。[84] 斯福尔扎兄弟都被囚禁在法国。路易十二决心羞辱卢多维科，让他身着廉价的羊毛斗篷，在武装弓箭手的簇拥下骑着骡子进入里昂。

路易十二能够剥夺卢多维科的头衔和财产，但作为教会王子的阿斯卡尼奥，却被保留了头衔和地位。1503 年 8 月 18 日，当化友为敌的亚历山大六世去世后，阿斯卡尼奥及时获得了自由，前往罗马参加选举新教皇的秘密会议。9 月 10 日深夜，他与几位法国红衣主教一起进入罗马，受到群众们的热烈欢迎。"所有的房子都点上了火把和蜡烛，到处都有人在喊：'阿斯卡尼奥！阿斯卡尼奥！斯福尔扎！斯福尔扎！'"[85] 在他离开的这三年里，意大利发生了很大的变化。切萨雷·博尔哈用或公平或肮脏的手段征服了罗马涅公国，亚历山大六世则用大肆腐败得来的资源，继续助长他儿子的野心。米兰现处于路易十二的控制之下。1501 年，法国人曾短暂占领过那不勒斯一段时间。1503 年 4 月，在切里尼奥拉战役（Battle of Cerignola）中，法军遭到西班牙军队痛击，惨败而归。现在那不勒斯属于西班牙国王斐迪南和伊莎贝拉。他们任命天才将军贡萨洛·德·科尔多瓦（Gonsalvo de Cordoba）为西班牙驻那不勒斯王国的总督。

亚历山大六世去世后，1503 年 9 月中旬举行的秘密会议上，阿斯卡尼奥投票反对最受欢迎的教皇候选人、红衣主教朱利亚诺·德拉·罗韦雷，策划选举更为年长的红衣主教皮科洛米尼为新任教皇庇护三世（Pius Ⅲ）。不幸的是，新教皇上任不到一个月就去世了。红衣主教们在 10 月下旬重返梵蒂冈。朱利亚诺·德拉·罗韦雷再次成为最受欢迎的候选人。尽管过去他们相互对立，但这一次阿斯卡尼奥决定支持他。德拉·罗韦雷在史上最短的一次秘密会议后正式当选为新任教皇尤利乌斯二世。他上任后的第一项行动就是撤销切萨雷·博尔哈的罗马涅公国（见第六章）。18 个月后，阿斯卡尼奥死于瘟疫，也有人说是死于梅毒。尤利乌斯二世为他委托修建的坟墓，位于罗马人民圣母教堂（Santa Maria del Popolo）唱经坛的显眼位置。

1508 年 5 月，卢多维科·斯福尔扎逝世于洛什城堡（castle of Loches），死前仍是法国人的俘虏。他的贪婪和无能挥霍了其父弗朗切斯科公爵留给家族的遗产。法国不仅暂时统治着米兰，而且主导着当下意大利的政局，因此很难避免得出这样一个结论：很大程度上，这都是卢多维科惹出的祸。

第六章　幸存者

伊莎贝拉·德·埃斯特和阿方索·德·埃斯特

主要登场人物：

伊莎贝拉·德·埃斯特（Isabella d'Este，1474—1539）
曼图亚侯爵夫人

阿方索·德·埃斯特（Alfonso d'Este，1476—1534）
费拉拉公爵

弗朗切斯科·贡萨加（Francesco Gonzaga，1466—1519）
曼图亚侯爵

卢克蕾齐娅·博尔哈（1480—1519）
费拉拉公爵夫人

埃尔科勒·德·埃斯特
费拉拉公爵，伊莎贝拉和阿方索的父亲

教皇尤利乌斯二世（1503—1513 年在位）、利奥十世（Leo X，
1513—1521 年在位）和克莱芒七世（Clement Ⅶ，1523—1534
年在位）

弗朗索瓦一世（Francis Ⅰ，1494—1547）
法国国王

查理五世（Charles Ⅴ）
神圣罗马帝国皇帝和西班牙国王

　　1502 年 2 月 2 日圣烛节（Candlemas）的下午，作为阿方索·德·埃斯特的新娘，卢克蕾齐娅·博尔哈正式进入费拉拉。这是一场盛大的游行，由阿方索亲自率领的三支弩兵小队身着红白相间的制服，在拥挤的、点满火炬来照明的街道上缓缓前行，喇叭声、教堂钟声和礼炮声响成一片。围观者都渴望看到卢克蕾齐娅——教皇亚历山大六世那位声名狼藉的女儿。她此前已经嫁给过两任丈夫，谣言和丑闻的散布者指控她通奸和谋杀，甚至与她英俊的哥哥乱伦。但他们惊讶地发现，眼前这位只是个年仅 21 岁的漂亮金发女孩。正如编年史家贝纳迪诺·赞博蒂（Bernardino Zambotti）所记载的那样，他们很快就注意到她华美的金色衬裙、紫色的缎面礼服、盛装的坐骑，以及"由 72 头骡子满载的新娘嫁妆"[1]。行进至圣乔万尼教堂附近时，突然发生了一点小意外。礼炮的声响太大，卢克蕾齐娅的马受到惊吓，一阵慌乱中将她掀下来了。但令众人感到欣慰的是，她欢快地爬了起来，继续前行。当喧闹的骑兵队到达市中心大教堂对面的公爵府时，冬日的太阳已经快落山了。卢克蕾齐娅在那里下了马，走

到楼梯的顶端，接受她丈夫的姐姐伊莎贝拉·德·埃斯特的正式
欢迎。这两个女人很快就成了竞争对手，她们在时尚的服装、发
型和音乐品位方面展开竞争，但并不那么在意争夺伊莎贝拉丈夫
的注意力。伊莎贝拉时时不忘提醒自己，尽管她的母亲阿拉贡的
埃莱奥诺拉已经去世近十年，但她曾是一位王室的公主，而卢克
蕾齐娅的母亲则仅仅是罗马一个旅馆的老板娘。

　　与意大利最古老的王朝之一联姻，对博尔哈家族来说是一次
重大的成功，但对 70 岁的费拉拉公爵埃尔科勒一世来说却是一场
毫无兴致的政治妥协，唯一欣慰的只有新娘带来的这一大笔嫁妆
了。意大利北部微妙的权力平衡已被查理八世和路易十二的入侵
动摇（见第五章）。随着战争对伦巴第平原的吞噬，这种平衡即
将被彻底摧毁。对费拉拉和曼图亚这样的小宫廷来说，16 世纪的
头几十年是一个动荡不安的时代。它们的生存不仅受到教皇尤利
乌斯二世的威胁，这位"勇士"教皇亲自率领军队参加战斗，还
受到了两位美第奇教皇——利奥十世和克莱芒七世的威胁，他们
往往将自己的家族利益置于教会之上。更重要的是，法国国王弗
朗索瓦一世和神圣罗马帝国皇帝查理五世之间日益敌对的竞争关
系不断挤压着这些小宫廷的生存空间。

　　这是一个关于两个贵族王朝如何在艰难的岁月中生存下来的
故事。阿方索一世和卢克蕾齐娅·博尔哈在费拉拉，他的姐姐伊
莎贝拉和丈夫弗朗切斯科·贡萨加侯爵在曼图亚。他们很幸运地
从各自的父母——埃尔科勒一世公爵和阿拉贡的埃莱奥诺拉那里
继承了相当丰富的政治智慧。这将成为他们在日益混乱的政治泥

潭中谈判的宝贵财富。

※

　　传统上，费拉拉和曼图亚在欧洲政治舞台上常常处于对立关系：埃斯特家族是教皇领地的统治者，传统上忠于法国，而贡萨加家族则忠于神圣罗马帝国。1480 年，曼图亚侯爵 14 岁的继承人弗朗切斯科与费拉拉公爵埃尔科勒未满 6 岁的女儿伊莎贝拉订婚，目的是加强这两个不幸被夹在米兰和威尼斯两大敌对势力之间、腹背受敌的毗邻小国之间的联系。婚礼定在十年后举行，那时弗朗切斯科已经成为曼图亚侯爵。但在之前的十年间，他一直坚持定期探望他的未婚妻。对弗朗切斯科来说，伊莎贝拉并不是他前往费拉拉唯一的动力，埃尔科勒公爵的庄园也是。客人们可以带着狗甚至猎豹（罕见的待遇）打猎，或者在公爵设计的马场上观看赛马。这可是文艺复兴时期意大利的新鲜事物。[2]1490 年 2 月 15 日，伊莎贝拉来到曼图亚。她带来了共计 25 000 杜卡特的现金嫁妆。她的实物嫁妆还包括价值 8 000 杜卡特的珠宝、价值 2 000 多杜卡特的银质餐具，以及价值 9 000 杜卡特的华美服饰，包括"许多以各色丝绸和金银丝线制成的靓丽礼服"和"各式各样、数不胜数的装饰品"[3]。

　　这两大家族的联姻被证明是卓有成效的。伊莎贝拉很幸运，她曾吹嘘自己"没有遭很大的罪就生下了孩子"[4]。1493 年，她

平图里基奥（Pinturicchio），《亚历山大的圣凯瑟琳的争辩》，创作始于 1493 年（梵蒂冈博尔哈套间藏）。艺术家描绘了亚历山大六世的家族成员和廷臣的肖像，包括装扮成圣凯瑟琳的卢克蕾齐娅。（212-213）

的第一个孩子埃莱奥诺拉出生。弗朗切斯科是个疼爱孩子的好父亲。他时常与伊莎贝拉交流孩子的成长："看到她健康快乐地成长，我们深感欣慰。我还按照你的吩咐给她换上了白色锦缎套装，她看起来漂亮极了！"[5]

埃莱奥诺拉之后，伊莎贝拉于 1496 年生下了玛格丽塔（Margherita），不幸的是她在两个月后夭折。接下来伊莎贝拉又接连生下费德里戈（Federigo，1500 年）、利维亚（Livia，1501 年，7 岁夭折）、伊波利塔（Ippolita，1503 年）、埃尔科勒（Ercole，1505 年）、费兰特（Ferrante，1507 年），以及在利维亚夭折后不久出生的另一个利维亚（1508 年）。拥有三个儿子，伊莎贝拉已经完成了她作为家族母亲的职责。

伊莎贝拉并不是传统意义上的美人，她身材丰腴，并随着年龄的增长而日显粗壮。但她极其聪慧，且个性鲜明。伊莎贝拉自小接受人文主义教育，她喜好古典文学，热爱美丽的事物，喜欢舞蹈和音乐。传统观点认为，弗朗切斯科是一介武夫，对艺术不感兴趣，与他品位高尚、有文化的妻子截然相反。但现在的研究认为，这两种印象都不甚准确。伊莎贝拉的知识分子形象源于其自身的精心打造，而弗朗切斯科"守旧的文化落后分子"（cultural dinosaur）的名声也来自现代研究者的发明创造，用以衬托他妻子的才华。[6]事实上，正如我们即将看到的，他们都是文艺复兴时期重要的艺术赞助人，在他们委托的项目中展开友好的竞争。最重要的一点，他们是一个齐心合力的政治团队。留存下来的三千多封往来信件，记录了他们亲密的伙伴关系。虽然偶有意见分歧，但弗朗切斯科旺盛的精力和伊莎贝拉的聪明才智使他们不仅在政治上策略得当，还在文化上为他们的国家赢得了极高的声誉。当然，这与他们规模不大的国家体量也不无关系。

同他的祖父卢多维科·贡萨加（见第三章）一样，弗朗切斯科以担任雇佣兵队长来获得经济保障。1489 年 3 月，在成为曼图亚侯爵五年后，他放弃了贡萨加家族为米兰提供军事服务的传统，与威尼斯签订了雇佣兵协议。这样做的理由也很好理解。虽然伊莎贝拉的妹妹比阿特丽斯与卢多维科·斯福尔扎订婚，但斯福尔扎家族负债累累的事实已经很难继续维系这种家族的忠诚度了。相比之下，威尼斯以按时足额支付雇佣兵队长的军饷而闻名。但贡萨加家族与威尼斯的联盟也有一个缺点：1491 年 2 月，比阿特丽斯嫁入米兰，当地举行了盛大的结婚庆典，弗朗切斯科觉得自己没有脸面出席此次的豪华宴会，尽管他还是伪装上阵，参加了骑士比武大赛。此外，他还小心翼翼地没有站在斯福尔扎的一边，支持查理八世在 1494 年入侵意大利，甚至拒绝了法国国王的诱人提议，让他指挥法国军队参加那不勒斯战役（Naples campaign），以显示他对威尼斯的忠诚。

这一举动的直接结果是，1495 年弗朗切斯科被任命为由亚历山大六世和威尼斯组成的神圣联盟的军队总司令，受命将查理八世赶出意大利。在法国军队从那不勒斯回国途中，弗朗切斯科和他的部下设法对其展开阻击。7 月 5 日至 6 日，双方在帕尔马附近的塔罗（Taro）河畔交战，史称福尔诺沃战役（Battle of Fornovo）。费拉拉的编年史家贝纳迪诺·赞博蒂，以及治疗伤员

的医生亚历山德罗·贝内代蒂（Alessandro Benedetti）都记载了
这场恐怖的血腥之战。赞博蒂的记载中"马匹和步兵一样陷在泥
里动弹不得"，士兵们"残酷搏杀，屠杀整整持续了两个小时"[7]。
贝内代蒂描述道："战场上火光冲天，炮声如雷……大炮打出的
各色金属炮弹在空中嘶嘶作响，到处都充满了哀嚎和恸哭声。"[8]
法军共 2 万人，加上随营民兵和 42 门大炮，伤亡损失不大。"尽
管双方伤兵很多，但阵亡士兵的数量对比悬殊，意大利军队约有
4 000 名士兵阵亡，法军则不超过 60 名。"赞博蒂据此认为这场
战役法国获得了胜利。[9]

　　然而，由于查理八世急于回国，他命令部队将所有从那不勒
斯掠夺的财宝都遗弃在战场上。贝内代蒂估算，这些包括金银
器、地毯、挂毯和华服在内的战利品价值超过 20 万杜卡特。[10]
因为收获了如此多的贵重物品，意大利人声称自己取得了此次战
役的胜利。当然，如果从经济利益来衡量胜利与否的话，那么意
大利人绝对是赢家。威尼斯重赏弗朗切斯科，不仅提高了他的年
薪，还给伊莎贝拉赠送了价值 1 000 杜卡特的礼物。[11]他的"胜
利"也得到了教皇亚历山大六世的认可。1496 年 3 月，教皇为他
颁发了金玫瑰勋章，这是教皇每年向享有盛誉的王公统治者颁发
的荣誉勋章。他还带了一条曾经装饰在法国皇家庭院的挂毯回到
了曼图亚，作为送给妻子的另一份礼物。[12]

　　像文艺复兴时期其他的王公贵族一样，弗朗切斯科深知艺术
宣传的价值。他豢养的人文主义者巴蒂斯塔·斯帕诺利（Battista
Spagnoli）撰写长篇史诗来庆祝这次战役。他还订购了两枚刻

有"意大利解放者"字样的勋章，以及一尊身着罗马盔甲的半身像（约创作于 1498 年）。他还委托曼特尼亚创作了一幅巨大的祭坛画《胜利的圣母》。整幅画作高约 2.7 米，作为委托赞助人，他身着盔甲跪于圣母脚下，旁边还有两名骑士圣米迦勒和圣乔治。1496 年 7 月 6 日，人们抬着这幅画穿过曼图亚的街道，庆祝福尔诺沃战役一周年。他的弟弟西吉斯蒙多在一封信中回忆道："那场残酷的战斗实在令人难以忘怀。"他还在信中描述了一位修士劝告大批群众："记住，那天是（圣母）将你们尊贵的领主从危险中解救了出来。"[13]

尽管弗朗切斯科和伊莎贝拉极力避免卷入 1494 年法国入侵意大利的政治争论之中，但当路易十二提出对米兰的统治权主张时，他们无法坐视不管，因为这毕竟威胁到了伊莎贝拉的妹夫。但他们在如何处理这一问题上存在分歧。伊莎贝拉警告弗朗切斯科不要和法国国王打交道，但弗朗切斯科对此不屑一顾，他甚至试图用送礼来获得法国国王的青睐，包括曼特尼亚的绘画作品和加尔达湖出产的鲤鱼。威尼斯人大发雷霆，指控他犯下了叛国罪，"阴谋与法国国王结盟"，并且说到做到，撤销了他军队总司令的职务。这沉重地打击了弗朗切斯科的自尊心，对他的国库来说打击更大。而伊莎贝拉这次决定公开支持她的妹夫。卢多维科公爵也适时地提出了一个诱人的建议，将双方的边境城镇划入曼图亚统治区域内。但 11 月他还是与路易十二签署了一份协议，承诺 1499 年法国入侵米兰时，不会对卢多维科·斯福尔扎施以援手。伊莎贝拉眼见战争一触即发，紧急呼叫自己的丈夫出手相

安德烈亚·曼特尼亚，《胜利的圣母》，1495—1496 年作（巴黎卢浮宫藏）。弗朗切斯科侯爵委托人绘制的一幅巨型祭坛画，以庆祝自己在福尔诺沃战役中战胜法国军队。（216）

救。但当卢多维科在神圣罗马帝国军队的帮助下于 1500 年 2 月重新征服米兰时，弗朗切斯科仍然坚持己见，按兵不动。战争的结局正如我们所看到的那样，当年 4 月，卢多维科在诺瓦拉战役中惨败被俘。

但到了 5 月，种种迹象表明弗朗切斯科对与路易十二的联盟感到厌倦。他请求马克西米利安皇帝做他的儿子费德里戈的教父。他似乎在进行一场赌博，因为费德里戈的另一位教父是切萨雷·博尔哈。1501 年 9 月，他被指定担任神圣罗马帝国军队的总司令。但路易十二和马克西米利安开出的军饷都不高，失去了威尼斯那份利润丰厚的雇佣兵合同，让弗朗切斯科常常陷入资金严重匮乏的状态。他不得不请求伊莎贝拉典当自己的珠宝。这种事情或许经常发生。她曾经不得不提醒自己的丈夫，除了仅剩的四颗宝石之外，其他的都已经被抵押了。[14] 但她也很务实地谈道："像我们这种人也没必要收藏这些珠宝，除非能为我们提供帮助……因此，我愿意将阁下您需要的东西送给您。"

文艺复兴时期的王公贵族们都喜好奢华，追求异国情调，伊莎贝拉也不例外。她喜欢养猫，这是她和她父亲共同的爱好。为了让猫出入方便，她的父亲甚至不惜在费拉拉公爵府厚重的木门上专门开了一个猫瓣门。她还购买了麝香猫，主要是为她的化妆品提供麝香。[15] 这些猫每只价值 200～250 杜卡特，是当时一只猎豹价格的 5 倍，昂贵得惊人。为此她跟自己的弟弟商量，希望与他养在费拉拉的麝香猫配种繁育来节省开支。她还养了几个非洲黑人女孩作为仆人。在当时的贵族精英家庭中，她们和黑人男仆一样，是时髦生活品位的象征。她在信中写道："我太满意这个黑人姑娘了，她会成为世界上最好的小丑。"

伊莎贝拉对美好事物的喜好和品位主要受到她的母亲阿拉贡的埃莱奥诺拉的影响。婴儿时期，她睡的被子就是由上等的白色锦缎和塔夫绸制成，辅以金丝线和丝绸包边，由她的公主母亲专门为其订购。[16] 成年后，她的奢侈花费主要是在服装上，以及追逐最新的时尚潮流。她的衣服全部由上等的昂贵布料制成，主要从威尼斯的商店购入。作为当时意大利的国际贸易中心，威尼斯与曼图亚之间依靠波河平原发达的水系河道和运河网络，保持着良好的交通联系。她抓住一切机会向出差的廷臣讨好示意。例如，1491 年 4 月，她给吉罗拉莫·齐廖洛（Girolamo Zigliolo）寄去了一份购物清单和 100 杜卡特，作为负责给公爵夫人埃莱奥诺拉采买服饰的主管，他即将为埃尔科勒公爵去法国办事。[17] 她想要雕刻的紫水晶、祈祷用的念珠和蓝色的服饰。她甚至不介意他超支，"即使每码布要花上 10 杜卡特。只要你能给我买到最新的时尚款式，我宁愿欠你的债"[18]。她还非常重视品相。在写给另一位代理人的信中，关于购买丝绸，她写道："如果不是最漂亮的，那么它就一无是处。"[19]

伊莎贝拉热衷于购物，经常在走访亲戚的同时去当地的集市上逛逛。她经常去米兰看望她的姐姐，也常常前往威尼斯。在那里，她除了购买奢华的纺织品之外，还购买玻璃器皿和杏仁糖蛋糕来满足她对甜食的渴望。乌尔比诺公爵夫人伊丽莎白·贡萨加（Elisabetta Gonzaga）是她旅行中的伙伴，也是她最亲密的朋友。

她们喜欢隐姓埋名出门旅行，并像其他的游客那样住在旅店里。[20]
但通常情况下，她们在这些长途旅行中往往会带着一大批廷臣和
仆人随行。在一次前往加尔达湖的旅途中，她就带着一支庞大的
队伍随行，共计 93 人和 80 匹马。[21] 最重要的是，她没完没了地
往娘家费拉拉跑。她非常喜欢和她的父母以及兄弟姐妹一同玩
耍。当然，她还喜欢从童年起就最爱的糖果和饼干。她常常在费
拉拉公爵府庆祝狂欢节，并与她的兄弟们在波河三角洲的沼泽地
里钓鱼。

※

正如本章开头所看到的，1502 年 2 月伊莎贝拉在费拉拉迎接
阿方索的新娘。他的第一任妻子安娜·斯福尔扎（Anna Sforza）
于 1497 年 11 月死于分娩。教皇亚历山大六世考虑到需要建立
一个地方性联盟，来护卫切萨雷的罗马涅公爵地位，因此毛遂自
荐，认为自己的女儿是个合适的续弦对象。但费拉拉公爵埃尔科
勒一世对这桩婚事却疑虑重重。尽管有些尴尬，他还是要求自己
在罗马的代理人展开调查，弄清围绕在这个年轻女孩身上的一
系列情人、私生子、道德败坏甚至乱伦的淫秽传闻的真相。令人
意外的是，她给谨慎的费拉拉大使留下了深刻的印象，大家一致
对她赞不绝口，认为她"举止特别优雅，行为谦逊、淑女、有礼
貌"。他们据此判断："她开朗的性格和优雅的气质让她的外表更

显可爱。我觉得我们没有什么可担心的。"[22] 另外，她还有一个非常重要的有利因素：她已经生下了一个儿子。此外，为了让埃尔科勒公爵接受这门亲事，联姻双方就嫁妆问题进行了一番艰难的讨价还价。与伊莎贝拉当时价值 25 000 杜卡特的嫁妆相比，此次卢克蕾齐娅的嫁妆高达 20 万杜卡特现金，以及价值 10 万杜卡特的珠宝和来自罗马涅公国的一些其他好处。[23]

　　费拉拉的宫廷生活与亚历山大六世的罗马宫廷非常不同。人们不禁要问，习惯了梵蒂冈流行的粗俗戏剧之后，活泼的新娘该如何看待埃尔科勒公爵喜欢的希腊古典喜剧？埃尔科勒公爵以复兴古典戏剧闻名，不仅组织他的宫廷人文学者翻译古典戏剧，还经常将其搬上宫廷的舞台。值得注意的是，埃尔科勒是莱昂内洛·德·埃斯特的同父异母兄弟，后者作为复兴古罗马文化的先驱之一而闻名于世（见第二章）。很显然，公爵喜欢策划此类娱乐活动。比阿特丽斯在给姐姐伊莎贝拉的信中写道，"我确信"这些庆祝活动"是由我们最杰出的父亲大人设想和组织的，因此毫无疑问，一切都是完美无缺的"[24]。在公爵府大礼堂举行的舞会是婚礼庆典活动之一。舞会结束后，上演的是普劳图斯（Plautus）的喜剧《埃皮迪库斯》（Epidicus）。作为婚礼庆典活动的重要组成部分，这是准备上演的五部喜剧中的第一部。当年晚些时候，埃尔科勒一世开始在公爵府里建造一个剧院，即"喜剧厅"（Sala dale Comedie）。这是文艺复兴时期建造的第一座专门剧院，它的设计灵感源自古罗马建筑师维特鲁威和其他古典作家对古典剧院的描述。[25]

费拉拉的宗教仪式也有更多的地方背景。在主显节（1月6日）这天，公爵和他的廷臣们会在公爵府门前举行仪式，并向穷人分发食物。其中一些食物来自公爵府的储藏室，其余的则来自富裕的市民。透过一份1477年发布的食物清单，我们可以大致了解宫廷的饮食状况：乳猪、鹅、鸭子、鹌鹑、孔雀、野鸡、鹧鸪、野兔、意式香肠、桶装橄榄、腌制咸鱼、各种奶酪、梨、橘子、柠檬、糖果盒子、杏仁饼、香料面包和葡萄酒。[26] 在濯足节，埃尔科勒公爵还会为穷人举办一场晚宴，在一场刻意模仿基督和最后的晚餐的仪式中为他们洗脚，这种流行于那不勒斯宫廷的活动，在阿拉贡的埃莱奥诺拉嫁入费拉拉后也被引入埃尔科勒的宫廷。在圣乔治日，这也是费拉拉的守护神节，该市会举行赛马，以及男子、男孩和女孩的赛跑来庆祝。到了夏天，公爵还会安排全家去威尼斯购物旅行，一家人下榻在大运河边的埃斯特宫殿*里，享受狂欢节的乐趣，或者在圣母升天节那天去逛威尼斯著名的集市。

卢克蕾齐娅在费拉拉的新生活并没有一个好的开始。1502年6月，婚礼结束后四个月，她的弟弟切萨雷夺取了乌尔比诺的统治权，乌尔比诺公爵圭多巴尔多和公爵夫人伊丽莎白被迫出逃。伊莎贝拉提到，乌尔比诺公爵一行抵达曼图亚时，随行的"只有四匹马"，这让她非常难过。[27] 据说，卢克蕾齐娅对这个消息也感到很震惊和伤心，因为一月前，公爵夫人伊丽莎白刚刚陪同她前往费拉

---

* 现为土耳其商栈。

拉。年长六岁的伊莎贝拉并不太喜欢活泼的卢克蕾齐娅。这两个女
人很快就卷入一场激烈的竞争之中，她们在时尚品位、发型和外表
等方面展开了激烈的竞争。伊莎贝拉父亲的一位廷臣给她的建议
是"夫人您必须用您的技能来证明您是谁的女儿"[28]。不过，伊莎
贝拉和卢克蕾齐娅还是有许多共同之处的。她们都是个性鲜明的女
性，藐视传统。她们各自委托人制作了一枚侧面肖像勋章，展示的
是未婚女孩而非已婚女性的那种蓬松、随意的发式。[29] 她们还在赞
助音乐方面展开激烈的竞争，暗中较劲，特别是在推广弗洛托拉歌
曲（frottola）方面。这种由宫廷诗人创作，由鲁特琴手和其他音
乐家负责演奏的歌曲是当时新的流行时尚。

当从法国大使的秘书那里得知，卢克蕾齐娅在铃鼓伴奏下表
演了各种舞蹈时，伊莎贝拉决心要一较高下，自我"说服"，不
仅公开唱歌表演，还亲自弹奏鲁特琴来招待这位大使。[30] 这在当
时确实是一种惊世骇俗的做法，毕竟歌舞表演作为一种闺房消
遣，通常只限于在贵族妇女的私人房间里进行。[31]

埃尔科勒公爵对这位新儿媳妇也有诸多顾虑，当然这些顾虑
不足挂齿。他认为卢克蕾齐娅的随行人员中有太多来自西班牙的
廷臣，借故遣散了许多人。但他最关心的是她的生活津贴。当她
开口要求每年 12 000 杜卡特的津贴时，他感到很震惊，于是立即
写信给伊莎贝拉，询问她从曼图亚侯爵那里获得的生活津贴以及
预算细节，并嘱咐信使把她的答复作为加急件带回。[32] 伊莎贝拉
报告说，她每年获得的津贴是 6 000 杜卡特。她需要用这笔钱来
购买衣物和支付仆人的工资，不过餐食等费用由她丈夫承担。最

后，埃尔科勒公爵将卢克蕾齐娅每年的津贴固定为 6 000 杜卡特，并且坚决拒绝调整。

1503 年 8 月，卢克蕾齐娅的父亲教皇亚历山大六世突然去世。这也宣告了切萨雷·博尔哈的阴谋被迫走向终结。圭多巴尔多公爵重新获得乌尔比诺公国的统治权，而切萨雷的罗马涅公国也很快被新教皇尤利乌斯二世拆分。亚历山大六世逝世也威胁到了卢克蕾齐娅在费拉拉的地位，路易十二甚至建议埃尔科勒公爵取消这门婚事，因为政治联姻的需求已经不再重要了。可怜的卢克蕾齐娅，到目前为止，政治联姻已经给她的人生造成了极大的痛苦。她被迫与她的第一任丈夫（乔瓦尼·斯福尔扎，见第五章）离婚，表面上的理由是丈夫性无能。这样她就可以嫁给阿拉贡的阿方索，也就是阿方索二世的私生子，以帮助她的哥哥切萨雷实现他的政治野心。两年后，在圣彼得教堂门前的台阶上阿拉贡的阿方索被一伙人凶残地刺伤，在卢克蕾齐娅悉心照料下，他的身体正在逐步康复，结果却被切萨雷的男仆勒死在病榻上。

尽管面临着巨大的压力，她与阿方索·德·埃斯特的婚姻并未以离婚告终。1502 年 9 月，也就是婚后的第七个月，卢克蕾齐娅生下了一个早产的女儿。可怜的孩子出生后就夭折了，她自己也得了产褥热，情况十分危险。但阿方索明显对卢克蕾齐娅动了真情。她甫一康复，他就去了洛雷托的圣母院，"履行他在妻子生病时发下的誓言"[33]。埃尔科勒公爵于 1505 年 1 月 25 日去世，享年 73 岁。他永远不会知道卢克蕾齐娅在延续埃斯特王朝的未来这一方面做得多么成功。虽然她的第二个孩子，以其外祖

费拉拉,科尔特宫的阶梯,建造于1481
年。这是一条通往宫殿大厅的壮丽通道,
阶梯上方的拱顶可以遮阳避雨,拱顶一侧
由一组凹槽复合式石柱提供支撑。(221)

父的姓名命名的儿子亚历山德罗（Alessandro），只活了不到一个月，之后她还接连流产。在 1508 年 4 月，卢克蕾齐娅终于生下了一个健康的儿子，他们以其祖父的名字将其命名为埃尔科勒。埃尔科勒之后是伊波利托（Ippolito，1509 年），以及另一个亚历山德罗（1514 年），但不幸于两岁时夭折。接下来是埃莱奥诺拉（Leonora，1515 年）、弗朗切斯科（Francesco，1516 年），以及伊莎贝拉·玛丽亚（Isabella Maria，1519 年）。

新公爵阿方索性格沉静古怪，像他的父亲一样固执，与生性张扬的姐姐伊莎贝拉完全不同。他沉迷金工制造，爱好制作陶器，以及用车床旋削棋子和制作乐器。保罗·乔维奥认为他"虽然面相冷峻，但性格温和"，并认为他是当时最重要的军事指挥官。[34] 更重要的是，作为费拉拉的统治者，他像自己的父亲一样可靠，尽管他面临的时局更具挑战性，甚至有可能威胁到自己的统治地位。他的纹章是一枚炸弹，上面刻着一句格言"无所不在，无时无刻"（Loco et tempore），表明如果时机成熟，他随时可以诉诸暴力。[35]

作为公爵，他的首要问题是对付他那三位桀骜不驯的弟弟——费兰特、红衣主教伊波利托和西吉斯蒙多，以及同父异母的"刺头"弟弟朱利奥（Giulio）。1505 年，因为卢克蕾齐娅的一位漂亮侍女更喜欢朱利奥，红衣主教伊波利托妒火中烧，命他的仆人刺伤了朱利奥的眼睛。第二年，阿方索发现费兰特和朱利奥密谋刺杀他，于是将他们送上法庭并判处死刑。但最终公爵还是动了恻隐之心，将他们的刑罚减为终身监禁。据编年史家乔瓦

尼·马里亚·泽比纳蒂（Giovanni Maria Zerbinati）记载，年仅
28 岁的费兰特"被关在塔楼的一个房间里，里面有几个警卫负责
看守"，"公爵还命人用砖堵死了窗户，防止他看到外面"[36]。

※

　　与此同时，在罗马，外表和蔼可亲、内在圆滑世故的教皇博
尔哈去世后，由红衣主教朱利亚诺·德拉·罗韦雷继任，史称尤
利乌斯二世。他以冥顽不化、难以沟通著称，是个意志坚定、性
格强悍的铁腕人物。

　　但好在他没有建立个人王朝的野心。事实上，这个任务已经
由他的叔叔西克斯图斯四世完成了。西克斯图斯四世在 30 多年前
就提拔他当上了红衣主教，并将他的弟弟乔瓦尼·德拉·罗韦雷
培养成了贵族精英。起初，费拉拉和曼图亚都有理由看好这位新
教皇。尽管他的首要任务是瓦解切萨雷·博尔哈的罗马涅公国，
但他并没有把费拉拉卷入这场斗争中，卢克蕾齐娅也没有因此受
到牵连。但当博洛尼亚的边防官员在例行搜查几车运往费拉拉的
货物时，却出现了尴尬的局面。货箱被打开后，他们惊讶地发现
里面装满了大量无价的珠宝、装饰品和其他贵重物品，甚至还在
其中找到了一件失窃的珍宝——一只双眼镶有钻石的金猫。前一
年夏天亚历山大六世临终时，切萨雷·博尔哈的一个廷臣从教皇
的卧室里偷走了它。[37]

多索·多西（Dosso Dossi），《阿方索·德·埃斯特一世》，约创作于 1530 年（摩德纳埃斯特美术馆藏）。为了纪念公爵辉煌的戎马生涯，这幅肖像画的背景被描绘为战场。一个当时的人将他视为"那个时代最重要的军事指挥官"。(224)

曼图亚这边，在乌尔比诺公爵夫人伊丽莎白的帮助下，伊莎贝拉和弗朗切斯科正计划与尤利乌斯二世结盟，这对曼图亚和乌尔比诺都有利。因为圭多巴尔多公爵和他的妻子没有孩子，希望收养教皇的小侄子弗朗切斯科·马里亚·德拉·罗韦雷（Francesco Maria della Rovere）作为继承人，而伊莎贝拉和弗朗切斯科则希望他们的长女埃莱奥诺拉（Eleonora）能与这位未来的乌尔比诺公爵结婚。这两件事都需要得到教皇的批准。尤利乌斯二世不仅欣然同意，还额外册封弗朗切斯科侯爵的弟弟西吉斯蒙多为红衣主教。弗朗切斯科·马里亚于 1504 年 5 月正式成为乌尔比诺公爵的继承人。次年春天，时年 13 岁的公爵继承人与10 岁的埃莱奥诺拉订婚。双方商定的嫁妆为 30 000 杜卡特，包括价值 5 000 杜卡特的衣服和珠宝。[38]

1506 年，罗马的麻烦开始显现。尤利乌斯二世决定从博洛尼亚开始，重振教皇的权威。他首先将与埃斯特家族和贡萨加家族都有着姻亲关系的本蒂沃里奥（Bentivoglio）家族赶走。10月，弗朗切斯科侯爵取代罹患痛风病的圭多巴尔多公爵，出任教皇军队的指挥官，他试图代表本蒂沃里奥家族进行干预，但没有成功。11 月初，教皇亲自率军参战（他也是最后一位这样做的教皇）。在由法国国王路易十二提供的 800 名骑兵、4 000 名步兵和15 门大炮的帮助下，教皇军队迫使本蒂沃里奥家族出逃。[39] 他们首先前往费拉拉寻求庇护，但阿方索一世视而不见，他们只得被迫转移到曼图亚。尤利乌斯二世于 11 月 11 日凯旋进入博洛尼亚，并委托米开朗琪罗（Michelangelo）制作巨大铜像来庆祝此次胜利。该铜像被竖立在市中心的圣彼得罗尼奥教堂正前方。

　　与此同时，曼图亚和费拉拉之间的关系，以及伊莎贝拉和卢克蕾齐娅之间的关系，因为弗朗切斯科侯爵和公爵夫人之间的"一段风流韵事"而变得越发冰冷。1505 年，在她的第二个孩子不幸夭折后，费拉拉暴发疫情，卢克蕾齐娅前往曼图亚。在那里，她与弗朗切斯科侯爵常常眉来眼去。当然，她确实一直以来热衷于柏拉图式爱情。两年前，她曾与威尼斯人文主义诗人皮特罗·本博（Pietro Bembo）交换了炽热的情书和礼物，本博甚至还珍藏了她的一绺金发。然而，此次绯闻的潜在危害性要大得多，它很快成为宫廷茶余饭后的热门话题。对伊莎贝拉来说也是一次不愉快的打击。她通常对她丈夫的风流韵事持宽容态度，但这次没有证据表明两人只是一种柏拉图式友谊。

　　弗朗切斯科热衷饲养猎狗、猎鹰和马。曼图亚的马场很有名，他和伊莎贝拉都是狂热的赛马爱好者。1502 年圣乔治节那天，费拉拉举办的一年一度的赛马会上，伊莎贝拉的马获得胜利，奖品是"饰有皮草的金锦缎，以及乳猪和公鸡"[40]。一位极富进取心的作者编写了一份图文并茂的手稿，介绍了 35 匹著名的贡萨加赛马。从绰号为"恐龙"的马开始，里面有每匹马的肖像和它们获胜的细节。[41] 侯爵还收藏了大量古钱币、勋章、手稿以及罕见的地图。[42] 侯爵在收藏这方面，甚至还受到了政治因素的影响。1506 年，伊莎贝拉写信给她的丈夫说，威尼斯政府拒绝让他的画家进入总督府临摹意大利地图，因为"他们得知阁下您每天都在说一些危害威尼斯政府威严的话，并不是在公开场合的合理表达，而是在私下里贬损"[43]。

弗朗切斯科也继续完成他父亲和祖父留下的土木工程，装饰和美化位于曼图亚周边乡村的家族宫殿和别墅。他扩建了马尔米罗洛（Marmirolo）别墅，包括新旧宫殿、鸽舍、私人礼拜堂、磨坊、喷泉、果园、花园和狩猎公园。他还委托人绘制了真实比例的阿拉伯马画像，用来装饰一座宴会厅。[44] 他在别墅的多处房间内使用包含地图或城市景观的装饰。这种时尚源于对古罗马别墅的描绘，自教皇英诺森八世时期开始流行。所描绘的城市也包括开罗，他的代理人经常在那里购买马匹。[45] 有趣的是，真实性并不太重要。侯爵在得知乔瓦尼·贝里尼（Giovanni Bellini）拒绝了绘制巴黎景观的委托后，告诉他："既然你说你从未见过……那么请发挥你的想象和判断，画上你喜欢的东西。"[46]

1508 年 4 月，弗朗切斯科搬入圣塞巴斯蒂亚诺宫（Palazzo San Sebastiano），这处新住所位于远离公爵府的城市另一边，但离他的马场和马厩很近。但公爵府仍然是廷臣和其他政府成员的办公地点，是贡萨加权力的中心。伊莎贝拉的住所也位于公爵府内。虽然这是一个不同寻常的安排，但并没有证据表明侯爵是为了故意与妻子保持距离。这对夫妇仍然继续一起出现在公众面前，他们的通信也保持友好模式。但两人分居很可能是因为侯爵在这个时候感染上了梅毒。伊莎贝拉的人文主义秘书马里奥·埃基科拉（Mario Equicola）在谈到侯爵搬家的这一举动时写道："他确实身体不舒服……虽然不知道他的确切病情，但我知道他从 3 月初开始，生殖器部位就疼痛难忍。"[47]

　　遗憾的是，这座宫殿几乎没有留下什么遗迹来证明弗朗切斯科的品位，但我们从宫廷档案中得知，它坐落在优雅的花园中，是举办宴会、招待会和戏剧表演的最佳场所。宫殿的装饰不仅反映了弗朗切斯科的军事成就和他的爱好，也反映了他的政治策略。在一间接待室的天花板上，装饰着神圣罗马帝国皇帝马克西米利安标志性的黑鹰，与之相对应，另一间接待室里则装饰着法国国王路易十二的标志——豪猪。[48] 弗朗切斯科侯爵还在房间内部率先使用了先人族谱环形装饰图来宣传自己的军事功绩。壁画内容包括从 1328 年成功驱逐博纳科尔西（Bonacolsi）家族——这次胜利开启了贡萨加家族对曼图亚的统治——到最近福尔诺沃战役的胜利。这种环形装饰风格在 16 世纪后期风行一时。宫殿里最富丽堂皇的房间是中央大殿，这是一间长 32 米、宽 7 米、高 6.7 米的巨型房间，里面展示着曼特尼亚的名作《凯旋的恺撒》（*Triumphs of Caesar*）。这件由九幅蛋彩画组成的巨幅作品很可能是弗朗切斯科委托这位贡萨加宫廷画家创作而成的，但有些学者也认为这可能是受弗朗切斯科的祖父卢多维科委托所作。

　　根据对古罗马凯旋仪式的经典描述，这一系列画作讲述了尤利乌斯·恺撒在征服高卢后返回罗马的故事。这也是隐晦地展示了弗朗切斯科在福尔诺沃战役所取得的成就。

　　弗朗切斯科还主持建造了一间优雅的小书房。当时的贵族在装饰自己的住所时流行设计这类房间，用来展示他们的收藏品。这间小书房由费拉拉画家洛伦佐·科斯塔（Lorenzo Costa）设计装饰。1506 年曼特尼亚去世后，他接任费拉拉的宫廷艺术家。书

安德烈亚·曼特尼亚，《凯旋的恺撒》，创作于1486—1500年（英国皇家收藏）。这里展示的是九个场景中的四个，描绘的是恺撒在击败高卢人后返回罗马的场景：扛旗帜的人、拿花瓶的人、大象以及拿奖杯和金银财宝的人。最后一个场景描绘的是尤利乌斯·恺撒本人，他坐在战车上，位于整支长长的战利品和俘虏队伍的最后。（228-231）

房内有一幅画描绘的是弗朗切斯科在大力士海格立斯的引领下，走上美德之路；另一幅画展现的是罗马女神拉托纳（Latona）将农民变成青蛙。选择这些神话主题似乎很不寻常，却能让身处沼泽之地的曼图亚引起共鸣。[49]还有幅画作更为感人，展现的是伊莎贝拉和她的侍女们在唱歌与作曲。此前科斯塔已经为伊莎贝拉的小书房绘制过一个同样的版本，这也进一步证明了弗朗切斯科搬到圣塞巴斯蒂亚诺宫并不是夫妻关系恶化的标志。

伊莎贝拉也拥有自己的小书房和毗邻的岩屋（grotta）。她嫁到曼图亚后不久就开始修建和装饰这两个私人房间，但直到1506年，它们还远远没有完工。与她的丈夫不同，她对艺术的精力几乎完全集中在这两个房间里。在那里，她和她的侍女以及朋友们可以一起吃杏仁饼，演奏音乐和闲聊。这两个房间都装饰有精雕细刻的大理石门框，以及镶有女主人标志的嵌花板，特别是所谓的"休止符"，它展现了五线谱上的风格化音符和标志。[50]小书房的地板上铺设了饰有贡萨加家族标志的瓷砖，如太阳、翎毛、炮口和马镫。与其说这是她刻意在对丈夫表示忠诚，不如说是一种省钱的选择。这些瓷砖是弗朗切斯科为了装饰马尔米罗洛别墅的一个房间，专门在佩萨罗订制的一批瓷砖中剩下的。伊莎贝拉认为用这些瓷砖来密封地板，阻止在地板下筑巢的老鼠进入房间非常有用。[51]

小书房的墙壁上有五幅由不同艺术家绘制的寓言画。伊莎贝拉与她的丈夫不同，她希望这些寓言画能形成对照，或称为类比画（paragone）。根据她的人文主义顾问帕里德·达·塞雷萨拉（Paride da Ceresara）的设计方案，画家们得到了非常精确的

曼图亚，公爵府伊莎贝拉·德·埃斯特的房间，约建造于1520年。在这间小书房的木制镶嵌装饰画中，对鲁特琴和其他流行乐器的细节描绘，将伊莎贝拉对音乐的热爱展示得淋漓尽致。（233）

皮埃特罗·佩鲁吉诺（Pietro Perugino），《爱欲与贞节之战》，创作于 1505 年（巴黎卢浮宫藏）。佩鲁吉诺在创作该作品时伊莎贝拉给出了严谨的说明，详细描述了这幅画的内容和细节，并指派她的代理人监督，以确保艺术家在创作时遵照她的意愿。（234–235）

VENERI

指导。但这些方案实在过于复杂，以至于现代学者仍无法完全解读。整体的设计方案是将伊莎贝拉塑造为一位有教养的贤淑，以及一名精通古典文学的知识分子。

曼特尼亚的《帕纳索斯》（*Parnassus*，1497 年）描绘了在战神马尔斯和美神维纳斯统治下，九缪斯舞蹈的场景。而科斯塔的《伊莎贝拉宫廷的寓言》（*Allegory of Isabella's Court*，1506 年）则展现了伊莎贝拉被音乐家们环绕的场景。

在这间小书房里，还陈列着布鲁图斯（Brutus）① 和卡拉卡拉（Caracalla）② 的半身像，以及一个摆放在古典柱式支撑的石板上的星盘。但伊莎贝拉收藏的大部分古物都保存在隔壁岩屋的橱柜里。[52] 她自称"对旧事物充满永不停歇的渴望"[53]。理所当然的，她也继承了母亲的收藏热情。阿拉贡的埃莱奥诺拉拥有仿宝石花瓶、雕塑、绘画、书籍和 170 件珍贵的中国瓷器，但伊莎贝拉的收藏规模完全不同。[54] 伊莎贝拉死后的一份清单中共列出了 1 500 多件藏品，包括青铜和大理石制的古典及现代雕像，金、银和铜质勋章，浮雕和花瓶。[55] 她还委托工匠复制了教皇尤利乌斯二世收藏的著名古典雕像《观景殿的阿波罗》（*Apollo Belvedere*）和《拉奥孔》（*Laocoon*）。她购买乐器和陶瓷，在穆拉诺采购玻璃器皿，并从威尼斯著名的阿尔丁出版社购买印刷版的古典作品。她还委托科斯塔、达·芬奇和提香为自己绘制肖像画。此外，她还

---

① 马尔库斯·尤利乌斯·布鲁图斯（Marcus Junius Brutus，公元前 85—前 42），古罗马共和国晚期的元老院议员，组织并参与了谋杀恺撒的行动。

② 卡拉卡拉（188—217），罗马帝国第 22 任皇帝（198—217 年在位）。

拥有一些当时的稀罕物，包括一颗巨大海鱼的牙齿和一只据说是独角兽的角。[56] 这些构成了那个时代最重要的收藏品之一，也让我们对伊莎贝拉的性格有了更多的了解。以当时的标准来看，伊莎贝拉的收藏量很大，在当时的女性中来说更是前所未有。她的行为如此不同寻常，更因为在文艺复兴时期的意大利，收集古物绝大多数情况是男性的爱好。

※

与此同时，政治不仅开始侵入伊莎贝拉和弗朗切斯科的生活，也侵入阿方索和卢克雷齐娅的生活。1508 年 12 月 10 日，弗朗切斯科和阿方索与教皇尤利乌斯二世、神圣罗马帝国皇帝马克西米利安、西班牙国王斐迪南二世和法国国王路易十二签署《康布雷条约》(Treaty of Cambrai)，建立了一个强大的联盟。该联盟表面上是为了对土耳其人发动十字军东征，但实际上是为了阻止威尼斯的统治力在意大利本土的惊人扩张，并设法瓜分威尼斯的大陆领地。其中，路易十二将获得克雷莫纳、布雷西亚、贝加莫和米兰东部边境的其他城市；马克西米利安将获得几座离威尼斯最近的内陆城市，包括维罗纳、维琴察和帕多瓦；而切萨雷·博尔哈的罗马涅公国崩溃后，威尼斯夺取的拉韦纳和罗马涅领土将归还给教皇国；曼图亚和费拉拉也将分得少量领土，但这也足以诱惑他们加入联盟。

1509 年 4 月初，尤利乌斯二世任命阿方索一世为教皇方面的军队总司令，5 月 14 日，康布雷联盟军在阿尼亚德洛战役（Battle of Agnadello）中重创威尼斯，但灾难也随之而来。弗朗切斯科侯爵当时是神圣罗马帝国军队的指挥官，但他一直在发烧，没有参加阿尼亚德洛战役，直到 8 月他才完全康复。作为联盟征服威尼斯大陆领地的一环，他被委命去攻打维罗纳。但不幸的是，8 月 7 日，当他的部队在斯卡拉岛（Isola della Scala）过夜时，这位酣睡于床榻之上的 43 岁老兵遭到威尼斯人无耻的偷袭。弗朗切斯科被俘后被送往威尼斯，囚禁在总督府的地牢中。

伊莎贝拉留在曼图亚摄政，但尤利乌斯二世认为她还是需要男性的帮助，并允许弗朗切斯科的弟弟、红衣主教西吉斯蒙多回到曼图亚辅政。尽管当时的人说他"肥胖，患有痛风，以及偏爱牡蛎"，但他对伊莎贝拉极其欣赏，甚至在遗嘱中留给她一尊荷马的半身像。[57] 与教皇相比，弗朗切斯科并没有看低他妻子的能力，"在我们离开曼图亚期间，我们把管理国家的重担托付给了我们杰出的侯爵夫人，因为我们知道她的谨慎和正直值得信赖"[58]。当时，统治者的妻子在丈夫缺席的情况下接管权力并不罕见，她们也可以自己做决定。这次，伊莎贝拉为曼图亚的妓女开设特许妓院，并禁止外国人从事这一行业。[59]1482 年 11 月，伊莎贝拉年仅 8 岁时，费拉拉公爵埃尔科勒躺在床上不省人事，而敌人的军队已经攻占了公爵的狩猎公园。危难之际，是她的母亲、公爵夫人阿拉贡的埃莱奥诺拉接管了费拉拉。卢克蕾齐娅也有从政经历，她曾不止一次代表她的父亲行事。教皇的司仪甚至记录了一

安提克（Antico），《海格立斯和安泰俄斯》，约创作于 1500 年（伦敦维多利亚和阿尔伯特博物馆藏）。皮埃尔·雅格布·博纳科尔西（Pier Jacopo Bonacolsi）是曼图亚宫廷赞助的艺术家，因其古典的创作风格，人送绰号"安提克"。（237）

个有关她的带有色情意味的故事。卢克蕾齐娅曾向一位红衣主教征求意见，当被告知"我们只需要有人将我们的谈话记录下来"时，卢克蕾齐娅答道她能写会画，完全能胜任。此时红衣主教却反问道："但你哪儿有笔（penna）呢？"在意大利语中 penna 即"笔"的意思，也是代指"阴茎"的俚语。[60]

　　1509 年 12 月，15 岁的埃莱奥诺拉嫁给了早在一年前已继承乌尔比诺公爵头衔的弗朗切斯科·马里亚。此时，她的父亲弗朗切斯科侯爵还在威尼斯的监狱里。新娘于 12 月 9 日在浓雾中离开了费拉拉。伊莎贝拉事后得到消息称，这对夫妇已在圣诞夜完婚。[61]但伊莎贝拉在争取丈夫获释问题上却遇到了困难。她首先想到的是用同样在阿尼亚德洛战役中被法军俘虏的威尼斯雇佣兵队长巴托洛梅奥·德阿尔维亚诺（Bartolomeo d'Alviano）来交换她的丈夫，但法王路易十二拒绝了。但幸运的是，对贡萨加家族来说，意大利政局即将再次发生变化。阿尼亚德洛战役的胜利在伦巴第平原留下了一个权力真空，路易十二迅速填补了这个真空。尤利乌斯二世震惊于法国在意大利北部日益增长的影响力，于是背叛了他昔日的盟友，与威尼斯签署了联盟协议。他还提议让此时仍被囚禁的弗朗切斯科侯爵接任威尼斯军队的指挥官，并以其 9 岁的儿子费德里戈为人质来保证他的忠诚。弗朗切斯科很高兴，但伊莎贝拉却很害怕。最后，他们之间达成妥协。费德里戈前往罗马而非威尼斯做人质。在那里，他可以得到自己家人的保护，特别是他的姐姐埃莱奥诺拉公爵夫人，以及他的叔叔红衣主教西吉斯蒙多·贡萨加。1510 年 7

月，威尼斯人释放了弗朗切斯科侯爵，而费德里戈则去了罗马。伊莎贝拉还专门委托画家为她的宝贝儿子绘制了一幅迷人的肖像画。

　　如果说伊莎贝拉和弗朗切斯科选择与尤利乌斯二世和威尼斯的联盟保持紧密联系是一种权宜之计的话，教皇军队总司令阿方索一世的境况则截然不同。1509 年 11 月底，在教皇尤利乌斯二世转投威尼斯阵营之前，威尼斯方面派出 17 艘战舰沿波河而上，试图收复阿尼亚德洛战役之后割让给费拉拉公爵的领土。当威尼斯的士兵们抢劫和焚烧村庄时，阿方索巧妙地隐藏了他的大炮，设下埋伏准备让威尼斯人大吃一惊。这场伏击战几乎摧毁了威尼斯人的舰队。当尤利乌斯二世在次年 2 月改变立场时，阿方索一世仍然选择忠于法国。他给路易十二送去了一对名贵的猎豹，并继续保卫费拉拉免受来自威尼斯人的敌意。[62]

　　但战争的代价也很高昂，阿方索不得不采取各种措施来筹措军费。为此，他不仅削减了自己的家庭支出，解雇了伊莎贝拉的几名乐师[63]，更决定对经过费拉拉的货物征收的通行费提高三分之一。后一项举措引发了更大的争议。伊莎贝拉在罗马的代理人报告说，教皇尤利乌斯二世"提出强烈抗议，言语间充斥着尖酸恶毒之词"[64]。但教皇真正愤怒的是阿方索宁愿接受外国王室的庇护，也拒绝给予教皇所期望的忠诚。8 月 9 日，阿方索被逐出教会，并被剥夺了军队总司令的头衔，由他的妹夫弗朗切斯科侯爵取而代之。侯爵向教皇承诺，如果费拉拉沦陷，他将拥有对卢克蕾齐娅的监护权。[65]

弗朗切斯科·弗朗西亚（Francesco Francia），《费德里戈·贡萨加肖像画》，创作于 1510 年（纽约大都会艺术博物馆藏）。为确保埃斯特的忠诚，他年仅 9 岁的儿子被送往罗马教廷充当人质。伊莎贝拉·德·埃斯特在其临行前，委托画师为儿子绘制了一幅讨人喜欢的肖像画。（238）

尤利乌斯二世一刻也不想耽误。据威尼斯大使的报告，他"急
不可耐地要向费拉拉进军"[66]。然而，弗朗切斯科侯爵的医生却
不允许他参战，这也许是为了避免与他妻子的弟弟阿方索发生直
接冲突。教皇随即任命他的侄子乌尔比诺公爵弗朗切斯科·马里
亚·德拉·罗韦雷代为领兵。伊莎贝拉尽其所能地为自己的弟弟阿
方索一世缓和局势，并声称正是由于她的努力，自己的女婿乌尔比
诺公爵"正在竭尽全力阻止，以避免本来会造成的伤害"，同时，
她还诱使教皇确认乌尔比诺公爵仍在积极参与战争。[67]8月，弗朗
切斯科·马里亚拿下了摩德纳和几个小城镇，但这一进展对这位没
有耐心的教皇来说还是太慢了，他于9月北上，亲自指挥这场战
斗。但他迅速在阵前病倒，这对弗朗切斯科·马里亚来说总算是一
种解脱。直到12月中旬，尤利乌斯二世才再次出现在公众面前，
此时他留起了胡子，让所有人都大吃一惊，因为对教皇来说，蓄须
并不是一种寻常的时尚。有报道称"教皇表示不把法国国王路易
十二赶出意大利，他不会剃掉胡子"[68]。

1月2日，尤利乌斯二世从博洛尼亚出发，乘着轿子前往小
镇米兰多拉（Mirandola），那里正受到威尼斯和教皇军队的联合
袭击。根据历史学家奎恰迪尼的记载，尽管大雪纷飞，条件恶
劣，尤利乌斯二世"暂住在一个农场工人的小屋里"，但大部分
时间里"他一直骑着马，排兵布阵"[69]。当他看到军队无能的指
挥官时感到特别不耐烦，尤其是总司令弗朗切斯科·马里亚。他
显然没有尽力去攻打费拉拉，他只是在控制局势。但奎恰迪尼也
指出，他"完全不明白像教皇这样有权有势的人，亲自带领军队

是一种多么有失尊严的行为"。两天的猛烈轰炸后米兰多拉终于宣布投降，尤利乌斯二世现在把目光投向了费拉拉。

阿方索一世有充足的时间来筑牢他的防线。法国军队已于11月抵达。12月1日星期天，他颁布了一项法令，命令所有商店和工场关门歇业一周，以便全城所有的人都参与到建造防御工事之中。第二天（星期一）清晨，整个城市被公爵的号角声叫醒。参与工事的人中有编年史家乔瓦尼·马里亚·泽比纳蒂和他的儿子，修士和僧侣，甚至公爵本人。"无论老幼，没有一个廷臣或市民拒绝前往，"泽比纳蒂还记载道，"三百名妇女在圣贝内代托门前搬运石头……许多廷臣和市民在加固索托门前的堡垒，有些人负责搬运泥土，有些人负责装车或用夯具敲实地面……公爵本人也与社会各阶层的人一起工作。"[70]圣诞节过后，天气变得异常寒冷。波河结冰，他们不得不击碎冰块，以防止敌人进入城市。狂欢节的庆祝活动也被取消，但卢克蕾齐娅还是确保下榻在公爵府的法国军官们能享受宴会和娱乐活动的待遇。

幸运的是，敌人从未到达。尽管尤利乌斯二世不断动员，他的军队还是龟速前进。由于难以找到补给品，他命令红衣主教西吉斯蒙多从曼图亚送来面包和70对牛拉火炮车。[71]事实证明，阿方索一世善于抵御对其边境的攻击。同时他也很幸运，因为同年4月教皇在外交战线上异常忙碌，接待神圣罗马帝国皇帝派来和平谈判的特使。到了4月20日复活节时，费拉拉仍然是自由的。卢克蕾齐娅决定在公爵府的庭院举行受难日布道，因为由于教皇的命令，费拉拉大教堂被禁止使用。5月22日终于传来消息，博

洛尼亚人在法国军队的帮助下击败了尤利乌斯二世,费拉拉得救
了。"钟声响起,人们放烟花并唱歌,军人鸣炮,孩子们拿着鲜
花走上街头,庆祝教皇此次失败。"[72] 阿方索一世还专门买下米
开朗琪罗为尤利乌斯二世铸造的巨大铜像来庆祝此次胜利。骚乱
中,这尊铜像被博洛尼亚人从圣佩特罗尼奥大教堂门口推倒。他
只保留了铜像的头部,将其余部分熔化制成一门大炮,并命名为
"朱利亚号"(La Giulia)。

虽然费拉拉暂时安全了,但尤利乌斯二世和路易十二之间的
敌对关系仍在持续发酵。法国国王要求召开教会会议来罢免教皇;
尤利乌斯则召开第五次拉特兰会议予以回击,并处理教会改革问
题。教皇还组织了一个反对路易十二的强大联盟,以期打破这一
僵局。联盟的签署者包括神圣罗马帝国皇帝马克西米利安、西班
牙国王斐迪南二世、英格兰国王亨利八世(Henry Ⅷ)、瑞士代
表和威尼斯代表。1512 年 4 月 11 日,双方军队在拉韦纳战役中
相遇,这是当时最血腥的战役之一。从这场战役的结果上看是法
国取得胜利,因为在阵亡的一万多人中,法军的损失是教皇联军
的一半。阿方索一世的大炮在这场胜利中发挥了重要作用。一名
战争的目击者告诉奎恰迪尼:"我看到每一发炮弹如何在士兵中
炸开一条血路,将头盔、头颅和四肢抛向空中,画面令人恐惧不
安。西班牙人甚至在拿起武器前就被击倒了……这场极其恐怖的
战争整整持续了四个小时。"[73] 但不幸的是,阵亡的将士之中包
括路易十二的军队指挥官加斯顿·德·福瓦(Gaston de Foix),
他的牺牲严重打击了法国人的士气。他们没有乘胜追击,当瑞士

乔瓦尼·贝里尼，《众神的盛宴》，创作于 1514—1529 年（华盛顿美国国家美术馆藏）。阿方索一世为装饰新房间委托人绘制的第一幅画作，描绘了库柏勒（Cybele，丰收女神）举办了一场盛大的宴会，客人们喝得酩酊大醉、昏迷不醒的场景。（244-245）

军队赶到意大利境内时，法军已经选择了撤退，这让尤利乌斯二
世得以单方面宣布自己取得了胜利。

　　但这对阿方索一世来说不啻一场灾难。6月，他带着伊莎贝
拉为他争取到的安全通行证前往罗马，希望与尤利乌斯二世谈判
并达成协议。但这次只是为了他个人，而不是为了他的公国。[74]
尤利乌斯二世同意撤销驱逐令和起诉书，但前提是阿方索必须交
出费拉拉公国，当然，他会得到小城阿斯蒂作为补偿。阿方索拒
绝教皇的恐吓，他隐姓埋名地赶回家中，以免被捕。当月，摩德
纳和雷焦被教皇的军队占领，他与路易十二的联盟使他失去了这
两块重要领地。现在他对费拉拉的统治权也受到了前所未有的
威胁。

　　1512年8月，尤利乌斯二世召集盟友在曼图亚举行峰会，瓜
分他们在拉韦纳赢得的领土。伊莎贝拉惊喜地发现，新的米兰
公爵将是她的外甥马西米利亚诺（埃尔科勒），即她的妹妹比阿
特丽斯和卢多维科·斯福尔扎的儿子。但对阿方索来说则有一
个坏消息：教皇打算摧毁路易十二的意大利盟友——佛罗伦萨共
和国和费拉拉。那年秋天，美第奇家族通过武力在佛罗伦萨成功
复辟。而西班牙军队则在指挥官拉蒙·德·卡多纳（Ramón de
Cardona）的率领下，残忍地洗劫了邻近佛罗伦萨的普拉多，向
佛罗伦萨展示了如果其坚持亲法政策会有什么后果。幸运的是，
费拉拉没有遭受同样的命运。显然，这位西班牙指挥官为伊莎贝
拉的魅力所倾倒，他似乎很喜欢伊莎贝拉和弗朗切斯科举办的宴
会。其中一次是在圣塞巴斯蒂亚诺宫装饰着曼特尼亚的《凯旋的

恺撒》的中央大殿举行。这组画作给卡多纳留下了深刻印象，他甚至询问自己能否委托人创作类似的作品。[75] 次年 2 月，当伊莎贝拉和阿方索得知教皇尤利乌斯二世去世时，他们都松了一口气，但谁会当选新任教皇呢？

最终是尤利乌斯二世的亲密盟友乔瓦尼·德·美第奇（Giovanni de' Medici）在选举中脱颖而出。1513 年 3 月，他当选为新任教皇利奥十世（Leo X）。这也为贡萨加和埃斯特家族带来了直接好处。伊莎贝拉的儿子费德里戈现在已经 12 岁了，在教皇宫廷做了三年人质后终于可以回家了。当听到利奥十世计划将摩德纳和雷焦归还给费拉拉公国时，阿方索一世也松了一口气。但不幸的是，1514 年末，当他得知新任教皇因手头拮据，决定将摩德纳以 4 万杜卡特的价格卖给神圣罗马帝国皇帝时，他才真正明白利奥十世的承诺是多么的空洞无力。[76] 此外，很快就能看出利奥十世优先级最高的事项，甚至可以说是他唯一在意的事项就是使他的家族安富尊荣。1516 年 3 月，他收回乌尔比诺公爵领地，并将弗朗切斯科·马里亚的公爵头衔转交给他的侄子洛伦佐·德·美第奇（见第七章）。弗朗切斯科侯爵和伊莎贝拉除了为他们的女儿女婿提供庇护并等待教皇去世之外，对此几乎无能为力。

1515 年 1 月 1 日，弗朗索瓦一世（Francis I）继承了法国王位，这给曼图亚制造了更多麻烦。尤其是在 9 月，新任法国国王在马里尼亚诺战役（Battle of Marignano）中击败了此时的米兰公爵马西米利亚诺·斯福尔扎。这次胜利也标志着法国在意大利北部长达十年的统治的开始。马西米利亚诺被遣送到法国，并于 1530 年客死他乡。利奥十世则迅速改变立场，宣布支持这位年轻的法国国王。而作为神圣罗马帝国封地的统治者，弗朗切斯科侯爵必须尽其所能地与他的新邻居保持友好关系，并同意"借给"（实为支付）国王 12 000 斯库迪。[77] 他还将自己的儿子费德里戈送到法国宫廷。同样，与其说是尊贵的客人，不如说是维持曼图亚中立立场的人质。当年 12 月，利奥十世和弗朗索瓦一世在米兰商谈联盟条款时，费德里戈也在场。

※

对阿方索一世来说，利奥十世和弗朗索瓦一世结盟是个好消息，但他仍不忘在费拉拉城墙的四个角加装角垒来加强防御。[78] 1516 年 11 月，卢克蕾齐娅生下了他们的第三个儿子。为了向这位法国国王致敬，他们给孩子取名为弗朗切斯科，并请弗朗索瓦一世担任孩子的教父。阿方索一世现在有更多的时间和金钱投入到文化活动中。阿方索的父母确立了费拉拉宫廷在文艺复兴时期文化艺术上的声誉，他继承了父母未竟的文化事业，为提高宫廷在音乐、文学、戏剧和视觉艺术等方面的水平做了大量工作。和伊莎贝拉一样，他也是一位热心的音乐赞助人。他聘请佛兰德斯作曲家阿德里安·威拉特（Adrian Willaert）担任宫廷音乐家。同时他还是一位古董收藏家，曾委托拉斐尔在罗马为他选购古董。[79] 宫廷诗人卢多维科·阿里奥斯托（Ludovico Ariosto）创作喜剧来招待宾客。他在《疯狂的罗兰》（*Orlando Furioso*）这部关于查理大帝保卫基督教欧洲的史诗中借古喻今，颂扬阿方索的军事才能，声称这位中古时期的著名战士是埃斯特家族的祖先。他还颂扬了卢克蕾齐娅的美德。"我该如何称赞她呢？"他感叹道，"她如植物一般，在最好的土壤中茁壮成长；她如同银之于锡、金之于铜、花园玫瑰之于田野罂粟、茂盛的月桂树之于枯萎的柳树、宝石之于彩色玻璃。"[80]

　　阿方索斥巨资装饰自己位于费拉拉及其周边的公爵府邸。他在波河的小岛上建造观景别墅（Villa Belvedere）。该别墅坐落于美丽的花园中，喷泉和石窟点缀其中。他重建了1509年被大火烧毁的公爵府，并为府内的新房间装饰了昂贵的镀金天花板、大理石地板和玻璃窗。和伊莎贝拉一样，他也改造装饰了两间私人书房。其中一间书房被称为"雪花石膏室"（Camerini d'Alabastro），以其内部装饰有安东尼奥·隆巴多（Antonio Lombardo）以神话场景为题创作的精美大理石浮雕而得名。* 另一间书房里则装饰有八块颂扬爱情和美酒等古典主题的画板，均出自当时最杰出的一批艺术家之手，包括乔瓦尼·贝里尼和提香。尽管阿方索向伊莎贝拉的人文主义者马里奥·埃基科拉征求过意见，但与伊莎贝拉的书房设计不同，阿方索书房内的环形装饰画作并非基于一个正式的主题。[81]

　　相比之下，卢克蕾齐娅并不是主要的艺术赞助人，也许埃斯

---

* 这些房间目前已不复存在。16世纪末，房间里的浮雕业已荡然无存。

提香，《酒神与阿丽亚德尼公主》，创作于1520—1523年（伦敦国家美术馆藏）。该幅画作描绘了巴库斯在一群喧闹的狂欢者和一对著名的费拉拉猎豹的陪伴下拯救阿丽亚德尼的场景。（248-249）

特家族内部激烈的艺术竞争对她来说压力太大，不过她对费拉拉宫廷音乐的发展还是做出了重要贡献。她在自己家中聘请歌唱家、鲁特琴演奏家和芭蕾舞老师，还委托宫廷诗人抄写彼得拉克的诗歌，并让作曲家为这些诗歌谱曲。[82] 她还委托人制作了几枚饰有博学的人文主义者头像的勋章。在费拉拉解围后，她还参与制作了展现全副武装的阿方索的纪念饰板。卢克蕾齐娅还将她的长子埃尔科勒献给费拉拉的守护神圣莫雷利乌斯（St Maurelius），以此感激在他的庇佑下取得胜利。众所周知，她异常虔诚，在生命的最后岁月里她加入了三阶修女会。

但更引人注目的是，她还是一名精明的商人，她将手头的闲钱甚至珠宝都投资在土地上。她的一位崇拜者曾写道："她在我心中的地位与日俱增。她是一个极其睿智和精明的女性。和她相处，你需要动用你的整个头脑。"[83] 卢克蕾齐娅没有购买画作和古董，而是把钱花在投资购买土地上，然后把沼泽地开垦出来，为牲畜提供牧场；可耕地里则种植农作物，在市场上出售，甚至把这些农场出租，进一步增加收入。[84]

与此同时，另一位强大的统治者也即将在欧洲的政治舞台上崭露头角。1500 年出生的查理五世，在六岁时从父亲那里继承了勃艮第公国，并在其祖父斐迪南二世去世后，于 1516 年 2 月成为西班牙国王。三年后，他的另一位祖父、神圣罗马帝国皇帝马克西米利安去世。1519 年 6 月 28 日他被一致推选为新任神圣罗马帝国皇帝。此时查理五世统治的区域已经极其广阔，包括欧洲大部分地区，并跨越大西洋延伸到美洲。他对意大利接下来的历史进程以及这些文艺复兴王公贵族的命运都产生了决定性的影响。

伊莎贝拉和阿方索的配偶都在那年春天去世。被梅毒折磨了长达十年之后，弗朗切斯科侯爵去世。他的弟弟红衣主教西吉斯蒙多和遗孀伊莎贝拉将作为他的儿子费德里戈共同的监护人，直到其年满 22 岁。可怜的卢克蕾齐娅在生下一个女儿后不久死于产褥热。费拉拉人民深切地哀悼这位备受喜爱的公爵夫人。为表纪念，伊莎贝拉在圣文森佐（San Vincenzo）教堂委托人绘制了一幅祭坛画，她的女儿是该教堂所在修道院的一名修女。这幅祭坛画的主题是献给奥桑娜·安德烈娅西（Osanna Andreasi）。她来自曼图亚的一个贵族家庭，因其虔诚和幻视闻名。奥桑娜也是当地宗教崇拜的焦点，她于 1514 年封圣。在这幅祭坛画中，伊莎贝拉被描绘为一个跪地祈祷的虔诚寡妇。

阿方索一世继续向利奥十世施压，要求归还摩德纳和雷焦。尽管教皇依旧顽固，他还是给了公爵一些好处：如 1519 年 4 月，他同意阿方索的 9 岁儿子伊波利托出任米兰大主教（见第十章）。那年 10 月，阿方索得知了一则更令人担忧的传闻：利奥十世和弗朗索瓦一世已签署一项秘密协议，如果教皇决定剥夺反叛者对教皇封地的统治权，国王承诺将给予支持，而这无疑针对的就是阿方索。但同时，弗朗索瓦一世也向他的盟友保证，虽然他确实做出了这个承诺，但他并不打算履行这一承诺。很难得知阿方索一世是否因此得到了安慰，但他的行为仍继续激怒利奥十世。有一次，他拒绝惩罚传播新教思想的修士；还有一次，他指责教皇密谋暗杀他。虽然这可能不是事实，但可以肯定的是，教皇已经制订了计划，打算在阿方索死后用武力夺取费拉拉。[85]

1521 年 6 月底，一条令人震惊的消息传来：利奥十世放弃与弗朗索瓦一世结盟，转而与查理五世结成反法同盟。这条戏剧性的消息让伊莎贝拉受益匪浅：7 月，利奥十世任命费德里戈·贡萨加为教会军队的总司令，并任命她的次子埃尔科勒为曼图亚主教。但同时，她的弟弟阿方索则面临着再度失去公国的命运，教皇和皇帝已计划将法国人赶出意大利。11 月，反法联盟征服米兰，立马西米利亚诺·斯福尔扎的弟弟弗朗切斯科·马里亚（Francesco Maria）为新的米兰公爵。24 日，胜利的消息传到罗马，此时利奥十世正在奥斯蒂亚附近的狩猎小屋。第二天当他返回梵蒂冈后却染上了疟疾，于 12 月 2 日去世。对阿方索来说，这是一个意料之外的好运。但事实上，很多人怀疑是他下毒害死了教皇。为了纪念这次意外之喜，他委托人制作了一枚刻有"狮（利奥）爪脱险"（De manu leonis）的勋章。

新教皇阿德里安六世（Adrian Ⅵ）是查理五世过去的导师，在教廷召开选举新教宗的秘密会议时，他还在西班牙。更不寻常的是，他是在 1522 年 1 月 9 日缺席会议的情况下当选的。红衣主教西吉斯蒙多警告他的嫂子"与其说他是教皇，不如说他是皇帝""事实上，你甚至可以说现在的教皇就是皇帝"[86]。伊莎贝拉听闻，赶紧敦促弟弟阿方索缓和他的亲法立场，选择与查理五世建立更为紧密的结盟关系。公爵随即派他的继承人埃尔科勒去罗马道贺。在那里，新教皇立即撤销了利奥十世此前颁布的绝罚令和起诉，这令他大为宽慰。新教皇甚至同意归还摩德纳和雷焦，但被红衣主教团阻止，他们投票反对这一措施。对此，阿方索听从了伊莎贝拉的建议。11 月 29 日，他与查理五世的特使达成秘密协议，承诺不会签署加入任何反对皇帝的联盟，并允许帝国军队自由通过费拉拉公国。作为回报，查理五世将摩德纳和雷焦这两座城市归还给埃斯特家族。

与此同时，阿方索的儿子们却开始厌恶他们的父亲，因为公爵公开将他的情妇安置在费拉拉的一座宫殿里。

他们从未正式结婚，却拥有两个孩子：1527 年出生的阿方索和 1530 年出生的阿方斯诺（Alfonsino）。显而易见，这两名私生子得到了他们的公爵父亲的承认。但耐人寻味的是，也许是为了掩饰孩子母亲卑微的出身，人们为她编造了两个姓氏，甚至"劳拉"可能都不是她的本名。在当时的公爵文件中，她被称为"劳拉·尤斯托奇亚"（Laura Eustochia），这个姓氏源自圣尤斯托奇姆（St Eustochium），她是一位早期基督教时期的罗马贵族少女，也是圣杰罗姆的虔诚追随者。只是在后来的文献中，她才被称为"劳拉·迪安蒂"（Laura Dianti），源自一个受人尊敬的费拉拉家族的姓氏。[87]1525 年左右，阿方索委托提香为自己和劳拉绘制肖像画。公爵被描绘成一位军事统治者的形象。他身披正式的官袍，一只手握着剑鞘，另一只手扶在一门大炮的炮管上。相比之下，劳拉的画像就没有那么传统。她和一个穿着时髦的非洲仆人在一起。与那个时代受人尊敬的贵族妇女不同，她鲜艳亮丽的蓝色长裙和耳环都让她的装束显得格格不入。[88]

《阿方索·德·埃斯特的
肖像画》，提香原作的仿
制品（纽约大都会艺术博
物馆藏），原作约创作于
1525年。原作现已遗失，
后委托人仿制，与劳拉的
肖像画配成一组。（253）

※

　　阿德里安六世的教皇任期很短，接任的是利奥十世的堂弟朱
利奥·德·美第奇（Giulio de' Medici）①。他于1523年11月19
日当选为教皇克莱芒七世。在阿德里安六世去世后的几天内，阿

---

　　①　利奥十世乔瓦尼·德·美第奇是"高贵者"洛伦佐·德·美第奇的次子，克
莱芒七世是洛伦佐·德·美第奇的弟弟朱利亚诺·德·美第奇的遗腹子，出生后由
伯父洛伦佐抚养成人。

提香，《劳拉·迪安蒂肖像画》，创作于
1525 年（私人收藏）。提香最伟大的技
巧之一就在于他捕捉肌理质感的能力：
华丽的蓝色天鹅绒、纯净的白色亚麻，
以及中年情妇和她年轻的非洲女仆所呈
现出的不同肤色。（252）

方索抓住了教皇"空缺"的有利时机，一举拿下了雷焦。当新教皇的选举结果公布时，他正准备拿下摩德纳，但考虑到即将发生的事情，他非常谨慎地决定撤兵。美第奇家族出了第二位教皇并非是个好消息。查理五世仍然寄希望于说服阿方索背弃弗朗索瓦一世，但公爵仍坚持对法国效忠。但此时的法国国王却和阿方索玩起了政治游戏，把他当作处理与教皇关系的棋子。1524 年 11 月，曼图亚驻罗马大使发密报警告阿方索："如果教皇同意与法国结盟，国王（弗朗索瓦一世）承诺将费拉拉交给（克莱芒七世）……亲神圣罗马帝国派对此非常不满。"[89]

伊莎贝拉也试图劝说弟弟改变立场。她有充分的理由感激帝国皇帝在意大利日益膨胀的权力。她的外甥波旁公爵查理三世（Charles of Bourbon）是弗朗索瓦一世最器重的贵族之一，也是法国王家军队总司令"法兰西王室统帅"（Constable of France），最近投奔了查理五世，并在 1524 年夏天率领帝国军队在普罗旺斯取得胜利。克莱芒七世曾试图说服法国和神圣罗马帝国这两股敌对势力能够搁置分歧，维护教会的统一，却徒劳无功。1525 年初，眼看双方军队在意大利北部集结，教皇决定放弃中立政策，与弗朗索瓦一世签订联盟协议，支持法国国王对那不勒斯王位的要求。趁一万名法国士兵南下之际，波旁公爵抓住法军后防空虚的弱点，于 1 月 24 日在帕维亚战役（Battle of Pavia）中痛击弗朗索瓦一世。一天之内，法国结束了对意大利十年的统治。弗朗索瓦一世被俘，克莱芒七世的外交政策彻底破产。而查理五世，正如伊莎贝拉对她弟弟的警告那样，他在意大利半岛上的权力崛起势不可当。

帕维亚战役爆发时，伊莎贝拉正在从曼图亚前往佩萨罗的路上。她正准备去罗马朝圣庆祝禧年（Holy Year）。当然，她也很想摆脱儿子的阴谋，以及他那些令整个费拉拉宫廷震惊不已、极不得体的"风流韵事"（见第七章）。作为前任公爵的遗孀、现任公爵的母亲，伊莎贝拉所处的位置并不轻松，尤其是对于像她这样坚持己见的人来说。1522 年 5 月，儿子费德里戈已经成年，她决定搬到罗马。伊莎贝拉带着她的廷臣、秘书、侍女和侏儒莫甘蒂诺（Morgantino）一同旅行。途中还与乌尔比诺公爵以及公爵夫人，也是她最心爱的伊丽莎白相处了几天。不幸的是，这也成为她们最后一次见面，伊丽莎白·贡萨加此后没几年便撒手人寰。伊莎贝拉于 3 月初抵达罗马，但见到的却是一座被暴乱摧毁的城市。两股敌对势力——法国和神圣罗马帝国之间的斗争使整个罗马陷入一片混乱。

尽管罗马街头发生了暴力事件，但教皇宫廷的社交生活基本上没有中断。5 月，伊莎贝拉出席了克莱芒七世在玛达玛别墅（Villa Madama）举办的宴会，这是教皇还在担任红衣主教期间就开始修建的一座美丽的度假别墅，坐落于罗马城郊的山坡上。她非常羡慕教皇的收藏品，以及那些自己也"希望能有朝一日拥有的精美古董"[90]。她搬进了圣阿波斯托利宫（Santi Apostoli）。在那里，莫甘蒂诺显然很受客人们的欢迎。她还把时间花在购物、观光，以及前往各红衣主教府拜访上。在那里她可以看到更多"精美的古董"，并享受与志同道合的收藏家交流的过程。[91] 她

还定期与克莱芒七世会面，忙着代表她的家族展开游说活动。她
是罗马教廷里数以百计的请愿者和外交官中的一员，希望能从这
位陷入困境的教皇那里获得好处，正如曼图亚大使的报告中所
说的那样，他"四面受敌，如海上风暴中的船只一样被风吹浪
打"[92]。伊莎贝拉的游说日程中，最重要的是为她 19 岁的儿子埃
尔科勒争取到红衣主教的位置，教皇早在一年多前就答应她了，
但至今仍未正式批准。她开始失去耐心，甚至忽视了教皇所面临
的更为紧迫的政治压力——他目前根本就避免任命任何红衣主
教，因为担心此举会冒犯罗马教廷里的亲法派或亲帝国派。[93]

　　与此同时，意大利北部的政治局势也日趋紧张。帕维亚战役
失败后，弗朗索瓦一世被囚禁在马德里。在声明放弃米兰和那不
勒斯后，他成功获释。然而，他一回到法国本土就违背了协议条
款，于 1526 年 5 月与教皇、威尼斯、佛罗伦萨和米兰签署了科
涅克联盟（League of Cognac）条约，公开反对查理五世。现在，
阿方索一世意识到了改变立场的必要性，选择与查理五世联盟，
以换取收复摩德纳。

　　那年秋天，帝国军队在伦巴第平原集结了大量的兵力，其中
波旁公爵的军队还得到了那不勒斯和德意志的增援。不幸的是，
到了第二年春天，波旁公爵已经无法支付士兵的军饷，军营里士
兵们纷纷开始哗变。在波旁公爵的率领下，他们被传说中罗马的
财富吸引，一路向南洗劫掠夺。到了 4 月，罗马的情况严重到费
德里戈赶紧催促他的母亲撤离罗马，但曼图亚的大使也无法见到
她，因为她正忙于参加圣周（Holy Week）的宗教纪念活动。4 月

23 日，即复活节之后的星期二，当她给儿子写信时，很明显对罗马城内的危险状况还没有真正的概念。

但伊莎贝拉很幸运，她与帝国军队保持着密切联系。她的外甥波旁公爵和她的小儿子费兰特（时年仅 20 岁，也是波旁公爵麾下的指挥官之一）都警告她罗马即将爆发战争，并建议她一定要确保安全。随着帝国军队迅速逼近罗马城下，克莱芒七世如今对金钱无比渴望，他宣布每个红衣主教职位以 4 万杜卡特的价格出售。5 月 5 日，仍居住在圣阿波斯托利宫的伊莎贝拉终于收到了属于埃尔科勒的红色四角帽（biretta）①。前一天，伊莎贝拉的账本上有一条记录显示她给管家"50 杜卡特，雇佣了 50 名士兵"，另外拿出 15 斯库迪用于购买火药、长矛和其他武器来保卫这座宫殿。圣阿波斯托利宫此时也成为一些贵族和他们的家人，以及来自曼图亚、威尼斯、费拉拉和乌尔比诺的外交大使的临时庇护所。[94]

5 月 6 日拂晓，帝国军队对罗马的进攻拉开序幕。战争开始不久，波旁公爵就被杀害，但局势已经失控，任何人都无法阻止随后爆发的灾难，而且远比任何人想象的还要糟糕得多。[95] 当时帝国军队中许多士兵是来自德意志地区的新教徒，他们以残暴著称。当时身在罗马的一名目击者震惊地记录道：

> 完全无法形容和描述他们所犯下的渎神和暴力罪行。圣灵救护院 [（Ospedale）Santo Spirito] 里所有无辜的

---

① 四角帽为罗马天主教神职人员所佩戴的方形礼帽，也称法冠。礼帽的颜色与神职人员的法衣颜色配套。另外，红衣主教的四角帽没有头顶的簇绒装饰。

孤儿都惨遭杀害，病人被扔进台伯河；修女们遭到猥亵和强奸，修士们也被杀害；圣彼得大教堂的主礼拜堂被焚毁……使徒的头骨和其他遗骸被洗劫一空。[96]

哗变的军人还占领了梵蒂冈宫殿，将西斯廷礼拜堂作为他们的马厩，在新绘制的壁画上刻画涂鸦，并将精美的嵌花壁板拆下来作为燃料使用。教堂内的黄金法衣、镀金圣餐杯和镶满珠宝的圣髑盒被洗劫一空。城中富人的府邸也遭到全面洗劫。房间内的挂毯、挂饰、衣服、珠宝、家具等一切有价值的东西都被掳走。赃物在鲜花广场的集市摊位上出售。那些无法支付赎金的人被活活砍死，抛尸街头。这是一场大规模的恐怖屠杀。

5 月 7 日，阿方索一世的大使给他写了一封信，讲述了他在这场持续了一天一夜的劫难中的恐怖经历："我当时在圣阿波斯托利宫，在这位伟大的女士家中避难……但我已经失去了我的一切，马匹、财产，一切的一切。"[97] 躲进伊莎贝拉宫殿的客人运气好得令人难以置信。虽然他们不得不支付 6 万杜卡特的赎金，但费兰特安排了武装士兵守卫宫殿，使其成为极少数在这次大灾难中没有遭到洗劫的宫殿之一。[98] 5 月 22 日，当弗朗切斯科·马里亚·德拉·罗韦雷领导的教皇军终于抵达罗马城下时，他们目睹了眼前这般混乱的局面就匆忙撤军了。伊莎贝拉则在一周前逃到奇维塔韦基亚，与她一同逃难的还有伪装成她的搬运工的威尼斯大使。尽管如此，她仍希望从这场骚乱中获利。她指示费兰特帮其购买拉斐尔为西斯廷礼拜堂设计的挂毯。费兰特设法找到了两幅，并与她的其他物品一起打包寄回家中。但不幸的是，这批物品在路上被强盗劫掠，转手卖给了一个威尼斯商人。[99]

罗马浩劫是意大利历史上的一个分水岭。两年后，查理五世与弗朗索瓦一世、克莱芒七世签署条约，确认其作为意大利权力仲裁者的地位。伊莎贝拉的儿子们在那些因忠诚而受到嘉奖的意大利人中表现突出。长子费德里戈被晋升为曼图亚公爵（见第七章），次子埃尔科勒被任命为西班牙的代言红衣主教（cardinal-protector）和帝国皇帝的使节，幼子费兰特在波旁公爵阵亡后不仅接任了帝国军队驻意大利总司令一职，还兼任帝国驻西西里总督和米兰总督这两个重要职位。罗马浩劫前不久，阿方索一世背叛了克莱芒七世，两人结下了无法消解的仇恨。为此，查理五世决定给予阿方索回报。他坚持推翻教皇的反对意见，正式承认阿方索一世为摩德纳和雷焦这两块教会领地的统治者。阿方索也很好地平衡着他与帝国的新关系，并通过促成他的继承人埃尔科勒与弗朗索瓦一世的堂嫂法国的勒妮（Renée of France）结婚，巩固了费拉拉与法国的联盟。仿佛一次奇妙的命运轮回，1528 年 12 月，时值寒冬。某个年后伊莎贝拉又一次站在了公爵府庭院的楼梯顶端，这次是为了欢迎她外甥的新娘来到费拉拉（见第十章）。

图书在版编目（CIP）数据

文艺复兴与意大利君主. 上, 幸存者的游戏 /（英）
玛丽·霍林斯沃斯 (Mary Hollingsworth) 著；尚洁译
. -- 北京：中国人民大学出版社，2024.4
ISBN 978-7-300-31682-6

Ⅰ. ①文… Ⅱ. ①玛… ②尚… Ⅲ. ①意大利—中世
纪史—通俗读物 Ⅳ. ① K546.320.9

中国国家版本馆 CIP 数据核字（2023）第 079587 号

文艺复兴与意大利君主（上）
幸存者的游戏

［英］玛丽·霍林斯沃斯（Mary Hollingsworth） 著

尚洁 译

Wenyi Fuxing yu Yidali Junzhu

出版发行	中国人民大学出版社		
社　址	北京中关村大街 31 号	**邮政编码**	100080
电　话	010-62511242（总编室）	010-62511770（质管部）	
	010-82501766（邮购部）	010-62514148（门市部）	
	010-62515195（发行公司）	010-62515275（盗版举报）	
网　址	http://www.crup.com.cn		
经　销	新华书店		
印　刷	北京尚唐印刷包装有限公司		
开　本	890mm×1240mm　1/32	**版　次**	2024 年 4 月第 1 版
印　张	10.625 插页 4	**印　次**	2024 年 4 月第 1 次印刷
字　数	211 000	**定　价**	238.00 元（上、下）

守望者
The Catcher

阅读 你的生活

Princes of the Renaissance

文艺复兴
与
意大利君主

（下）

声名与荣耀

（Mary Hollingsworth）

［英］玛丽·霍林斯沃斯　著

尚洁　译

中国人民大学出版社
·北京·

目 录

第七章　新政治秩序

弗朗切斯科·马里亚·德拉·罗韦雷

和费德里戈·贡萨加

主要登场人物：

弗朗切斯科·马里亚·德拉·罗韦雷（1490—1538）
乌尔比诺公爵

费德里戈·贡萨加（Federigo Gonzaga, 1500—1540）
曼图亚侯爵

埃莱奥诺拉·贡萨加（Eleonora Gonzaga）
乌尔比诺公爵夫人

玛格丽塔·帕莱奥罗古斯（Margherita Paleologus）
曼图亚公爵夫人

查理五世
皇帝

克莱芒七世
教皇

朱利奥·罗马诺（Giulio Romano）和提香
艺术家

1529 年 8 月 12 日，查理五世首次踏上了意大利的土地，这
是一个具有重要象征意义的时刻。午后时分，他庄严地进入热那
亚，乘坐的豪华礼仪驳船靠岸进入港口时，港口要塞礼炮齐鸣，
震耳欲聋。在这个辉煌的时刻，皇帝身着奢华的金丝长袍，甚至
连船上的奴隶桨手也穿着一身昂贵的黑丝绒。[1] 码头上聚集的民
众齐声高呼："世界的统治者万岁！"这并非空洞的夸张。[2] 查理
五世此时不仅是基督教世界的政治领袖，也是一个横跨欧洲和美
洲的帝国的统治者。更重要的是，对意大利人来说，他还是这个
半岛上政治权威不容置疑的仲裁者。

早在这一年的春天，关于查理五世即将前往意大利的消息就
充斥各国外交大使传回国内的邮袋。但直到他 7 月 26 日从巴塞
罗那出发后，随行的舰队细节才广为人知。关于这支正行驶在地
中海上的皇家舰队，关于其随舰士兵、马匹和大炮数量的谣言四
起，许多意大利人对这位叱咤欧陆的风云人物的到访忧心忡忡。
两年前，他的军队曾残忍地洗劫过罗马。表面上看，此次皇帝到
访意大利的目的是和平的，他希望在那里接受教皇的加冕。但这

会不会是一个为了掩盖更多敌意的借口？

在威尼斯，有消息称距热那亚以西约 32 千米的萨沃纳，共计 14 000 名士兵从 70 艘军舰上下来，另有 14 000 名士兵连同重型火炮越过阿尔卑斯山向南挺进，这一消息令众人惊愕不已。[3]共和国政府立即下令，命时任共和国军队总司令的乌尔比诺公爵弗朗切斯科·马里亚·德拉·罗韦雷为保卫其大陆领地的城市及财产做好准备，以防皇帝的意图并不像宣传的那样和平。与此同时，乌尔比诺公爵的妹夫、曼图亚侯爵费德里戈·贡萨加正在热那亚欢庆皇帝驾到的政要中，亲自迎接皇帝。从各方面汇集的消息来看，他们的会面非常融洽。当费德里戈正准备鞠躬行吻手礼时，皇帝抢先一步，迅速摘下帽子，并热情地拥抱了侯爵。皇帝此举当然是为了感激三年前侯爵对帝国事业的鼎力支持。

然而，皇帝是个现实主义者，他欣赏这两位的品质，并不太在意他们的政治忠诚度。正如威尼斯大使所写的那样："陛下自然非常喜欢曼图亚侯爵，（但）对乌尔比诺公爵也有很高的评价。他认为乌尔比诺公爵精通战术，这一点毋庸置疑。我相信皇帝陛下对他的评价很好，而非不好。"[4]这两位地区统治者都需要得到查理五世的认可，以确保他们在罗马浩劫后建立的新政治秩序中生存下来。

※

弗朗切斯科·马里亚·德拉·罗韦雷是乔瓦尼·德拉·罗韦

雷的长子。当哥哥当选为教皇西克斯图斯四世时，乔瓦尼还只是萨沃纳的一个杂货商。西克斯图斯四世不仅任命乔瓦尼为塞尼加利亚领主（Lord of Senigallia），让他跻身意大利小贵族之列，还让他娶了乌尔比诺公爵的女儿（见第四章）。年轻的弗朗切斯科在当时的乌尔比诺公爵，也就是他的舅舅圭多巴尔多·达·蒙特费尔特罗公爵和公爵夫人伊丽莎白·贡萨加的宫廷里度过了大部分的童年时光。而伊丽莎白·贡萨加不仅是弗朗切斯科·马里亚的舅妈，也是本章的另一位主角费德里戈·贡萨加的姑妈。拜圭多巴尔多公爵的秘书兼外交官巴尔达萨雷·卡斯蒂廖内撰写的《廷臣论》的大流行所赐，乌尔比诺公爵的宫廷俨然成为文艺复兴时期优雅和富有学问的宫廷的代名词。在这里，弗朗切斯科·马里亚不仅习得了贵族的礼仪和技能，还沾染上了文艺复兴时期贵族的一些不太吸引人的习性。

弗朗切斯科·马里亚的职业生涯好坏参半，巨大的高峰中也掺杂着非常糟糕的低谷。1501 年，他在父亲去世后继承了塞尼加利亚领主的头衔，一年后，乌尔比诺和塞尼加利亚双双被切萨雷·博尔哈夺走，成为意大利北部短暂存在的博尔哈公国的一部分。这个 12 岁的男孩被迫向他远在萨沃纳的父系亲属寻求庇护，特别是他的叔叔红衣主教朱利亚诺·德拉·罗韦雷。1503 年 11月，红衣主教朱利亚诺当选教皇尤利乌斯二世，这成为弗朗切斯科·马里亚职业生涯的转折点。

新教皇迅速恢复了乌尔比诺公爵和公爵夫人伊丽莎白在乌尔比诺的统治者地位，弗朗切斯科·马里亚也再次成为塞尼加利亚

提香，《弗朗切斯科·马里亚·德拉·罗韦雷一
世》，作于 1537 年（佛罗伦萨乌菲齐美术馆藏），
展示了一位杰出将领的戎装形象。这位公爵将他
最爱的一套盔甲送至威尼斯，以便提香能精准地
将它绘制在这幅肖像画中。（262）

TITIANVS·F.

的领主。更重要的是，他还批准无法生育后代的乌尔比诺公爵和公爵夫人收养弗朗切斯科·马里亚为养子，使其成为这块教皇领地的继承人。作为新任教皇的侄子和未来的乌尔比诺公爵，弗朗切斯科·马里亚的婚姻前景大为改观。1505 年 1 月，时年 14 岁的弗朗切斯科与 11 岁的埃莱奥诺拉·贡萨加订婚，她是费拉拉侯爵弗朗切斯科·贡萨加和伊莎贝拉·埃斯特的女儿，也是公爵夫人伊丽莎白的外甥女。

由于尤利乌斯二世的这一层关系，弗朗切斯科·马里亚在教皇宫廷中也开始飞黄腾达。1504 年，他被任命为罗马行政长官（Prefect of Rome），并首次获得教皇军队指挥权。4 年后，在博洛尼亚的圣白托略大教堂（San Petronio）举行的一个华丽的仪式上，他被任命为教皇军队总司令，并从教皇特使红衣主教弗朗切斯科·阿利多西（Francesco Alidosi）那里正式接过指挥棒。然而，与教皇其他的侄子不同，弗朗切斯科·马里亚并不完全依赖于他叔叔的恩惠。有意思的是，他更认同他的母系亲属和他的新姻亲，而不是他那脾气暴躁的叔叔和德拉·罗韦雷那一支的堂兄弟。相较于声望较低的教皇家族，乌尔比诺宫廷的人文主义者更强调他与古老的蒙特费尔特罗王朝的联系。他也利用自己在教皇宫廷的地位，为乌尔比诺、曼图亚和费拉拉宫廷提供便利。

1508 年 4 月，在弗朗切斯科·马里亚过完 18 岁生日几个星期后，他成为新任乌尔比诺公爵。他与埃莱奥诺拉也于当年圣诞节举行婚礼。婚后，这位新任公爵夫人努力为她的丈夫生育后代。1511 年，她的第一个儿子出生，但仅仅两个月就不幸夭折。

之后，她又为弗朗切斯科·马里亚生了 12 个孩子，但不幸的是，只有 5 个孩子活到了成年。不幸中的万幸是她的第二个孩子，即 1514 年 4 月出生的儿子，是 5 个幸运儿之一。他被命名为圭多巴尔多，以纪念他们的舅舅。

与此同时，弗朗切斯科·马里亚作为教皇军队总司令，卷入了尤利乌斯二世对费拉拉的战争，很快，这位战士就与他叔叔因个性不同爆发了公开冲突。教皇的第一个举动是削弱他侄子的权威。弗朗切斯科·马里亚本以财务违规为由，指控和逮捕了教皇特使、红衣主教阿利多西，但教皇却否定了这一判决。此外，尤利乌斯二世还对战役进展缓慢感到愤怒，他亲自前往北方坐镇指挥，并责令弗朗切斯科·马里亚解释缘由。弗朗切斯科·马里亚表示他需要更多的资金和士兵，并且糟糕的天气也拖延了战局。最后这个借口无疑是真实的，因为冬季恶劣的气候足以使波河结冰。尤利乌斯二世忍不住大发雷霆，对他的侄子大肆辱骂，指责他懒惰，并暗示他滚回花柳巷。教皇显然知道这位乌尔比诺公爵在那里消磨了很多时间，与他的一名军官法布里奇奥·科隆纳（Fabrizio Colonna）赌博。[5]

在这种情况下，真相往往难以分辨。人们指责弗朗切斯科·马里亚要为费拉拉战役的失败负主要责任，认为他缺乏军事技能，弹药储备不足，此外天气也很恶劣。但从他的回忆录中可以得知，他天性谨慎，作战前会制订周密的作战计划。正如他所辩解的那样，为了获得围攻的胜利，"你需要粮草供应充足，定期支付军饷，并拥有足够的火炮和武器弹药"[6]。但并不排除弗朗切斯科·马里亚为了政治目的，而故意使用拖延战术。伊莎贝拉·德·埃斯特是费拉拉公爵阿方索一世的姐姐，也是弗朗切斯科·马里亚敬仰的岳母。伊莎贝拉曾声称，弗朗切斯科·马里亚正在"尽其所能地拖延，以避免对费拉拉造成伤害"。这一策略显然得不惜一切代价向尤利乌斯二世隐瞒。[7]

1511 年 5 月，当博洛尼亚人在法国人的帮助下成功推翻教皇的统治后，尤利乌斯攻占费拉拉的行动失败了。弗朗切斯科·马里亚和他的诸位姻亲都幸运地逃过一劫。人们普遍认为这是城里的叛徒所为。甚至有可靠的传言说，是红衣主教阿利多西本人在黑暗中打开了城门，让法国人进入。之后阿利多西乔装逃跑，而弗朗切斯科·马里亚则趁势退兵，只留下了他们的大炮。尤利乌斯二世再次对他侄子的行为火冒三丈，火速将其召到拉韦纳后，在那里对他咆哮不止，然后又无情地把他从面前赶走。不幸的是，当弗朗切斯科·马里亚离开教皇会客厅后，见到的第一个人就是阿利多西。他无法抑制自己的怒火，拔出随身的佩剑，一剑刺死了这位红衣主教。

公爵在给自己的岳父弗朗切斯科·贡萨加侯爵的信中为自己的行为辩护，理由是阿利多西对教皇和教会的声誉都造成了损害，"我已无法再忍受他的恶行"[8]。然而，这并不是弗朗切斯科·马里亚的第一次冲动杀人。17 岁的时候，他曾残忍地杀害了他守寡的妹妹的情人，一位来自他舅舅圭多巴尔多公爵宫廷的廷臣。很明显，弗朗切斯科·马里亚和他叔叔教皇尤利乌斯二世一样脾气暴躁、易怒。在文艺复兴时期的意大利，谋杀是一种犯罪行为，谋杀红衣主教更是对教会的严重冒犯。此外，由于有这么多的目击证人，而且弗朗切斯科·马里亚本人也完全没有悔改之意，他不可避免地被告上了教会法庭。但令人惊讶的是，1511年8月，在弗朗切斯科·马里亚的辩护律师巧舌如簧的攻势下，由六名红衣主教组成的法官团以阿利多西在博洛尼亚犯有叛国行为，且在博洛尼亚担任教皇特使时，曾犯有谋杀和强奸罪为由，宣布弗朗切斯科·马里亚无罪并当庭释放。

但弗朗切斯科·马里亚和他叔叔之间的关系并没有因此改善。在案件审判期间，尤利乌斯二世因重疾卧病在床，虽然他同意免除侄子的谋杀罪，但拒绝在病榻前接待他。并不清楚尤利乌斯二世所患何疾，但他不顾医生的建议，坚持吃李子、草莓和葡萄，并饮用葡萄酒后，就奇迹般地康复了。[9]第二年春天，弗朗切斯科·马里亚故意奚落他的叔叔，威胁要加入路易十二阵营。因为后者公开宣称自己是教皇的敌人，并要求召开会议废黜尤利乌斯二世。教皇果然一点就着，立即宣布他的侄子为叛徒，并将他逐出罗马。弗朗切斯科·马里亚也因此幸运地逃过一劫，没有参加1512年4月那场导致教皇联军惨败的拉韦纳战役。一个月后，法国人就意识到这场胜利无利可图。尤利乌斯二世不仅原谅了他的侄子，恢复了他对教皇军队的指挥权，还称赞是弗朗切斯科·马里亚将法国人赶出了意大利。同年8月，当科斯坦佐·斯福尔扎（Costanzo Sforza）意外去世后，他还决定将佩萨罗这块教皇领地奖励给自己的侄子。但这一做法等于否认了科斯坦佐的叔叔为合法继承人的事实，自然难以服众。又过了6个月，红衣主教们才勉强同意，并于 1513 年 2 月即尤利乌斯二世去世前不久，才在他的病榻边批准了这一决议。弗朗切斯科·马里亚后来还不得不拿出 2 万杜卡特来收买科斯坦佐的叔叔。[10]

尤利乌斯二世留给他侄子的另一份遗产是他的陵寝，一座由米开朗琪罗自 1505 年就开始设计建造的宏伟纪念碑。但对弗朗切斯科·马里亚来说，这更像是一尊有毒的圣杯。尤利乌斯二世生前支付给雕塑家 1 000 杜卡特，让他在卡拉拉购买建造陵寝的大理石，但之后又莫名其妙地取消了这个项目。这一举动激怒了这位艺术家。教皇的遗嘱执行人只得好言相劝，希望能与米开朗琪罗一起商定一个更为折中的项目计划，但工作进展缓慢。艺术家的密友瓦萨里（Vasari）记录了弗朗切斯科·马里亚是如何攻击并骚扰米开朗琪罗的。弗朗切斯科公开声称艺术家已经收到 16 000 杜卡特的工钱，但项目仍未完工。[11]1531 年 12 月，公爵本人也遭到了邮件骚扰。他给其在罗马的代理人回信道："我们已经收到了你于 12 月 1 日、2 日、3 日、4 日和 5 日所写的信件。"[12]米开朗琪罗极难相处，因此与他商谈重新设计陵寝变得极为复杂。因为按照艺术家的构想，陵寝必须从圣彼得教堂，也就是尤利乌斯二世希望安葬的地点，迁到他曾经担任红衣主教的教堂——圣伯多禄锁链堂（San Pietro in Vincoli）。1538 年，直到弗朗切斯科·马里亚去世时，这个项目仍未完工。

与此同时，梵蒂冈迎来了一位新教皇。最初利奥十世对弗朗切斯科·马里亚青睐有加，肯定了他作为教皇军队总司令的地位。然而，正如他的姻亲们发现的那样，对这位出身美第奇家族的教皇来说，家族的优先权超过了所有其他考量（见第六章）。弗朗切斯科·马里亚受到的打击尤其沉重。1515 年 6 月，利奥十世将教皇军队总司令的职位授予自己的弟弟朱利亚诺·德·美第奇（Giuliano de' Medici）。1516 年 2 月，朱利亚诺去世后，又让他的侄子洛伦佐·德·美第奇接任这个位置。更糟糕的事情还在后头。利奥十世开始谋划没收弗朗切斯科·马里亚统治的乌尔比诺领地，把它转交给侄子洛伦佐。他以红衣主教阿利多西被刺杀为借口，指控弗朗切斯科·马里亚犯下叛国罪，传唤他到罗马受审。但公爵识破了这个借口，派公爵夫人埃莱奥诺拉替他前往。在一位曼图亚廷臣写给曼图亚公爵费德里戈·贡萨加的信中，他谈到当"公爵夫人开始讲述她去罗马与教皇会谈的情景"时，"听闻教皇令人不快的冷漠行径，众人纷纷垂泪"。教皇显然拒绝回应她的任何恳求，"只是透过眼镜冷漠地望着她，耸耸肩"[13]。

1516 年 4 月 27 日，弗朗切斯科·马里亚被逐出教会，并被剥夺了对乌尔比诺公爵领地的统治权。公国随即被洛伦佐·德·美第奇率领的教皇军队征服：5 月 12 日古比奥沦陷，佩萨罗在 8 天的围攻后失守。5 月底乌尔比诺被攻占，教皇军队兵临城下之际，弗朗切斯科·马里亚命令该城主动投降，以避免遭到洗劫。同时，他还将自己的舅妈伊丽莎白·贡萨加、妻子埃莱奥诺拉·贡萨加以及儿子圭多巴尔多（时年两岁）送回曼图亚避难。6 月 1 日，费拉拉的编年史家乔瓦尼·马里亚·泽比纳蒂悲伤地记录道："埃莱奥诺拉·贡萨加公爵夫人和公爵遗孀伊丽莎白夫人沿波河北上经过费拉拉时，没有选择上岸停靠，因为她们的教皇发布了绝罚令。"[14]

弗朗切斯科·马里亚并未一蹶不振，相反，他立即制订了重新夺回乌尔比诺的计划。为此，他不惜将珍贵的银器熔化以筹措资金。1516 年 7 月，一名廷臣写道："公爵夫人昨天告诉我，必要的话，可以熔化两件由拉斐尔设计的仿古食盘和水罐。"[15]埃莱奥诺拉还卖掉了自己的珠宝，弗朗切斯科·马里亚也拼命地在教皇宫廷中寻找盟友。1 月 17 日，他向红衣主教团发表演讲，解释他为何计划对教皇采取行动。[16]他谈道，"在失去了我的城池、堡垒和几乎所有的个人财产之后"，他仍然表现得极为体面。他遵守了对利奥十世许下的承诺，"不尝试夺回我的国家，也不打扰他的侄子，我已经将自己的国家交给了他"。然而，尽管他遵守了约定，教皇还是继续惩罚他。他补充道："（他）对我不断提出更为严厉的禁令，甚至命令我尊敬的岳父也不得在他的领地上藏匿和庇护我。不仅如此，我每天都会发现有人试图用毒药或匕首谋害我的性命。"这几乎是不加掩饰地指责教皇本人了。他还为自己意图使用武力赶走美第奇家族而辩护，指出利奥十世还在担任红衣主教时，就曾下令残酷地洗劫了普拉托，迫使佛罗伦萨人在 1512 年重新接受美第奇家族掌权。他继续补充道："我现在采取这样的行为要合理得多"，因为"除了教皇陛下以外，在我自己的人民的眼中，和其他所有人眼中，我才是合法的君主"。

弗朗切斯科·马里亚强大的动员能力也激发了其部下们高度的忠诚。当他带着一支由 8 000 名步兵和 1 500 名骑兵临时拼凑而成的杂牌军离开曼图亚时，他们发誓将"誓死追随"[17]。面对弗朗切斯科·马里亚在红衣主教团面前那番煽动性极强的演讲，利奥十世满不在乎地不予理会，因此他和洛伦佐都没有做好准备应对弗朗切斯科·马里亚对乌尔比诺发动的突然袭击。2月底，在乌尔比诺忠诚臣民的协助下，弗朗切斯科·马里亚收复了公国的大部分地区。但不幸的是，他还是无法抵挡洛伦佐在教皇的全力支持下集结起来的三倍于自己的军队。弗朗切斯科·马里亚以真正的骑士风度向洛伦佐·德·美第奇发出挑战："四千人对四千人……或者如果（洛伦佐大人）愿意和我单挑，那就再好不过了。"[18] 毫无疑问，洛伦佐拒绝了他，继续单方面人数碾压式作战，并以教皇的名义犯下了恐怖的暴行。他烧毁了一座城镇，杀死了 700 名男子和 50 名老妇人，但这更加坚定了剩下的民众坚决抵抗的决心，妇女与男子并肩作战。

聪明的弗朗切斯科·马里亚现在改用游击战术，并成功俘获了一支从罗马运送军饷的车队。但最终教皇军队的军事、政治和财政实力证明，在弗朗切斯科·马里亚面前，教皇仍是不可战胜的。身无分文的前公爵承认反抗失败，但他还是让教皇为此付出了沉重的代价：除了为洛伦佐夺回公国的战争投入巨资之外，之后洛伦佐还必须偿还弗朗切斯科·马里亚所有的费用，这让他更加穷困潦倒。洛伦佐的统治也很短暂，他于 1519 年 4 月去世，因为没有继承人，乌尔比诺被并入教皇国。弗朗切斯科·马里亚为了重返乌尔比诺，不得不耐心等待一个新的政治解决方案，或等待教皇的死亡，但 43 岁的利奥十世还相对年轻。

※

　　与此同时，弗朗切斯科·马里亚年轻的妹夫费德里戈，在其父去世后成为新一任曼图亚侯爵，此时离他 19 岁的生日还差一个月。在接下来的三年时间里，曼图亚由他的母亲伊莎贝拉·德·埃斯特摄政，费德里戈则继续着他的军事生涯。保罗·乔维奥认为这两个年轻人都是经验丰富的战士，弗朗切斯科·马里亚公爵的才能略胜一筹，但他们都不及阿方索·德·埃斯特这位当时最伟大的军人那么有才华。乔维奥写道："能与阿方索公爵相提并论的，只有乌尔比诺公爵弗朗切斯科·马里亚·德拉·罗韦雷。他总是冷酷无情，通过坚持一以贯之的奖惩措施来维持军营纪律"；他做决定时"十分谨慎，并通过合理的推断来提高决策的水平"；"在人多嘴杂的战前会议上，他比任何人都要谦虚谨慎，且巧妙地陈述自己的主张"[19]。在乔维奥看来，费德里戈则因政治因素而桎梏颇多。曼图亚是帝国领地，他作为该地的侯爵，"根本无法全力为教皇服务……以免对皇帝造成伤害"，但乔维奥也补充道："在必须采取行动的地方，他总能表现得英勇无畏。"[20]

　　费德里戈童年的大部分时光是被政治考量左右的。1510 年，年仅 10 岁的费德里戈被送到罗马做人质，以换取他父亲的忠诚。

　　他在尤利乌斯二世的宫廷待了三年，令人惊讶的是，他与这位脾气暴躁的老人相处得很融洽。他在梵蒂冈教廷拥有自己的套间。1511 年教皇病重时，是小费德里戈劝说他喝下了肉汤。与弗朗切斯科·马里亚不同，教皇的寝宫十分欢迎费德里戈的到访。[21] 尤利乌斯二世对这个小男孩极度溺爱。他曾经送给小费德里戈一件切萨雷·博尔哈曾穿过的金丝外衣，并带他去参观教皇军械库里的大炮，这些造型精美的大炮被恰如其分地命名为"公牛""狮子""狼"等。[22] 费德里戈还在罗马交到了其他朋友，其中就包括他的叔叔红衣主教西吉斯蒙多。他为费德里戈举办宴会活动，邀请当时罗马著名的艺人参加，如小丑弗拉·马里亚诺（Fra Mariano），他曾担任教皇利奥十世父亲的理发师。[23] 可以说，费德里戈在罗马的这段时间，经历和体验到了比曼图亚宫廷更为广阔的男性世界。

1513 年 2 月，尤利乌斯二世去世后，费德里戈回到了曼图亚。但没过多久，他就再次作为人质，成为其父亲良好品行的担保人。1515 年 9 月，法国征服米兰，改变了传统上亲帝国派的曼图亚侯爵的政治视野。10 月，弗朗切斯科侯爵派儿子去米兰向弗朗索瓦一世道贺，并再三强调自己不打算结盟来对抗法国。弗朗索瓦一世也对这位青年贵族很有好感。第二年当弗朗索瓦一世回到法国时，仍将费德里戈带在身边，留在法国王室宫廷。弗朗索瓦一世此举显然是为了进一步确保曼图亚对法国效忠。据曼图亚大使所说，弗朗索瓦一世命令费德里戈"按照国王陛下的方式"剪短头发，并穿着法式风格的衣服。[24]

1517 年 4 月，费德里戈回到了曼图亚。由于父亲的健康状况

提香，《费德里戈·贡萨加》，作于 1528 年（马德里普拉多美术馆藏）。费德里戈不像他的姐夫那样好战，相较于全副盔甲，他更喜欢自己奢华时尚的蓝色天鹅绒短外套，他粗壮的手指正抚摸着自己的小狗。（269）

每况愈下，他在政府中越来越积极地发挥作用。在费德里戈旅居
法国期间，弗朗切斯科侯爵还为他谈妥了一桩婚事。玛丽亚·帕
莱奥罗古斯（Maria Paleologus）是正抱病在身的蒙费拉特侯爵
（Marquis of Monferrat）的长女和爵位继承人。蒙费拉特是位于
米兰和萨伏依交界处的一个小城邦。玛丽亚当时年仅 8 岁，但费
德里戈已被她深深吸引，他决定不循常规，当时就要娶她为妻。
不过婚礼还是要等到新娘年满 16 岁，即 1524 年 9 月才能正式举
行。这一决定对日后产生了深远影响，但就目前而言，费德里戈
并不着急。他自己也才刚刚 17 岁，而且不缺情人。

　　1518 年 2 月 28 日，法国王储诞生，瓦卢瓦王朝准备举办王
室比武大会以示庆贺。费德里戈很快就返回法国，准备参加此次
盛会。比武大会将于 5 月 8 日，即法国骑士团的守护圣人圣米歇
尔的纪念日当天举行。这一天，来自欧洲各地的统治者都将受邀
参加。遗憾的是，弗朗切斯科侯爵因病无法出席，由费德里戈代
为参加。此时曼图亚的国际声誉岌岌可危，这位 18 岁的年轻人
的表现至关重要。弗朗切斯科侯爵意识到，此次费德里戈在比武
大会上的亮相至关重要，且直观地体现在其着装风格及其所传达
的信息上。为此，侯爵专门为费德里戈置办了几匹奢华的佛罗伦
萨金丝锦缎，让他带去法国，请王室裁缝为其定制了一套参赛礼
服。[25] 这位焦急的父亲还不忘指示费德里戈的仆人，提醒道："每
次递给他长矛的时候，别忘了告诉他：'记住，你是曼图亚侯爵
弗朗切斯科·贡萨加的儿子！'"[26] 费德里戈不负重托，在法国
宫廷左右逢源，结交了许多朋友，在比武大会上也取得了巨大成

功。但在一次比赛中他不幸被割伤了小腿，伤口化脓，这迫使他不得不退出了后面的比赛。

　　1519 年 4 月，当费德里戈成为曼图亚侯爵时，他已成为盛大演出的狂热爱好者。1520 年 2 月，在继任侯爵后的第一次狂欢节期间，费德里戈举办了自己的比武大会。为了吸引整个意大利地区最好的骑士参加，他设置了丰厚的奖品。此时，流亡的前乌尔比诺公爵弗朗切斯科·马里亚一家也在曼图亚宫廷生活。出于怜悯，以及为自己的女儿和女婿提供庇佑，费德里戈的父亲慷慨地表示，只要他们还处在流亡状态中，他将每年为其一家提供 6 000 杜卡特的生活津贴。[27]虽然没有证据表明这位前乌尔比诺公爵参加了比武大会，但我们仍然可以假设他们受邀参加了宫廷举办的各类节日庆祝活动，包括宴会和舞会，以及观看一些古典戏剧。其中一出剧目名为《卡兰德里亚》（*La Calandria*），这是一部由红衣主教贝尔纳多·多维齐·达·毕比耶纳（Bernardo Dovizi da Bibbiena）根据普劳图斯（Plautus）① 的《孪生兄弟》（*Menaechmi*）改编而成的粗俗喜剧，以双胞胎和大量的变装为特色，于 1513 年在乌尔比诺的弗朗切斯科·马里亚宫廷首次上演。

　　那年 5 月，费德里戈和弗朗切斯科·马里亚一行人前往威尼斯短期度假。陪同侯爵出游的是"他的至爱"，一位没留下姓名的

---

　　①　普劳图斯（约公元前254—前184），古罗马喜剧作家，他的喜剧是现今仍保存完好的最早的拉丁语文学作品，他同时也是音乐剧的先驱者之一。他的代表作品《孪生兄弟》等深刻地影响了文艺复兴时期的剧作，如莎士比亚的早期作品《错误的喜剧》。

已婚女性，可能是他当时的情妇伊莎贝拉·博斯凯蒂（Isabella Boschetti），这让他的母亲伊莎贝拉·德·埃斯特很不高兴。乌尔比诺的两位公爵夫人伊丽莎白·贡萨加和埃莱奥诺拉·贡萨加也在度假队伍中。[28] 他们到访威尼斯时恰逢"圣母升天节"（Sensa）。在这一天，威尼斯会举行独特的仪式来庆祝总督与亚得里亚海一年一度的婚礼。这一仪式最早可以追溯到 11 世纪，象征着威尼斯对亚得里亚海的统治。当然，这也是一场连续十五天的狂欢聚会的缘由，是这个繁荣的商业共和国的特色活动。在此期间，圣马可广场会举办一个巨大的国际博览会，数百个摊位聚集于此，出售各式各样的商品，包括缎带和纺织品、香料和香水、甜食、该市著名的玻璃制品，以及印制的书籍和图片。政府同时也规定，博览会举办期间威尼斯城内的商店必须关门。

不幸的是，到了这一年底，政治现实开始影响这两个家族之间的友好关系。1520 年 12 月 11 日，严重依赖军饷收入的费德里戈与利奥十世签订了一份每年 12 000 杜卡特的雇佣兵合同。[29] 这个巨额合同对财政吃紧的费德里戈很有诱惑力，当然教皇方面也是有意为之。利奥十世并未减少对弗朗切斯科·马里亚的厌恶之情，因此他坚持认为，雇用费德里戈的条件之一就是前乌尔比诺公爵一家必须离开曼图亚。1521 年初，弗朗切斯科·马里亚一家搬到了威尼斯。另一个可能更致命的条件是，必要时费德里戈必须随时准备与皇帝作战，当然此时这并不令人担心，因为目前利奥十世与查理五世正处于结盟关系。

第二年夏天，利奥十世提拔费德里戈为教皇军队总司令，11

月 21 日，他赢得了一场著名战役的胜利，将法国人赶出了米兰。
十天后，即 1521 年 12 月 1 日，利奥十世去世。1 月 9 日，在本
人未到场的情况下，红衣主教团的秘密会议选举产生了新任教
皇阿德里安六世，当时他正在西班牙举行会议。得知教皇利奥
十世去世的消息时，弗朗切斯科·马里亚正在加尔达湖（Lake
Garda），他随即派出一名特使前往西班牙。在那里，阿德里安六
世不仅确认让费德里戈继续担任教皇军队总司令一职，还恢复了
弗朗切斯科·马里亚乌尔比诺公爵的身份，他为此欢欣鼓舞。同
年 9 月，当弗朗切斯科·马里亚前往罗马迎接新教皇之际，还委
托人制作了两枚新的勋章来庆祝自己的复辟。一枚勋章上刻印
的是一棵被大理石压住的棕榈树，上面镌刻着一句格言"百折不
挠"，以此表明逆境并没有击垮他；另一枚勋章上描绘的是一只
老鹰在保护自己的幼雏免受另一只猛禽袭击的场景。[30]

※

　　1523 年春天，弗朗切斯科·马里亚和他的家人终于回到了家
乡。公爵开始在佩萨罗大兴土木，开展城市重建工程。这不仅是
为了抚平战争对城市造成的创伤，也是为了在这座新城制造自己
权威的视觉证据。这样做还有一个极具说服力的理由：虽然他与
此前统治乌尔比诺的蒙特费尔特罗家族关系密切，但他在佩萨罗
开启了新的罗韦雷王朝统治。更重要的是，佩萨罗是一座位于亚

得里亚海沿岸的港口城市，且处于从罗马到威尼斯的主干道上，
优越的地理位置使其即将取代位于山巅城堡的乌尔比诺，成为公
爵宫廷的主要驻地。弗朗切斯科·马里亚重建和翻新佩萨罗的计
划中，最看重的是对艺术家的选择。他没有选择当地的人才，而
是指示他在罗马的代理人去寻找一位曾在拉斐尔手下工作过、接
受古典风格训练的艺术家。如今，这种新的古典主义风格在尤利
乌斯二世和利奥十世的宫廷中俨然已成为一种流行风尚。弗朗切
斯科·马里亚希望将其也带到他自己位于佩萨罗的宫廷中。

尤利乌斯二世是文艺复兴时期意大利最伟大的艺术赞助人之
一。他聘请了这一时期最重要的三位艺术家——拉斐尔、米开朗
琪罗和布拉曼特参与教皇宫廷的建造项目，并在规模上和目标上
都让他的前任们相形见绌。为了强调教会的复兴权威，他把精力
集中在献给罗马第一任教皇的古典式巴西利卡——圣彼得大教堂
的翻新和重建上。同时，受古罗马时期的别墅建筑的启发，他扩
建梵蒂冈，为教皇举行各种宗教仪式创造一个庄严宏伟的空间。
在位于梵蒂冈教廷大殿后方的观景殿，布拉曼特设计了一个精巧
的螺旋形楼梯。这座楼梯更像是一个斜坡道，游客们可以沿着这
个楼梯感受四种古典式建筑风格——多立克式、爱奥尼亚式、科
林斯式和复合式，抵达教皇展示无价古董和雕塑收藏的房间。

1522 年 8 月，吉罗拉莫·根加（Girolamo Genga）抵达佩
萨罗，很快就投入文艺复兴时期宫廷艺术家所应承担的各项任务
中。其中不仅包括监督公爵府邸的设计、建造和装饰，还需要为
国家的凯旋仪式、婚礼、戏剧演出以及其他宫廷娱乐活动提供临

时所需的装饰设计。瓦萨里形容他是一名"画家、雕塑家、建筑师、音乐家和健谈者"[31]。他的职责还包括为弗朗切斯科·马里亚购买古董和宝石等收藏品。他购买的古董藏品中，有一件恰好是镌刻有汉尼拔（Hannibal）肖像的珍贵红玉髓，这位著名的迦太基战士曾经对罗马发动过战争。[32] 根加还为小圭多巴尔多设计了一系列职业制服，包括渔夫、士兵、摩尔人、园丁甚至修女，这样这个孩子就可以在狂欢节期间每天都换上不同的服装了。[33] 最重要的是，他还负责为佩萨罗的新公爵府提供设计、建造和装饰方案。弗朗切斯科·马里亚计划改造位于城市中心的老斯福尔扎宫，为更好地展示他的权威创造一个合适的环境。而且，为了保持与旧政权的连续性，公爵主张不改变这座 15 世纪的建筑的外立面设计。当然，后面的宫殿进行了大规模的扩建和奢华的翻新。公爵还在一座"古老的废墟"上增加了一个狩猎公园和一个观赏性花园，为新公爵府创造了一个更为时尚的环境。

弗朗切斯科·马里亚还启动了新一轮的佩萨罗防御工程，包括将旧的斯福尔扎城堡纳入一个新的五角环形城墙内，并用巨大的角状堡垒加强防御，旨在抵御港口武装大帆船的攻击。他对火炮的优越性将信将疑。他写道，"我不会说大炮不好"，但"它也不一定能保证胜利，最好能有剑、长矛和弓箭手配合作战"[34]。他的这些军事论断收录在其编写的《论军事》（*Discorsi Militari*）一书中。其中还包括几段轶事，展现了他的军事实践派的倾向。当一名工程师给他展示塞尼加利亚的防御设计图时，他注意到设计图中，附近的一座山头并没有对该城提供防护。工程师的回

应是："我没有多想这个问题。对我来说，只要设计图漂亮就够
了。"公爵随即反驳道："图纸本身很美，但它对保卫我的塞尼加
利亚没有任何好处。"[35]

　　弗朗切斯科·马里亚公爵的军事才能也得到了威尼斯人的认
可。1524 年 6 月，威尼斯当局任命其为共和国军队的总司令，并
在圣马可广场举行盛大的庆祝仪式，各种宴会、派对、音乐、舞
蹈和贡多拉比赛整整持续了十天。此外，他的工作很快就不限于
军事作战了。他认为，士兵对国防的了解远胜于建筑师。根据他
自己的经验，建筑师可能是一名合格的绘图员，但对军事问题却
知之甚少。威尼斯当局对此也深以为然。他的职责进一步扩展
到为共和国提供更多的国防建议，包括如何高效提升对所辖领土
的防御力量，不仅是在大陆领土，还包括位于亚得里亚海的港口
（见第九章）。

　　1523 年 11 月 19 日，作为阿德里安六世的继任者，新教皇克
莱芒七世确认了费德里戈侯爵继续担任教皇军队总司令一职。然
而，这位新教皇是利奥十世的堂弟。他不仅像利奥十世一样怀疑弗
朗切斯科·马里亚，而且也是一位把美第奇家族利益放在首位的教
皇。此时欧洲局势本已"山雨欲来风满楼"，当这些压在新教皇肩
头的政治事件一齐席卷而来时，他明显难以招架，整个局势逐渐失
去了控制。首先，教皇财政破产，大批天主教徒成群结队地离开天
主教会，加入新教叛乱的队伍。这场叛乱正在德意志地区和阿尔卑
斯山以北的其他国家迅速蔓延。其次，土耳其人正畅通无阻地进入
东欧，而此时英国国王亨利八世正在与查理五世的姨妈阿拉贡的凯

瑟琳（Catherine of Aragon）闹离婚。最后，为了争夺对意大利和
罗马教廷的控制权，法国国王弗朗索瓦一世与神圣罗马帝国皇帝查
理五世都在集结兵力，准备公开一决胜负。此时教皇做出的每一个
决定都会激怒其中一方，所以他决定什么都不做，只是尽可能地维
持美第奇家族在佛罗伦萨的统治地位。

　　当克莱芒七世在弗朗索瓦一世和查理五世之间摇摆不定时，
弗朗切斯科·马里亚和费德里戈发现两人一会儿是盟友，一会儿
又是敌人。1526 年 5 月，克莱芒七世、弗朗索瓦一世和威尼斯签
署了科涅克联盟条约，准备抵抗查理五世对意大利北部无情的进
攻，他们站在了同一阵线。那年秋天，作为对该联盟的回应，查
理五世派遣由乔治·冯·弗伦茨贝格（Georg von Frundsberg）
率领的 12 000 名德意志士兵翻越阿尔卑斯山。很快就可以看出，
无论是弗朗切斯科·马里亚还是费德里戈，都没有完全遵守科涅
克联盟条约。弗朗切斯科·马里亚没有按照威尼斯的指示，采取
任何行动来阻止弗伦茨贝格。当然，他拒绝与帝国军队交战的
理由也很充分：11 月的意大利北部天气寒冷、恶劣，况且自己
9 000 人的兵力显然无力抗衡这支德意志大军。[36] 费德里戈这边则
更多是出于个人原因：不仅曼图亚是帝国的封地，而且费德里戈
的弟弟费兰特还是帝国军队的指挥官，并在他们的表兄波旁公爵
查理三世手下服役。到了 11 月，很明显他已经放弃了作为教皇军
队总司令的职责，允许弗伦茨贝格的军队自由通过曼图亚领土，
甚至提供船只使大部队能够顺利渡过波河。正是这一姿态让查理
五世格外感激。当他们在热那亚首次见面时，皇帝异常热情地欢

迎他。

　　费德里戈并非唯一一个公开站在帝国皇帝一边的统治者。他的舅舅阿方索一世曾经是法国的坚定盟友，之后也明智地改变了立场。弗朗切斯科·马里亚和他的雇主威尼斯，即便现在名义上是法国的盟友，但也明白皇帝将成为最终的赢家。不过，出于对外交规则的理解，他们还是能保持自己的立场不变。1 月初，毫不令人意外的是弗朗切斯科·马里亚因痛风病倒在床，这种适时发作的疾病让他在春天到来之前一直缺席战争。此时帝国军队已经哗变，开始一路向南朝罗马进军。弗朗切斯科·马里亚尽管奉命跟随，但行动迟缓，避免与敌人交战，毕竟敌军的行动一直远离威尼斯共和国的边界。5 月 6 日，当帝国军队开始对罗马发动可怕的袭击时，他的军队还位于罗马以北约 200 千米的特拉西梅诺湖（Lake Trasimeno）。又过了两个星期，他才到达已被洗劫一空的城市边缘，在看到城内一片混乱后，就匆忙撤军了。

　　除了教皇和威尼斯的军队外，弗朗切斯科·马里亚还与两方的文职人员一起行军，他们对弗朗切斯科·马里亚应该采取何种作战计划持不同的看法。弗朗切斯科·圭恰迪尼是美第奇家族忠实的拥护者和历史学家，曾担任教皇军队的外交特使。他希望弗朗切斯科·马里亚能从戒备森严的圣天使城堡（Castel Sant' angelo）中营救出克莱芒七世，当时教皇和几千名男女老少都藏在那里。相比之下，威尼斯方面的随行官员则警告他们的军队首领不要这样做，威尼斯政府无意让自己的士兵冒着生命危险，去执行这样一个危险的行动。[37] 不幸的是，威尼斯方面事后发表了一份政府声明，否认知晓这一"警告"；而圭恰迪尼则指责弗朗切斯科·马里亚胆小懦弱，并且认为他拒绝营救教皇，是为了报复十年前利奥十世收回乌尔比诺封地一事。这些推诿和指责都损害了弗朗切斯科·马里亚的军人声誉。然而，从档案文件可以看出，弗朗切斯科·马里亚始终将对威尼斯的忠诚置于对其盟友的忠诚之上，并通过严格遵守威尼斯的军事政策来彰显这种忠诚，即不惜一切代价避免与敌军直接对抗（见第九章）。

　　经历了那场由查理五世哗变的军队制造的恐怖浩劫后，罗马这座基督教世界的首都花了两年的时间才开始慢慢恢复。意大利也逐渐开始适应战后的政治现实。这座半岛不再独立于外国势力，帝国皇帝现在是半岛权威的仲裁者。1529 年 8 月，在热那亚为查理五世举办的盛大欢迎仪式上，壮观而热闹的表象下藏着意大利深深的屈辱感。来自意大利各地的国家元首和大使们聚集在热那亚，迎接皇帝的到来。他的随行人员包括大约 5 000 名仆人、秘书和廷臣，还有数千名士兵。虽然随行人员的规模确实与他的显赫地位很相称，但人们对这位强大统治者的第一印象似乎并不深刻。几乎所有目睹了这场仪式的人在报告中都谈到了这一点。据一位个子不高的曼图亚特使回忆，皇帝"像我一样矮"，"而且有点驼背，小长脸，胡子尖尖，嘴巴总是张着。除此之外，他很有教养，举止优雅，彬彬有礼"[38]。的确，查理五世不像法国国王弗朗索瓦一世那样英俊潇洒，而且也继承了哈布斯堡著名的灯笼下巴。但人们很快就发现，这位皇帝确实拥有对行使权力更为关键的才能。

一些观察家注意到，查理五世对费德里戈侯爵的问候格外热情。这两位统治者年龄相仿，都生于1500年。接下来的几天里，他们常常互相陪伴，"聊得很开心，就好像他们是一起长大的一样"。他们一起在热那亚骑马，"谈论房屋、马匹、武器、战争和城市"。而真正让曼图亚特使印象深刻的是，"每当皇帝陛下到达或离开时，他总是脱下帽子，脸上满是喜悦之情，这是他对待其他人时所没有的"[39]。8月底，查理五世离开了热那亚。显然这里的气候不适合他，他一直在生病发烧。[40]费德里戈也回到了曼图亚，他对自己的未来极其乐观。而弗朗切斯科·马里亚则继续忙于组织威尼斯边境的防御工作，直到皇帝的意图逐渐变得清晰。

查理五世的加冕礼标志着欧洲历史一个时代的结束。他是最后一位由教皇加冕的神圣罗马帝国皇帝。这一传统已延续了七个多世纪，最早可以追溯到公元800年，当时的教皇利奥三世（Leo Ⅲ）于圣诞节在圣彼得大教堂为查理大帝（Charlemagne）加冕。这也是意大利政治新时代的开始。此次帝国加冕礼选在博洛尼亚而不是在罗马举行是出于政治考虑。当时查理五世希望尽快前往德意志，援助他的弟弟斐迪南对抗入侵的土耳其军队。（土耳其人于8月底占领了布达，次月围攻维也纳，尽管他们在10月被迫撤军。）虽然克莱芒七世反对打破这种仪式传统，但他的意见被否决了。这虽然只是个小问题，却具有象征意义，反映出当时教皇的最高精神权威在多大程度上已经屈从于世俗权力。

　　10月24日，克莱芒七世正式进入博洛尼亚。为了迎接教皇的到来，进城仪式中使用的帷幔、花环和凯旋门上都装饰着《圣经》和宗教图像，反复强调教皇和皇帝在基督教世界的共同责任。11月5日，查理五世的进城仪式明显更为用心。皇帝身着全套盔甲，头盔上还镶着一只镀金的雄鹰。在一支由侍卫和廷臣组成的庞大骑兵队的陪同下，皇帝骑马进入城市，穿过装饰有古罗马皇帝肖像和古代万神殿图像的街道，以庆祝他对陆地和海洋的统治。

　　那年秋天，博洛尼亚挤满了各国政要。查理五世和克莱芒七世每天都要召开会议，讨论当前政局。教皇的当务之急是为帝国军队提供资金和物资，军队目前正在围攻佛罗伦萨，迫使该城接受美第奇家族的回归。幸存下来的档案资料中，有一件很可能是查理五世手写的清单，上面列举了他想与教皇讨论的要点。其中，"英格兰的女王"——阿拉贡的凯瑟琳的离婚问题位于清单的首要位置。[41]博洛尼亚方面考虑再三，决定将基督教世界中最有权势的两位人物安顿在位于市中心的领主宫（Palazzo dei Signori）下榻。在这座中世纪市政厅内，两人的套间紧紧相邻，中间有一扇私密的小门相连接，以保证一些隐私不被外人知道。这种安排为他们在卧室管理教会和帝国的事实提供了一个家庭背景。

　　此次谈判的重要意义在一位编年史家那里也得到了印证。他在描述此次会议时，将查理五世称为恺撒，将克莱芒七世称为圣彼得。[42] 12 月 29 日签署、1 月 1 日正式公布的《博洛尼亚条约》（Treaty of Bologna），从形式上正式确认了查理五世作为意大利最高权威的地位。他现在实际上控制了整个半岛，但威尼斯明显是个例外，他与威尼斯单独签署了一份联盟协议（见第九章）。克莱芒七世在几个问题上被迫接受帝国的苛酷协定。首先，尽管教皇反对费拉拉公爵阿方索一世对摩德纳和雷焦两地的领土要求，但它们是帝国的领地，查理五世有权坚持自己的安排。其次，也更具争议性的是弗朗切斯科·马里亚对乌尔比诺和佩萨罗两地的统治权问题。它们原本是教皇的领地，但他不得不接受查理五世的提名人选。查理五世进一步向弗朗切斯科·马里亚示好，任命他为帝国军队驻意大利的总司令。但公爵拒绝了这一提议，表示他已承诺接受威尼斯方面提供的雇佣兵合同。当查理五世要求威尼斯当局与公爵解约时，他们一口回绝了。

在这五个月里，博洛尼亚实际上成为欧洲的首都。教皇和帝国皇室都在这里，意大利各地的王公贵族和他们的随从也都参与了这次聚会。这肯定是文艺复兴时期最奢华盛大的社交盛会之一。沙龙和宴会厅里挤满了王公贵族、红衣主教、外交大使、高级教士、人文学者、诗人和廷臣，他们都忙着明争暗斗，闲言碎语遍地流传。11 月 20 日，费德里戈抵达博洛尼亚，弗朗切斯科·马里亚和埃莱奥诺拉两天后抵达，伊莎贝拉·德·埃斯特从 11 月起就一直住在这里，举办奢华的社交派对。从博洛尼亚主广场到亚平宁山脚下，到处都是舞会、宴会、比武大会和狩猎活动。权贵人物在餐桌上攀比炫富之风体现得尤为明显，他们不仅炫耀餐具银器的质量和数量、负责膳食的管家和侍从的数量，甚至连厨师的雕工和音乐家的技能以及菜肴精心制作的水平和成本都要攀比。博洛尼亚的一些二手商贩甚至找到了一个有利可图的机会，即向这些宴会出租银器。

1530 年 1 月底，查理五世的一位军队指挥官送给费德里戈·贡萨加一份不同寻常的礼物。为了向这位曼图亚侯爵示好，安东·德·莱瓦（Anton de Leyva）送给了他"一份极为精美的"礼物——十门大炮，曼图亚的一位编年史家甚至认为这"可能是有史以来最精美的礼物"[43]。这十门大炮中有三件是莱瓦在近期作战中从威尼斯人手中缴获的，另外七件是从法国人手中缴获的。相较于和平时期比较常见的军事赠礼如猎犬和马匹，大炮的确算是新颖的礼物。不久之后，费德里戈离开博洛尼亚，并拒绝参加皇帝的加冕仪式，据说是因为他不满蒙费拉托侯爵（Marquis of Monferrato）的地位比他更高。而且我们即将看到，在费德里戈的婚姻问题上，这两位贵族也不幸卷入了一场口角之争。无法确认他是不是一时冲动离开了博洛尼亚，但事实上他很可能是为了提前赶回曼图亚，为查理五世到访做准备。皇帝打算从博洛尼亚返回德意志的旅途中在曼图亚待上几天，与费德里戈打打猎、吃吃饭。

皇帝的加冕礼由两场仪式组成。第一场仪式庄严朴素，于 2 月 22 日在领主宫的礼拜堂举行。在这里，克莱芒七世为查理五世戴上了伦巴第的铁王冠。两天后的第二场仪式则盛大隆重得多。在圣佩特罗尼奥大教堂，克莱芒七世正式为神圣罗马帝国皇帝加冕。在进入教堂的盛大游行队列中，弗朗切斯科·马里亚自豪地佩戴着帝国徽章，佩着皇室宝剑。但奇怪的是，为了让这场加冕仪式与之前在罗马圣彼得大教堂举行时的习俗保持一致，圣佩特罗尼奥教堂被临时装饰成了君士坦丁大教堂的样子，其中包括三座木制的礼拜堂和一块放置在游行路线上的斑岩石板，后者充当圣彼得大教堂的斑岩路面，以此纪念七个多世纪前查理大帝加冕的地方。[44]

※

查理五世于 1530 年 3 月离开博洛尼亚，北上前往奥地利和德意志。3 月 25 日，他抵达曼图亚，作为费德里戈邀请的尊贵客人，在那里度过了四个星期。乔维奥认为费德里戈是个好主人，他"性情温和，热情，且慷慨好客"[45]。最重要的是，帝国皇帝的到访对侯爵来说是一个很高的荣誉。4 月 8 日，当皇帝将曼图亚升为公国，给予费德里戈与他的姐夫乌尔比诺公爵同样的地位时，这种荣誉感就更明显了。新公爵为此不惜一掷千金，以确保宴会、舞会和其他娱乐活动的质量超群。一位曼图亚的编年史家甚至吹嘘道，公爵为客人准备的房间里装饰的用金、银和丝线混织而成的挂毯价值超过 18 000 杜卡特。[46]不仅如此，费德里戈还安排了大量的狩猎活动。查理五世和费德里戈一样，都非常喜欢这种消遣活动。在一次雄心勃勃的远足中，3 000 名猎手、

300 条猎犬和 10 门大炮试图将野猪逼出森林，但动物们拒绝逃跑，更多的是被在外围等待它们的一万匹马的动静吓坏了。[47] 曼图亚还为这次访问活动进行了改造装饰，其中有一尊图拉真凯旋柱（Trajan's Column）① 的复制品，柱高约 24.4 米，装饰着各类场景，据编年史家说这"象征着作为世界统治者的帝国陛下"[48]。这只是几个涉及查理五世是古罗马皇帝的继承人的表述之一，还有更多的溢美之词将查理五世与古罗马神话中的众神之王朱庇特相提并论，包括朱庇特消灭反叛巨人的场景，这明显在暗指查理五世征服了意大利。

费德里戈公爵在挑选宫廷艺术家方面非常幸运。像弗朗切斯科·马里亚一样，他对尤利乌斯二世宫廷艺术家的古典风格印象深刻，特别是拉斐尔。他指派自己在罗马的代理人为贡萨加宫廷寻找一位合适的艺术家。1524 年 10 月，朱利奥·罗马诺抵达曼图亚，并为他的新雇主送上一份颇投其所好的古典雕塑作为礼物。他很快重新规划了曼图亚的艺术生产流程，带领一个可以创作各类艺术作品的工匠团队，生产壁画、版画、雕塑和建筑，也生产挂毯、银器，以及为费德里戈的宫廷戏剧表演设计舞台布景。甚至还留下了他为费德里戈购买印度孔雀的记录。[49] 他们之间结成了该世纪最伟大的赞助人和艺术家的伙伴关系。金钱、品位和创造力相结合，产生了一批 16 世纪最令人印象深刻的作

---

① 图拉真凯旋柱，也被称为图拉真纪功柱，位于意大利罗马的图拉真广场，罗马帝国皇帝图拉真为纪念胜利征服达西亚所立。该柱于公元 113 年落成，以柱身装饰的精美浮雕而闻名。

品，并进一步提升了曼图亚作为意大利最重要的文化中心之一的声誉。

　　费德里戈委托朱利奥·罗马诺的第一个项目是将他父亲的马厩改建成郊区的别墅，即得特宫。它位于曼图亚城外明乔河上的一个小岛，于1525—1526年开始动工，在查理五世访问时已基本完工。据说皇帝看到得特宫时感到无比震惊（见第十一章）。朱利奥·罗马诺的特殊之处在于他能创造出令人印象深刻的效果，节省不必要的支出。得特宫造价低廉，不用石材而是用灰泥覆盖的砖头搭建，让建筑外立面看起来像用了石材。他还很有幽默感，这一点显然与他的赞助人是共通的。得特宫的建筑风格是对古罗马建筑风格的一种幽默诠释，少了些崇拜，多了些机灵。如外立面三角楣饰上的"裂缝"，以及明显是仿制的古典式檐壁，有些部分还似乎故意地做出了令人震惊的滑落效果。

　　得特宫室内的房间装饰有壁画，这是另一种廉价而高效的艺术形式。每个房间有不同的主题。其中一个房间专门绘制了公爵饲养的赛马，展示了费德里戈从父母那里继承下来的对赛马的热爱：每匹马都被描绘成真实大小的肖像，站在古典风格的窗间墙前；透过两边的窗户，访客们可以欣赏到曼图亚乡间的景色。

　　另一个名为"巨人厅"（Sala dei Giganti）的房间描绘的是朱庇特向袭击奥林匹斯山的巨人投掷雷霆闪电的精彩场景，充满了向帝国胜利致敬的意味。令人印象深刻的是，朱利奥·罗马诺的壁画将整个房间变成一座倒塌的宫殿，甚至连门上的"拱顶砖墙"都在暴力的战斗中土崩瓦解了。

曼图亚得特宫,巨人厅,建造于1530—1532年。朱利奥·罗马诺在这里描绘了巨人陨落的场景。在朱庇特和他的闪电攻击之下,眼前的整个建筑结构似乎正在坍塌。(286)

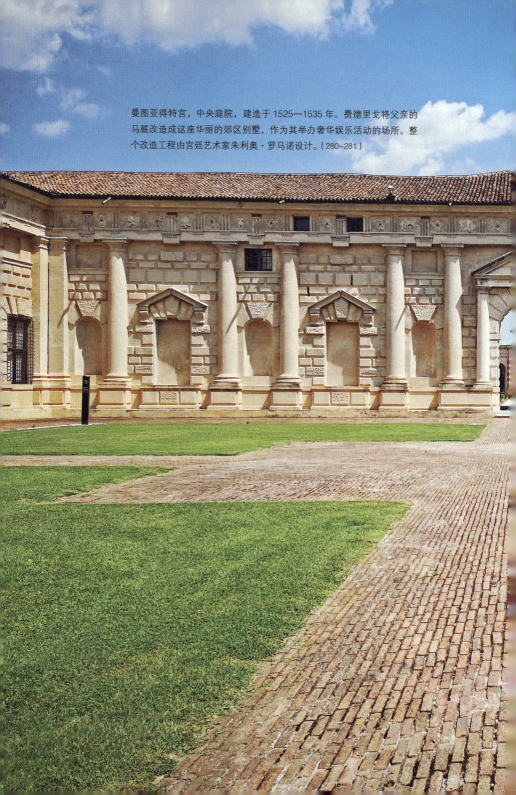

曼图亚得特宫，中央庭院，建造于1525—1535年。费德里戈将父亲的马厩改造成这座华丽的郊区别墅，作为其举办奢华娱乐活动的场所。整个改造工程由宫廷艺术家朱利奥·罗马诺设计。（280-281）

曼图亚得特宫，赛马厅，建造于 1525—1526 年。贡萨加家族热衷于饲养赛马，他们培育的种马在意大利享有盛誉。这个房间绘制的赛马肖像都是费德里戈最喜欢的坐骑。〔284—285〕

　　整座宫殿中最宏伟的房间是宴会大厅，装饰着丘比特与普塞克（Cupid and Psyche）神话故事的高潮部分——他们完美的婚宴现场。在这幅婚宴场景中，最显著的位置上摆放着一个装饰华丽的餐具橱，里面摆满了银质和镀金的餐盘与水罐。这是文艺复兴时期宫廷财富和威望的标志之一。这个房间本身就是一个十足的酒神式纵酒狂欢的场所，正如一位学者所描述的那样，"是一种充满智慧和蓬勃生命力的景象"[50]。客人们可以炫耀他们对古典神话的了解、识别婚宴场景中的细节，或者，更有可能的是，他们可以像壁画里巴克斯和他的追随者一样狂饮作乐。画中那些充满情色意味的男性和女性肉体，或明或暗地传递出沉溺于感官欲求的情绪。

　　1530 年 4 月 2 日，为了庆贺查理五世的到访，费德里戈在这个非凡的大厅里，为他举办了一场极为盛大的宴会。费德里戈当然知道置办一桌奢华餐宴的价值，这是文艺复兴时期的王公贵族展示他们奢华生活的方式之一。他的银器收藏清单中共列出了 359 件单品，总重约为 247 千克，其中许多应该在那场晚宴上使用过。[51] 由于大量设计图纸留存至今，我们得以了解费德里戈收藏的大部分银器的细节。他的餐盘、汤碗、盐罐、烛台、调料盘、醒酒器、餐勺、餐叉和其他餐具都是用金、银、水晶或其他昂贵的材料制成的。这套具有异国风情的餐具均由极富创造力的朱利奥·罗马诺设计制作而成，现存的设计图纸中还包括出水口为鸭头造型的水壶，以及把手为蜥蜴造型的汤碗。

　　遗憾的是，我们不知道费德里戈的客人们在宴会上吃了什么，这想必是那个时代最令人惊叹的宴会之一。但从一份1529年1月在费拉拉举办的一场稍简朴的宴会菜单中,我们可以一窥当时贵族宴会的盛况。这场宴会由费德里戈的母亲伊莎贝拉·德·埃斯特操办。

这场宴会共有十道菜,热菜和冷菜交替上桌,每一道菜有多达十种不同类别的食物可供宾客选择。例如,第四道菜包括:烤制鹌鹑、兔肉和鸽肉,藏红花风味的香肠,塞满萨拉米香肠的阉鸡,香橼片炒鸽肉,骨髓意大利面,用糖和肉桂烤制的河鲜,甜亚麻籽酱配鱼肉,褐鳟鱼肉汤,烤八目鳗,栗子派。与其他几道菜的上菜节奏一样,这道菜之后是中场休息,在此期间,宾客们可以恢复食欲,并趁音乐家和其他表演者展示才华时放松一下。中场演出一般由一个八人合唱团负责演唱,由一把鲁特琴、一把中提琴、一支德国长笛和一支长号伴奏。[52] 音乐是文艺复兴时期宴会的重要组成部分,费德里戈对此也极为热衷,他雇用了几名曾在利奥十世的宫廷演出的音乐家,还购买了一套利奥十世使用过的雪花石膏塑材装饰的管风琴。[53]

※

查理五世在曼图亚逗留期间,与费德里戈讨论的问题之一就是他仍未结婚的问题。尽管他在1517年已决定娶玛丽亚·帕莱奥罗古斯为妻,并期望她能在年满16岁后搬到曼图亚成婚。但6

朱利奥·罗马诺用丘比特与普塞克的神话故事装饰了普塞克厅（Sala di Psiche），为费德里戈的宴会制造了一个声色犬马的背景。（288-289）

曼图亚得特宫，普塞克厅，建造于1527—1530年。除了建筑和绘画项目，朱利奥·罗马诺还设计了费德里戈的银器，以及为公爵最喜欢的狗设计了一座大理石坟墓。（290–291）

年过去了，她仍然没来。当年玛丽亚的魅力之一是她的父亲蒙费拉特侯爵指定她为爵位的继承人。但不幸的是，她的继承权在被法律正式确认之前，蒙费拉特侯爵就去世了，她的叔叔继承了侯爵头衔。此时费德里戈已经厌倦了这位"孩子"新娘。到了1522年，他雄心勃勃地开始寻找更具实力和地位的婚配对象。人们提出了一系列的替代人选，包括波兰国王的女儿和纳瓦尔国王的妹妹。当然，还包括他的情妇伊莎贝拉·博斯凯蒂，费德里戈似乎对她一如既往的情深似海。1528年，伊莎贝拉的丈夫试图毒死她，但背后的原因我们只能猜测一二。不过，费德里戈非但没有以此为借口除掉自己情人的丈夫，反而以此为由，指控他的姻亲帕莱奥罗古斯家族谋杀未遂，从而彻底摆脱了玛丽亚。同年，他成功地向克莱芒七世提出了离婚申请。

　　费德里戈不愿步入婚姻殿堂的行为在当时也引发了一些争论。威尼斯讽刺作家皮埃特罗·阿雷蒂诺（Pietro Aretino）曾被教皇克莱芒七世戏称为"贵族之祸"，他在喜剧《饲马官》（*Il Marescalco*）中就讽刺了费德里戈这一点。该剧的中心人物是一名蹄铁匠，他在剧中为一位公爵效力，剧中这位"公爵"的装扮几乎就是模仿费德里戈。该剧的主要情节就是公爵劝说他的这名仆人必须娶妻。[54] 但这名蹄铁匠更喜欢男人，他对婚姻的前景感到恐慌，但出于对主人的忠诚，他还是履行了自己的职责，却发现他娶的"妻子"实际上是一个年轻男侍从，结局自然是皆大欢喜。当然，这里对同性恋的嘲讽并非针对费德里戈本人，更多是一种威胁，提醒他如果不改变自己的行为将会发生什么。在威尼斯，对鸡奸的惩罚极为严厉。因此，是时候了，就像剧中的保姆劝说那名小蹄铁匠一样，费德里戈也要"停止追求年轻时的快活，要开始为（他的）家庭和家族考虑了"。

1530 年，费德里戈同意了查理五世的建议，准备与阿拉贡的朱莉娅（Giulia of Aragon）结婚。但她可能不算一位好的婚配对象，这位未来的新娘已经 38 岁了，而且身体状况也不太好，不过公爵的母亲伊莎贝拉很高兴。此时又传来消息，现任蒙费拉特侯爵刚刚去世，玛丽亚再次成为爵位的继承人。轮到费德里戈证明他魅力的时候了，他不仅成功地说服克莱芒七世重新为他与玛丽亚的婚姻补办手续，而且说服了皇帝同意这门婚事，并不顾萨伏依公爵的反对，同意让费德里戈继承蒙费拉特侯爵头衔。但是，当所有这些谈判都在紧锣密鼓地进行时，9 月 15 日玛丽亚突然去世。一年后，费德里戈娶了她的妹妹玛格丽塔，但他拒绝听从他新岳母的要求，结束与自己的情妇伊莎贝拉·博斯凯蒂的关系。

1531 年 10 月，玛格丽塔·帕莱奥罗古斯抵达曼图亚。公爵和新婚妻子的婚房在费德里戈本人的授意下进行了豪华装修。装饰一新的公爵府里现在不仅有更多的赛马和猎鹰图饰，其中一个房间还装饰了威尼斯艺术大师提香绘制的 11 幅罗马皇帝的肖像画（自 1536 年开始创作）。*婚房的设计重点是特洛伊厅，在该厅内部，朱利奥·罗马诺和他的团队绘制了特洛伊战争的场景壁

---

* 这一系列画作于 1734 年因火灾被焚毁。

画（1538年）。[55]值得注意的是，这些场景并非取自维吉尔的版本，即狡猾的希腊人智取英雄的特洛伊人，而是取自荷马史诗的版本，展现了希腊的英雄主义和特洛伊人的耻辱。这种不寻常的表现手法几乎可以肯定是为了讨好玛格丽塔·帕莱奥罗古斯，因为她的祖先是出身于君士坦丁堡的希腊裔拜占庭皇帝。[56]朱利奥·罗马诺还受委托，专门为玛格丽塔建造和装饰了一座单独的宫殿，即所谓的帕莱奥罗加宫（Palazzina Paleologa）。该座宫殿通过一座有顶棚的桥与圣乔治城堡相连。*

　　这是一个大工程，在费德里戈的婚姻谈判结束一年后，宫殿才刚刚完工，恰好赶上了迎接1531年10月3日新公爵夫人抵达曼图亚。在接下来的八年时间里，玛格丽塔生了七个孩子，包括四个儿子。

※

　　费德里戈公爵作为艺术赞助人，所涉足的领域极为广泛。除了公爵府和得特宫的工作之外，他还委托建筑师为曼图亚修造昂贵的防御工事，在曼图亚城内建造新的城门和市场。他收集了大量的书籍、勋章、硬币和古玩，数量上足以与他的父母相媲美。他还收藏古代雕塑，且对它们的来源并不挑剔。罗马遭到洗劫后不久，他让弟弟费兰特手下的一名队长去寻找"古代的艺术品残

---

*　帕莱奥罗加宫因年久失修，于1899年被拆除。

件、如头、腿、半身像，甚至完整的青铜或大理石雕像"[57]。费德里戈对艺术的兴趣爱好在当时广为人知，这也促使红衣主教伊波利托·德·美第奇（Ippolito de' Medici）在 1535 年给他送来了一尊奥古斯都皇帝的半身像。伊波利托声称当时克莱芒七世花了 3 000 多杜卡特才购得这尊半身像，堪称"前所未见的最美雕像"，希望以此得到公爵在政治上的青睐。[58] 更不同寻常的是，费德里戈还收集外国艺术品。1531 年，他指派其在佛兰德斯的代理人购买了一批风景油画。他的代理人回复说，自己已经拜访了安特卫普所有的绘画大师，但"除了一些肖像画之外，几乎没有发现什么好的油画"[59]。1535 年，当一名商人带着他在佛兰德斯买来的 300 幅油画来到曼图亚时，公爵以 400 斯库迪的价格购买了 120 幅风景油画。[60]

最重要的是，费德里戈公爵还是提香的主要赞助人。这也许是受到他的舅舅阿方索一世的启发，他也成为最早收集这位威尼斯艺术大师作品的非威尼斯人之一。费德里戈拥有这位艺术家的约 30 幅画作，包括一批宗教画和肖像画，以及上文提及的罗马皇帝肖像画系列。提香绘制的《圣母子与兔子》（*Madonna of the Rabbit*）是一幅迷人的肖像画作品，展现了田园乡村景观中的圣母与圣子，背景中还有一位牧羊人，其装扮的特点让人立刻就能联想到费德里戈本人。1530 年，这幅画被送到曼图亚。[61] 费德里戈本人的肖像画于 1528 年由提香绘制而成。在这幅肖像画中完全没有提及费德里戈的军事成就，也没有暗示他的侯爵和公爵身份。画中没有出现明显标识其军事或世俗等级的象征物，相反，

提香,《圣母子与兔子》，作于 1530 年（巴黎卢浮宫藏）。该作品描绘了圣母玛利亚和圣子耶稣迷人的家庭生活场景。在这里，圣子耶稣显然被小白兔迷住了。(294)

只是展现了一个养尊处优的贵族形象。画中表现出他对奢侈品很感兴趣，他身穿昂贵的金丝刺绣深蓝色紧身短外套，内搭精致的亚麻衬衫，手腕处不忘露出精致的绣花袖口，粗壮的手指上戴着两枚朴素的戒指，轻轻地搭在一只可爱的哈巴狗身上。这是一个明显没有攻击性的品种，与文艺复兴时期其他君主喜爱的狼狗和其他猎犬完全不同。

费德里戈对提香的赞助很可能也影响到了他的妹夫弗朗切斯科·马里亚，乌尔比诺公爵也选择了这位艺术家为自己和公爵夫人埃莱奥诺拉·贡萨加绘制肖像画，画作完成于 1537 年。与提香此前所作的费德里戈肖像画不同，弗朗切斯科·马里亚希望自己的肖像画能展示出自己戎马一生所获得的军事荣誉。作为威尼斯军队的总司令，他手持指挥棒，身着全套华丽的盔甲。为了能精准地展示出这套盔甲的细节，还将其专程送到威尼斯，方便提香临摹。画中他身后的架子上还陈列着此前为尤利乌斯二世效力时的指挥棒，以及一棵象征着德拉·罗韦雷家族的橡树，上面硕果累累。弗朗切斯科·马里亚还委托提香创作了一批宗教和神话作品，以及他祖先的肖像。瓦萨里的记载显示，公爵还委托他人为其曾叔父西克斯图斯四世、叔父尤利乌斯二世和圭多巴尔多·达·蒙特费尔特罗公爵绘制过肖像画，以及其他当时的名人，包括查理五世、弗朗索瓦一世、保罗三世（Paul Ⅲ）和苏莱曼大帝（Suleiman the Magnificent）。[62] 在他收藏的其他提香作品中，还有一幅《抹大拉的玛丽亚》（*Mary Magdalen*）和 "一位维纳斯"，可能指的是弗朗切斯科·马里亚公爵于 1536 年购入的

提香，《埃莱奥诺拉·贡萨加》，作于 1536—1537 年（佛罗伦萨乌菲齐美术馆藏）。提香采用贵族奢华风格来为公爵夫人绘制肖像。她穿着黑色天鹅绒连衣裙，佩戴着昂贵的珠宝，身边还趴着她的小哈巴狗。（297）

《美人图》（*La Bella*）。[63]

弗朗切斯科·马里亚投入精力最多的项目是扩建帝国别墅（Villa Imperiale）。该别墅最初由亚历山德罗·斯福尔扎于 15 世纪 50 年代建造，现在的改造方案计划将其依山势扩建延伸。弗朗切斯科·马里亚曾于 1517 年在这座山上战胜了洛伦佐·美第奇和利奥十世的联军，获得重大胜利。弗朗切斯科·马里亚为这座新别墅花费了超过 1 万斯库迪。它的灵感来自古代的别墅，更确切地说，来自罗马正在兴建中的豪华郊区别墅，如玛达玛别墅和法尔内西纳别墅（Villa Farnesina）。[64]这座新的帝国别墅设计有优雅的花园和带喷泉装饰的露台，周围环绕着一座可以用作演出剧院的中央庭院，庭院四周的屋顶上设计了一条步道，使客人能够欣赏到一边是大海，另一边是亚平宁山脉的壮观景色。

别墅内部，他委托宫廷艺术家吉罗拉莫·根加绘制了豪华装饰，包括虚构的建筑和风景、绿枝垂花雕饰和古董半身像、窗帘上嬉戏的赤身小天使，以及大量象征德拉·罗韦雷家族的橡树装饰。在主会客室的天花板上，还装饰着一系列虚构的挂毯，由一群精力充沛的赤身小天使高高举起。挂毯上展示着公爵取得成就的场景。最重要的是，这些场景突出了他的军事才能，包括他被尤利乌斯二世和威尼斯总督任命为总司令、在查理五世的加冕仪式上佩着的帝国宝剑，以及率领军队战斗的场景。根加在《瑟米德的誓言》（*Oath at Sermide*）中再现了公爵重新征服乌尔比诺的场景。当时他的部队发誓，在其被洛伦佐·德·美第奇赶出乌尔比诺之后，将协助他重新征服此地。这场战斗的军饷是公爵夫人埃莱奥诺拉出售珠宝来支付的。[65]

在弗朗切斯科·马里亚常年征战在外的情况下，常常是公爵夫人埃莱奥诺拉负责监督别墅工程的进展，与根加联络沟通，并处理财政事务。考虑到她父母的身份，埃莱奥诺拉能够密切参与工程的赞助、建造和装饰过程并不十分令人惊讶。但是工程资金方面常常出现问题。有一次，根加告诉公爵夫人："我回家后发现房子里挤满了呼天抢地的人"，他们威胁要罢工，拒绝再做任何工作，除非他们能得到 200 杜卡特的报酬，而这仅仅是拖欠他们的工钱总数的一部分。[66]公爵夫人设法筹集到了这笔钱，并安排根加的女婿担任会计工作，以确保今后的记账工作更加可靠。

帝国别墅的另一个不寻常之处在于，人文主义者皮埃特罗·本博（Pietro Bembo）虚构了大量的古典铭文来解释该项目的缘起。其中一条铭文解释了该地作为弗朗切斯科·马里亚获胜地点的重要性。当公爵质疑本博为什么使用"法国的"这个形容词来描述教皇军队中的德意志雇佣兵（landsknechts）时，这位人文主义者略显学究气地解释道，严格来说因为他们来自莱茵河左岸。在古罗马时期，莱茵河是划分恺撒大帝所征服的高卢地区与河对岸的日耳曼部落的地理分界线，因此这批雇佣兵是来自"法国的"[67]。而公爵夫人埃莱奥诺拉在别墅建造过程中的作用也得到了详细解释：

佩萨罗，帝国别墅，约建造于 1530 年。这座优雅的郊区别墅由公爵夫人埃莱奥诺拉委托人建造，耗资超过 1 万斯库迪。一条建造于庭院顶部的环形步道可以俯瞰下面的城市景色。（299）

　　弗朗切斯科·马里亚，梅陶罗国（Metaurian States）①
的公爵，当他从战场归来时，他的夫人埃莱奥诺拉为其
建造了这座别墅。它不仅象征了夫人的感情，还是对公
爵风吹日晒、辛劳守护家园的一种补偿。如此一来，他

①　此处应为皮埃特罗·本博依据乌尔比诺公爵所辖领地编造的一个拉丁化国家
名。梅陶罗河（Metauro）是意大利中部的一条发源于亚平宁山脉的河流，它自西
向东流经乌尔比诺、佩萨罗，在法诺附近注入亚得里亚海。

的军事才能可以在这里得到片刻的休整和调养，为他获得更高的声誉和更丰富的回报做好准备。⁶⁸

　　弗朗切斯科·马里亚和费德里戈都带领各自的国家经历了戏剧性的政治变革。这些变革深刻地改变了 16 世纪初意大利的政治格局，并在罗马的浩劫和查理五世的胜利中达到了顶峰。弗朗切斯科·马里亚继续担任威尼斯军队的总司令，但痛风持续地折磨着他直至其生命的最后阶段。费德里戈仍然忠于查理五世，并在 1531 年指挥轻骑兵与帝国军队一起作战，保卫维也纳，对抗土耳其人。不幸的是，这两位统治者都英年早逝。乌尔比诺公爵 48 岁去世，曼图亚公爵逝世时年仅 40 岁。1538 年 10 月 22 日，弗朗切斯科·马里亚突然辞世，很可能是因被他来自曼图亚的理发师下毒而死，但不知道是谁下的命令。他 24 岁的长子圭多巴尔多二世继承乌尔比诺公爵头衔，但他与小国卡梅里诺（Camerino）的女继承人朱利亚·瓦拉诺（Giulia Varano）的婚姻将给自己和他的领主教皇保罗三世带来严重的问题。1540 年 8 月 28 日，曼图亚公爵费德里戈死于梅毒，他的继承人弗朗切斯科此时还只是一个 7 岁的孩子。他被安葬于圣保罗修道院，挨着他受人尊敬的妻子，一年前去世的公爵夫人玛格丽塔·帕莱奥罗古斯。

第八章　新罗马

总督安德烈亚·格里蒂和他的亲信们

主要登场人物：

安德烈亚·格里蒂（Andrea Gritti, 1455—1538）
总督

佐尔兹·科尔内（Zorzi Corner）
圣马可财务官

安东尼奥·格里马尼（Antonio Grimani）
总督

多梅尼科·格里马尼（Domenico Grimani）
安东尼奥·格里马尼的儿子，红衣主教

维托·格里马尼（Vettor Grimani）
安东尼奥·格里马尼的孙子，圣马可财务官

阿尔维斯·皮萨尼（Alvise Pisani）
圣马可财务官

丹尼尔·巴尔巴罗（Daniele Barbaro）
阿奎莱亚主教

马坎托尼奥·巴尔巴罗（Marcantonio Barbaro）
圣马可财务官

　　文艺复兴时期，许多到访威尼斯的游客都会注意到一个奇特现象：社会上层人士的服装往往千篇一律。威尼斯社会等级森严，由富有的商人主导，他们分为两个地位不同的群体：统治共和国的贵族，以及所谓的"公民"（cittadini），即在政府机构任职的社会中间阶层的市民。虽然这两个群体在法律上有明确的区分和界定，但在城市的街道上却不那么明显。据一位来自米兰的游客所言，这两个阶层的威尼斯人"如果不穿上黑色长袍，甚至不会在白天出门"[1]。无处不在的黑色长袍是贵族和公民的标准制服。当然，夏天的长袍用薄丝绸衬里，冬天则改用厚皮草。然而，传统要求担任高级职务的贵族和公民穿着颜色更鲜艳的衣服，如深红色或大红色的长袍，并在袖子或披肩的形状上做进一步的细微区分，来作为等级标识。作为国家元首，总督本人在公开场合和公共仪式上必须穿金质长袍。衣着更为华丽的一般是贵族青年，对于政府官员来说，他们还是太年轻了。因此他们可以身着紧身短外套和彩色紧身裤来展示自己的身材。而打扮得最艳丽时髦的女性往往不是贵族或公民的妻子和女儿，而更可能是

提香，《总督安德烈亚·格里蒂肖像画》，
作于 1546 年（华盛顿美国国家美术馆
藏）。精力过人又独断专行的格里蒂不仅
在很大程度上改变了威尼斯的政治方向，
还重塑了威尼斯城市的外在形象。（303）

"宫娥"（courtesan，高级妓女的雅称）。

　　用炫耀性的消费开支来展现财富和地位是欧洲各地贵族精英的标志，但在威尼斯，传统上是不鼓励这种做法的。共和国通过的第一部规范婚宴的法律可以追溯到 1299 年，内容包括可以提供的菜肴、能够邀请客人的数量、迎来送往的礼物等。[2]后来的法令对各种奢侈开支都做出了限制。从嫁妆、发型、服装和珠宝，到宫殿的外立面和内部房间装饰，甚至葬礼都包括在内。这些法律经常更新，尤其是在共和国面临危险的时候。这凸显了许多威尼斯人的信念，即背离节俭的传统会招致上帝的愤怒。这是整个15 世纪威尼斯盛行的道德观念，但这个城市对财富和展示财富的态度即将发生巨大的变化。1523 年安德烈亚·格里蒂当选总督是导致这一变化的催化剂。

　　安德烈亚·格里蒂出身于一户大富大贵之家，他是威尼斯的一个贵族家庭的成员，这些贵族家庭自 13 世纪以来一直统治着威尼斯。这些家族大约有 150 个，他们的地位受到习俗和法律的严格控制，1506 年之后更是如此。每个贵族男性出生时都必须记录在官方登记册上，这本登记册也被称为"金册"（Golden Book）。当一名贵族男性年满 25 岁时，像他的阶层中的其他人一样，他有资格成为大议会的一员。这个威尼斯政府的基础部门每周日下午

召开会议，对由选举产生的元老院提出的立法提案进行表决。元
老院是政府主要的决策机构。它选举产生元老院议员和负责国家
安全的十人会议（Council of Ten）成员，以及提名在各类政府行
政机构任职的贵族人选，通过这些政府部门，他们控制着威尼斯
普通人的生活。贵族精英占威尼斯总人口的 5% 以下，公民稍稍
多一些，剩下的约 80% 的威尼斯人以工匠、店主和手工业者的身
份谋生。[3]

在这个人口稠密的岛屿城市，街道狭窄，无论是马还是马车
均无法通行，贵族精英对威尼斯社会的控制程度是意大利其他地
方都无法比拟的。他们出任各类法庭的法官，还负责城市的防御
工作，控制谷物、蔬菜和肉类的价格，以及海盐出口。除此之
外，他们还肩负着监督丧葬、垃圾收运、街道清洁、运河疏浚，
以及收集雨水的蓄水池维护工作，这些蓄水池保证了城市大部分
的淡水供应。还有专门负责夜间巡逻、阻止街头暴力，并管理乞
讨和卖淫行为的官员。事实上，威尼斯因色情行业发达而闻名，
城内最著名的妓女更愿意被称为"宫娥"。

城内教会人员的任命也由贵族主导。威尼斯和阿奎莱亚的大
主教都出身于贵族阶层，威尼斯大陆下辖的城镇主教和修道院院
长也都由贵族担任，女修道院院长也完全从贵族家庭的女性成员
中挑选。其他贵族精英成员则选择在海外为自己的国家服务，如
在外国宫廷担任外交官，范围从伦敦横跨整个欧洲，一直延伸到
君士坦丁堡、亚历山大和伊斯法罕，或在威尼斯的陆地领土以
及亚得里亚海沿岸的海外领地上出任总督官员。他们还直接参与

军事和海军事务，在战时充当部队供应的保障官。此外，尽管威尼斯军队的指挥官通常由外国的职业军人担任，但海军上将一直由贵族担任，为商船护航的国家舰队指挥官也是如此。时间证明威尼斯这套独一无二的统治制度具有惊人的持久力。威尼斯在政治统治的稳定性方面也享有盛誉，这得益于威尼斯政府一直以来所宣扬的统治神话，即该城拥有一套完美的混合制政府体制，它的成功运行更归功于一群将国家利益置于自身利益之上、德行高尚且具有自我牺牲精神的贵族精英对法律和秩序的谨慎利用与维护。

潟湖礁石岛东面被浅海沙洲挡住了东面的亚得里亚海，环绕的潟湖又与西面的大陆隔开，这里成为一处天然的避风港。公元6世纪，为了躲避西罗马帝国崩溃造成的战乱和社会动荡，一些家族开始逃离大陆，前来此处定居。从建城之初开始，威尼斯的文化和商业就与东罗马帝国和君士坦丁堡而非西边的罗马保持着密切联系。由于吸收了许多东正教会的传统，威尼斯的一些教堂是献给《旧约全书》中的先知的，如摩西（San Moisè）和撒母耳（San Samuele）；还有一些教堂则是献给东正教会的圣徒的，如金口圣若望（San Giovanni Crisostomo）或圣亚博那（Sant' Aponal）。威尼斯最宏伟的教堂圣马可大教堂，不是天主教座堂，而是按照东罗马帝国的传统，是附属于总督府的总督私人小教堂。它的设计灵感源自君士坦丁堡的圣使徒教堂（Apostoleion）和圣索菲亚大教堂（Hagia Sofia）。1204年，第四次十字军东征期间，君士坦丁堡的皇室纪念堂被抢劫一空，彩色大理石板和精心雕刻的石柱头，如著

名的四帝共治雕像（Tetrarchs）和从竞技场掳掠来的四匹青铜马，都被奢侈地装点在圣马可大教堂内外。

　　几个世纪以来，威尼斯一直繁荣兴旺，到 1400 年它已成为欧洲最大的城市之一。15 世纪 20 年代，威尼斯投票决定转变其独立于意大利大陆的传统，将权力扩张至大陆领地（terraferma）。随即征服了周边大陆地区一些独立的城市国家，包括帕多瓦、特雷维索、维罗纳和贝加莫。此时的威尼斯富裕而强大，是意大利

卡帕乔（Carpaccio），《圣马可飞狮》，作于 1516 年（威尼斯总督府藏）。作为威尼斯的象征，在其沿着亚得里亚海岸和意大利大陆本土的所有官方建筑上，圣马可飞狮的形象都极其显眼。（306–307）

主要的国际贸易中心。它拥有一张覆盖整个东地中海的贸易网络，从亚得里亚海沿岸的扎拉、拉古萨共和国的斯普利特和科孚岛到地中海东部的克里特岛和塞浦路斯。威尼斯商人还通过跨越阿尔卑斯山的陆路通道，以及穿越地中海的海路通道，经西班牙和法国，将商品运到北欧市场。在威尼斯市中心的里亚尔托市场上出售的商品种类惊人：来自意大利大陆本土的蔬菜、水果和肉类；来自佛兰德斯的挂毯和羊毛；来自叙利亚的丝绸和香料；来自黑海地区的奴隶和咸鱼；来自埃及的黄金；来自德国的白银和铜；来自西西里的小麦；来自塞浦路斯的蔗糖和棉花；来自克里特的葡萄酒、橄榄油和葡萄干。威尼斯是一座名副其实的世界性大都市。德意志和土耳其商人在里亚尔托都拥有自己的仓库，城内少数族群社区人丁兴旺，犹太人、希腊人、阿尔巴尼亚人和斯拉夫人都各自拥有自己的礼拜场所。一些外国人只要在这里居留的时间足够长，就有资格获得公民身份。如在居住 25 年后，只要能够提供非体力劳动的证明和经济保障，就可以获得公民身份。

威尼斯也有自己的工业部门，其中最重要的就是"兵工厂"造船厂（Arsenale）。这家国营造船厂可能是 15 世纪欧洲最大的工业综合体。船厂雇用 4 000 名工人，负责建造运送货物的商船、海上作战的战舰，适应大陆河流和运河作战的小型战舰，以及绳索、帆船、火药和兵器。此时的穆拉诺岛和现在一样，一直以来都是威尼斯著名的玻璃制造中心。它利用从叙利亚进口的纯碱生产高质量的玻璃制品，如精心制作的镀金和彩色玻璃制品，为罗马富人的餐桌增光添彩。它还生产更实用的物品，如眼镜镜片、玻璃沙漏计时器、镜子和玻璃窗，都是些令许多游客羡慕不已的小物件。威尼斯也是欧洲主要的印刷中心。雅各布·德·巴尔巴里（Jacopo de' Barbari）绘制的威尼斯地图（1500 年）是当时最早的大型城市鸟瞰图之一。阿尔多·曼努乔（Aldo Manuzio）开办的阿尔丁出版社雇用了大约 30 名人文学者，专门出版古希腊文学和史学经典。到了 1550 年，威尼斯出版商生产的书籍数量是佛罗伦萨、罗马和米兰地区总和的三倍。

安德烈亚·格里蒂走的是传统的商业发家之路。他做谷物生意，且结婚很早。1476 年，他与第一任妻子贝内达塔·文德拉明（Benedetta Vendramin）结婚，新娘时年 21 岁。贝内达塔出身于威尼斯的名门望族，但这并不是其后代进入金册的先决条件，儿子继承的是父亲的贵族身份。贵族男性可以选择任何背景和国籍的妻子，只要有合法婚姻的证明即可。不幸的是，贝内达塔在同年晚些时候死于分娩，她的遗腹子弗朗切斯科幸存了下来。安德烈亚与第二任妻子玛丽亚·多纳（Maria Donà）结婚三年，生下了两个女儿之后，玛丽亚也不幸早逝。之后他搬到了君士坦丁堡，在那里他继续做谷物贸易，并与他的希腊情妇生活在一起。后者为他生了几个儿子，但他们都没有资格被录入金册。

傲慢、精力充沛又耽于肉欲的安德烈亚在君士坦丁堡发了财，成为那里威尼斯人聚居区的领导人物，以及伊斯兰高级官员（grand vizier）的亲密朋友。事实证明这层关系关键时刻能救命。1499 年，威尼斯与土耳其爆发战争，安德烈亚被指控从事间谍活动。他的确一直在收集敌方舰队信息，并通过威尼斯设在科孚岛的贸易站将加密报告传回国内。他因此被关进监狱，但在那伙有权有势的朋友的积极干预下成功获释。1503 年，他回到了君士坦丁堡，这次是作为威尼斯的外交大使来谈判，签署结束两国之间战争的和平条约。快 50 岁时，格里蒂决心投身公共服务事业。1505 年，他出任威尼斯驻罗马大使，四年后被选为圣马可财务官。圣马可财务官是威尼斯具有极高声望的职位，这次当选使他成为贵族政府中的关键人物之一。圣马可财务官共有九名，他们的主要职责是管理圣马可大教堂的地产和资产，保养和维护大教堂、钟楼与位于圣马可广场的财务官办公场所。这并不是一个特别有利可图的职位，每年的收入只有区区 60 杜卡特，但它的政治影响力很大，且享有一份额外待遇——在圣马可广场上拥有一套自住公寓。[4] 不仅如此，财务官的任职是终身制，并在元老院自动拥有一个席位，是威尼斯除总督之外最高级别的贵族职位。而且，自 14 世纪以来，所有的总督都曾当选过这一令人艳羡的职位。

※

与此同时，威尼斯在大陆本土的扩张已经在欧洲上空拉响了警报。不仅是意大利各地的统治者，法国也感到了威胁，因为威尼斯的权力触角越来越接近米兰公国的边界。1508 年，当威尼斯夺取里雅斯特，并占领该城东部其他几块帝国的领地之后，神圣罗马帝国也同样感到了威胁。同年 12 月，马克西米利安一世和路易十二签署并组建了康布雷联盟。这个联盟表面上是为了对抗土耳其人日益增长的威胁，但实际上是针对威尼斯。这两位强大的君主随后又加入了教皇尤利乌斯二世、费拉拉公爵阿方索·德·埃斯特和曼图亚侯爵弗朗切斯科·贡萨加一起组建的强大联盟，目的是阻止威尼斯在大陆领地的扩张（见第六章）。

1509 年 5 月 14 日，联盟军队在阿尼亚德洛战役中重创威尼斯，迫使威尼斯人退回到潟湖岸边的梅斯特雷。经此一役，威尼斯失去了它的整个大陆帝国。但随着马克西米利安一世的军队撤退，到了夏天，威尼斯人逐渐不再恐惧城市会遭到外国军队的洗劫。此时威尼斯的反应是务实的，它需要一个强大的盟友来帮助收复失去的城镇。贵族政府决定与尤利乌斯二世媾和，并派出一个使团到罗马求和。威尼斯红衣主教多梅尼科·格里马尼此时在教皇宫廷权倾一时，在他的大力斡旋下，双方一致认为威尼斯和罗马联盟将是遏制法国在意大利北部影响力日增的最佳手段。在随后的战争中，威尼斯收复了大部分失去的大陆领地，财务官安德烈亚·格里蒂在确保获胜方面发挥了重要作用。

在阿尼亚德洛战役打响时，格里蒂已经53岁了。他与贵族佐尔兹·科尔内一同担任威尼斯军队的军需官（proveditor）。他们主要负责在军队指挥官和位于总督府的贵族政府首脑们之间做好上传下达工作。从一位军需官的委派信中，我们可以了解到他们如何从本地长官手中接管与战争有关的一切职责。[5]他必须负责组织食品、武器和弹药的供应，并收集有关敌人的情报；招募和管理间谍网络，逮捕叛徒并安排将他们带回威尼斯审讯；必须找到逃兵，并立即将其斩首示众，以震慑他人；找到支付军饷的资金，并计划好当雇佣兵临阵脱逃时如何寻求赔偿。军需官还常常需要投入实际战斗之中，最好能鞍不离马、甲不离身。但威尼斯人并不擅长于此。军需官的工作既辛劳又危险，不是所有人都习惯甚至喜欢。1509年，在战争最激烈的时期，有几位贵族甚至拒绝了这项任命。当然，随之而来的惩罚也是严厉的：500杜卡特的巨额罚款或6个月的流放。[6]

无论从哪个角度看，格里蒂都是一名出色的军需官。在战争的某个阶段，他向元老院请求退休，但元老院拒绝了，称"我们从你在军营服役的初期和中期都获益匪浅，希望你能再接再厉"[7]。他似乎也很享受战斗，并在 1509 年 7 月重新征服帕多瓦的战争过程中发挥了重要作用，而这仅仅是在阿尼亚德洛溃败后两个月。几周后，他接管了几名囚犯，包括一些著名的法国上尉和教皇军队的指挥官弗朗切斯科·贡萨加，他们将被送往威尼斯接受审讯（见第六章）。根据日记作家马林·萨努多（Marin Sanudo）的说法，从敌人那里缴获的战利品还包括一匹备受推崇的战马，"价值超过 1 000 杜卡特"[8]。当格里蒂和他的队伍到达帕多瓦时，人们"都高喊着'圣马可！圣马可！胜利！胜利！'，所有的街道和窗户前都挤满了人"。此处萨努多有些过于乐观了。当帕多瓦人从圣马可狮子的铁爪下被解放出来时，他们其实很高兴。如今，格里蒂在帕多瓦重建威尼斯的统治权威，对所有反对新政权的人严酷无情地施以惩罚时，他们深感不满。然而，这仍是一场重要的胜利，并很快成为总督府大议会议事厅墙壁上威尼斯人胜利的标志性场景。

1512 年 2 月，在收复威尼斯领土的战役中，布雷西亚遭到法国人的洗劫，不仅导致该城一万名居民死亡，格里蒂还被俘虏。但这应该算不上他的错。当时的历史学家保罗·乔维奥认为他只是运气不太好，他写道："毫无疑问，命运没有肆无忌惮地嘲笑过任何人……也没有厚颜无耻地让任何人极其缜密的计划落空。"[9]威尼斯政府对待俘虏一直严格执行不赎回政策，但这次却同意用格里蒂交换敌军的一名俘虏。在向大议会提请这一议案时，提议人指出格里蒂"为了执行本议会的命令，将自己的人身安全置于不顾"，尽管有 136 人投票赞成这一互换俘虏的提议，但仍有 48 名贵族投票反对。[10] 被羁押法国一年后，格里蒂回到了威尼斯。在那里，他受到了英雄般的欢呼。"人们簇拥着（他）穿过宫殿、庭院和圣马可广场，前往财务官办公场所的路上，都想和他握手致意。"[11] 他还获得了一枚勋章，以嘉奖他作为军需官所取得的成就。勋章的正面是他身穿盔甲的侧面肖像，下面的铭文记录了他身为圣马可财务官的尊贵地位，背面是一名骑兵冲向城门的图案。[12]

　　阿尼亚德洛战役的惨败对威尼斯的经济、政治和心理方面都产生了深远的影响。在国家财政方面，收复失地的战争消耗了城市大量的资源。由于暂时无法从大陆领地获得收入，威尼斯的国家收入减少了 33 万杜卡特，约占总数的 29%。[13] 相应地，1511 年仅雇佣军军饷开支就高达 53.84 万杜卡特。[14] 更糟糕的是，由于敌军仍持续在大陆交通要道上巡逻，威尼斯陆上贸易路线无法正常通行，连通意大利和阿尔卑斯山以北的商业集市被迫关闭，而这些市场正是威尼斯商业成功的一个关键因素。甚至有一段时间神圣罗马帝国颁布法令，禁止所有与威尼斯之间的贸易往来。

　　商品价格急剧上升，课税数额和企业破产数量也是如此。1510 年 3 月，一项元老院的法令中提到："我们的国家现在已经到了此种境地，必须筹集一大笔钱来挽救和保护它。"[15] 为了筹措资金，政府宣布将在 6 个月内不支付雇员工资，并公开出售书记

员、代理人、批发商和公证员等次要的政府职位。甚至还有机会
以 2 000 杜卡特的价格购买一个元老院的席位，尽管该席位没有
投票权。[16] 此外，当务之急是筹集现金支付雇佣军军饷，以前这
笔军费开支都是由雇佣兵驻扎的城镇的财政支付的。格里蒂曾亲
眼见到军队断饷对当地居民的影响，饥饿的士兵会强行掠夺他们
的牲畜、庄稼、财产甚至衣物。1510 年他写信给政府，请求得到
更多的军费。在信中他解释道："上帝知道，并非我不理解和感
激（政府）的焦心与努力，但在我看来，士兵应当得到报酬。"[17]
事实上，格里蒂和他的同僚佐尔兹·科尔内都主动放弃了领取
军需官的薪酬。不过值得注意的是，像他们这个阶层的许多人一
样，格里蒂和科尔内也非常不愿意纳税。在政府为筹集现金而采
取的另一项措施中，那些在大议会中被点名羞辱的逃税者名单
中，他们的大名都赫然在列。[18]

　　到 1511 年初，情况变得更加危急，甚至富有的威尼斯银行家
也开始感到压力。威尼斯人又想到了红衣主教多梅尼科·格里马
尼。他此前已经通过与尤利乌斯二世谈判，签署 1510 年的和平
条约证明了自己的价值。这次他们决定请红衣主教格里马尼再次
出马，从教皇的银行家阿戈斯蒂诺·奇吉（Agostino Chigi）那
里获得一笔贷款。贷款顺利安排上了，成功地挽救了濒于破产的
威尼斯，但恢复经济还需要一段时间。在此期间，一连串的灾难
被归咎于威尼斯人的罪恶行为。阿尼亚德洛战败后不久，政府试
图通过一系列法令改革城内的修道院，其中一条是任何与修女发
生性关系的人，一经发现将被处以终身流放。[19] 1511 年 3 月，威

尼斯发生了一场剧烈的地震，迫使正在开会的元老院议员们惊慌失措地逃离总督府。几座雕像从总督府的外墙上掉了下来，包括一尊司法女神的雕像和一些百合花饰样的石头，不过"大理石材质的圣马可石狮岿然屹立"[20]。有些人希望这预示着威尼斯（圣马可石狮）将幸存下来，而以百合花为标志的法国将如这些石头一般崩落，其他人则呼吁平息上帝的愤怒。1514年1月，另一场灾难使城市的经济困境雪上加霜：一场可怕的大火袭击了里亚尔托地区，强风肆虐下，火势迅速蔓延，城市的大部分商业区付之一炬。萨努多在日记里记录道："也许是上帝想惩罚我们的罪孽吧。"[21]

※

威尼斯的不幸源自道德的腐化堕落，这一想法为该城禁奢法令的复兴提供了理论背景。禁奢法令即禁止威尼斯人在奢侈行为上的不必要开支，特别是宴会、服装和珠宝。1511年2月，元老院通过法令指出，这些奢侈行为"没有体现出他们对祖国的丝毫热爱，因为许多人大肆挥霍却拒绝交税，而纳税是维护祖国安定、确保所有人的生存安全应尽的义务"[22]。此外，法令还规定从圣马可财务官中选出两名官员来执行这些措施。几天后，教皇的银行家阿戈斯蒂诺·奇吉抵达威尼斯，以确定此前商议的贷款细节。红衣主教多梅尼科的父亲安东尼奥·格里马尼决定举办一场豪华盛宴以示欢

迎。这当然是个不幸的巧合，但很能说明问题，反映出这并不是唯
一违反禁奢法令的场合。1512 年 5 月颁布的一项法令禁止使用一
切奢侈家具，如"用丝绸、金银丝线、珠宝或珍珠装饰的靠垫"，
以及"用金银布料、锦缎、天鹅绒等"制作的床上用品。[23] 1515
年，政府还专门成立了一个独立机构——"治奢三人委员会"（Tre
Savi sopra le pompe)，专门负责监督"在餐饮宴会、女性装饰品
和室内装潢等方面的不必要开支"[24]。然而，少数大富大贵的贵族
家庭仍然继续违反相关法规。如 1517 年财务官安东尼奥·格里马
尼，以及 1519 年财务官阿尔维斯·皮萨尼举办的婚礼上，新娘都
穿着由金质布料和绫罗绸缎制成的奢华礼服。正如萨努多所记录的
那样，"这是违反法律的"。但他也补充道，财务官格里马尼在婚礼
前已经获得了治安法官的许可。[25]

许多并不富裕的贵族对此感到震惊。在他们看来，这些家族已
经自认为凌驾于法律之上，他们自视为贵族中的精英。当然事实上
也是如此。在阿尼亚德洛战役之后，威尼斯的政治权力越来越集中
在这一小撮家族手中。他们利用在元老院的主导地位，控制了国家
最重要的政府机构，包括总督委员会和十人会议。他们中的许多人
都是圣马可财务官，如安东尼奥·格里马尼和阿尔维斯·皮萨尼，
以及他们的亲密盟友佐尔兹·科尔内和安德烈亚·格里蒂。还有一
些人则在大议会中因不交税而被点名羞辱的名单上。

很明显，在这些精英中，最突出的是那些主宰威尼斯教会的
家族：格里马尼、皮萨尼、科尔内、巴尔巴罗和多尔芬（Dolfin)
家族。16 世纪任命的阿奎莱亚牧首中，除了一位以外，其他都出

自格里马尼或巴尔巴罗家族；而在同一时期任命的帕多瓦主教，九位之中有四位来自科尔内家族，两位来自皮萨尼家族。他们还向文艺复兴时期的教皇支付巨额费用，购买红衣主教职位。佐尔兹·科尔内的儿子马可（Marco）和阿尔维斯·皮萨尼的儿子弗朗切斯科为这一特权，分别支付了 20 000 杜卡特。[26]关键的是，正是这些人，凭借他们与罗马教廷的关系，在阿尼亚德洛战役之后掌握了主动权，就威尼斯和尤利乌斯二世之间的联盟展开谈判，联络并从阿戈斯蒂诺·奇吉那里贷款，有效地将共和国的经济从灾难的边缘拯救了出来。最重要的是，威尼斯与教皇之间的这种新型关系反映出威尼斯在这一时期政策的重大转变，即改变长期以来与罗马保持适当距离的传统。

此外，在过去的半个多世纪里，贵族们的心态也开始发生微妙的变化。就像阿尼亚德洛战役一样，这种变化也可以追溯到 15 世纪 20 年代，威尼斯决定调整国家发展方向，将统治从面向海外转而面向大陆扩张。在鼓励购置大陆地产的同时，许多富有的威尼斯贵族开始将他们的财富从商业转移到土地上。他们的行为也开始发生变化，他们在与当地贵族打交道的过程中，开始接受并学习那些贵族礼仪，如比武和打猎，并开始明显看不起贸易经商。阿尼亚德洛战役之后，随着土耳其海军在地中海东部对威尼斯商贸航路的威胁越来越大，选择在大陆置业的威尼斯贵族数量不断增加。现在，他们更喜欢这种更安全的投资，而不是风险更大的商业投资。不仅如此，威尼斯的红衣主教在国内可能只是商业贵族，但在欧洲其他地方，他们却拥有如宫廷王子般的地位，

19世纪艺术家卡洛·格鲁巴克斯（Carlo Grubacs）绘制的《总督府及圣马可广场景观》（私人收藏）。圣马可广场和总督府周围的建筑是威尼斯权力的视觉焦点，专门用以展示共和国的威望。（316–317）

在那里他们只向教皇、国王和皇帝鞠躬。

　　虽然安德烈亚·格里蒂不是出身于上述那些传统上为教会服务的家庭，但他也是贵族精英中的一员，特别是他拥有与阿尔维斯·皮萨尼和佐尔兹·科尔内的友谊。他的女儿贝内德塔（Benedetta）嫁给了乔瓦尼·皮萨尼——富有的银行家阿尔维斯·皮萨尼的儿子。阿尔维斯的其他子女包括：弗朗切斯科，1517年23岁时被任命为红衣主教；拉法埃拉（Raffaella），圣阿尔维斯女修道院院长；伊丽莎白，安东尼奥·格里马尼的妻子；安德烈亚，佐尔兹·科尔内的儿子祖安·科尔内（Zuanne Corner）的妻子。佐尔兹与格里蒂交情颇深，他们还是青年贵族时，就曾经加入过同一家"长袜子俱乐部"[27]，还曾在阿尼亚德洛之后的战争中一起担任过军需官。佐尔兹·科尔内的贵族资质异常引人注目：他的姐姐卡特琳娜·科尔内（Caterina Corner）曾是塞浦路斯女王，并在丈夫去世后将该岛赠送给了威尼斯；他的两个儿子马可（1500年当选）和弗朗切斯科（1528年当选）为红衣主教；第三个儿子娶了红衣主教弗朗切斯科·皮萨尼的妹妹。红衣主教弗朗切斯科·皮萨尼的两个外甥——阿奎莱亚牧首丹尼尔·巴尔巴罗以及他的弟弟圣马可财务官马坎托尼奥——也是该精英团体的成员。这些家族之间的联系错综复杂，盘根错节的关系网准确地揭示出这批亲罗马教皇的精英是如何被共同利益紧密地绑在一起的，而这些利益远比他们与教会的联系要更为深入。

　　1521年6月，总督莱昂纳多·洛雷丹（Leonardo Loredan）去世，随后举行的总督选举中，格里蒂是主要的候选人之一，但这群贵族精英普遍认为，阿尼亚德洛战败格里蒂难辞其咎。因此在这次选举中，他输给了安东尼奥·格里马尼。但格里马尼上任后不到两年就去世了。1523 年 5 月，新一轮的总督选举中，格里蒂再次成为热门候选人。他的政敌在大会议中对其展开了猛烈抨击，指责他是一个专制而傲慢的人，不仅涉嫌侵吞国家资金，还"在土耳其有三个私生子"[28]。多亏了富有的银行家、格里蒂女儿的公公阿尔维斯·皮萨尼的帮助，他成功获得了当选总督的必要选票，票数刚好达到最低要求。1523 年 5 月 20 日，聚集在圣马可广场上的人群并没有热烈庆祝他的当选，也没有多少人按照惯例，参与到呼喊新总督名字的行列中来。[29] 格里蒂似乎具有同时引发人们尊重和憎恶的能力。萨努多评价这位新总督为"我们国家的首脑和最值得尊敬的人"，但也记录了"每个人都对他的当选感到遗憾"。格里蒂肯定也意识到了自己缺乏对民众的吸引力。在他的总督加冕仪式上，按照传统，新任总督的家人会向民众分撒硬币，这次他异常奢侈，投放了价值 400 杜卡特的硬币，是通常数额的两倍。[30]

萨努多的日记中还提到格里蒂委托提香完成了一幅感恩肖像画。按照传统，每位总督都会在当选后绘制一幅肖像画挂在总督府。

画中描绘了格里蒂在圣马可的引导下，向圣母跪谢的场景。在场做见证的还有三位圣徒贝尔纳迪诺（Bernardino）、阿尔维斯和玛丽娜（Marina）。* 萨努多补充道："如此选择据说是为了

---

* 这幅画在 1577 年摧毁总督府内部的大火中被焚毁。

表明正是这三位（圣徒）协助他成功当选。"圣贝尔纳迪诺寓意
"他在我的祝圣日当选"（5月20日）；圣玛丽娜寓意"他在我的
祝圣日收复了帕多瓦"（6月17日）；圣阿尔维斯则意指"总督
的亲家阿尔维斯·皮萨尼财务官大人……是在他的大力协助下，
总督才得以成功当选"[31]。

　　为了确保选举过程中的公平和自由，总督的选举制度设计得
极为复杂，包括在选举总督前，要先组成一个特别的选举委员
会，41名成员从大议会中通过抽签产生。而另一个特别委员会则
负责总督空缺期间的政府事务。同教皇去世时一样，总督的金戒
指和他的官方印章也在其去世后被销毁，但两者之间的相似之处
到此为止。虽然文艺复兴时期教皇的权力日益不受限制，但总督
的权力并未超出自己所处的贵族阶层，只是在地位上居于首位。
总督不是君主，而是一个政府特别委员会的主席。这个委员会的
成员主要从十人会议和其他重要的政府机构中选举产生。他的一
切决定都必须征得委员会成员的同意。他们每天与总督会面，处
理政府事务，接见特使，审阅急件公文和政府工作报告。总督还
承担着半宗教领袖的角色，是威尼斯一年一度的官方纪念日和游
行庆典仪式的中心人物。这些重大的基督教仪式庆典有许多都源
自东部的拜占庭帝国。很明显，总督职位在威尼斯历史上的地位
远远高于总督本人，总督并未被视作统治个体来颂扬。总督府内
部的装饰画记录了威尼斯的历史，在这些画作中，永恒的君主不
是总督，而是（化身为圣马可飞狮或亚得里亚海女王形象的）威
尼斯。总督去世后，他的遗体会归还给他的家人，然后像其他公

民一样，安葬在其所在的教区教堂内。

※

　　安德烈亚·格里蒂在位 15 年，是 16 世纪威尼斯统治时间最长的总督之一，仅次于莱昂纳多·洛雷丹（1501—1521 年在位）。1523 年他当选总督时已经年满 68 岁，比文艺复兴时期教皇当选时的平均年龄略大，但远超其他欧洲国家的统治者，如克莱芒七世（45 岁）、弗朗索瓦一世（29 岁）和查理五世（23 岁）。从各方面来看，他都是一位令人心生敬畏的人物，他会在合适的时机展示出相当大的魅力，暴怒时却也很可怕。他还不太尊重传统：某年秋季，他出席大议会时身穿了一件新式罩袍，震惊四座，在平安夜那天又穿了这件衣服。[32] 但更严重的是，他无视总督禁令，未经大议会成员的同意私自采取行动，与外国使节私下谈判，导致他难免多次被提醒，重申他在当选时所宣誓的条款。[33] 魅力四射、精力充沛的格里蒂也有着丰富多彩的私生活。在他的两名妻子不幸去世后，他又找了许多情妇，生了多达五名私生子，据说有一名情妇甚至是位修女。然而，随着年事已高，他的兴致已经逐渐从床笫之欢转向美食之乐。他患有痛风，据说"他曾告诉一位朋友，他惊讶于自己因疼痛而畸形的双脚，但双脚畸形总比让他的头脑畸形要好"[34]。他大腹便便，医生建议他不要吃"他最爱吃的大蒜和洋葱"，他的工作人员被要求"即使总督大人要求吃，也不要纵容他"。1538年12月28日，格里蒂去世，据说"他死于过量食用为平安夜晚宴准备的七鳃鳗"[35]。

尽管年事已高，但格里蒂仍然精力充沛，雄心勃勃地谋划着威尼斯的未来图景——修复阿尼亚德洛之战对威尼斯造成的精神创伤，并恢复其作为欧洲主要大国的声誉。他决心从以下几个方面展开行动：政治、军事、经济和艺术。格里蒂当选时，威尼斯正处在一个微妙的局势之中。哈布斯堡－瓦卢瓦（Habsburg–Valois）战争持续破坏着意大利北部地区，那些他曾经努力收复的大陆城镇仍处在战火的威胁之下。因此，他上台后做的第一件事就是任命军事专家乌尔比诺公爵弗朗切斯科·马里亚·德拉·罗韦雷为威尼斯军队总司令（见第七章）。根据1529年4月续签的雇佣兵合同条款，公爵受命与教皇以外的任何人作战（乌尔比诺是教皇的领地），他的士兵可以保留"除了城市以外"的所有战利品。威尼斯方面则承诺乌尔比诺公爵可在两地自由通行，并在威尼斯为他和他的宫廷成员提供住所，免费饲养弗朗切斯科·马里亚的战马，并向他的儿子圭多巴尔多提供一份雇佣兵合同。[36]弗朗切斯科·马里亚公爵的外交地位显著提升，这让曼图亚大使极为恼火，因为他现在的地位已远不及乌尔比诺大使，为此他拒绝参加1529年4月在圣马可纪念日举行的重要庆祝活动。[37]

格里蒂能在查理五世和弗朗索瓦一世的环伺之下，成功地保卫威尼斯的大陆领地，部分应归功于他的外交技巧，能够将双方的关系玩弄于股掌之间。他还善于在必要时利用土耳其人，制造威胁。威尼斯驻君士坦丁堡的大使经常受命煽动土耳其苏丹，对神圣罗马帝国展开军事行动，从而遏制帝国在意大利的扩张野心。威尼斯还拥有一张全欧洲最高效的外交网络，以及一个拦截其他统治者通信内容的特工网络。例如，萨努多在 1529 年 9 月 2 日的日记中详细记录了九封信的内容，其中四封是威尼斯总督和驻大陆领地的军需官之间的信件，另外五封则是截获的帝国驻各地代理人之间的信件，其中包括一封查理五世亲自写给其步兵指挥官阿方索·德·阿瓦罗斯（Alfonso d'Avalos）的信件。[38] 然而，很快就可以看出，威尼斯不可能完全置身于哈布斯堡－瓦卢瓦冲突之外。1526 年，为了阻止查理五世在半岛上日益增长的影响力，格里蒂选择加入科涅克联盟，与弗朗索瓦一世和克莱芒七世结盟，对抗帝国皇帝。按照惯例，威尼斯举行官方游行来庆祝联盟成立。根据萨努多的记载，在出席游行仪式时，格里蒂戴上了"象征和平的"白金相间总督帽，显然是为了安抚国内民众。

为了避免重蹈在阿尼亚德洛战役与敌人正面交锋时的覆辙，以及随之而来的灾难，格里蒂命令弗朗切斯科·马里亚·德拉·罗韦雷和指派随军前往的平民军需官，避免与敌人直接作战。他们的唯一任务和最高使命是保卫威尼斯的边境。这并不是一名士兵在战场上通常应有的行为，并且这一做法还产生了严重的后果。公爵拒绝与帝国军队交战的一个最直接的后果就是 1527 年 5 月的罗马之劫（见第七章）。这种逃避政策导致的另一个结果是为格里蒂赢得了"费边·马克西姆斯"（Fabius Maximus）的绰号。这位古罗马将军在第二次布匿战争中对汉尼拔也采取了类似的拖延战术。[39] 和费边·马克西姆斯一样，格里蒂和他的总队长都遭到了广泛的谴责，认为他们懦弱、无能，甚至背叛了联盟。但是，从威尼斯人的角度来看，这一策略是极为有效的。与那些挑战神圣罗马帝国的统治者，特别是教皇相比，威尼斯在这次战争冲突后保持了其完整的独立性。

在罗马之劫后，格里蒂继续对威尼斯的边境严防死守，并从教皇国手中夺取了拉韦纳和切尔维亚，以进一步增强其边境的防御力量。当听闻查理五世打算在 1529 年访问意大利并参加自己的加冕典礼，随其到访的还有多达 3 万名士兵时，格里蒂认真盘算，如果皇帝此行意图与威尼斯为敌，就煽动法国入侵意大利。[40]他命令乌尔比诺公爵做好战争准备，并通过对大陆领地内的河道交通课以重税来筹集资金，但满载河鲜、卷心菜、大蒜和芦苇等生鲜物资的渔船与驳船可以豁免税务。[41]在这种情况下，查理五世的军队与其说是来入侵意大利，不如说是来展示军事实力。1529 年 12 月 23 日，他与克莱芒七世在博洛尼亚签署一项和平条约。此情此景下，这份"和平条约"实际上直接或间接地扩张了查理五世在意大利的统治范围，将整个意大利置于其"保护"之下。

相形之下，自 15 世纪以来主宰整个意大利半岛的大国势力中，只有威尼斯成为唯一保持独立的国家。或者，用一个劫后余生的罗马人的话来说："现在只有威尼斯还维护着意大利的荣誉。"[42]1530 年 1 月 1 日，当博洛尼亚条约在威尼斯正式公布时，格里蒂明显已经能够利用拉韦纳和切尔维亚作为重要的讨价还价筹码，向教皇国索取高额的归还费用。这笔资金将大大提振威尼斯的经济。为了庆祝成功签订该和平条约，圣马可广场举行了盛

维罗纳新城门,建造于 1533—1540 年。米凯勒·桑米切利(Michele Sanmicheli)设计建造的这座雄伟的城门采用粗糙的外立面风格和多立克柱式,塑造出一个充满力量和坚不可摧的形象。(321)

大的游行仪式,巡游队伍将威尼斯最珍贵的宝藏环城展示。据一位编年史家说,展示的银器价值超过 25 万杜卡特。"老一辈的威尼斯人感叹道,他们从未见过像这次这样欢乐和壮观的场面。"[43]这是自 1509 年阿尼亚德洛战败以来威尼斯紧缩时代的结束,也是新时代的开始。

与查理五世和解后,在随之而来的财政红利刺激下,贵族政府采取措施,鼓励毛纺织、丝织和玻璃手工业的发展,威尼斯很快开始经济复兴。特别是毛纺织工业,得益于战争对佛罗伦萨羊毛产业的破坏，到该世纪中叶，威尼斯的羊毛制品产量提高了十倍。[44] 但格里蒂对威尼斯的野心远不限于经济和外交政策方面。他希望为威尼斯树立一个全新的国家权力形象。格里蒂和他的亲信们决定采取推崇古罗马文化的政策。通过彻底采用半岛上其他主要大国都曾使用过的古典话语，清晰地将威尼斯为新时代的罗马这一宣传策略传递了出来。

※

　　威尼斯人并不太容易接受革新的概念。在他们看来，一致和传统才是维护威尼斯政治稳定形象的支柱。几个世纪以来，威尼斯一直宣称它与拜占庭以及早期基督教文化的联系。此外，威尼斯是一座没有古罗马历史的城市。而像帕多瓦和维罗纳那样，处于威尼斯统治之下的大陆城镇却是可以宣称拥有古代遗产的地方。同时，人文主义者们也不像他们在意大利地区的其他国家那样，能够在威尼斯的政府官僚机构中发挥任何作用。事实上，威尼斯人学习希腊语是为了促进他们在地中海东部的贸易前景，而不是为了阅读古希腊文本。

　　然而，在文艺复兴时期意大利宫廷发挥重要作用的古典世界文化已经开始在威尼斯产生影响。1500 年左右，古典形象首次出现在官方语境中。例如，雅各布·德·巴尔巴里（Jacopo de' Barbari）绘制的城市鸟瞰图上，首次出现了战神玛尔斯（Mars）

和海神尼普顿（Neptune）的形象，他们取代更为传统的圣马可
飞狮，成为威尼斯新的保护者。到了1520年，马林·萨努多已
经可以宣称威尼斯比罗马更高贵，因为它是由贵族而非牧羊人兄
弟罗慕路斯与雷穆斯（Romulus and Remus）所建。[45] 1523年红
衣主教多梅尼科·格里马尼去世后，更多证据显示威尼斯的态度
发生了变化。他将自己收藏的艺术品全部留给了威尼斯，包括28
箱青铜古董和大理石雕塑。它们被妥善安置在总督府的一间私密
套房里，而没有选择公开展示。[46] 1530年，当格里蒂任命人文主
义者皮埃特罗·本博为威尼斯图书馆馆长时，他的任务之一是为
这份珍贵的遗赠撰写纪念碑文。

　　第一个明显的变化发生在16世纪20年代末的威尼斯大陆领地
上。当然，此时新建筑风格运用明显没有之后在威尼斯体现得那么
彻底。作为军队的军需官，格里蒂参与修筑了帕多瓦和特雷维索的
新防御设施，并在1517年退役时写了一份报告，主张对大陆领地
所辖城镇的防御设施进行全面改造。但因结论过于激进，谨慎的威
尼斯政府选择将其搁置一边。当选总督之后，他就可以将防御作为
优先事项，并采纳军队总司令弗朗切斯科·马里亚公爵的建议，先
在其领地城市，如乌尔比诺、佩萨罗和塞尼加利亚的防御工事中
加装新颖的角状堡垒，以抵御日益猛烈的火炮攻击。1526年左右，
这些新型的角状堡垒首次出现在威尼斯大陆领地所辖的城市中，特
别是米凯勒·桑米切利的建筑作品中。[47] 瓦萨里在《艺苑名人传》
中讲述了一个可能是虚构的故事：桑米切利是一名受雇于克莱芒七
世的维罗纳军事建筑师，在察看维罗纳、特雷维索和帕多瓦的防御

威尼斯图书馆，始建于 1537 年。雅各布·桑索维诺 (Jacopo Sansovino) 设计的图书馆包括一层的商铺，出租后可以提供稳定的收入来源。图书馆本身在上面一层，通过使用爱奥尼亚风格的柱式来识别和区分。（324-325）

工事时，引起了威尼斯当局的疑心，并以间谍罪逮捕了他。长时间的审讯之后，他被无罪释放了，并被承诺如果他愿意，威尼斯可以雇用他。[48] 1529 年，桑米切利在维罗纳负责修筑堡垒。1535 年，他被任命负责威尼斯大陆领地所有防御工事的修筑工作。

在他那些新颖的建筑作品中，有两座为维罗纳新修筑的防御性城门，即新城门（Porta Nuova，1533 年动工）和帕利奥城门（Porta Palio，1555 年动工）。在这两座城门中，通过使用粗粝感的多立克柱式，将防御工事所需具备的力量感和影响力传递了出来。桑米切利很可能熟习塞巴斯蒂亚诺·塞利奥（Sebastiano Serlio）的建筑理论。塞利奥在其建筑专论的第四卷（1537 年出版于威尼斯）中详细界定了每种柱式的形制和特征，从最朴素、最坚实的托斯卡纳式到最优雅的复合式。[49]

长期以来，威尼斯神话的核心原则是城市本身不需要城墙、城门或防御工事。但这一原则历史悠久，是在土耳其人严重威胁到威尼斯的亚得里亚海霸权之前制定的。1532 年 5 月，格里蒂请求弗朗切斯科·马里亚公爵就土耳其威胁向政府发表讲话，认为应该建立一系列新的防御屏障，不仅要保护威尼斯，还要保护其在亚得里亚海和地中海东部的商业据点与卫星领地。政府指派桑米切利去检查达尔马提亚海岸到科孚岛和克里特岛的防御情况。在这些地方，土耳其人正成为威尼斯贸易的严重威胁。他还在潟湖出海口的利多岛修筑了一座圣安德烈亚要塞（Fortezza di Sant' Andrea，1543 年动工）。这座要塞与他此前建造的维罗纳新城门一样，体量庞大，有着坚固的粗粝感多立克式石柱和门楣，上面醒目地雕刻着圣马可飞狮和其他象征威尼斯权力的符号形象。

格里蒂总督对威尼斯形象做彻底改造的设想主要集中在这座城市的政治中心——圣马可广场上。重要的访客在这里下船，前往总督府接受官方的接待；威尼斯人也聚集在这里，庆祝他们的胜利，见证基督教的节日庆典。广场四周矗立着威尼斯的权力象征，其中最重要的是圣马可大教堂和总督府。还有兴建于 1496 年的钟楼，耗资约 6 000 杜卡特。根据日记作者多梅尼科·马里皮耶罗（Domenico Malipiero）的记录，"无论如何，这个项目还是开始动工兴建了，以免这座城市看上去完全崩溃了一般"[50]。威尼斯人完全理解外观的重要性。沿着主广场两侧排列的是圣马可财务官的办公室，其中的底层被用作商铺出租，这是典型的威尼斯商人心态。

为了展示威尼斯新的权力形象，格里蒂计划打造一个更庄严肃穆的周边环境，其首要任务是整顿和清理该区域。在实际操作中，他下令拆除广场上肉贩和香肠商贩为商品交易设立的破旧木制摊位，关闭了那些名声不佳的小酒馆，并移除了聚集在钟楼底部的货币兑换商摊位。[51] 在更新改造后的威尼斯，贸易集中在里亚尔托地区，而不再聚集于城市中环境更为高尚的政治中心。政府还试图优化和丰富圣马可广场上的节日庆典活动。例如 1525年，政府试图取消"油腻的星期四"（Giovedi Grasso）①的传统特

① "油腻的星期四"是天主教传统节日，指天主教的圣灰星期三（Ash Wednesday）与大斋节（Lent）前的最后一个星期四。为了迎接即将到来的禁食禁欲的大斋期，人们会在这天举行狂欢活动以示庆祝。传统上，威尼斯一般将"油腻的星期四"作为一年一度狂欢节的开始，并在圣灰星期三的头一天即"油腻的星期二"（Martedì Grasso）达到狂欢节的高潮。

色活动——在圣马可广场上公开斩首一头公牛和十二头猪，这是一个特别嗜血的仪式，主要是为了唤醒威尼斯人对 12 世纪一名叛乱大主教及其同党的记忆。斩首仪式之后，代表叛乱者的微型木制"城堡"被元老院成员砸成碎片，以纪念威尼斯大败叛军，尽管法令中似乎忽略了这一点。[52] 格里蒂此后用斗牛和更多贵族化的娱乐活动，如舞蹈、假面舞会、庆典和喜剧取代了这一充满历史感的血腥仪式。

广场上最重要的建筑，也是国家仪式的焦点，就是圣马可大教堂。教堂建筑里面的维护和财产管理都掌握在圣马可财务官手中。在格里蒂担任总督期间，他的两位亲密盟友安东尼奥·卡佩罗（Antonio Cappello）和红衣主教多梅尼科的侄子维托·格里马尼均位列其中。

在他们出任圣马可财务官期间，对展示总督权力的仪式做了重要变革。1527 年，他们为圣马可大教堂任命了一位新的唱诗班大师（maestro di cappella）——擅长复调音乐的佛兰德斯作曲家阿德里安·威拉特。这一举动将改变圣马可大教堂的礼拜仪式。威拉特引入的创新式音乐风格将使威尼斯一举成为意大利最著名的世俗和宗教音乐中心。[53] 圣马可财务官们还委托人对教堂的唱诗席做了大规模的翻新改造。1535 年 6 月，在建筑大师雅各布·桑索维诺的监督下，开始为唱诗班席位制作镶花嵌板，并用大理石铺设歌唱长廊，辅以青铜浮雕装饰。重新设计的新总督宝座，上面装饰着镀金的古典主义石柱和三角楣饰。翻修的同时，总督的座席也从传统中位于唱诗席入口右侧高高在上的位置，转移到了翻修一新的

威尼斯钟楼凉廊，建于 1538—1540 年。桑索维诺设计的这座建筑为贵族提供了一个聚会场所，它采用昂贵的彩色大理石板铺就，并装饰以优雅的大理石浮雕和青铜雕像。（327）

唱诗席中间，远离了教堂大殿的主体部分。此举实际上意味着将总督从东方的皇帝变成欧洲的君主，尽管格里蒂将这一变化归结到他"受伤的双腿"上，即受到了痛风的影响。[54]

　　1529 年，桑索维诺被任命为 proto（希腊语"第一"的意思），即圣马可财务官建筑项目的首席监督。这是一个重要时刻。从某种意义上说，任命一名外国人出任这一享有盛誉的职位是极其不寻常的选择。威尼斯的本土艺术家是受到法律保护的。1505年，德意志艺术家阿尔布雷希特·丢勒（Albrecht Dürer）在访问威尼斯期间就遇到了麻烦，因为他违反了禁止外国艺术家在该

威尼斯图书馆，始建于 1537 年。图书馆山墙上颇有重量的垂花装饰带是一个绝佳的实例，通过使用古典艺术风格展示威尼斯的力量，带来戏剧性的视觉变化。(328)

市出售作品的规定。他们只允许在每年的耶稣升天节（Feast of the Ascension）举行的交易会上出售自己的作品。[55] 更重要的是，桑索维诺出生在佛罗伦萨，在罗马成为著名的雕塑家，并曾与拉斐尔和米开朗琪罗等艺术家合作。1527 年罗马之劫期间，他逃离了这座城市。在罗马，红衣主教多梅尼科·格里马尼曾是他的委托人，红衣主教的侄子维托·格里马尼则是圣马可财务官。他现在委托桑索维诺为威尼斯设计一个全新的国家形象，这似乎不太可能是个巧合。

　　圣马可财务官，以及他们在罗马接受过古典艺术训练的首席监督承担的最雄心勃勃的任务是改造圣马可地区。计划以一种基于古罗马建筑样式的崭新风格，为贵族政府的权威打造一个全新的视觉形象。这次改造的彻底程度前所未有。1512 年，当圣马可广场北侧的办公楼在一场大火中被焚毁时，它们的重建规划与 12 世纪初动工时的设计方案大致相同。而这一次却完全不一样。

　　此次圣马可广场改造项目涉及三座新建筑，全部由桑索维诺统一设计规划，包括面向潟湖的铸币厂（1536 年动工）、正对总督府的图书馆（1537 年动工），以及位于钟楼底部的凉廊（1538 年动工）。这些建筑最明显的特征是它们的装饰风格，根据塞利奥于 1537 年在威尼斯出版的建筑专论中关于柱式形制的理论，选择不同的古典柱式风格来展现建筑物的不同功能。铸币厂的建筑资金并非来自圣马可的资产，而是通过释放塞浦路斯岛上的奴隶，并向他们每人收取 50 杜卡特以换取自由身份筹集而来。铸币厂共两层（第三层是后来加建的），下层为托斯卡纳式石柱装饰，上层则采用多立克式石柱装饰，两种装饰都采取了质朴而粗糙的外部结构，以体现建筑物的基本功能，如桑索维诺的儿子所描述的那样，是"一座收押最珍贵黄金的监狱"[56]。

　　建造图书馆是为了收藏红衣主教贝萨里翁（Cardinal Bessarion）于 1472 年捐赠给威尼斯的一批珍贵手稿。根据塞利奥的理论，爱奥尼亚式与学者很相配，因此图书馆显然也选择了爱奥尼亚式的建筑风格。

　　图书馆位于二楼，入口大门的门楣上点缀着精雕细刻的垂花

保罗·维罗内塞（Paolo Veronese），《亚历山大面前的大流士家族》，约作于 1565 年（伦敦国家美术馆藏）。这幅画表面上以历史为主题，实际上是皮萨尼家族委托艺术家创作的家族成员的集体肖像画。（330–331）

威尼斯圣方济各堂，始建于 1534 年。这座方济各会教堂由雅各布·桑索维诺设计，总督格里蒂选择在此地下葬，他将自己的总督长袍捐赠给修道院制成祭服。（333）

饰带，一楼则采用多立克式建筑风格，圣马可财务官将其出租，用于开设高档商铺，以换取项目建筑资金。最初的 16 个店铺的租金为 28 000 杜卡特，之后他们又通过提高租金的方式来筹集更多资金，这次收取的对象为那些从圣马可广场搬离到其他地方的小旅店老板。[57]1545 年，施工过程中还出现了一些问题，建筑物的一部分坍塌了。圣马可财务官把桑索维诺关进了监狱，并暂时解除了他的职务，之后又官复原职，但命令其自筹资金 1 000 杜卡特开展重建工作。[58]在这一整套古罗马风格的建筑装饰中，有一个令人惊讶的威尼斯式细节，一扇大门上镌刻着 MCXXXIII 字样的日期，这当然不是你可能以为的 1133 年，而是 1554 年，因为这是从传说中威尼斯共和国建城的公元 421 年开始算起的。[59]

　　凉廊的设计初衷是作为贵族们的集会室，因此可想而知，它比其他两座建筑要奢华得多，不仅铺设有华丽的大理石面板，还装饰着优雅的复合式石柱。图书馆和造币厂都是以砖结构为基础，外面覆以当地出产的伊斯特拉石材，而凉廊则全部采用进口的大理石制成，造价明显昂贵许多。特别是来自维罗纳的红色大理石，以及来自卡拉拉的白色大理石，都是花费巨资从意大利各地运来的。大理石面板上装饰着圣马可教堂外立面的古典式浮雕，而配色方案则刻意选用了总督府这个贵族政府所在地的外立面图案风格。凉廊的外墙上还立有四座古典神话人物雕像，分别是密涅瓦（Minerva）、阿波罗（Apollo）、墨丘利（Mercury）与帕克斯（Pax），他们分别代表了贵族统治阶级的四种特质，即智慧、音乐、雄辩与和谐。

※

在私人建筑项目中，无论是宗教建筑还是世俗建筑，作为推崇古罗马文化的一员，贵族们也不遗余力地采用古典建筑风格，以此彰显与罗马友好的政治关系。当然，在 16 世纪威尼斯高度保守的社会中，这一进程并非如此简单。在信奉天主教的欧洲，富人有义务以基督教的名义花钱。和其他地方一样，威尼斯的遗嘱中也充满了慈善捐款，并无一例外地向神父提供资金，以支付为其灵魂做弥撒以及祈祷所用的蜡烛的费用。遗嘱中还常常见到对小礼拜堂、祭坛和坟墓捐款的嘱托。

例如，佐尔兹·科尔内的遗嘱中就为 10 个女孩每人留下了 25 杜卡特的嫁妆，分 10 年支付；还留下了几吨面粉，每年定期分给穷人。[60] 他还要求下葬于圣宗徒堂（Santi Apostoli）内豪华的大理石小礼拜堂里，这原本是他为父母准备的。

许多推崇古罗马文化的贵族还选择购买圣方济各堂（San Francesco della Vigna）的赞助权。该修道院的修士们正在按照桑索维诺的设计重建该教堂（1534 年动工），并通过出售教堂内的小礼拜堂为建设项目筹集资金。这是总督格里蒂所居住的教区教堂，它迅速成为推崇古罗马文化的贵族们展示其威望的焦点。小礼拜堂的赞助人名单中以格里蒂为首，他在遗嘱中为获得主礼拜堂的所有权留下了 1 000 杜卡特，而两侧的小礼拜堂则归维托·格里马尼的姻亲朱斯蒂（Giustinian）所有。[61] 维托本人是该项目的关键人物，他和兄弟乔瓦尼一起获得了一间小礼拜堂，乔瓦尼后来还获得了小礼拜堂外墙的赞助权。他们花费 200 杜卡特获得了小礼拜堂的所有权，并斥巨资装修，包括粉饰灰泥、用科林斯式石柱装饰的祭坛和一个明显为罗马式古典风格的拱顶。它也成为这座教堂里最壮观的小礼拜堂。[62]

传统上，威尼斯贵族的私人宫殿相似度很高，其设计和装饰风格明显借鉴自总督府，透过窗户能看到里面房间的布局，并且每层楼的高度都与毗邻的宫殿保持一致。

事实上，一位威尼斯贵族甚至建议，建筑风格应该强制统一。[63]威尼斯人从众的本能很强，有趣之处在于，这种风格的转变需要时间。桑索维诺到达威尼斯之后，最初的项目之一就是为圣马可财务官维托·格里马尼在大运河边设计一座华丽壮观的罗马式宫殿（设计于 1527—1528 年）。但值得注意的是，这座宫殿从来没有动工兴建，原因几乎可以肯定的是，在当时看来它实在太过于炫耀和铺张了。维托和他的兄弟为此做出了妥协。他们延续了位于至美圣玛利亚堂（Santa Maria Formosa）附近的家族宫殿传统而质朴的外立面风格，但委托桑米切利设计了一个壮观的古典多立克风格的庭院，并对宫殿内部进行了大规模的翻修改造（动工于 1532—1537 年）。[64]类似地，桑索维诺为另一位推崇古罗马文化的贵族精英祖安·多尔芬（Zuanne Dolfin）设计的宫殿（约 1537 年）也故意不事张扬。虽然它以古典风格装饰，但宫殿样式仍然延续着威尼斯的传统风格，而且宫殿高度也有意与邻居们保持一致。[65]

保罗·维罗内塞，《以马忤斯的晚餐》，作于 1559 年（巴黎卢浮宫藏）。威尼斯人通常会在《圣经》故事中加入家庭肖像，比如这幅画中两位抱着小狗的女孩。（334–335）

威尼斯大运河畔的科尔内宫，由桑索维诺设计，约 1545 年开始兴建。科尔内宫气势恢宏，古典至极，并以其体量和高度傲视群雄。(336)

　　尽管他们成功地复兴了威尼斯的繁荣和声誉，但这些对罗马表示友好的贵族精英在威尼斯国内仍不受欢迎，特别是总督格里蒂。例如，1532 年 4 月，圣马可广场一夜之间出现了各式涂鸦，呼吁威尼斯人"觉醒"并"铲除暴君"[66]。一位评论家声称："有些人认为（格里蒂）的生活太过奢华，家里仆人太多，盛大而炫耀的排场已经超过了合理的限度。"[67] 这一批评正好体现了传统上威尼斯人对这批新兴贵族精英的看法。事实上，位于圣方济各教区的格里蒂家族宫殿的改造以简洁著称。它体量庞大但并不宏伟，装饰着传统而质朴的拱形窗，并位于时尚的市中心之外，离大运河还有一段距离。

相比之下，科尔内家族的宫殿似乎更显张扬。1527 年，佐尔兹·科尔内去世时，为他的儿子们在威尼斯留下了三座宫殿，一座位于圣保罗区，两座位于大运河畔。同现在一样，大运河畔的房屋价格明显比城市其他地方要高得多。大运河畔的两座宫殿中，一座位于圣卡桑（San Cassan），是他的妹妹塞浦路斯女王卡特琳娜留给他的；另一座位于圣毛里奇奥（San Maurizio），是他花了 2 万杜卡特买下，又花了 1 万杜卡特进行翻新和装饰的[68]，这也成为他最喜欢的住所。但在 1532 年 8 月，阁楼上刚从塞浦路斯运来的几箱蔗糖引发了火灾。因为卸货时发现蔗糖受潮，因此在炎热的夏季将其搬到楼顶晾晒，当晚又点燃了一个烤炉以加速烘干。结果，不幸的是这些货物着火了，完全摧毁了宫殿和里面的大部分陈设。正如萨努多所感叹的那样，这是"威尼斯最精美的宫殿，甚至可以说是整个意大利最高贵、最宏伟和最奢华的宫殿，但几小时内就被付之一炬"[69]。

佐尔兹的三名平民出身的儿子成功地向政府请愿，谋求获得对部分重建费用的资助，并声称他们家还欠着卡特琳娜 61 000 杜卡特的嫁妆。但不幸再次降临到科尔内家族，另一场大火烧毁了他们位于圣保罗的宫殿。随后，兄弟三人就父亲遗产的分割问题展开了长期的法律讼争，直到 1545 年才最终解决。唯一幸存的

位于威尼托马塞尔地区的巴尔巴罗别墅的外立面，兴建于约 16 世纪 50 年代。帕拉迪奥神庙样式的外立面以及两侧的门廊设计，为乡村别墅带来了独特的古典优雅气质。这种建筑风格在欧洲和北美很受欢迎。（338–339）

圣卡桑宫归吉罗拉莫（Girolamo）所有，祖安则继承了圣保罗的剩余财产，位于圣毛里奇奥的旧宅归佐尔泽托（Zorzetto）所有。佐尔泽托是佐尔兹的儿子贾科莫（Giacomo）之子，贾科莫在等待案件宣判时已经去世。[70]

　　祖安和佐尔泽托随即在他们的宅基地上展开重建工作，并委托新古典主义风格的建筑大师桑索维诺和桑米切利提供奢华的罗马风格设计。佐尔泽托委托桑索维诺设计他位于圣毛里奇奥的宫殿（1545 年动工），而祖安位于圣保罗的宫殿（1545 年动工）则由桑米切利操刀设计。他在非常狭窄的空间内为他的赞助人设计

了一座宏伟的宫殿。随后，桑米切利又为圣马可财务官吉罗拉莫·格里马尼在圣卢卡区的大运河畔设计了一座宫殿（1559年动工）。这三座宫殿的设计都是不折不扣的古典主义风格，几乎看不到威尼斯传统建筑风格的影子。两座科尔内家族的宫殿拥有多立克式地下室，以及爱奥尼亚式和科林斯式楼层。而格里马尼宫殿的外墙则完全抛弃了多立克式风格，三层楼的宫殿都装饰了成对的科林斯式石柱。这三座宫殿真正引人注目的是它们远超毗邻建筑的高度，很容易看出它们的赞助人是如何因傲慢自大而名声在外的。

佐尔兹·科尔内在威尼斯大陆领地上还拥有多处地产。这是他为了平衡风险较大的商业投资，而选择的一种更为安全的投资。其中包括一处位于皮翁比诺代塞的房产，在他去世后由他的

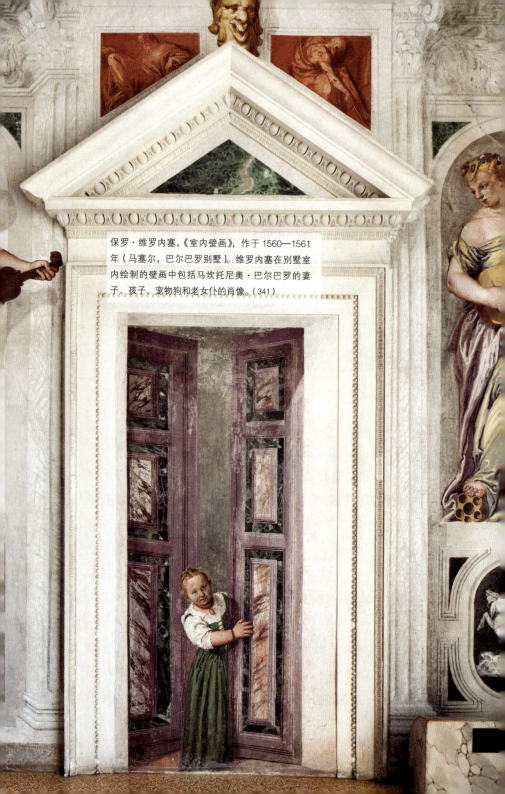

保罗·维罗内塞，《室内壁画》，作于 1560—1561 年（马塞尔，巴尔巴罗别墅）。维罗内塞在别墅室内绘制的壁画中包括马坎托尼奥·巴尔巴罗的妻子、孩子、宠物狗和老女仆的肖像。（341）

提香,《丹尼尔·巴尔巴罗肖像画》, 约作于 1545 年（马德里普拉多美术馆藏）。丹尼尔的公共服务生涯包括在伦敦担任了两年威尼斯大使。他还撰写过一篇评论维特鲁威论古罗马建筑的文章。（342）

儿子吉罗拉莫继承。吉罗拉莫于 1542 年去世后，由他的两个儿子安德烈亚和佐尔泽托继承。他们是委托桑索维诺设计并修建位于圣毛里奇奥的宫殿的赞助人。该地产上已有的别墅和部分土地份额归安德烈亚所有，因此佐尔泽托委托当地的建筑师安德烈亚·帕拉迪奥（Andrea Palladio）负责为自己设计和建造一座新别墅。帕拉迪奥拥有一个维琴察地区的富裕贵族客户群，他为他们设计的别墅大多是用于度假的乡间别墅。但他为威尼斯客户设计的别墅通常位于一片农庄的中心，周围有谷仓、马厩和其他附属建筑来储存设备和农产品。与罗马富人的别墅不同，威尼斯富人的别墅并不是坐落在宏伟的花园之中。相反，它们被一亩亩的葡萄、橄榄树，以及水稻、玉米或黍粟包围，还有鸽舍和鱼塘来供应冬天的食物。帕拉迪奥将古典主义风格应用于当地环境之中，为这些别墅设计了一种全新的独特风格，通常包括一个神庙风格的外立面，两旁的柱子支撑着一面山形墙，有时两侧还会设计成柱廊。这种设计本质上是为了给乡间农舍增添几分优雅的宫廷式风格，但它不仅成功吸引了 16 世纪的威尼斯地主，后来还成为英美土地贵族的标志。

帕拉迪奥为丹尼尔和马坎托尼奥·巴尔巴罗兄弟设计的别墅是最赏心悦目，也是最具罗马式风格的别墅之一。这两位亲罗马的精英成员与皮萨尼和格里马尼家族都有姻亲关系。丹尼尔在圣方济各堂拥有一座小礼拜堂，他还是阿奎莱亚地区的大主教，并于 1561 年被提名为红衣主教，尽管这个头衔从未正式公布。马坎托尼奥是圣马可财务官，他的外交生涯非常辉煌，曾担任过驻法国和君士坦丁堡的大使。他们别墅的外立面采用的是爱奥尼亚神庙样式石柱，支撑的山形墙上精心雕刻着家族纹章，两侧是朴素的拱廊，为储藏室和谷仓遮风挡雨。1570 年丹尼尔去世后，马坎托尼奥委托维罗内塞在室内绘制壁画，描绘古典神话、季节流转和缪斯等内容，以及一系列饶有趣味的"错视画"，展示其家庭的日常生活场景，包括他的妻子、老女仆、他们的宠物哈巴狗和鹦鹉，以及他的女儿——一个正从虚构的"门"后偷看外面的小女孩。

　　然而，最后事实证明威尼斯人还是无法抵御土耳其势力无情且不可抗拒的增长。对格里蒂来说，1537 年至关重要。当时法王弗朗索瓦一世与奥斯曼帝国的苏丹苏莱曼一世（Sultan Suleiman）签订联盟协议，对神圣罗马帝国展开两面夹击。法国人攻击其位于佛兰德斯的北部边界，而苏丹则对南部的巴尔干半岛采取行动。苏莱曼向威尼斯派遣了一名特使，要求格里蒂也加入该联盟，这让总督左右为难。格里蒂和他的顾问团给予了礼貌的回应，却小心翼翼地不做任何承诺。苏莱曼的回应咄咄逼人。他不仅对在奥斯曼帝国从事贸易活动的威尼斯商人征税，还在地中海上骚扰威尼斯的船只。双方局势迅速开始恶化。土耳其人于 1537 年 7 月占领了科孚岛；一年后，又在普雷韦扎战役（Battle of Preveza）中重创教皇保罗三世和查理五世组成的舰队。第二年秋天，在元老院举行的一场激烈辩论中，格里蒂警告如果对苏莱曼开战，将给威尼斯经济带来巨大负担，但他的反对者以一票之差的优势赢了。同年底，格里蒂去世了。但正如他所预料的那样，威尼斯正处于严重的经济危机之中，迫使他的继任者必须以非常不利的条件达成和解。

第九章 王朝

保罗三世和法尔内塞家族

主要登场人物：

教皇保罗三世（Pope Paul Ⅲ ,1534—1549 年在位）的家族

皮埃尔·路易吉·法尔内塞（Pier Luigi Farnese）
保罗三世的儿子，帕尔马公爵（Duke of Parma）

维多利亚（Vittoria）
保罗三世的孙女，乌尔比诺公爵夫人

亚历山德罗（Alessandro），
保罗三世的孙子，红衣主教

奥塔维奥（Ottavio）
保罗三世的孙子，卡斯特罗公爵（Duke of Castro）

科斯坦萨·法尔内塞（Costanza Farnese）
保罗三世的女儿

圭多·阿斯卡尼奥·斯福尔扎（Guido Ascanio Sforza）
保罗三世的外孙，红衣主教

　　1547 年 2 月，乌尔比诺公爵圭多巴尔多二世的第一任妻子在年满 24 岁前不久突然去世，教皇保罗三世抓住机会，将自己的孙女维多利亚·法尔内塞推荐给公爵，认为她会是一名合适的新娘。由于第一任妻子没有诞下男性继承人，公爵本人也很想再婚，双方很快开始谈判。此前保罗三世曾为维多利亚物色过各地适婚的统治者，但均告失败，此次则大功告成。6 月 29 日，这对夫妇通过代理人举行了婚礼。新娘的嫁妆定为 80 000 斯库迪，包括现金和其他贵重物品。此外，教皇还擢升公爵 14 岁的弟弟朱利奥为红衣主教，以此作为双方联姻的额外奖励。[1]这门婚事对于法尔内塞家族来说，是一次提升家族威望的好机会。德拉·罗韦雷家族是意大利重要的王朝统治家族之一，而法尔内塞家族在 1534 年保罗三世当选教皇时还只是一个小地主家庭。

　　法尔内塞家族从步兵到公爵的崛起，是一个在家族宅邸墙壁上被反复讲述的故事，并在这个过程中点缀上自己的神话。但这一转变背后的关键因素其实是保罗三世本人。他是一个极具智慧的政治家，在当时极端复杂的政治环境中，熟练地为自己的子孙

后代实现自己的抱负和野心。最重要的是，他需要确保法尔内塞
家族足够强大，才能在他去世之后的乱世中幸存下来。

※

　　法尔内塞家族来自拉齐奥北部靠近奥维多的地区。14 世纪
到 15 世纪初，法尔内塞家族的地位仅仅高于农村的约曼农，以
及在意大利各地激战的军队士兵。正是在天主教会大分裂时期，
某位拉努乔·法尔内塞（Ranuccio Farnese）因对教皇忠心耿
耿，在家族祖产的中心地带获得了更多的土地奖励。拉努乔的地
位逐渐上升，为他的儿子皮埃尔·路易吉与男爵卡埃塔尼家族
（Baronial Caetani）联姻创造了条件。这是法尔内塞家族历史上
的一个关键时期。现在这个家族已经足够富有，可以让子孙后代
选择军人以外的职业了。因此，皮埃尔·路易吉安排他的次子亚
历山德罗接受人文主义教育，以期为其开启教会生涯做好准备。
　　文艺复兴时期罗马社会以腐败著称，成功需要天赋，而亚历
山德罗恰好具备了这种天赋。但除此之外，还需要两个不那么容
易预测的因素——好运气和好关系。在这方面，亚历山德罗因为
他姐妹的姻亲关系成为幸运儿。他的姐姐杰罗拉玛（Gerolama），
嫁给了一名佛罗伦萨人。此人与教皇的银行家洛伦佐·德·美第
奇关系密切。他给自己在教皇宫廷的熟人写信，推荐了亚历山德
罗。他的妹妹朱莉娅（Giulia），吸引了权倾一时的教廷二把手红

衣主教罗德里戈·博尔哈的注意，成为他的情妇。这已经足以让
亚历山德罗步入自己的教会生涯了。1490 年 8 月，他被任命为教
廷秘书，两年后，当红衣主教罗德里戈当选为教皇亚历山大六世
时，他的教会事业开始真正飞黄腾达。[2]

新教皇任命亚历山德罗为自己的司库，并于 1493 年 9 月擢升
他为红衣主教。现在，这位出身低微的红衣主教开始利用自己的
技能来积累财富。一份 1500 年的税收清单显示，他的年收入为
2 000 杜卡特，这是一笔不大不小的数目；未来的教皇尤利乌斯二
世的收入是他的十倍。[3]但红衣主教法尔内塞的事业却很成功，这
至少要归功于两个幸运的机会：1513 年，他儿时的老朋友乔瓦
尼·德·美第奇当选为教皇利奥十世；十年后，利奥十世的堂弟
克莱芒七世也当选为教皇。罗马之劫期间，他在圣天使城堡与教
皇一同避难。亚历山德罗在教皇宫廷的权力迅速崛起，这一点在
1526—1527 年的人口普查中可以得到验证。他在罗马的家共有 306
口人，是罗马所有红衣主教中家庭规模最大的。[4]此外，通过为
教皇宫廷举办奢华的宴会，让他们在博尔塞纳湖（Lake Bolsena）
附近的卡波迪蒙特（Capodimonte）城堡享受钓鱼和打猎的乐
趣，他还赢得了善于挥霍享乐的名声。在这座城堡中，他用法尔
内塞家族日后闻名的诸多历史兴衰故事中的第一个故事来装饰。[5]
红衣主教还包养了一名情妇西尔维娅·鲁菲尼（Silvia Ruffini），
并和她生了几个私生子。他们一起住在法尔内塞宫（Palazzo
Farnese）。这是位于罗马鲜花广场附近的一处简朴住所，内部的小
花园一直延伸到台伯河边。[6]

　　富有、在教会极富影响力且野心勃勃的红衣主教法尔内塞，在 1521—1522 年和 1523 年的教皇秘密选举中一直是热门候选人，但直到克莱芒七世去世之后，他才在教皇选举中胜出，于 1534 年 10 月 13 日当选为教皇。此时他已经 66 岁了，有些人认为他太老了，但他仍然身体健壮，健康状况良好。十年后，提香为教皇绘制的一幅精致的肖像画中，可以看出他是一位年迈的教皇，但仍然保持着能干且精明的政治家形象。事实上，他的教皇任期将是 16 世纪最长的。他对奢侈品和享乐的品位也没有随着年龄的增长而降低。他的私人账簿显示，他向金匠、珠宝商、橱柜制造商、猎人、园丁、裁缝、长袜制造商以及手套的供应商支付款项，这名手套供应商使用早产的小牛犊皮为教皇定制了多副手套。[7] 他还在宫廷雇佣了大量的音乐家，包括几名女歌手，并且每年向他的小丑支付 36 斯库迪，这已经与乡绅或神父的收入齐平，此外还有 11 斯库迪用于购置服装。[8]

　　最重要的是，教会现在成了保罗三世与他的儿子皮埃尔·路易吉以及他的几个孙子分享的家族事业。皮埃尔·路易吉是一名强悍的雇佣兵，保罗三世首先任命他为教皇军队总司令，并在 1537 年专门为他建立了卡斯特罗公国，同时将罗马以北的法尔内塞祖传领地也并入这个新国家。尽管不情不愿，但查理五世还是授予皮埃尔·路易吉诺瓦拉公爵（Duke of Novara）头衔。作为一名剽悍的雇佣兵，从各方面来看，皮埃尔·路易吉都是一个臭名昭著的人物。他以凶狠恶毒著称，曾被指控强奸了一名主教，导致主教羞愧而死，但这应该是他的敌人捏造的谣言。1534 年

12 月，保罗三世当选教皇两个月后，他任命自己的两名孙辈为红
衣主教，震惊了整个红衣主教团。其中圭多·阿斯卡尼奥是皮埃
尔·路易吉的姐姐科斯坦萨的儿子，刚刚年满 16 岁；亚历山德
罗是皮埃尔·路易吉的大儿子，年仅 14 岁。教皇还为他们提供
了大量丰厚的圣俸。他将自己当选教皇后空缺的帕尔马教区给了
圭多·阿斯卡尼奥，他的父亲是附近的圣菲奥拉（Santa Fiora）
领地的统治者。而亚历山德罗则得到了阿维尼翁和哈恩的主教职
位，但查理五世拒绝批准对后者的任命，理由是亚历山德罗实在
太年轻了。

　　与文艺复兴时期的其他教皇不同，保罗三世并没有建立一个核
心的顾问圈，相反，他把行政管理权直接委托给他的直系亲属。有
人甚至戏称教皇、皮埃尔·路易吉和红衣主教亚历山德罗为"圣
父、圣子和圣灵"[9]。随着自己的儿子皮埃尔·路易吉成为教皇军
队总司令，保罗三世又任命自己的孙子红衣主教亚历山德罗为罗马
教廷副总理大臣这一重要职务，任命外孙红衣主教圭多·阿斯卡尼
奥担任教廷另一个重要部门——议事厅的负责人。1545 年，保罗
三世又将自己的另一个儿子拉努乔塞进红衣主教团，并任命其为忏
悔院的负责人，该部门负责处理教皇特赦事宜。

　　除此之外，一些关键的世俗机构的负责人也由教皇家庭成员出
任。如 1538 年，教皇任命自己的孙子奥塔维奥为罗马的地方行政
长官，当时他年仅 14 岁；圣天使城堡的监守长则交由皮埃尔·路
易吉妻子的亲戚马泰奥·奥尔西尼（Matteo Orsini）担任。

　　1538 年，教皇还在一份教皇简报中正式确认了"侄子红衣主

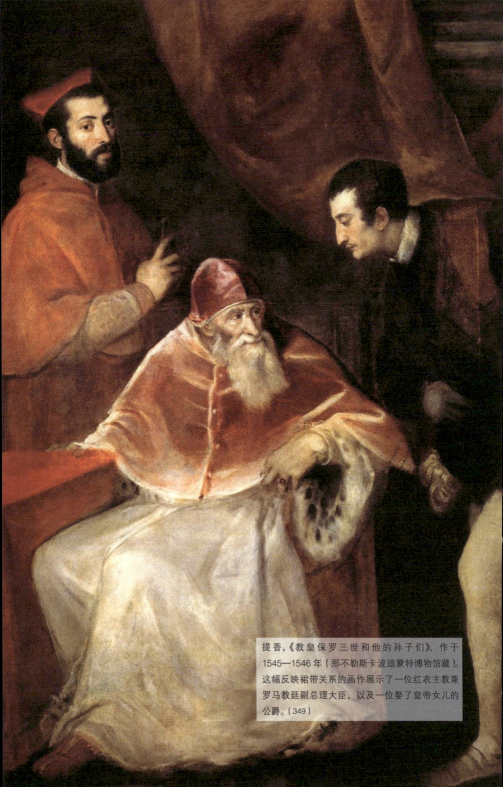

提香，《教皇保罗三世和他的孙子们》，作于
1545—1546 年（那不勒斯卡波迪蒙特博物馆藏）。
这幅反映裙带关系的画作展示了一位红衣主教兼
罗马教廷副总理大臣，以及一位娶了皇帝女儿的
公爵。（349）

教"（cardinal-nephew）这一职位，并阐述了该职位的职责和地位。这个职位将由红衣主教亚历山德罗担任，而圭多·阿斯卡尼奥虽然年长两岁，却一直是表弟的替补。红衣主教亚历山德罗权势影响深远，他可以在所有涉及教皇国政府的外交信函和官方信件上署名。换句话说，他在教会的全部世俗事务上都具有与教皇相同的权威。这对这个还只有 17 岁的年轻人来说是一份很大的责任。教皇必须确保自己身边有经验丰富且可靠的秘书。这一重要举措不仅反映了保罗三世对亚历山德罗才能的尊重，而且反映出他已经认识到，当他年纪太大无法做决策时，需要一个体制保障来维护他的家族利益。*

这个"家族企业"在国内和国外都面临着艰巨的任务。一个多世纪以来，保罗三世是自马丁五世之后首位出身于罗马的教皇。罗马民众十分支持他当选，因为此前在美第奇教皇统治时期，罗马城的经济状况很差。保罗三世上台后，逐渐恢复了在罗马大劫后的贫苦岁月中被舍弃的节日和庆典活动，如外国政要的华丽入城仪式、喧闹的狂欢节庆祝活动，以及狂欢节期间在泰斯塔乔山（Testaccio）上宰杀受惊吓的猪和牛等野蛮习俗。不幸的是，1535年狂欢节期间，在卡皮托山举行的传统斗牛活动以灾难告终。公牛四处逃窜，导致 8 人死亡、多人受伤，一头公牛还误闯入附近的天坛圣母堂（Santa Maria in Aracoeli），吓坏了一众信徒。[10]

保罗三世为复兴罗马经济做了大量工作，他鼓励农业和贸易

---

* 值得注意的是，"侄子红衣主教"制度一直持续到 1692 年，才被时任教皇英诺森十二世（Innocent XII）正式宣布非法。

发展，以促进经济增长。他还雄心勃勃地计划在塑造教皇权威形象的核心建筑上投入资金，以刺激建筑业的发展。他为圣彼得大教堂的重建注入了新的活力，并在梵蒂冈加盖了一座新的礼仪大厅——国王厅（Sala Regia），用于为国王和皇帝举行官方招待会。他还委托人修建了一座新的私人礼拜堂——保禄小礼拜堂（Cappella Paolina），其中装饰有米开朗琪罗的壁画。

但不幸的是，对保罗三世来说，他从美第奇教皇那里继承的教皇国库已经空空如也，他的收入还不到克莱芒七世的一半。[11]他找到了一些狡猾的方法来筹集资金，如设立三个骑士团，并向成员收取获得骑士称号的特权费。但他的大部分措施都是针对罗马的穷人的。他将投资于教会银行的资金利率从10%降至7%。最不受欢迎的举措是对日常生活用品征收高额税款，可以说是不择手段。为了镇压反对盐税的起义，他取消了盐税，但同一天又对肉和酒征收同样的税。[12]

罗马之外，保罗三世需要面对的问题更是一连串的灾难。以1534年即保罗三世当选的那一年为例，当时巴黎街头已经开始出现谴责天主教圣餐教义的新教标识牌；符腾堡、波美拉尼亚、斯特拉斯堡和明斯特等地已经变成新教地区，并停止向罗马缴纳贡赋；英国国王亨利八世颁布《至尊法案》（Act of Supremacy），确立自己为英格兰教会领袖的做法，则进一步使罗马教廷的收入大幅减少。天主教的欧洲其他地区，要求教会改革的呼声也越来越大。保罗三世本人也成为许多新教成员讽刺的对象。有一幅木版画对他的情妇和孩子提出了质疑，将他描绘成一只吹风笛的老山羊。在地中海，奥斯曼帝国苏丹苏莱曼的海军上将海雷丁帕夏（Khair ad-Din）——他更广为人知的名字是巴巴罗萨（Barbarossa）——继续骚扰意大利海岸，甚至大胆地绑架了维斯帕夏诺·科隆纳（Vespasiano Colonna）的美丽妻子，将她投入苏丹后宫。有一次，教皇还给了两名"从巴巴罗萨手中逃脱"的神父6斯库迪。[13] 如果不是因为查理五世和弗朗索瓦一世之间持续的敌意激化了这些问题，它们本来可能更容易解决。

1536年，查理五世和保罗三世在罗马举行了一次首脑会议，讨论如何解决这些问题。为这次访问所做的准备工作包括一项耗资5万斯库迪的城市重建计划，如修复桥梁和道路、拆除碍眼的建筑物、清理帝国军队在罗马之劫中造成的破坏。[14] 4月5日，皇帝查理五世的入城仪式是一个真正伟大的事件。保罗三世和他的人文主义者精心编排，以展示罗马作为帝国和基督教首都的地位。红衣主教团在阿皮亚大街（Via Appia）的圣迹"主啊，你要去向何方"（Domine Quo Vadis）等待查理五世的骑兵团。这座建于公元9世纪的教堂是为了纪念基督在这里向圣彼得显现，劝说他返回城市和殉道的确切地点。传统上穿越罗马到达梵蒂冈的常规路线这次也发生了重大变化，皇帝被带领至帝国广场，穿过君士坦丁（Constantine）、提图斯（Titus）和塞普提米乌斯·塞维鲁（Septimius Severus）拱门。但是，皇帝的这支骑兵队一定让罗马人隐隐感到不安。自罗马遭到哗变的帝国军队洗劫以来，仅仅过了9年他们又回来了。4 000名士兵以7人一排的方式整齐地行进，随后还有500名骑兵和他们的统治者查理五世，与其他人相比，皇帝只穿着一件朴素的紫色天鹅绒长袍。[15]

保罗三世端坐在圣彼得大教堂台阶之上的宝座里，接见了查理五世，并护送他的客人进入梵蒂冈。双方交换了礼物。教皇赠给皇帝一本价值 6 000 斯库迪的弥撒经书，该经书拥有一个镶有宝石的黄金封面，里面是由著名的微型画师朱利奥·克洛维奥（Giulio Clovio）绘制的精美插图。[16] 价值是这场仪式的关键组成部分。1541 年，两位统治者在博洛尼亚再次会面时，教皇送给皇帝一枚价值 3 300 斯库迪的钻石戒指。[17] 1535 年 6 月，皇帝正在从西西里岛北上前往德意志的路上，他亲自率领舰队在突尼斯附近大败巴巴罗萨，并在那里登陆。然而，这次胜利只是暂时的，苏莱曼的军队现在又卷土重来，威胁着帝国南部的边界。在德意志，他不仅面临着土耳其人的威胁，还要面对新教徒的叛乱，这些现实问题严重影响了皇帝的权威。

仪式完成后，两位统治者就直接切入正题，他们有很多事情要交换看法。第一次双方会谈持续了六个多小时。接下来的几天里，他们又举行了几次会谈，其间还参观了罗马的著名教堂和纪念碑。出乎意料的是，查理五世此次在罗马逗留了整整一周。恰逢圣周，查理五世虔诚地参加了濯足节和耶稣受难日的仪式，并协助完成复活节周日的弥撒仪式。一周后，在一场持续一个半小时慷慨激昂的演讲中，当着红衣主教团的面，皇帝展开了义愤填膺的谴责，他将所有困境都归咎于弗朗索瓦一世以及他背信弃义的行为，包括与帝国的麻烦制造者密谋、与异教徒土耳其人结盟、在他的大使们保证这绝非国王意图时入侵萨伏依等。在查理五世看来，法国国王就是和平的主要障碍。亲哈布斯堡的红衣主教们对此热情高涨，但来自法国的红衣主教们却惊恐万分。和目前欧洲的局势一样，红衣主教团在谁应当对此负责的问题上存在着严重分歧。对保罗三世来说，法国国王和神圣罗马帝国皇帝显然需要面对面坐下来好好谈一谈。

与此前的美第奇教皇不同，保罗三世拒绝在哈布斯堡－瓦卢瓦的冲突中偏袒任何一方，也许这是他从前任那里吸取的教训。他集中精力，比他们更积极地敦促敌对双方达成和解。由于他耐心的外交策略，以及坚决不向任何一方妥协，保罗三世终于说服敌对双方于 1537 年 11 月签署了为期三个月的休战协议。休战协议破裂后，保罗三世又亲自出席了次年在尼斯举行的和平会议。这是几个世纪以来，教皇、皇帝和法国国王的首次会面，尼斯会议也注定是一个独特的历史事件而被载入史册。但会议从一开始就出现了问题：保罗三世无法进入尼斯，因为该市拒绝皮埃尔·路易吉在那里驻军；查理五世也拒绝离开停泊在尼斯东部滨海自由城（Villefranche）附近的帝国舰队；弗朗索瓦一世姗姗来迟，当然并不是为了在谈判中占得先机，而是因为他生病了。[18]保罗三世召开会议，与两位统治者的代表展开调停，并派出红衣主教亚历山德罗和圭多·阿斯卡尼奥亲自与两位对手交谈。随后又进行了多轮讨论，并派两国外交官前往对方的宫廷进行访问。虽然查理五世和弗朗索瓦一世拒绝会面，但这是一个绝佳的精英社交场合，两国宫廷人员都参加了各式各样的社交活动。6 月 18日，双方签署并公布了十年休战协议。值得注意的是，就在弗朗索瓦一世即将离开马赛之际，他收到了查理五世的来信，邀请他展开面对面的交流。弗朗索瓦一世同意了，两人在艾格－莫尔特（Aigues-Mortes）会面。此次会议非常成功。至少在这段时间里，国王和皇帝搁置了分歧。

对保罗三世来说，尼斯会议大获全胜。在返回热那亚途中，他向皇家舰队的船员们支付了 300 斯库迪，以感谢他们的安全航行。[19] 他不仅取得了外交上的成功，还为法尔内塞家族争取到了一个巨大的利益。查理五世同意他的私生女奥地利的玛格丽特（Margaret of Austria）与教皇的孙子奥塔维奥订婚。弗朗索瓦一世也答应考虑让他的次子奥尔良公爵亨利（Henri）与保罗三世的孙女维多利亚结婚。奥塔维奥和奥地利的玛格丽特于 1538 年 11 月举行了婚礼，但 19 岁的维多利亚的婚姻问题仍未得到解决。

可怜的玛格丽特从小就被视作一个政治工具。13 岁时，她被父亲安排嫁给了克莱芒七世的私生子——佛罗伦萨公爵亚历山德罗·德·美第奇（Alessandro de' Medici），但后者不到一年就遭到暗杀。现在，15 岁的她又要结婚了，这次是嫁给一个比她小两岁的男孩。正如奥塔维奥的哥哥红衣主教亚历山德罗诙谐地评论的，皇帝"之前将这个女孩交给一个男人，现在又将这个女人交给一个孩子"[20]。显然，她强烈反对这门婚事。除了嫌弃她的丈夫只有 13 岁之外，还觉得奥塔维奥没有任何头衔，他在法尔内塞家族的地位也很低，而她则是在勃艮第宫廷的奢华氛围中长大的公主。直到 1540 年，保罗三世才将卡梅里诺公国（duchy of Camerino）位于佩鲁贾东部的亚平宁山脉的一个小国授予他的孙子。此外，玛格丽特不仅拒绝在西斯廷礼拜堂举行的结婚仪式上说"我愿意"，还断然拒绝圆房。尽管如此，在罗马，人们还是以奢华的舞会、宴会和烟花来庆祝他们的结合。婚后，这对夫妇搬到了梵蒂冈附近的塞西宫（Palazzo Cesi）。在那里，夫妻双方迟迟不圆房的行为持续震惊罗马宫廷，并为宫廷的流言蜚语持续不断地提供话题。直到 1541 年，众人一致同意奥塔维奥前往西班牙，加入他岳父的宫廷。

※

同时，与前任教皇相比，保罗三世的另一个重大政策转变是他坚定地意识到教会改革的必要性。他承认了一批新宗教团体的合法性，并擢升这些著名的神学家和宗教改革家为红衣主教。这些宗教团体主要是为了应对改革这一紧迫问题而成立的。保罗三世当选后不久还成立了一个由改革派的红衣主教组成的委员会，负责审查教会内部的弊端，他们的报告《论教会改革》（De emendenda ecclesia, 1537）对各级教会管理部门普遍存在的圣职买卖、愚昧的神父、德不配位的任命，特别是罗马教廷的腐败现象提出了严厉的批评。趁着查理五世和弗朗索瓦一世在尼斯达成的不太稳定的和平窗口期，保罗三世决定推动双方商定一个地点，召开紧急的教会改革会议。

1539 年末，他任命自己的孙子红衣主教亚历山德罗为教皇特使，与两位统治者面谈，并依据他的指令，将维琴察作为一个合适的会议地点，推荐给他们。对于这样一位年轻人来说，这是一项艰巨的任务，但现年 19 岁的亚历山德罗却既聪明能干，又彬彬有礼，尽管可能有点木讷。

12 月 31 日，红衣主教亚历山德罗进入巴黎；1 月 1 日，查理五世在巴黎圣母院迎接他，并一起骑马前往弗朗索瓦一世新落成的宫殿即卢浮宫。在那里，他们受到了国王的正式欢迎。直到新年庆祝活动结束，查理五世因帝国事务离开之后，弗朗索瓦一世与红衣主教亚历山德罗的详细谈判才得以正式开始。不幸的是，谈判进展得并不十分顺利。弗朗索瓦一世始终闪烁其词，拒绝加入反对土耳其人的会议或联盟，除非与帝国达成永久和平。他在奥尔良公爵与亚历山德罗的妹妹维多利亚的订婚问题上也避而不谈。

红衣主教亚历山德罗只得准备前往根特觐见皇帝。教皇曾警告过他，要确保他和他的廷臣在任何时候都身着正式的官方长袍，尤其是在尼德兰，那里到处都是新教徒。[21] 查理五世对教皇特使的反应比较积极，他答应继续与弗朗索瓦一世展开和平谈判，但他也提出要求，法国国王必须放弃对意大利领土的所有主张，尤其是对米兰公国的主张。而弗朗索瓦一世则一口回绝，拒绝为此付出代价。更令人担忧的是，土耳其人对查理五世在突尼斯的胜利也做出了回应。他们在普雷维萨痛击帝国舰队，然后进军匈牙利，威胁布达佩斯。与此同时，法国人为了对付查理五世，准备与他的任何敌人结盟，包括土耳其人和新教徒。

提香，《红衣主教亚历山德罗·法尔内塞》，作于 1545—1546 年（那不勒斯卡
波迪蒙特博物馆藏）。亚历山德罗收集了大量的古董、宝石和其他贵重物品。
据说他的女儿克莱利亚（Clelia）是罗马最美丽的女人。（355）

新教已经日益成为一个非常棘手的问题。抛开自己的宗教信仰不谈，查理五世急切地需要达成一项协议来维持他的帝国权威，而新教已经成为摆脱帝国枷锁、争取独立的焦点问题。弗朗索瓦一世为了瓦解神圣罗马帝国，反对和解。在宗教环境更为紧张的罗马，保罗三世则希望通过协商的方式，实现两派神学之间的和解。但他也面临着罗马强硬改革派越来越多的反对的声音。他们谴责所有新教徒都是异端，要求那些不愿回归真正信仰的人去死，并指责谈判代表本身就是路德派。在红衣主教吉安彼得罗·卡拉法（Gianpietro Carafa）的领导下，他们的极端主义做法已经开始淹没教皇宫廷中温和派的声音。他是希尔廷会（Theatines）的创始人，而希尔廷会正是一个严格讲求清规戒律的平信徒组织。

危机在 1541 年雷根斯堡（Regensburg / Ratisbon）会议上暴露无遗。按照以往的惯例，保罗三世毫无疑问会任命红衣主教亚历山德罗为教皇特使，出席这次重要会议。但参加此次会议需要丰富的神学专业知识，因此教皇指派了一位温和派的威尼斯红衣主教加斯帕罗·康塔里尼（Gasparo Contarini）代替亚历山德罗前往雷根斯堡。经过几个月艰难而疲惫的宗教论战，这位红衣主教终于达成了一项妥协协议。但卡拉法和罗马的极端改革派完全否决了这项协议，并指责不幸的康塔里尼是新教徒。康塔里尼离开罗马，并于次年夏天去世。康塔里尼无疑也是幸运的。因为保罗三世在其去世前一个月成立了宗教裁判所，铲除异端，并任命冷酷无情的红衣主教卡拉法担任最高审判长。雷根斯堡会议是天主教徒与新教徒最后一次通过谈判达成妥协的尝试。现在这场改革运动不仅分裂了基督教欧洲，也分裂了罗马天主教会。

1541 年 10 月，米开朗琪罗在西斯廷教堂创作的《最后审判》（*Last Judgement*）壁画揭幕，这是一个极具象征意义的时刻，揭示了极端分子和温和派之间巨大的鸿沟。在文学和艺术领域，这幅壁画被誉为天才之作。红衣主教亚历山德罗是委托人复制版画或小型复制画的赞助人之一。[22] 但在宗教领域，它却受到了广泛的谴责。保罗三世的司仪认为裸体形象有伤大雅。而乔瓦尼·安德烈亚·吉利奥（Giovanni Andrea Gilio）则根据《圣经》中的文字（《哥林多前书》第 15 章）分析了这幅壁画所依据的教义。吉利奥认为，米开朗琪罗"为了他自己的艺术理想"，"无视对神崇敬之情，甚至无视历史真相本身，蔑视这一惊人的神秘场景应予以的敬畏之情……宁愿将他的艺术判断置于宗教真理之上"[23]。第二年底，保罗三世明确表示，他认识到有必要革除教会内部的弊端，各地宗教代表也开始陆续抵达特伦特，准备参加此次改革会议。

与此同时，法尔内塞家族已经开始在罗马崭露头角。保罗三世当选教皇后，皮埃尔·路易吉和他的孩子们，包括维多利亚（13 岁）、亚历山德罗（14 岁）、奥塔维奥（10 岁）、拉努乔（4 岁）和奥拉乔（3 岁）继续住在法尔内塞宫，享受有品位的生活。另有证据表明，皮埃尔·路易吉的姐姐科斯坦萨和她的女儿也住在那里。记录保罗三世杂项开支的账簿显示，他在孙辈们身上的开销已经远远超过了家庭运转和饮食的开销。1537 年 3 月的花销就高达 268 斯库迪。[24] 账目中包括：支付维多利亚的音乐老师每月 15 斯库迪的薪水，购买用于其绿色织锦外套的刺绣金线的 28 斯库迪；为了让奥塔维奥学习演奏，购买两把鲁特琴和琴弦的 4 斯库迪；为拉努乔的一个侍从购买衣服的 12 斯库迪；少量用于偿还孙子赌债的开支；等等。[25] 他还给了维多利亚 210 斯库迪，让她和奥地利的玛格丽特一起"去打猎"，并购置了 26 个法尔内塞家族的盾形纹章，作为挂饰装饰在她的房间里。[26] 奥塔维奥结婚后，他还为这对小夫妇支付了不小的家庭开支，其中 1539 年 23 246 斯库迪、1540 年 25 747 斯库迪。[27]

现在，对皮埃尔·路易吉来说，保罗三世在担任红衣主教时购置的这座简朴宫殿已经不够气派了。作为罗马的"第一家族"，他认为法尔内塞家族需要一个更富丽堂皇的住所。1541 年 3 月，他与一群建筑商签订了一份建筑合同。合同条款也反映出当时罗马建筑业的一些精明狡诈的"潜规则"。例如，建筑材料的质量必须由保罗三世方面的两名工作人员负责监督检查；建筑商必须使用来自特定采石场的石头；"除了运送到码头的火山灰泥，他们不得使用来自任何其他地方的灰泥"；建筑用砖也"必须经过精心烤制，并由上述（监督人员）批准"方能使用。[28] 同年 8 月，工程开始动工。保罗三世划拨 10 斯库迪给工程监督员，用于支付建筑工人和石匠的餐费。[29]

法尔内塞宫的设计令人印象深刻。它坐落于一个巨大的广场之上。为了容纳如此体量的宫殿，甚至拆除了周边的一些街道和房屋。宫殿宏伟的入口处以多立克石柱装饰，并为其上造型华丽的桶形拱顶提供支撑。入口正立面的顶部装饰着一个巨大的古典风格檐板。新法尔内塞宫的建造费用极其高昂。1546—1549 年的账目记录显示,仅在这一时期,修建费用就高达 73 178 斯库迪,且从动工伊始就出现了资金问题。[30] 1542 年 3 月,按照佛罗伦萨大使的说法,保罗三世、皮埃尔·路易吉和红衣主教亚历山德罗因资金问题产生了争执,因为佛罗伦萨公爵拒绝按照教皇的要求,每月缴纳 400 杜卡特(一年 4 800 杜卡特)。[31] 红衣主教亚历山德罗似乎也为新法尔内塞宫的建设做出了贡献。尽管并不住在这里,他还是每月给他母亲吉罗拉玛·奥尔西尼(Girolama Orsini)250 斯库迪用于工程建设。在法尔内塞家族的历史上,皮埃尔·路易吉的妻子吉罗拉玛·奥尔西尼的生平鲜为人知。但在丈夫缺席时,她显然接管了项目监督的职责,就像文艺复兴时期其他统治者的妻子一样。[32]

1547 年 7 月,在维多利亚和圭多巴尔多·德拉·罗韦雷订婚后不久,一位造访法尔内塞宫的客人回忆道:"事实上,房间里到处都是女人。"[33] 在已完工的上面两层套房里,居住着家族的女士们,包括维多利亚和她的母亲吉罗拉玛·奥尔西尼,以及她的姑妈科斯坦萨·斯福尔扎,还有她们的家人。[34] 来访者还注意到,维多利亚的小家庭只有三名女仆、一位神父、三名男仆、三名侍者和"六到八名侍女",其中还包括"一名土耳其人、一名受洗后由她抚养长大的犹太人,以及一名相貌丑陋的女侏儒"。法尔内塞家族豪华的生活场景可能没有在这名访客到访时展示出来,当她带着"马车、无数的马匹、身着统一制服的法尔内塞仆

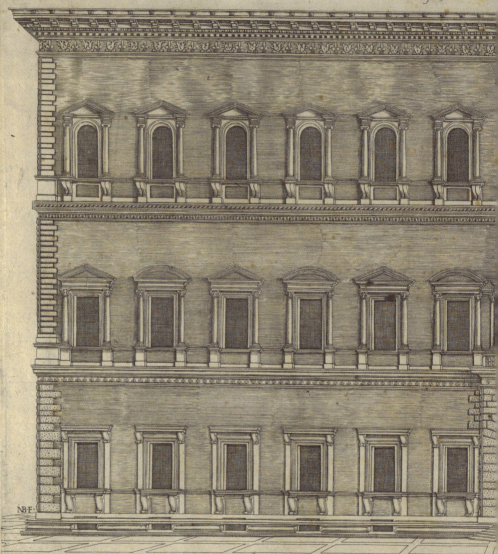

Exterior orthographia frontis Farnesianæ domus : quam Romæ, et magnis in memoriæ caussa, sibi Pos

NBF

安东尼奥·拉法雷里（Antonio Lafreri），雕版画，罗马法尔内塞宫（1541 年动工兴建）。由安东尼奥·达·桑加罗（Antonio da Sangallo）和米开朗琪罗设计的法尔内塞宫以其宏伟的外立面和装饰华丽的接待室，给人留下了深刻印象。（360-361）

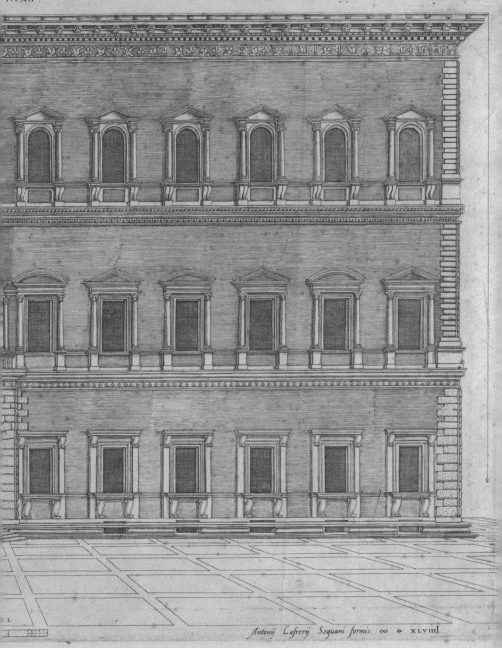

Antonij Lafrerij Sequani formis ∞ ꝶ XLVIIII

人……以及多达 16 名侍从"外出巡游时，盛况空前。

在罗马还有另一个家族权力的焦点——文书院宫（Palazzo della Cancelleria），它是红衣主教亚历山德罗担任罗马教廷副总理大臣时的办公驻地，离法尔内塞宫不远。这座宫殿建于 15 世纪末，由前任副总理大臣建造，是仅次于梵蒂冈和法尔内塞宫的罗马第三大宫殿，这一点细心的罗马人自然不会忽视。亚历山德罗非常富有，收入超过 10 万斯库迪，毫无疑问是罗马最富有的红衣主教。[35] 他并非心甘情愿地开始教会生涯。作为长子，他本可以在世俗世界建功立业。但在保罗三世当选教皇时，亚历山德罗的弟弟奥塔维奥只有 10 岁，因此为了避免自己去世后形势变化的风险，保罗三世决定趁此机会，赶紧提拔一名孙辈做红衣主教。据说，当得知奥塔维奥与奥地利的玛格丽特结婚时，红衣主教亚历山德罗非常愤怒。他向自己的祖父施压，要求允许他放弃红衣主教事业，但没能成功。当然，他并没有努力保持独身，而是享受着与大量美女为伴的乐趣，并在送礼方面大肆挥霍。他曾送给一名"宫娥"一串镶有珍贵宝石的黄金念珠。[36] 他的品位极尽奢华。他的弟妹奥地利的玛格丽特在遗嘱中赠给他一件"散发着玫瑰花香、以金银线刺绣而成的床罩"[37]。

他的文书院宫廷也极其文雅，以宴会、奢华的娱乐活动和戏剧表演而闻名。瓦萨里曾描述过那里的夜晚，他"经常在晚间去参观最杰出的红衣主教法尔内塞用餐"，他与周围"许多杰出的博学人士"一起用餐，谈论艺术。正是在红衣主教本人的建议下，瓦萨里萌生了撰写艺术家传记的念头。[38]

　　红衣主教亚历山德罗为纪念他的祖父，委托艺术家绘制了一幅内容广博的壁画，用来装饰宫殿的主接待大厅。据说瓦萨里花了 100 天时间来绘制这幅壁画，因此这座大厅也被称为"百日堂"（Sala dei Cento Giorni）。壁画顶部的黄色背景上绘制有蓝色法尔内塞百合花纹饰，两侧是与保罗三世的成就相匹敌的罗马皇帝，如维斯帕先皇帝（Emperor Vespasian）和他的和平神殿（Templum Pacis），以此喻示保罗三世和圣彼得大教堂。瓦萨里将大厅本身变成了一间观景室，每面墙上都绘制着复杂的虚拟阶梯，通向背景里多立克风格的"房间"。这些并不是传统意义上的习惯场景再现，画面中充满了对事件的暗示和隐喻，包括可以辨认出的男性（而非女性）肖像，以及激发其美德的化身（通常是女性）。

　　画面本身强调了保罗三世的成就。《普世的和平》（*Universal Peace*）中包括查理五世和弗朗索瓦一世的肖像，暗示教皇在尼斯的外交胜利；《美德的回报》（*Remuneration of Virtue*）描绘了教皇提名红衣主教的场景；《建造圣彼得》（*Building St Peter's*）中保罗三世身着《旧约全书》中大祭司的装束，以纪念他作为艺术赞助人的成就；《普遍的敬意》（*Universal Homage*）展示了他和自己的孙子接受世俗统治者赠送的异域动物，画中的铭文暗示这是法尔内塞统治的黄金时代。历史学家保罗·乔维奥是亚历山德罗宫廷的人文主义者，他负责设计房间的装饰方案，在亚历山德罗不在的时候，他还负责执行该方案，并在邮件中向他的赞助人汇报项目进展。他在信中说道："当您看到大厅里装饰的 300

《保罗三世分配圣职》(作于 1546 年，罗马文书院宫)。瓦萨里的壁画包括许多红衣主教亚历山德罗身边人物的肖像，特别是皮埃特罗·本博、贾科莫·萨多莱托(Giacomo Sadoleto)和雷金纳德·波尔(Reginald Pole)，他们都被保罗三世选为红衣主教。(363)

幅画像的价格时，您一定会垂涎三尺。"瓦萨里声称自己在这个项目中获得了 1 000 杜卡特的报酬。[39] 而当看到自己的肖像出现在《美德的回报》场景中时，乔维奥尤其激动。

※

　　但在现实世界中，几乎没有普遍的敬意，也没有普世的和平。保罗三世和红衣主教亚历山德罗面临的政治局势已然失控。1543 年初，在众人的期待中，特伦特会议开幕，但查理五世和弗朗索瓦一世之间的敌意并没有减弱的迹象。国王继续在帝国内部挑拨离间，向德意志的新教诸侯提供援助，而查理五世对此的回应是与英国国王亨利八世签订联盟协议，并向法国宣战。在罗马，由于保罗三世拒绝在哈布斯堡－瓦卢瓦的斗争中偏袒任意一方，人们开始担心皇帝已经失去了耐心。6 月下旬，当巴巴罗萨率领的土耳其舰队停泊在台伯河口时，罗马城内的恐慌情绪达到了顶点。法国大使被迫公开承认，土耳其人并非要进攻罗马，而是正航行在准备突袭海岸的途中。不幸的是，这条公开声明让巴巴罗萨的海盗行径失去了出其不意的效果，作为报复，一年后在返程途中，巴巴罗萨的舰队洗劫了普罗奇达岛（Procida）和伊斯基亚岛（Ischia），掳走数千名囚犯去苏丹的舰船上充当奴隶。[40] 随着战争对北欧地区的持续分裂，以及土耳其人的威胁与日俱增，特伦特会议宣布于 7 月暂停，11 月，保罗三世再次任命红衣主教亚历山德罗为教皇特使，充当法国和帝国之间的调解人。

不幸的是，各方的关系已经开始恶化。弗朗索瓦一世和查理五世都不信任对方，并对保罗三世的调解动机产生了怀疑。皇帝尤其担心红衣主教亚历山德罗在法国是为他妹妹维多利亚和法国国王之子的联姻问题做最后的努力。当亚历山德罗到达沃尔姆斯时，查理五世指责他和他的祖父同情法国人。当红衣主教试图为保罗三世的立场辩护时，皇帝粗暴地打断了他：

> 阁下，拜我们所赐，你才能够成为蒙雷阿莱的大主教（Archbishop of Monreale），你的父亲才能够获得诺瓦拉公爵头衔，奥塔维奥·法尔内塞才能够与我的女儿成亲，以及获得她两万杜卡特的嫁妆……现在到头来，从我们这里得到这么多好处的"基督代牧"（Vicar of Christ），却准备与法国国王联手！或者，换句话说，与土耳其人联手！[41]

红衣主教亚历山德罗控制住了自己的脾气，但这次任务却彻底失败了。

最终，迫使查理五世和弗朗索瓦一世在 1544 年重回谈判桌的并不是法尔内塞的外交，而是长期的资金短缺。同年 9 月，他们签署了《克雷比和约》（Peace of Crépy），划分了各自在欧洲的势力范围。弗朗索瓦一世最终放弃了对米兰的领土要求，这也导致保罗三世在政策取舍方面，比以前更依赖于帝国的许可和批准。但起初，这并不是一个问题。1545 年 3 月，保罗三世终于能够重启特伦特会议，但很快就遇到了新的困难，这次是来自德意志新教诸侯的反对。4 月，红衣主教亚历山德罗再次作为教皇特使，离开罗马，前往会见查理五世。这次会见是应皇帝的明确要求，他正在参加沃尔姆斯会议（Diet of Worms）。红衣主教亚历山德罗走得很快，从罗马到特伦特共计约 600 千米的路程，他只走了 8 天。[42] 他在曼图亚稍事停留，与红衣主教埃尔科勒·贡萨加讨论了教皇日渐恶化的健康状况。在与特伦特会议的各方代表讨论了三天后，亚历山德罗翻过阿尔卑斯山进入德意志。

对于一名天主教的红衣主教来说，现在的旅程开始变得相当危险。虽然他没有身着正式的官方长袍，也没有像往常那样带着规模庞大的随行人员出行，但一路上始终能感受到反天主教的暴力威胁。在收到红衣主教特鲁克泽斯（Truchsess）的信件之前，他已经根据建议，避开了奥格斯堡。特鲁克泽斯请求他也不要路过符腾堡，因为此地的新教公爵和他的臣民已经对天主教充满敌意。时年 24 岁的亚历山德罗以谈吐优雅而非勇敢无畏闻名。他显然考虑过乔装打扮穿越符腾堡公国，这样他们就可以直达沃尔姆斯。但在反复劝说下，他还是绕道改走一条"更安全"的弯路，但仍然不得不穿越新教城市乌尔姆。在那里，他被中世纪大教堂光秃秃的景象震惊，那里没有宗教绘画、装饰物和昂贵的刺绣祭坛布。[43] 在抵达沃尔姆斯后，他走进一家书店，惊讶地发现那里只有新教书籍。他向这名新教书商提出抗议，并奉劝他放弃自己的异端信仰。他的廷臣们对亚历山德罗的不谨慎行为颇感震惊，幸运的是他当时没有穿着红衣主教的长袍。

红衣主教在沃尔姆斯受到了查理五世的热烈欢迎。上次他与皇帝不欢而散，现在查理五世的态度让亚历山德罗略微松了一口气。保罗三世委托他的特使完成两项主要任务：劝说查理五世同意支持对土耳其人发动十字军东征；请求皇帝下令让他的主教们参加特伦特会议。查理对以上两项均表示同意，但对后一个请求有些不太情愿。但红衣主教亚历山德罗承诺，教皇将为皇帝提供资金和人员，帮助他对抗施马卡尔登同盟（Protestant League of Schmalkalden）。这部分打消了皇帝的犹豫。除了政治和宗教之外，还有一个因素也极大改善了帝国和罗马教廷之间的关系。奥地利的玛格丽特终于在这段婚姻中屈服了，她现在已经怀孕，孩子预计在夏末出生。

不幸的是，保罗三世和查理五世只维持了短暂的和解。教皇利用皇帝在沃尔姆斯会议期间表现出的善意，立刻以位于伦巴第平原上的教皇领地——帕尔马和皮亚琴察为基础，建立了法尔内塞公国。这两座城市不仅相当富裕，且在地理位置上恰好处于博洛尼亚和米兰之间。此举显然是经过精心策划的。教皇曾担任帕尔马地区的主教，他利用其在教会中的地位，与该地区的主要贵族家族建立了一个亲信网络，并利用婚姻作为联盟的黏合剂。保罗三世的女儿科斯坦萨与圣菲奥拉伯爵的婚姻就是最初的例证。但这个新公国明显不受毗邻的曼图亚和费拉拉的欢迎。红衣主教埃尔科勒·贡萨加在向他的表弟埃尔科勒·德·埃斯特公爵通报此事时，说道："我们的国家是家族的先辈历经千辛万苦才赢得的……如今，看到两个相似的城市一夜之间被合并成公国，像雨后春笋般诞生出一位新公爵，真是奇怪啊。"⁴⁴查理五世对保罗三世任命自己的儿子皮埃尔·路易吉为第一任公爵的决定也不是很满意。皇帝坚持认为，只有当这个头衔直接归属自己的女婿奥塔维奥时，他才会批准这个计划。然而，皮埃尔·路易吉也同样固执。教皇拒不接受皇帝的驳回，于8月26日发布正式诏书，将帕尔马和皮亚琴察公国交给他的儿子皮埃尔·路易吉，并将其之前的卡斯特罗公爵头衔传给奥塔维奥。

　　第二天，也就是8月27日，新任卡斯特罗公爵夫人生下一对双胞胎男孩，他们被命名为亚历山德罗和卡洛（Carlo），以纪念他们杰出的曾祖父和祖父。但卡洛只活了一个月就不幸夭折，只有亚历山德罗茁壮成长。玛格丽特最初拒绝圆房，这让查理五世很是担心，他曾温和地提醒女儿没有尽到她做妻子的责任，认为这"不是一个基督徒该做的。尤其是你，我的女儿"⁴⁵。1543年5月，当奥塔维奥在西班牙待了一年多之后重返意大利时，教皇宫廷的谣言工厂热情地报道说他终于被允许真正步入婚姻的殿堂。保罗三世也很激动。他的私人账簿上记录了送给怀孕的玛格丽特的几件礼物，包括在新年时送给她的一条价值47斯库迪的金链，以及价值133斯库迪的"法国进口金制品"⁴⁶。当预计自己的曾孙即将到来，账本上记录的最后一笔款项是他花费2 000斯库迪购置的刺绣挂件，"以祝贺他幸福降生"⁴⁷。在双胞胎出生几天之后，教皇又赐给了玛格丽特的乐师们4斯库迪小费，并给奶妈们送上 200 斯库迪作为贺礼（每名婴儿 100 斯库迪）。[48]

据说，保罗三世在 9 月 5 日第一次探望这位新妈妈时，对玛格丽特说，他一直知道她"很好，也很理智。在婚姻问题上，她也是最谨慎的。因为担心教皇和皇帝陛下会闹翻，所以不仅生下了儿子，还一次生下了两个，这样他们每人都得到了一个"[49]。他还送给她一份特别珍贵的礼物："金盆和金水罐，一只高脚杯和一个纯金制成的盐罐，高脚杯里还放有许多硬币……据说是从圣彼得的墓中发现的。"

从各方面来看，奥地利的玛格丽特都是一个非常虔诚的女人，她一定很感激教皇送来的礼物。但同时，她也是一个非常富有的女人。查理五世将位于那不勒斯王国的几处地产送给她作为嫁妆，她还从自己的第一任丈夫亚历山德罗·德·美第奇那里继承了很多遗产。1534 年，教皇克莱芒七世去世后，将佛罗伦萨的财产留给了他的私生子，将罗马的财产留给了他的侄子红衣主教伊波利托·德·美第奇。伊波利托于 1535 年夏天突发疟疾身亡，他的所有财产都被亚历山德罗继承了。而亚历山德罗本人于 1537 年 1 月被一个远房表亲暗杀身亡。遗嘱中，他将自己所有不在佛罗伦萨的财产都留给了他的遗孀。玛格丽特因此继承了美第奇家族在罗马的宫殿，包括从利奥十世开始动工建造的玛达玛宫*，以及由克莱芒七世建造的精致的玛达玛别墅。她还继承了一批无价珍宝，包括令人惊叹的古典雕像、"玛瑙盘子、浮雕和钻石……总价值超过

---

* 玛达玛宫现在是意大利参议院的官方所在地。

90 000斯库迪"[50]。美第奇家族和法尔内塞家族就这些庄园地产的所有权，产生了长期的争执，并发生了很多不愉快的事情，最终在1587年得到了解决。这对玛格丽特来说也非常有利。与此同时，她搬进了位于罗马市中心的玛达玛宫，她的双胞胎也是在这里降生的。她还在宫中专门设计了一间小书房，用粉饰灰泥和丹尼尔·达·沃尔泰拉（Daniele da Volterra）创作的壁画来装饰，描绘了她父亲生活中的八个事件。[51]

法尔内塞家族能够深入教皇的国库，获得贵族权力的装饰品，这与他们在意大利的统治精英中树立自己的政治声望的行动是一致的。皮埃尔·路易吉和红衣主教亚历山德罗都开始收集各种昂贵的艺术品。在皮埃尔·路易吉委托人创作的作品中，有一套描绘亚历山大大帝生活场景的挂毯，这显然是对他父亲的一种暗喻。[52] 红衣主教亚历山德罗在《法尔内塞的时祷书》（*Farnese Hours*, 1538—1546）上耗资巨大，书稿的每一页边框都装饰有镀金的彩饰画，由艺术家朱利奥·克洛维奥耗费整整九年时间，绘制了大量法尔内塞家族肖像和古典细节制成。这对父子还都委托人制作了极其昂贵的棺材。皮埃尔·路易吉的棺材没有保存下来，但亚历山德罗的"法尔内塞棺材盒"（Cassetta Farnese，约建于1543年）是一个奢华的镀金银制品，棺材四面镶嵌有水晶岩石板，上面装饰着金匠乔瓦尼·贝纳尔迪（Giovanni Bernardi）雕刻的古典神像和神话场景。[53]

最重要的是，法尔内塞家族还是提香的主要赞助人。他们不仅紧随费德里戈·贡萨加和弗朗切斯科·马里亚·德拉·罗韦雷的脚步（见第七章），还仿效查理五世，他此时也已经意识到了画家的才华（见第十一章）。

　　提香绘制的第一幅法尔内塞肖像画并不是受这个家族的委托，而是受威尼斯贵族安德烈亚·科尔内（Andrea Corner）所托，为红衣主教亚历山德罗的弟弟拉努乔·法尔内塞绘制一幅肖像画（1542 年），作为送给他母亲吉罗拉玛·奥尔西尼的礼物。这幅迷人的画作描绘了一名身着马耳他骑士团（Knights of Malta）制服的 12 岁男孩形象。三年后，这名男孩将被他的祖父提拔为红衣主教。当接到为教皇绘制肖像画的委托时，法尔内塞家族驻威尼斯的代理人向红衣主教亚历山德罗报告说，提香"准备为大人您最显赫家族中的所有人，甚至是猫咪绘制画像"[54]。事实上，家族的所有人都拥有了自己的肖像画（尽管不包括宠物）。其中两幅展现的是精明狡黠的教皇，还有冷酷、凶狠的皮埃尔·路易吉、略显拘谨的红衣主教亚历山德罗，以及一脸谄媚的奥塔维奥。他们的妻子都没有留下画像，不过红衣主教亚历山德罗让他的情妇以达那厄的形象出现，天神朱庇特化身金雨，恰好降落于她的双腿间。

　　1545 年末，提香开始创作保罗三世、亚历山德罗和奥塔维奥的群像画，目的是将保罗对家族的野心公之于世。亚历山德罗被设定为自己教皇宝座的继承人，奥塔维奥则是法尔内塞公国、帕尔马和皮亚琴察的继承人。保罗三世必定希望，在查理五世的支持下，这两大野心都很可能实现。然而，结果并不像教皇所预计的那样。在接下来的两年里，法尔内塞家族和皇帝之间的关系急

法尔内塞棺材盒，制作于 1543—1561 年
（那不勒斯卡波迪蒙特博物馆藏）。乔瓦
尼·贝纳尔迪在银色镀金棺材上装饰着古
典神话中的场景。（368）

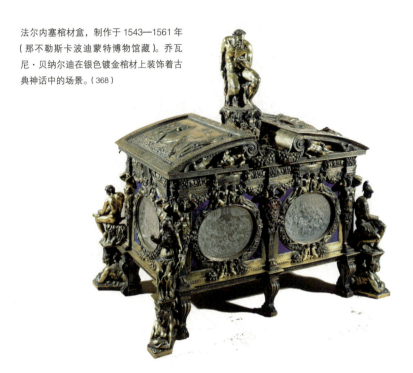

剧恶化，以至于保罗三世不得不重新考虑他的政治优先级，而这
幅群像画也从未真正完成。[55]

 保罗三世与查理五世的争执集中在对待新教叛乱问题上。在
罗马，温和与和解的声音已经被强硬的改革声音淹没，在信仰问
题上的妥协已成为不可能。但对查理五世来说，尽管他自己是一
个虔诚的天主教徒，但问题并不在于精神信仰，而在于世俗的
权威。为了维持帝国的稳定，他需要找到一种方法来调和新教
徒与天主教徒的关系。1547 年，当他在米尔堡战役（Battle of
Mühlberg）中取得了对新教徒的巨大胜利之后，他的这一立场变
得更加牢固。他与几名新教诸侯结成联盟，并向他们承诺以宗教

提香,《达那厄》(*Danaë*),作于 1546 年(那不勒斯卡波迪蒙特博物馆藏)。这是红衣主教亚历山德罗情妇的画像,一位异常美丽的"宫娥",刚好在迎接化身为一阵金雨的情人朱庇特。(370–371)

宽容作为他们支持皇帝的回报。保罗三世自然不可能再支持查理
五世，特别是在皇帝颁布《奥格斯堡临时敕令》（Interim, 1548），
给予两种不同信仰的臣民信仰自由之后。

　　皮埃尔·路易吉遭谋杀，加剧了皇帝和教皇长期的关系破
裂。1547 年 9 月 10 日，查理五世驻米兰的总督费兰特·贡萨加
（Ferrante Gonzaga）雇人将位于皮亚琴察城堡内的皮埃尔·路易
吉残忍杀害。贡萨加一举夺取了皮亚琴察，但由于新任公爵奥塔
维奥的英勇抵抗，他未能趁势夺取帕尔马。贡萨加一直对他这位
危险的新邻居心存疑虑，特别是其在政治上和军事上的野心。自
从保罗三世在 1545 年建立法尔内塞公国以来，他一直渴望除掉
皮埃尔·路易吉。查理五世同样忧心忡忡，但并不鲁莽，最初还
劝说贡萨加不要轻举妄动，他认为保罗三世已经快 80 岁了，应
该活不了多久。但他还是同意了贡萨加赶走皮埃尔·路易吉的计
划，不过他坚持主张不使用暴力。贡萨加无视了这一警告，将公
爵流血的尸体扔出窗外后，洗劫了公爵府，并占领了皮亚琴察。
皮埃尔·路易吉房间内的豪华家具被瓜分殆尽，据当时人估计，
当天从公爵府运走的银器、挂毯和其他贵重物品，价值超过 5 万
杜卡特。[56]

　　虽然皇帝否认与此事有关，并派特使前往意大利向法尔内塞
家族表示慰问，但他们都认定谋杀是皇帝下令干的。这在许多层
面上对后来的事件产生了影响。特别是保罗三世，他突然放弃了
稳固且成功地坚持了 13 年的中立政策，选择与法国站在一起，对
抗神圣罗马帝国皇帝。此时，法国国王弗朗索瓦一世刚刚去世，

他的儿子亨利二世（Henri Ⅱ）继承了王位。保罗三世安排自己16岁的孙子奥拉乔与国王9岁的私生女——法国的戴安娜（Diane of France）订婚，巩固双方联盟。保罗的孙女维多利亚和圭多巴尔多·德拉·罗韦雷公爵本已在6月订婚，但现在他们的婚礼被推迟了。事实上，乌尔比诺方面已经开始怀疑两家的联姻是否明智。但婚礼最终还是在次年1月举行。新公爵夫人于1548年2月2日抵达乌尔比诺，在此之前，乌尔比诺公爵领地沿途举行了丰富多彩的欢迎仪式。

维多利亚的弟弟奥塔维奥现在是帕尔马和皮亚琴察的公爵，他在年仅23岁时就意外地被推到了聚光灯下。

幸运的是，当他的父亲被暗杀时，他一直在帕尔马，并迅速组织力量，保护该城免遭费兰特·贡萨加的攻击。但查理五世拒绝承认他对这两座城市的统治权。他同时还拒绝了保罗三世归还教皇领地的请求，并要求奥塔维奥交出帕尔马。作为补偿，查理五世向奥塔维奥提供那不勒斯王国的一个贵族头衔。保罗三世见此前的请求行不通，随即建议将帕尔马和皮亚琴察归还给教皇国，奥塔维奥改任卡梅里诺公爵。红衣主教亚历山德罗告诉教皇，他弟弟是不会接受这一安排的。保罗三世没有理会他孙子的建议，而是派了一名教皇代理人全权负责帕尔马的事务。奥塔维奥奋起反抗。他骑马来到帕尔马，但教皇的代理人拒绝让他入城，他也拒不理会保罗三世让他返回罗马的命令。与最宠爱的孙子发生争执，令教皇深感不安，他大发脾气，患上了感冒，五天后就去世了。但在此之前，红衣主教亚历山德罗已让他签署了一

提香，《皮埃尔·路易吉·法尔内塞》，作于 1546 年（那不勒斯卡波迪蒙特博物馆藏）。保罗三世任命他好斗、残暴的儿子为教皇军队总司令，把更需要慎重处理的外交事务委托给了他信任的孙子。（373）

安东尼斯·莫尔（Antonis Mor），《亚历山德罗·法尔内塞公爵》，作于 1557 年（帕尔马国家美术馆藏）。奥塔维奥·法尔内塞的儿子是勇敢的士兵和精明的政治家。他的舅舅腓力二世任命他为尼德兰总督。在那里，他镇压了新教叛乱，恢复了西班牙在尼德兰的统治权威。（374）

份官方文件，下令将帕尔马和皮亚琴察都归还给奥塔维奥。

※

　　保罗三世去世之后，选举新教皇的秘密会议对参与者来说漫长而艰难。梵蒂冈的会议条件极其恶劣。1549 年 12 月 31 日，曼图亚大使发出警告说，"点燃的蜡烛和火把产生了大量的烟雾，烟尘混合着大量污垢，厕所里散发出可怕的臭味"，许多红衣主教担心会生病。[57] 在承诺将恢复奥塔维奥的帕尔马和皮亚琴察公爵地位后，秘密会议又持续了六个星期，直至 2 月 8 日终于选出乔瓦尼·马里亚·德尔·蒙特（Giovanni Maria del Monte）为新任教皇尤利乌斯三世（Julius Ⅲ）。不幸的是，对法尔内塞家族来说，新教皇的真面目很快就暴露出来。尤利乌斯三世非但没有支持他们，反而与查理五世结盟。他不仅剥夺了奥塔维奥的公国，还将法尔内塞家族逐出罗马。现在奥塔维奥只能向他祖父的盟友亨利二世寻求援助，以恢复他的公国权威。哈布斯堡与瓦卢瓦之间的斗争再次升级为暴力冲突。他的弟弟奥拉乔和亨利的私生女戴安娜于 1552 年 2 月举行婚礼，但一年后奥拉乔在埃丹战役（Battle of Hesdin）中不幸为法国捐躯。1552 年 4 月，查理五世被迫从意大利北部召回军队，以平息帝国内部的叛乱。尤利乌斯三世也被迫与法国人签订停战协议，并将公国归还给法尔内塞家族。该家族经受住了对其权力的第一次考验。

在皮埃尔·路易吉担任帕尔马和皮亚琴察公爵期间，他在两个
城市都建造了城墙和堡垒，这既是一种积极防御的象征，也是他展
示权威的最好证明。他将官方宅邸建在了皮亚琴察。这一系列建筑
工程旨在保护法尔内塞家族免受外部攻击和内部叛乱的影响，但由
于工程涉及对许多教堂和修道院的破坏，大大加剧了他在臣民中
不受欢迎的程度。为了摆脱父亲遗留的阴影，奥塔维奥选择在帕尔
马建立自己的官邸。他最初住在属于他祖父的主教大殿中，后来感
觉不够宏伟气派，又搬到了他在该市建造的另一座宫殿。这座宫
殿因坐落于一座壮观的花园中，而被称为"花园宫"（Palazzo del
Giardino）。从一名游客的记录中可以看到，它拥有喷泉、石窟、
迷宫以及"由橘子树、橡树、松树和梧桐树组成的小树林"，树林
中"放养着用于狩猎的野生动物，池塘里有很多鱼，石窟中还有些
未驯服的动物"，包括两头狮子和一只豹子。[58] 他还在城外的山上
建造了两座避暑别墅，也同样坐落于极好的花园中。

由于奥塔维奥居住在帕尔马，他的妻子奥地利的玛格丽特开
始在皮亚琴察建造一座大型宫殿。这将是一座位于花园之中的五
层高楼，但宫殿从未完工。这对夫妇是出了名的不喜欢对方。他
们在 1545 年双胞胎出生之后，就再也没有生孩子了。但几乎可
以肯定的是，他们决定分居两城，更多是为了在两地都能树立公
爵的权威。他们从法尔内塞王朝的角度出发，委托安东尼斯·莫
尔为他们的继承人亚历山德罗（即幸存的双胞胎之一）绘制了肖
像画，画中的年轻人身着当时最时髦的服装。在《帕尔马拥抱亚
历山德罗·法尔内塞》（*Parma embracing Alessandro Farnese*）

这幅寓言画中，年仅十岁的继承人已经身披战斗盔甲。

1552 年，红衣主教亚历山德罗和拉努乔回到了罗马。拉努乔为庆祝家族在乱世中幸存下来，决定在法尔内塞宫的一个房间里装饰一圈家族历史中的场景。这些场景由弗朗切斯科·萨尔维亚蒂（Francesco Salviati）于同年开始创作。八个场景中有四个是纪念保罗三世的功绩，另外四个则描绘了四位家族祖先的军事功绩，其中三位名叫拉努乔，另一位则更富有神话色彩。事实和虚构相结合，为法尔内塞家族创造了一个传奇，让他们拥有了与老牌贵族王朝一样的英雄祖先和军事荣耀。红衣主教亚历山德罗也拿出一间位于卡普拉罗拉别墅的接待室，在其内墙和天花板上绘制了十四个场景，更详细地描述了这个家族的传说。最初的六个场景中，搭配以适当的古典风格书写的铭文，为 1100 年奥尔贝泰洛城（Orbetello）的建立，或 1313 年圭多·法尔内塞（Guido Farnese）成为奥尔贝泰洛城的统治者等虚构事件提供了视觉证据。而 1534 年以后的八个场景中还包括了亚历山德罗自己取得的成就，特别是他作为教皇特使访问巴黎和沃尔姆斯，以及家族最近对帕尔马取得的胜利。

红衣主教亚历山德罗是那个时期最伟大的艺术赞助人之一。他主要的建筑项目是在罗马北部的法尔内塞庄园中建造卡普拉罗拉别墅。它始建于 1559 年，在保罗三世动工兴建的五角堡垒的基础上改建而成，坐落在有石窟和喷泉装饰的上等花园中。在罗马，除了他的主要住所文书院宫之外，他还在红衣主教拉努乔1565 年去世后，继承了宏伟的法尔内塞宫，并将宫殿装饰一新。

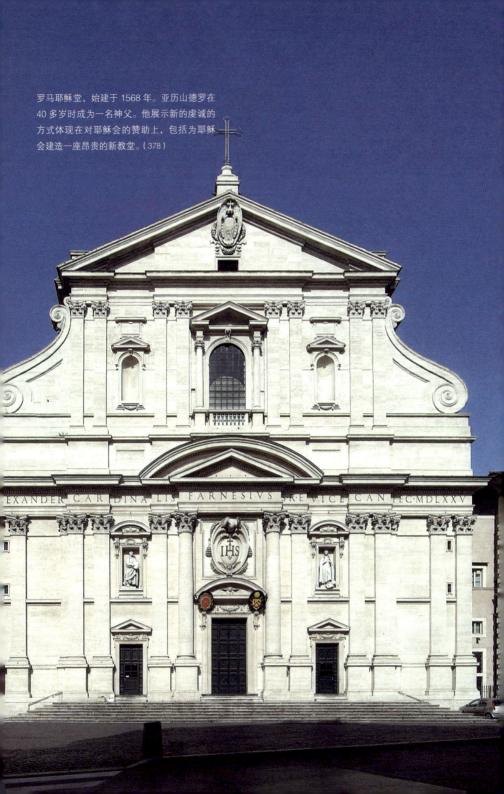

罗马耶稣堂，始建于 1568 年。亚历山德罗在 40 多岁时成为一名神父。他展示新的虔诚的方式体现在对耶稣会的赞助上，包括为耶稣会建造一座昂贵的新教堂。（378）

在那里，他展示了自己收藏的大量古典雕塑作品，令人印象深刻。他还在罗马购置了别墅和花园，包括优雅的法尔内西纳别墅（Villa Farnesina）。拉斐尔曾于1518年左右，受教皇银行家阿戈斯蒂诺·奇吉的委托，在该别墅创作了一系列美丽的壁画。

根据最近的一项研究，红衣主教亚历山德罗将收入的60%用于自己的大家庭开支，这个家庭约有270口人。其中，这笔开支中的60%——略高于其收入的1/3，用于购买食物。[59] 很明显，在这位红衣主教的餐桌上，人们都吃得很好。在他的宫殿里，人均肉类消耗量达到每天887克，人均饮酒量为每天1.62升。相比之下，一个不那么富有的红衣主教的餐桌上，人均只有573克肉和0.85升酒；而一名普通的巴利亚多利德市民的日均饮食消耗只有75克肉和0.25升酒。[60]

在将近55年的教会职业生涯中，亚历山德罗见证了八位教皇，并目睹了罗马教廷从世俗的文艺复兴到专制的反宗教改革时代的转变。事实上，1563年12月特伦特会议结束后，他自己的赞助方式也发生了变化。第二年，他接受安排，成为一名神父。此前，来自王公贵族家庭的红衣主教可以免于这一不可更改的步骤，理由是他们可能需要为自己的家族履行王朝职责。

后特伦特时期，罗马的兄弟会组织迅速发展，他还借此成为几个兄弟会的红衣主教保护人。他修复并翻新了自己教区的教堂，并在宗教项目投入巨资。例如，他向圣彼得达教堂赠送了一座十字架和两个烛台，价值18 000斯库迪。[61] 1568年，他为耶稣会建造了耶稣堂（Gesù），这是耶稣会在罗马的主教座堂。在生命的最后三年里，他花了 45 万斯库迪，相当于他总收入的三分之一，用于慈善事业。[62] 据说，他拥有罗马最美丽的三样东西：法尔内塞宫、耶稣堂，以及他的女儿克莱利亚。1589 年他去世后，被隆重地安葬在耶稣堂的坟墓中。威尼斯大使哀叹道，罗马失去了一位无与伦比的红衣主教，他经验丰富、品位高雅、为人慷慨、救济穷人。[63]

　　法尔内塞家族在争夺王朝权力的过程中非常成功。这有运气的成分，但最重要的是，他们幸运地拥有保罗三世。这位足够长寿且精明狡黠的政治家，给子孙后代创造了巩固地位的机会。1586 年奥塔维奥去世后，帕尔马和皮亚琴察公国由他的儿子亚历山德罗继承。他和母亲奥地利的玛格丽特一起从意大利搬到了尼德兰。因为此时玛格丽特接到任命，被自己同父异母的弟弟腓力二世（Philip Ⅱ）指派为尼德兰总督，后者在其父查理五世去世后于 1559 年登基，成为西班牙国王。这层皇室关系也促成了一场皇室婚姻。1565 年，亚历山德罗与布拉干萨的玛丽亚（Maria of Braganza）结婚。婚后，他的事业蒸蒸日上，负责指挥腓力二世的军队，恢复了西班牙王室在荷兰的统治权威。尽管卡斯特罗在 1649 年被教皇的军队夷为平地，但法尔内塞家族在下一个世纪仍然保持了帕尔马和皮亚琴察公国的地位。

第十章　优先权与宗教改革

埃斯特家族和科西莫·德·美第奇家族

主要登场人物：

埃尔科勒·德·埃斯特二世（Ercole Ⅱ d'Este, 1508—1559）
费拉拉公爵

伊波利托·德·埃斯特（Ippolito d'Este, 1509—1572）
红衣主教，埃尔科勒二世的弟弟

法兰西的勒妮（Renée of France）
埃尔科勒二世的妻子

阿方索二世，费拉拉公爵（Alfonso Ⅱ , 1533—1597）
埃尔科勒二世的儿子

科西莫·德·美第奇（1519—1574）
佛罗伦萨公爵

乔瓦尼·德·美第奇
红衣主教，科西莫的儿子

卢克蕾齐娅（Lucrezia）
费拉拉公爵夫人，科西莫的女儿

凯瑟琳·德·美第奇（Catherine de' Medici）
法国王后

保罗四世（Paul Ⅳ，1555—1559 年在位）、庇护四世（Pius Ⅳ，
1559—1565 年在位）和庇护五世（Pius Ⅴ，1566—1572 年在位）
教皇

　　1562 年，一份匿名文件出现在佛罗伦萨，声称佛罗伦萨公爵的地位高于费拉拉公爵。费拉拉方面坚决否定了这个说法。一名费拉拉的作者吹嘘道："费拉拉公爵拥有众多的贵族臣民，他已经不需要证明自己比佛罗伦萨公爵更具优势"，费拉拉公爵是"真正拥有统治权威的贵族血统"。他继续补充道，费拉拉公爵还统治着"伯爵、男爵和侯爵……而不单单是公民和商人"。这最后一句明显是对佛罗伦萨共和制起源的嘲讽。[1]埃斯特家族的确是老牌贵族，他们的家族世系可以追溯到 12 世纪。1242 年，当阿佐·德·埃斯特（Azzo d' Este）成为费拉拉的领主时，美第奇家族还只是受雇于贵族们的放款人。到了 1500 年，埃斯特家族已经成为摩德纳（1452 年）和费拉拉（1471 年）的公爵，而美第奇家族仍然只是平民。事实上，他们此时已经被那些统治着佛罗伦萨的"公民和商人"流放。他们是王朝统治时代的后来者，直到 1532 年才获得了统治家族的地位。共和国在这一年被迫臣服于美第奇教皇克莱芒七世，教皇将他的私生子亚历山德罗封为第一任佛罗伦萨公爵。1537 年，在亚历山德罗遭到暗杀后，公爵

阿纽洛·布龙齐诺,《科西莫一世大公》,作于1545—1546年(佛罗伦萨乌菲齐美术馆藏)。这是科西莫一世委托人创作的数百幅肖像画中的一幅,希望借助视觉艺术传达其统治权威。(383)

头衔传给了他的远房兄弟科西莫一世。

这两个家族之间的竞争可以追溯到1541年9月。查理五世来到卢卡与保罗三世会面时，科西莫一世因自己被安排在皇帝的左边、埃尔科勒二世被安排在更为尊贵的右边而感到不满。科西莫一世不善交际，他刚满22岁，只做了四年公爵，因此在面对所有关于统治优先权的规则时，他声称自己的新贵王朝更优越是极为冒昧的，但他仍然固执己见。到了圣诞节期间，这场竞争通过双方的代理人在教皇宫廷中继续展开。1545年，科西莫一世突然召回了驻法国宫廷的大使，同样是因为给费拉特使优先权的事情。[2] 这一年，双方的竞争升级到一些细枝末节的事情上。科西莫一世挖走了埃尔科勒二世的两名来自佛兰德斯的织工，以便他也能拥有著名的费拉拉挂毯。[3] 显然，对科西莫一世来说，虽然从佛兰德斯购买挂毯并运回国内会更便宜，但拥有自己的织毯工坊这种荣誉感才是最重要的。[4]

科西莫一世的野心当然不仅仅是要超越埃斯特家族。他希望自己这个新晋的美第奇家族能够获得认可，成为意大利首屈一指的王朝家族，并成为托斯卡纳国王。值得注意的是，1545年他还并未征服整个托斯卡纳地区，更不用说说服保罗三世授予他王室头衔，这甚至会让他的家族超越教皇自己的法尔内塞家族。这就是埃斯特家族和美第奇家族之间斗争的故事。这场斗争不发生在真实的军事战场，而发生在政治、外交和文化领域，特别是1549年至1566年期间举行的五次选举教皇的秘密会议之中。

※

　　科西莫一世花费巨资，力图在佛罗伦萨打造出一个与他的地位相称的新环境。他努力工作，认真负责，自我评价很高。这些品质都源于他母亲玛丽亚·萨尔维亚蒂（Maria Salviati）的培养。玛丽亚丧偶后，对科西莫溺爱有加，全身心地抚养他长大。科西莫一世委托人制作了数百种自己的肖像作品，包括真人大小的雕像、奖章、浮雕、帆布画、锡纸画、环形壁画等。在这些肖像作品中，他有时身着现代盔甲，有时身着古典盔甲，有时又扮作奥古斯都皇帝，甚至化身为神。他成功的经济政策为其提供了无限的资金，用来购买展示公爵声望的各式装饰品。他指示自己的代理人寻找"一颗梨子大小的珍珠"。另一名代理人花了600斯库迪购买了9座古董半身像给公爵收藏，这些半身像都是当时"最美丽和最稀罕"的藏品，但他还是没能找到公爵想要的"50颗红宝石"[5]。科西莫一世收集了大量珍贵的宝石、古董雕像、地图、书籍、奇珍异宝，当然还有装饰其宫殿和别墅的昂贵挂毯，以及罕见的伊特鲁里亚古董。当他声称自己是整个托斯卡纳的统治者时，这些收藏品就是最直观的证据。[6]他娶了托莱多的埃莱奥诺拉（Eleonora of Toledo）为妻，她是查理五世派驻那不勒斯的总督之女，这巩固了科西莫一世与查理五世的联盟。埃莱奥诺拉为他生了11个孩子，确保了王朝发展的未来。最重要的是，他是一名附庸风雅的势利之徒，急于隐藏和撇清家族的商人渊源。

他重塑了美第奇家族的传统，将自己的祖先塑造为国际政治家和艺术赞助人，而不再是银行家。而且，像16世纪崛起的其他新王朝一样，他通过委托人绘制祖先环形画来装饰宫殿内部，为自己的贵族血统提供视觉证据，尽管他不得不虚构几位军事英雄，来增强其战场上的军事荣耀。

　　相比之下，埃斯特家族不需要用祖先的世代交替来证明他们的血统，虽然有一些异国血统，但也无可挑剔。宫廷人文主义者吹嘘埃斯特家族的祖先不仅是勇敢的军人，还是王室成员。宫廷诗人卢多维科·阿里奥斯托的史诗《疯狂的罗兰》将埃斯特家族的祖先一直追溯至特洛伊国王普里阿摩斯（Priam）和查理大帝，查理五世也有同样的血脉。埃尔科勒二世的祖父是费拉拉公爵埃尔科勒一世，外祖父是声名狼藉的博尔哈教皇亚历山大六世；他的祖母是那不勒斯国王阿方索一世的女儿阿拉贡的埃莱奥诺拉，他的外祖母是罗马几家小酒馆的女主人瓦诺扎·德·卡塔尼斯（Vanozza de' Cataneis）。埃斯特宫廷的贵族声望是经过几代人的努力获得的，而非新近购买而来的。费拉拉也享有文艺复兴时期意大利一流宫廷的美誉。

　　传统上，费拉拉是法国的盟友，尽管这一政策使其在哈布斯堡－瓦卢瓦战争期间承受了相当大的压力（见第七章），但阿方索一世还是确保他的儿子们与法国宫廷保持密切联系。他的继承人埃尔科勒二世娶了法兰西的勒妮，她是路易十二的女儿，她的姐姐克劳德（Claude，1524年去世）是弗朗索瓦一世的第一任皇后。埃尔科勒二世性格沉稳、谨慎、行事刻板，但事实证明他是一个好的统治者。他的弟弟伊波利托注定要进入教会。他 9 岁时被任命为米兰大主教，1536 年加入法国宫廷，成为弗朗索瓦一世的宠儿。两人有许多共同的兴趣，尤其是打猎、赌博和女人。此外，由于法国人没有机会当选为教皇，国王对伊波利托寄予厚望，将他培养成教皇三重冠的首选候选人，在法国给他的圣俸也极为丰厚，并说服保罗三世授予他红衣主教的头衔（1538 年）。

　　1547 年弗朗索瓦一世去世，伊波利托成为少数几位在宫廷政变中幸存下来的前任国王的宠臣之一。亨利二世也特别喜欢这位意大利王公贵族，他们一起打猎、打网球和赌博。伊波利托还常常受邀与国王一起在王室小礼拜堂里做弥撒，他甚至还能与国王一起用餐，这更显出他的尊贵。[7] 1549 年，亨利二世任命伊波利托为法国驻罗马的红衣主教保护人，在教皇和红衣主教会议上代表法国王室的利益。他曾经用法语向亨利二世描述他在那年 7 月进入罗马城时的情景，他吹嘘道："罗马城的民众都挤在窗口和街道上，一睹我经过时的风采。"[8] 伊波利托现在是教皇宫廷中资深的"法国"红衣主教。他拥有七个法国教区，包括著名的里昂大主教区和 19 个修道院，其中包括位于巴黎北部皇家狩猎公园的沙利斯修道院（Chaalis），以及位于诺曼底的瑞米耶日修道院（Jumièges）。[9] 他是罗马最富有的红衣主教之一，年收入 8 万斯库迪，其中一半以上来自法国。[10] 他还竭力展示自己的政治忠诚：他的许多音乐家都是法国人，他的马车夫和裁缝也是法国人；他穿着法式风格的衣服，喝法国葡萄酒，雇用法国厨师。[11]

　　科西莫一世的大使对此印象深刻："费拉拉的红衣主教是最伟大、最尊贵的贵族，红衣主教团中几乎没有一位能与他的出身、财富和追随者相提并论，尽管有人认为他太过招摇，喜欢过分炫耀。"[12]伊波利托当然是文艺复兴时期出类拔萃（par excellence）的红衣主教。他奢华的品位从其珠宝、银器和服饰中可见一斑：他包养情妇，也有自己的孩子；他将自己马车的用马命名为"甜心""美人""大家闺秀""宠物"；他的胡须上洒满茉莉花油，手套上也洒满了龙涎香和麝香；他更喜欢世俗的紧身短外套和长筒袜，而不是教会那些毫无廓形的服装。[13]

　　伊波利托和科西莫一世都野心勃勃，前者是为了教皇的三重冠，后者则是为了托斯卡纳国王的王冠，他们的野心即将发生冲突。1549年11月保罗三世去世，随后举行的教皇选举秘密会议将是1549年至1566年期间举行的五次秘密会议中的第一次。在这次会议中，温文尔雅的红衣主教和脾气暴躁的公爵之间展开了第一轮较量，并直接影响到了选举结果。

　　科西莫一世本人当然不能参加这个秘密会议，但他通过在梵蒂冈的廷臣和其他秘密会议成员中安插自己的代理人来施加自己的影响力。严格来说，这种做法是明令禁止的，但欧洲的世俗统治者大多无视这一禁令。秘密会议于11月29日开幕。由于来自外部的干预达到了前所未有的程度，这也将成为该世纪最漫长的一次会议。科西莫一世看中的候选人是特伦特宗教会议的主席乔瓦尼·马里亚·德尔·蒙特，但他在公开场合支持查理五世推荐的候选人红衣主教胡安·阿尔瓦雷斯·德·托莱多（Juan

佚名，《红衣主教伊波利托》，作于 1537 年（利物浦沃克美术馆藏）。
伊波利托是一位公爵的儿子，也是一位教皇的外孙，但他还是没能
如愿以偿地成为教皇。（386）

Alvarez de Toledo），他也是自己的妻子托莱多的埃莱奥诺拉的叔
叔。作为法国方面推荐的候选人，伊波利托精明地使用了拖延战
术，以确保当法国的红衣主教在 12 月下旬抵达梵蒂冈时，会议
仍在进行。但是，由于双方都能阻止对手的候选人当选，又没有
能力获得必要的 2/3 票数来让自己的候选人胜出，导致会议陷入
僵局。在恶臭难耐的秘密会议室里又经过了一个月徒劳无功的阴
谋活动后，科西莫一世看中的候选人红衣主教德尔·蒙特于 1550

年 2 月 8 日当选为尤利乌斯三世。伊波利托在妥协谈判中发挥了关键作用，因此被授予蒂沃利总督职位。

科西莫一世不光彩的行为没能为他赢得同时代人的喜爱，但他狡诈的政治技巧赢得了尊重。两年后，锡耶纳人向亨利二世求援，驱逐驻扎在该城的帝国军队。当亨利二世的指挥官皮埃特罗·斯特罗齐（Pietro Strozzi）率领军队越过佛罗伦萨边界时，科西莫一世没有进行任何抵抗。他向锡耶纳的新总督——不是别人，正是红衣主教伊波利托——保证，他不打算与法国人作战。然而背地里，他正计划这么做。因为科西莫一世声称自己要成为整个托斯卡纳地区的统治者，如果能够获得锡耶纳及其周边领土，会大大增强他这项主张的可信度。同时，这也是一次天赐良机，可以将佛罗伦萨的流亡者与斯特罗齐一网打尽，斯特罗齐的父亲曾因叛国罪被科西莫处决。

1553 年 5 月，科西莫一世策划的阴谋细节遭到泄露，伊波利托得知其真实意图后迅速采取行动，将参与阴谋策划的锡耶纳人处决。但与此同时，也给红衣主教留下了一个不可能完成的任务：一方面，既要努力维护法国王室的权威；另一方面，法军指挥官斯特罗齐反复敦促他颠覆佛罗伦萨现政权。双方的争吵给科西莫一世腾出时间来制订下一步计划。首先，他任命查理五世的一名将军马里尼亚诺侯爵（Marquis of Marignano）詹贾科莫·美第奇（Giangiacomo Medici）来指挥佛罗伦萨的军队。詹贾科莫与科西莫一世的美第奇家族没有关系，他碰巧出自同名的米兰贵族家庭。然后他煽动锡耶纳人向佛罗伦萨宣战，给他提供了攻击法国人的借口。1554 年 5 月，伊波利托最终离开锡耶纳，继续履行他作为法国红衣主教保护人的职责。尽管他在锡耶纳的统治失败了，但他并没有失去亨利二世的宠信。回到罗马后，他又即将与科西莫一世发生冲突，这比他预期的要快得多。尤利乌斯三世于 1555 年 3 月 23 日去世，此时佛罗伦萨军队即将结束对锡耶纳漫长而疲惫的围攻。接下来的一个月，佛罗伦萨公爵将在围攻和教皇选举的秘密会议中获胜。

　　4 月 5 日，秘密会议如期开幕，且一如既往地分为帝国派和法国派，但这一次还有第三派加入，他们希望有一个更致力于改革的新教皇。这次伊波利托从埃尔科勒二世和亨利二世那里筹集了一笔贿选资金，使其在选举过程中一路领先。[14] 他请求自己的哥哥"能否尽快汇款 25 000 斯库迪，这样我就可以收买整个红衣主教团"；法国国王也承诺提供相同数额的圣俸，以确保他栽培的手下获得足够的选票。[15] 当然，科西莫一世这次也决心避免伊波利托当选。在伊波利托即将欢庆胜利之际，一封由科西莫一世的代理人截获的信送达秘密会议现场。信中传来一个令人震惊的消息：斯特罗齐的军队正在向罗马进军，迫使秘密会议选举一名法国的红衣主教。[16] 伊波利托认为这封信是伪造的，显然，这一点毫无疑问。但科西莫一世的这一招彻底粉碎了伊波利托近在咫尺的当选良机。红衣主教们重新坐在一起，商讨新的教皇人选。这次他们决定支持虔诚的马塞洛·切尔维尼（Marcello Cervini）。他在 4 月 9 日被选为新任教皇马塞勒斯二世（Marcellus Ⅱ）。伊波利托在信中告诉他的哥哥："今晚选出了一位我最不喜欢的教皇。"马塞勒斯二世上任仅三周便离奇去世，新教皇遭人毒害的谣言不可避免地传播开来。伊波利托明显松了一口气。[17]

5月15日，红衣主教们发现自己又回到了梵蒂冈那间狭窄的会议室里，分歧依旧。科西莫一世与皇帝结盟，反对伊波利托和法国人，而改革派则有自己的计划和盘算。这一次，科西莫一世在参加秘密会议的红衣主教因诺琴佐·德尔·蒙特（Innocenzo del Monte）的身边安插了一个密探。因诺琴佐·德尔·蒙特出身卑微，是尤利乌斯三世在帕尔马街头捡到的一个乞丐之子，他说服自己的兄弟收养了这个男孩，并在男孩15岁时授予他"侄子红衣主教"头衔，让整个意大利为之蒙羞。密探在报告里提到伊波利托给出"承诺和优渥条件"，"迷住了年轻的红衣主教们"，包括德尔·蒙特。[18]这一次，以伊波利托为首的法国派与教会中的改革派联合起来，智取了帝国派。他们联合推选强硬的改革派吉安彼得罗·卡拉法，即教皇保罗四世。这位新教皇上任时，距离79岁生日还差一个月，但他身体非常健康，喜欢在晚餐时喝杯烈性的红葡萄酒，这可能是他唯一温和的特点。他此前曾被保罗三世任命为宗教裁判所的审讯长，是教会改革事业的狂热分子。他极端虔诚，独断专行，固执己见，讨厌别人反驳他，动不动就大发雷霆。他也知道很多人都不喜欢他。事实上，他把自己的当选视作上帝的旨意，是委托他铲除新教异端的证据。因此他几乎沉溺于这项任务之中。

　　伊波利托是新教皇上任后的早期受害者。如果他指望自己在秘密会议期间对改革派的支持会在保罗四世上台后得到回报，那他就大错特错了。他正是改革派所憎恶的那种红衣主教。几周之内，他被指控犯有买卖圣职罪，以及在最近的教皇选举中贿选等罪名，被立即免除了红衣主教保护人、蒂沃利总督和米兰大主教的职务，并被流放到费拉拉。他于1555年8月离开罗马，回到家乡舔舐伤口。同年11月，他心爱的女儿蕾尼娅（Renea）死于化脓性咽后脓肿，心灰意冷的他感到前途越发暗淡。他远离政治，度过了四年沮丧的时光。当然，到外省的费拉拉流亡也有其优势。他在自己的宫殿和别墅里过着令人羡慕的安逸生活，有充足的时间与猎犬一起打猎，在波河三角洲的沼泽地里钓鱼，举行愉快的网球比赛。然而，从给教皇宫廷的信件，以及由费拉拉邮政局长亲自送来的回信数量可以看出，他是多么渴望回到权力的中心。

　　事实上，伊波利托很幸运地避开了保罗四世和他的红衣主教侄子——毫无原则的卡洛·卡拉法（Carlo Carafa）在罗马的恐怖统治。卡洛·卡拉法是一名军人，以放浪形骸闻名。他出身于那不勒斯贵族，厌恶吞并他们城市的西班牙人——保罗四世轻蔑地称之为"犹太人和阿拉伯人的杂种"[19]。查理五世被多年的政务活动搞得筋疲力尽，决定在1556年退位，但教皇拒绝承认他的退位是合法的，也拒绝承认皇帝指定的继承人：他的弟弟哈布斯堡的斐迪南（Ferdinand of Habsburg）继任神圣罗马帝国皇帝，他的儿子腓力（Philip）继承西班牙国王王位，同时作为佛兰德斯和美洲统治的继承者。红衣主教卡洛随后又"发现"了西班牙人刺杀教皇的阴谋，说服教皇向查理五世宣战。教皇军一败涂地，眼睁睁地看着那不勒斯的西班牙军队欢庆胜利，并在那不勒斯总督阿尔巴公爵（Duke of Alba）的带领下，一路畅通无阻地兵临罗马城下。

　　罗马城内的状况也不断恶化。战争导致食品价格飞涨，为战争征收的税赋也急剧攀升。冷酷的教皇禁止人们在狂欢节嬉戏。他清除街上的乞丐，强迫犹太人戴上标识身份的黄帽子，并搬进他在台伯河边建造的犹太人隔都（ghetto）。新任审判长米凯勒·吉斯利里（Michele Ghislieri）指挥宗教裁判所，对数百名同情新教的罗马人，以及其他任何不符合保罗四世的严格道德准则的人施以酷刑、监禁，甚至处决，其中包括强奸犯、渎神者、同性恋、演员，甚至那些不遵守星期五禁肉令的人。教皇每周四还亲自出席审判。一位罗马贵族因有一个犹太情妇被捕，一位主教因与一名歌妓有染而被送进监狱，一位画家因没有采用正确的方式绘制十字架而被判定为异端。[20] 当这些消息通过伊波利托的同僚们传到费拉拉时，他震惊万分。红衣主教圭多·阿斯卡尼奥·斯福尔扎因他的弟弟与西班牙军队作战而被捕，他不得不支付 20 万斯库迪巨款才得以从圣天使城堡获释。[21] 红衣主教乔瓦尼·莫罗内（Giovanni Morone）是一位道德高尚的虔诚基督徒，但遭到保罗四世的厌恶，也被监禁起来，并被宗教裁判所指控为异端。尽管法庭判定他无罪，但教皇还是拒绝释放这个不幸的人。

罗马城外，保罗四世把教会改革的任务交给了宗教裁判所，并关闭特伦特会议。吉斯利里派出的异端猎手异常严密地监视费拉拉的埃斯特宫廷，因为在那里，公爵夫人勒妮公开同情新教徒。1554年，埃尔科勒二世被迫命令她在复活节去忏悔和做弥撒。同年秋天，她被正式指控为异端，并被迫放弃自己的信仰。公爵还遣散了她家庭中的一些成员，因为这些化名生活于此的人被判定为异端。费拉拉公爵甚至开始担心勒妮影响到自己的女儿，因为她们曾经在公爵府里参加了一些新教仪式。考虑再三，他将两个女儿送到了她们的姑姑埃莱奥诺拉那里照顾，她是圣体修道院（abbess of Corpus Domini）的女院长。[22]

在吉斯利里的领导下，宗教裁判所还编订了臭名昭著的《禁书目录》（*Index of Forbidden Books*, 1559），列出了被认定为异端的作品，并在意大利各城市的篝火仪式上正式销毁。伊波利托被流放时，留在罗马自家图书馆里的约200本书，被宗教裁判所的官员洗劫一空，他们没收了马基雅维利的作品、一本大型《圣经》，以及荷兰人文主义者伊拉斯谟（Erasmus）评译的《新约全书》。这本《圣经》共七卷，使用豪华的金箔牛皮装订而成，是当时极具争议性的作品。[23]

在佛罗伦萨，科西莫一世也感受到了压力。1558年8月12日，日记作者阿戈斯蒂诺·拉皮尼（Agostino Lapini）记录道，公爵颁布了一项法令，命令所有未被授予教职的神父，以及其他"没有合法理由离开修道院的人，必须立即返回"，这一法令在一个月后不得不重申，并命令他们"在三天内"必须服从命令，否则将予以逮捕。[24] 1552 年，他屈从于宗教裁判所和埃莱奥诺拉的叔叔红衣主教胡安·德·托莱多的压力，在佛罗伦萨举行了一次信仰审判仪式（auto-da-fé），希望通过对那些被宗教裁判所认定有罪的人实施公开的火刑处决，来获得尤利乌斯三世的青睐。但他无法从反西班牙的保罗四世那里得到什么，梦寐以求的王室头衔肯定不可能，其他方面也没什么好处。然而，他的虔诚在圣洛伦佐（San Lorenzo）唱诗班的环形壁画等方面可见一斑。据拉皮尼记载，该项目于 1558 年 7 月揭幕，"由艺术大师雅各布·蓬托尔莫（Jacopo Pontormo）绘制的大洪水和基督复活，有人喜欢，有人不喜欢"[25]*。公爵还尽其所能，保护自己的臣民免受宗教裁判所的影响，并采用拖延战术，避免将可疑的异端分子送往罗马。但他很快也采用了《禁书目录》，并于 3 月 18 日下令公开焚烧禁书。拉皮尼的记载显示当时在洗礼堂、圣母百花大教堂和圣十字大教堂（Santa Croce）的广场上都点燃了篝火，不过据说公爵命令其代理人"多摆样子，少见成效"[26]。

对保罗四世的厌恶改变了整个意大利的忠诚传统。当美第奇家族和埃斯特家族都开始意识到结盟对双方有利时，他们之间的敌意也开始化解。为此，科西莫一世准备了 20 万斯库迪的巨额

---

* 唱诗班的壁画于 1738 年被毁。

亚历山德罗·阿洛里（Alessandro Allori），《卢克蕾齐娅·德·美第奇》，约作于 1560 年（美国北卡罗来纳州艺术博物馆藏）。尽管在这幅肖像画中卢克蕾齐娅看上去健康状况良好，但其实她体弱多病，15 岁时死于肺结核。（392）

嫁妆，来促成两大家族之间的联姻。[27] 埃尔科勒二世指出联姻的政治效益，"不仅进一步提升了我们家族的重要性，而且可能……还有助于让贫穷的意大利安定下来"[28]。埃尔科勒的继承人阿方索二世和科西莫一世的长女玛丽亚之间的联姻计划已经敲定，但17岁的新娘在1557年11月因严重高烧去世。

尽管在佛罗伦萨，有传闻说科西莫一世发现自己的长女与一名侍从有染，一气之下亲手杀害了她，但这应该是不可能的。[29] 科西莫的廷臣们报告说，这位悲痛的父亲哭得伤心欲绝。埃尔科勒公爵同意联姻计划继续进行，用玛丽亚的妹妹代替她。四个月后，24岁的阿方索和13岁的卢克蕾齐娅在佛罗伦萨举行了婚礼。不过，由于新娘太年轻，无法圆房，因此她仍留在佛罗伦萨家中，而她的丈夫则前往法国宫廷。

那个夏天标志着欧洲政治一个时代的结束。9月，查理五世去世，年仅58岁。由于西班牙和法国此时均已财政破产，腓力二世和亨利二世于1559年4月25日签署了《卡托－康布雷西和约》（treaty of Cateau-Cambrésis），结束了数十年的战争。哈布斯堡家族和瓦卢瓦家族用两桩联姻来保证双方的和平。但不幸的是，在巴黎为庆祝这一双重订婚而举行的骑士比武大赛上，亨利二世被一把破碎的长矛刺穿了眼睛，10天后于7月10日在剧痛中死去，年仅40岁。他把王位留给了15岁的儿子弗朗索瓦二世，年少的国王体弱多病，亨利二世的遗孀凯瑟琳·德·美第奇（Catherine de' Medici）代为摄政。在费拉拉，伊波利托命家人着黑衣，并给仍在法国的侄子阿方索二世写信说："国王的死真的很可怕，对每个人来说都是一个令人震惊的损失。"亨利二世曾是伊波利托的密友，"就我而言，我可以说从未感到如此悲伤，但这是上帝的旨意，我们必须接受它"[30]。

※

8月18日，保罗四世去世的消息传到了费拉拉和佛罗伦萨，大家尽管都很高兴，但并不感到惊讶。自1月被迫解雇卡洛·卡拉法后，他的健康状况就急转直下。对于这位滥用职权的侄子红衣主教的种种丑闻，他原本可以忽略不见，但据洛林的红衣主教（Cardinal of Lorraine）所说，当教皇发现他"罪孽深重，淫乱放荡到不分男女"时，这位节制而虔诚的老人感到震惊万分。[31]在罗马，人们用一场暴力狂欢来庆祝这一消息。暴徒们放火焚烧了宗教裁判所的宫殿，并摧毁了卡皮托山上的保罗四世雕像。正如费拉拉特使报告中所记录的那样，人们"把雕像的头像球一样踢过罗马的街道"[32]。接着又传来消息，红衣主教卡洛下令以通奸罪处死自己的弟妹，卡洛的弟弟乔瓦尼则亲手杀死了那个不幸的情人。还有一些理由充分的谣言说，乔瓦尼的儿子红衣主教安东尼奥从保罗四世的卧室里偷走了一箱贵重物品。甚至腓力二世也加入了要求剥夺卡拉法家族头衔和财产的广泛呼吁之中。这一问题将在即将举行的教皇选举秘密会议中发挥重要作用。

教皇选举的计划正有条不紊地进行着。按照其亡夫的遗愿，

凯瑟琳·德·美第奇指定伊波利托为她的候选人，并要求科西莫
一世利用"在红衣主教团中巨大的影响力……尽你所能，让我的
表弟费拉拉红衣主教当选为教皇"[33]。科西莫一世虽然与她同姓，
但凯瑟琳·德·美第奇与埃斯特家族关系更为亲密。由于家族对
法国婚姻的偏爱，伊波利托与王太后有着密切的姻亲关系：他
的侄女安娜（Anna）是凯瑟琳的儿媳、苏格兰女王玛丽（Mary
Queen of Scots）的舅妈；他的嫂子勒妮是凯瑟琳的丈夫亨利二
世的堂姑妈。凯瑟琳也很希望"有一个这样出身和地位的人登上
神圣的宝座"，但科西莫一世拒绝提供支持。事实上，很明显他
更喜欢出身背景不那么高贵的人。最近，他一直在培养和扶持红
衣主教乔瓦尼·美第奇去竞争教皇的头衔。他是詹贾科莫侯爵的
弟弟，也是科西莫一世手下一名能干的军队指挥官。

　　9月5日开始的秘密会议分成了三个平等的团体：西班牙人、
法国人和由已故教皇创建的红衣主教团体——按照传统，他们由
前侄子红衣主教领导。最后一个团体主要由教会内部狂热的改革
派组成，由放荡不羁的卡洛·卡拉法领导，在这次选举中拥有前
所未有的发言权。由于法国的红衣主教仍在赶往罗马的途中，伊
波利托用类似于他在1549年使用的拖延战术来维持会议的进行。
他在每次会议上都会将选票上多达20个名字一一念出来。他向他
的哥哥埃尔科勒解释道，"这样一来，在就新教皇的人选达成一
致之前，会议可能拖得越久越好"，"现在的任务是把秘密会议拖
延到吉斯公爵赶来"[34]。帝国大使认为伊波利托是"法国有史以
来手段最高明的外交家之一"[35]。当法国人如期抵达会议现场时，

选举实际上陷入了僵局。

　　10 月 4 日，伊波利托得知埃尔科勒公爵在前一天突然发烧后去世，年仅 51 岁。伊波利托给新公爵写信说："你可以想象，他的意外离世让我多么痛苦。"他悲伤地说道："事情发生得太突然了，前一天我听说他病了，第二天他就去世了。"[36] 失去心爱的多年来一起玩耍打闹的哥哥确实是一个沉重的打击，但伊波利托还有更紧急的事情要处理，"我非常抱歉，我被关在这里，实在无法帮助到你"。此时，阿方索二世还在法国，这在费拉拉留下了一个潜在而危险的权力真空。由于伊波利托不能离开罗马，阿方索二世的母亲公爵夫人勒妮必须在费拉拉维持统治权威。阿方索二世的岳父科西莫一世趁机向费拉拉派兵，表面上是为了确保自己女婿权力的顺利交接，但谁都不清楚他真正的动机是什么。这是对费拉拉即将到来的新政权的一种预示。科西莫一世希望阿方索二世能优先考虑与岳父之间的关系，而不是费拉拉与法国之间的传统关系。这种新的动向很快就在秘密会议厅里显现出来。

　　与此同时，秘密会议仍在继续进行，由于每次投票都差一点点达到必要的 2/3，红衣主教们的脾气变得很坏。三个月之后，会议厅里臭气熏天，19 名红衣主教所在的西斯廷礼拜堂不得不进行熏蒸处理。心烦意乱的教皇司仪也失去了理智，因为差不多每天晚上都有非法访客到访会议厅，特别是腓力二世的大使。一天晚上，他甚至和吉斯的红衣主教路易（Cardinal Louis of Guise）打了起来。[37] 科西莫一世的候选人乔瓦尼·美第奇被视为自由派，他支持以务实的方式解决新教问题。对于那些对新教零容忍的狂热派来说，这种态度简直是对教会可怕的诅咒。科西莫一世并不感到沮丧。他不仅继续与伊波利托作对，还利用他的天真欺负阿方索二世。当阿方索回到意大利时，科西莫一世在里窝那（Livorno）会见了他：

> 我向殿下解释过，您的叔叔是在自欺欺人，因为他被腓力国王排除在外，法尔内塞家族也对他不以为意；卡尔皮（Carpi）的朋友是他的敌人，而卡拉法只会让他出丑……我已经告诉（伊波利托）不要再浪费时间了，就投给美第奇吧！[38]

话虽然很刺耳，但只有部分是真实的。目前的状况并不像科西莫设想的那么明朗。

科西莫一世并不清楚凯瑟琳·德·美第奇仍在为伊波利托出谋划策，并提出用一个贵族头衔和一大笔钱收买卡拉法。卡拉法的目标当然不在宗教上。正如他的弟弟乔瓦尼敦促的那样，"谁当选不重要，重要的是新教皇要明白，他的当选要归功于卡拉法家族"[39]。但对伊波利托来说，不幸的是，在11月底他失去了两张重要的选票：一位红衣主教死在了他的隔间里，另一位红衣主教病重，不得不申请离开梵蒂冈。伊波利托感到自己已经没有机会了，他现在同意为美第奇拉票，但卡拉法又提高了他的要价。他要求美第奇保证，如果当选，他将保证卡拉法家族所有的头衔和财产。伊波利托知道美第奇原则性太强，肯定不会同意这样做，所以他要求科西莫一世代表美第奇给卡拉法写信做出这些承诺，但肯定没有得到红衣主教美第奇的许可。最后，经过多轮拉扯，以及为庆祝圣诞节而举行的 12 小时弥撒，红衣主教们终于选举美第奇为他们的新教皇即庇护四世。

很快，人们就发现庇护四世与他的前任完全不同。在当选后的六个月内，他逮捕了卡洛和乔瓦尼·卡拉法，以谋杀罪和叛国罪将两人送上法庭，并判处死刑。新教皇自己选择的侄子红衣主教是卡洛·博罗姆（Carlo Borromeo）。这是一个更为合适的任命。庇护四世在选举一个月后，就提拔年仅 21 岁的博罗姆为红衣主教，他将在反宗教改革中发挥重要作用，并证明并非所有的任人唯亲，也并非所有的年轻主教，都一定是坏的。* 庇护四世还重启特伦特宗教会议，由红衣主教莫罗内担任主席。这一举动也证明新任教皇相信莫罗内是无辜的，因为他曾被保罗四世打成异端监禁过。此外，虽然他继续任命红衣主教吉斯利里为宗教裁判所审判长，但严格限制了其权力范围。

伊波利托和科西莫一世在梵蒂冈发挥的作用也得到了公众的认可。选举结束后两天，伊波利托觐见了教皇。之后，他兴高采烈地向他的侄子阿方索二世报告说："昨天吉斯的红衣主教和我一起拜访了教皇陛下，他对我们在选举中施以的恩惠深表感激，我们非常满意。"[40]

庇护四世许诺会给法国和费拉拉很多好处，包括将阿方索二

---

* 卡洛·博罗姆于 1610 年被封为圣徒，距离他去世仅 25 年。

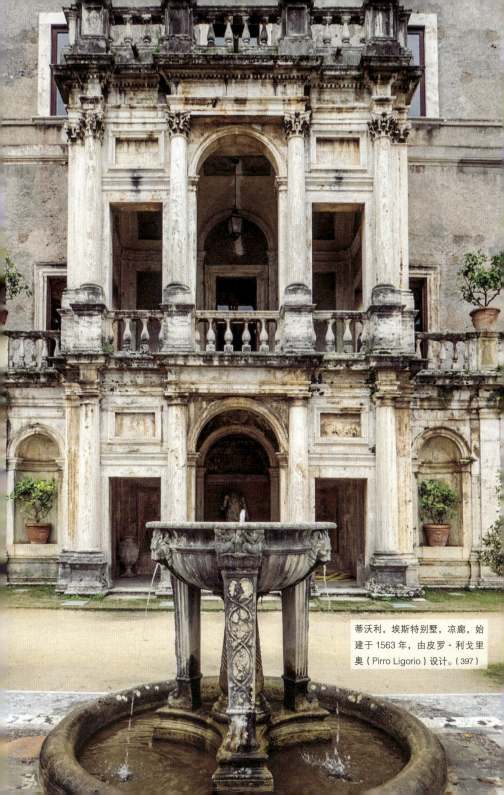

蒂沃利，埃斯特别墅，凉廊，始建于1563年，由皮罗·利戈里奥（Pirro Ligorio）设计。(397)

蒂沃利，埃斯特别墅，瀑布喷泉和水风琴，建于 1566—1572 年。整个欧洲都争相推崇和模仿的水风琴，原理是用水把空气注入管道，从而演奏出音乐。(398–399)

世放荡不羁的弟弟路易吉提拔成红衣主教，伊波利托也恢复了法国红衣主教保护人和蒂沃利总督的职位。最重要的是，他重新回到了教皇宫廷，并在庇护四世的教皇任期内发挥了主导作用。对科西莫一世来说，他15岁的儿子乔瓦尼也得到了一顶红帽子的奖励，他在1月底和博罗姆一起被任命为红衣主教。

乔瓦尼·德·美第奇于1560年3月抵达罗马，参加授予他红衣主教身份的神秘仪式。作为对科西莫一世公爵的另一项恩惠，庇护四世授予这个男孩多米尼加圣母的头衔（Santa Maria in Domnica）。这个头衔原本属于第一位美第奇红衣主教（即后来的利奥十世）。现在为了将头衔顺利授予乔瓦尼，现任者被转移到一个新的教堂。在乔瓦尼于1562年11月因疟疾不幸去世后，庇护四世将红衣主教的职位和该头衔一并转授给了乔瓦尼的弟弟斐迪南。红衣主教们为争夺这个主教团新成员展开了激烈的竞争。伊波利托的主要竞争对手之一红衣主教亚历山德罗·法尔内塞在玛达玛别墅为他举办了一场盛大的宴会；另一位竞争对手红衣主教鲁道夫·皮奥·达·卡尔皮（Rodolfo Pio da Carpi）送给他一张斑岩材质的大石桌。这件礼物给红衣主教乔瓦尼带来了些麻烦，他不得不安排人将这个沉重而有价值的礼物运回佛罗伦萨。[41]伊波利托当然也不甘示弱。他不仅热情地款待了这位年轻人，还送给他几件礼物，包括自己收藏的11枚勋章和一辆昂贵的马车。马车在当时的罗马是个新鲜事物，伊波利托为此花费了大约700斯库迪，马车内部装饰着奢华的紫色天鹅绒。[42]

结束多年的流放生活之后，伊波利托很高兴能重返教皇的宫

卡斯泰洛（Castello），美第奇别墅，动物石窟，建于约1565年。野心勃勃的科西莫一世模仿罗马皇帝奥古斯都，将古典神话中哺育朱庇特的山羊阿玛尔西娅（Amalthea）作为自己的象征。（401）

尼科洛·特里波罗（Niccolò Tribolo），
《海格立斯与安泰俄斯》，约作于 1543 年
（卡斯泰洛美第奇别墅）。作为象征佛罗伦
萨共和国的古典神话人物，科西莫一世用
赫拉克勒斯的形象来加强他对这座城市的
统治。（402）

廷，他喜欢这里气派而奢华的生活。他的主要住所是位于市中心的蒙特·乔达诺宫［Palazzo Monte Giordano，即现在的塔弗纳宫（Palazzo Taverna）］；他在奎里纳莱山（Quirinal）上还有一栋别墅，即蒙特·卡瓦洛宫（Palazzo Monte Cavallo）。* 在这里，他可以躲开山下狭窄的街道和闷热的气温，俯瞰罗马城全景，或在他的新网球场上打一场网球；他还可以在上等的花园里散步，在芳香的树木和绿植丛中展示他的古典雕塑收藏。

1566 年初，庇护四世又将蒙特·卡瓦洛宫旁边的一块土地送给了他。这也是教皇表示感激的另一项恩惠。那年春季，伊波利托似乎将这块地辟成了菜园，种上了菠菜、韭菜、洋蓟、卷心菜、大蒜和蚕豆。[43] 他还在罗马东北部山区的蒂沃利建造了一座宏伟的别墅。这座别墅动工于 1550 年，即尤利乌斯三世任命他为蒂沃利总督时开始建造的。他每年在这里度过 7 月和 8 月，只留少量人员在罗马，比如一名负责给蒙特·卡瓦洛宫的植物浇水的男仆。[44]

16 世纪中期的罗马，别墅是贵族们最时髦的展示物。富有的贵族们将豪华的宫殿修筑在观赏性的花园里。这些花园曾经覆盖着城市的山丘，为贵族们展示古董雕塑收藏提供了一处优雅的场所。这些收藏品往往也与气派的喷泉融为一体。许多红衣主教专门聘请文物学家来鉴定这些藏品，并在当时的导游手册中自豪地推荐给游客。奎里纳莱山上不仅坐落着伊波利托的别墅，还拥有

---

　　* 奎里纳莱山在文艺复兴时期被称为卡瓦洛山，因为山顶上有两座巨大的驯马师雕像（后来被确定为孪生兄弟卡斯托耳和波吕刻斯，也就是狄奥斯库洛伊兄弟）。该宫殿现在是奎里纳尔宫的所在地，是意大利总统的官邸。

他的竞争对手红衣主教卡尔皮的别墅——但伊波利托声称他的别
墅是在"古罗马宫娥住所"的基础上建造而成的。[45]他在蒂沃利
的别墅坐落在古物学家皮罗·利戈里奥设计的花园里，靠近哈德
良皇帝建造的一座别墅遗迹。利戈里奥在那里又为红衣主教发掘
出了几座古典雕像。

科西莫一世也修建了壮观的古典主义风格的别墅，用来展示
自己令人印象深刻的藏品。在位于卡斯泰洛的家族庄园里，他布
置了一座满是喷泉、石窟和雕像的花园，这些雕像有古典风格
的，也有现代风格的，包括著名的动物石窟和无处不在的山羊雕
像。科西莫一世大量使用山羊或摩羯座的象征物装饰，是有意将
自己宣传为第二个奥古斯都。他也是在1月亲戚遭到暗杀后，像
皇帝奥古斯都一样登基掌权。法国散文家米歇尔·蒙田（Michel
de Montaigne）于1580—1581年访问意大利期间参观了卡斯泰
洛别墅。在那里，他被那些喷水装置吸引，"细雨般的涓涓细流"，
不知不觉中浸湿了游客们的衣服。[46]不过，真正让他印象深刻的
是蒂沃利的喷水装置，在这座"著名的费拉拉红衣主教的宫殿和
花园"里，水被设计用来驱动一架管风琴，演奏音乐，并发出其
他各种声音，包括炮声和鸟鸣，当太阳照射到喷涌的激流时，还
会形成美丽的彩虹。[47]

与此同时，当教皇邀请科西莫一世对罗马进行国事访问，并
安排他入住梵蒂冈宫殿的客房时，科西莫一世又看到了庇护四世
授予他王室头衔的希望。[48]作为教皇宫廷的主要红衣主教之一，
伊波利托密切参与了这次美第奇的到访活动。11月初，他有幸

在波波洛门（Porta del Popolo）前迎接了佛罗伦萨公爵和公爵夫人，并为这对夫妇举办了几次活动。12 月初，公爵夫妇受邀到蒙特·卡瓦洛宫参加宴会。为了招待这对贵宾，伊波利托将 36个银盘和其他物品委托给一名金匠，让他用这些材料制作一个特别气派壮观的枝状大烛台。教皇也尽一切可能地表现出对公爵的偏爱。他向科西莫一世赠送了许多贵重的礼物，包括古董雕像和最近在卡拉卡拉浴场（Baths of Caracalla）废墟中发现的一根巨型花岗岩石柱。庇护四世还同意授予科西莫的女婿保罗·乔达诺·奥尔西尼（Paolo Giordano Orsini）布拉奇亚诺公爵（Duke of Bracciano）头衔，这样他的女儿伊莎贝拉就有了与她的姐姐、费拉拉公爵夫人卢克蕾齐娅相同的地位。然而令人沮丧的是，教皇在科西莫一世迫切渴望的王室头衔问题上仍然含糊其辞。

　　1561 年 4 月，科西莫的女儿卢克蕾齐娅在费拉拉死于肺结核，年仅 15 岁。这一悲剧摧毁了一直以来为优先权争论不休的家族联盟。不久之后，随着本章开头提到的那份匿名文件的公布，这个问题再次爆发。该文件阐述了佛罗伦萨公爵科西莫一世比他以前的女婿、费拉拉公爵阿方索二世地位更尊贵的理由。当然，理由相当复杂，有些证据还是虚假的。例如声称 1532 年建立的佛罗伦萨公国比费拉拉公国更古老，因为埃斯特家族在 1539 年曾与保罗三世发生争执。科西莫一世使用的其他证据更具说服力。例如在建立公国之前，佛罗伦萨共和国就比埃斯特侯爵国享有优先权。此外，佛罗伦萨的领土也比费拉拉大得多。[49] 最终，他的论点建立在这样一个事实上，即佛罗伦萨公爵是独立的领主，而费拉拉公爵是教皇的附庸。即将发生的事情证明，这的确是一个具有先见之明的提醒。[50] 但是，就目前而言，作为一个更为古老的王朝，埃斯特家族所宣称的优先权仍然有效。

1561 年，伊波利托被任命为普瓦西会议（Colloquy of Poissy）的教皇特使，这是凯瑟琳·德·美第奇第一次尝试弥合法国天主教徒和新教徒之间的裂痕。在那里，各种信仰之间的对立已经分裂了法国宫廷，因宗教分歧，政治对手也分为了两个阵营：波旁家族与新教徒，吉斯家族与天主教徒。庇护四世对法国的宗教危机问题有着深刻的理解，他同意并支持王太后宗教和解的设想，但这一主张遭到了罗马狂热的天主教徒的坚决反对。当宣布伊波利托将出任教皇特使时，他们感到非常震惊，以至于教皇同意派耶稣会的将军迭戈·莱内斯（Diego Laynez）作为特使的随行人员之一。很难想象还有什么能比伊波利托和莱内斯之间的反差更大的了。伊波利托是一位经验丰富、圆滑世故的政治家，而西班牙人莱内斯生活作风简朴、身着黑袍，是一名狂热的反新教分子。会议开得并不成功，很快就演变成了一场关于圣餐性质的激烈争吵，这也是导致双方分歧的关键教义。莱内斯坚持要凯瑟琳·德·美第奇将所有的新教徒逐出法国，她知道此举会毁掉整个王国，这令她不禁潜然泪下。但伊波利托却不顾一切地支持王太后，并应她的要求参加了一次新教的布道会。莱内斯对这一史无前例的举动深感震惊。这在罗马成为一桩重大的丑闻。庇护四世责备伊波利托，认为他没有对自己的出席严加保密。伊波利托为自己的决定辩解道，他想"尝试理解（新教）打动人的原因"[51]。

意大利这边，科西莫一世在反埃斯特家族的行动中又迈出了一步。1564 年，当听说他的前女婿阿方索二世正计划娶斐迪南一世（Ferdinand Ⅰ）的一个女儿为第二任妻子时，他立即紧随其后，开始与皇帝谈判，为他的继承人弗朗切斯科争取第二位帝国公主做新娘。斐迪南一世于 1564 年 7 月去世，他的儿子马克西米利安二世（Maximilian Ⅱ）继位。他渴望尽快摆脱自己的姐妹，但同样决心让科西莫一世为这一特权付出代价。经过漫长的外交谈判，两个符合条件的女儿中，大女儿芭芭拉将成为费拉拉公爵夫人，小女儿乔安娜将与弗朗切斯科订婚。作为谈判交易的一部分，科西莫一世必须向马克西米利安二世贷款 30 万弗罗林，以资助其在匈牙利对土耳其人的战争。相比之下，阿方索二世则是亲自参加了战争。[52] 阿方索二世和芭芭拉于 1565 年 12 月 5 日结婚，11 天后弗朗切斯科和乔安娜结婚。

科西莫一世想把佛罗伦萨的庆祝活动搞得特别隆重，为此决定重新装饰公爵府的主接待大厅，委托瓦萨里和他的助手们绘制一幅壮观的环形画，涵盖佛罗伦萨发展的整个历史。随着装饰项目的进展，明显可以看出这幅画作的重点是描述美第奇王朝。此前涉及贸易行会这一在共和国早期生活中扮演着重要角色的场景，被以美第奇家族为主的战争场景取代，尽管这些重要角色往往是虚构的。[53] 天花板中央的圆形画，原本是《荣耀的佛罗伦萨》（*Florence in Glory*），现在被《神化的科西莫一世》（*Apotheosis of Cosimo I*）取代。

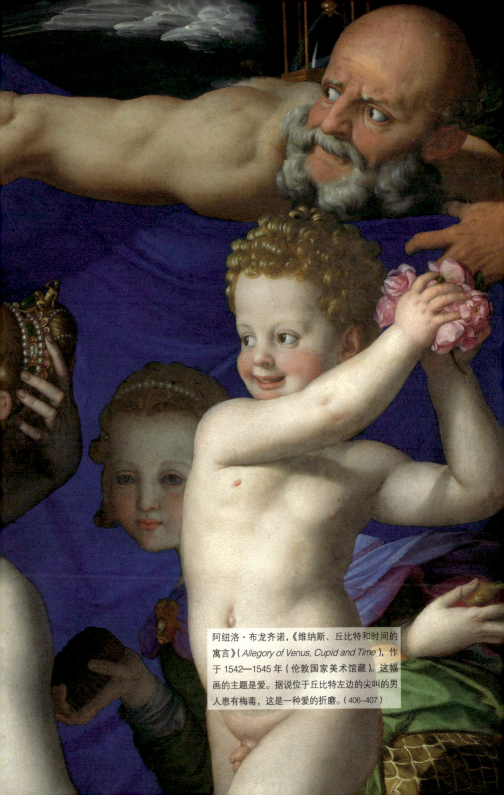

阿纽洛·布龙齐诺,《维纳斯、丘比特和时间的寓言》(Allegory of Venus, Cupid and Time),作于 1542—1545 年（伦敦国家美术馆藏）。这幅画的主题是爱。据说位于丘比特左边的尖叫的男人患有梅毒，这是一种爱的折磨。（406–407）

※

　　婚礼宴会前一周，庇护四世死于痛风并发症。他在位期间取
得的伟大成就是通过特伦特宗教会议完成了教会改革这一紧迫任
务。1564 年 11 月 13 日，庇护四世颁布《信德宣言》（professio
fidei），确定了天主教信仰的基本信条：教宗无误论、圣餐变体
论、圣徒代祷说，以及其他被新教徒摒弃的信仰。对伊波利托来
说，最直接的结果是他必须被授予圣职，还有几位同样来自王朝
家族的同僚，包括他的表兄埃尔科勒·贡萨加，以及亚历山德
罗·法尔内塞。[54] 庇护四世还对教皇的秘密选举程序进行了彻底
的改革，以避免重蹈自己当年选举时的混乱局面。例如，西斯廷
礼拜堂不再被改造为红衣主教开会时居住的宿舍，教皇的私人礼
拜堂也许更合适。西斯廷礼拜堂将成为举行投票的地方。其他规
定包括对进出梵蒂冈的物品进行更为严格的搜查。这些安全措施
似乎起到了作用：我们现在只能看到一封伊波利托在此次会议上
写的信，而他参加其他会议的信件却有数百封留存了下来。从伊
波利托的角度来看，他最不能接受的变化是，教皇逝世后十天之
内必须召开秘密会议，这将对他在法国同僚赶到梵蒂冈之前操控
选举产生非常不利的影响。尤其是在隆冬时节，穿越冰雪覆盖的
阿尔卑斯山将是一项巨大的挑战。
　　庇护四世还与他的侄子红衣主教卡洛·博罗姆一起为这次秘
密会议制订了新的作战计划：他批量制造了 46 顶红帽子，让他的

亲信充斥整个红衣主教团，使博罗姆能在 12 月 19 日开幕的秘密
选举会议中掌握控制权。事实上，红衣主教们此时已经分化为四
个不同的派别：以伊波利托为首的法国党，以亚历山德罗·法尔
内塞为首的西班牙党，以博罗姆为首的庇护四世红衣主教团，以
及强硬改革派，由米凯勒·吉斯利里领导。这是一位面目狰狞的
裁判长，习惯在红衣主教的长袍下，身穿粗糙的多明我会黑色长
袍。庇护四世和博罗姆的计划是，在会议开幕的第一天清晨，投
票工作还未正式开始，红衣主教们聚集在一起做晨祷时，设法出
其不意地将乔瓦尼·莫罗内推选出来。他是一个务实的改革派，
也是庇护四世明确确认过的接班人。不幸的是，当晚吉斯利里发
现了这个计划，并立即赶到伊波利托的隔间寻求帮助。很难想象
这两个性格天差地别的人会结成盟友，但伊波利托马上向法尔内
塞寻求帮助，他们一起阻止了博罗姆的努力。莫罗内仅以两票之
差落败。

　　由于此时法国的红衣主教仍未赶到梵蒂冈，伊波利托对自
己这一派几乎无能为力，只能尝试他在早前使用过的拖延战术。
但这些策略并不像过去那样成功，他不得不眼睁睁地看着科西
莫一世的候选人乔瓦尼·里奇（Giovanni Ricci）的票数缓慢
而稳定地上涨。里奇出身贫寒，来自托斯卡纳地区的一座小城
蒙特普齐亚诺，这座城市在科西莫一世征服锡耶纳之后，成为
科西莫王国的一部分。可见，这位在老牌贵族眼中的"暴发户"
公爵又一次选择了一位没有贵族身份的候选人。里奇靠着勤奋
和运气在教会里步步高升，但最重要的是他敏锐的商业眼光，

为他成功赢得了红衣主教的头衔。到了 1 月 2 日，他的票数已接近奇迹般的 2/3。博罗姆奋起反击，提醒红衣主教们注意这位幸运儿并非无可指摘的私生活：他在罗马生活得很潇洒，有一栋位于蘋丘（Pinchian Hill）的别墅，包养了一名葡萄牙情妇，有几个私生子，还有一件价值连城的中国瓷器，这是他在里斯本担任教皇特使时和他的情妇积攒下来的。之后又有传言说，腓力二世不喜欢这个太世故的人，并提名狂热的改革派吉斯利里为他的候选人。西班牙大使指责伊波利托制造了这个谣言，目的是破坏多明我会的吉斯利里获胜的机会。此后，帝国大使又站出来指责科西莫一世截获了皇帝马克西米利安二世的信件。这当然是事实，但信件中的内容并不新鲜。1 月 7 日，选举结果突然公布，新教皇是宗教裁判所审判长吉斯利里。当天晚上才抵达梵蒂冈的法国红衣主教们已经来不及阻止，红衣主教团内部的极端派已经战胜了如伊波利托这样的温和派。

吉斯利里上台后，选择庇护五世这个教皇名是为了纪念庇护四世。但事实上，他作为教皇的目标与他仁慈的前任迥然不同。他是一个僵化的严格纪律信奉者，曾被任命为宗教裁判所审判长，对保罗四世时期罗马的恐怖统治负有责任。他继任后的第一项行动就是为保罗四世的家人恢复名誉，他们曾被庇护四世羞辱过，他还将判定卡拉法兄弟有罪的法官判处死刑。[55] 作为福音派贫穷观的信徒，他生活极度节俭和禁欲。他的午餐只有面包、汤和两个鸡蛋，晚餐是清淡的蔬菜汤加沙拉和贝类。他每周只吃两次肉，如果他的厨师在餐盘中加入任何违禁食物，就威胁将其逐出教会。[56]

　　庇护五世免除对葡萄酒和面粉征税，将高利贷认定为非法，并鼓励农业的举措受到了罗马民众的广泛欢迎。他对改革教会弊端的承诺坚定不移，坚持不懈地打击异端，并按照特伦特会议的法令改革宗教团体。* 然而，他为改革普通人的道德观所做的努力，让罗马民众又敬又怕，特别是在他重建了令人生厌的宗教裁判所，并利用它来消除亵渎神明和不道德的公共行为之后。虽然他成功地将犹太人赶出了教皇国，但他没有驱逐所有的妓女，也没有将通奸行为定为死刑。一位观察家记录道，新教皇一个月内处决的人数已经比庇护四世在位时的四年还要多；另一位观察家认为新教皇正在把罗马变成一座修道院。[57]

　　伊波利托与新教皇的关系并不算特别融洽。这位红衣主教尽可能减少在教皇宫廷里出现的时间，他在那里的影响力已经逐渐减弱。他的痛风也越来越严重，甚至在庇护五世去世之后六个月就死于痛风并发症。虽然新教皇指责他犯了买卖圣职罪，但并没有像保罗四世那样去指控他的罪行。但他认定伊波利托在普瓦西会议上的行为是最近法国宗教暴力升级，尤其是新教的胜利的原因。但他们之间关系的恶化，主要是因为罗马和费拉拉在食盐出口问题上的持续争端，特别是埃斯特家族在科马乔开设的盐场。伊波利托经常被召唤到梵蒂冈，解释阿方索二世的行为，尤其是费拉拉公爵继续违抗教皇的贸易禁令。该禁令主要是为了保护教

　　*　他对改革的承诺在 1712 年被认可，并被封为圣徒。

佛罗伦萨圣十字大教堂中殿，1565—1571 年重建。受科西莫一世的委托，瓦萨里的翻修思路是为了迎合反宗教改革的教堂设计，将杂乱的中世纪风格的礼拜堂和祭坛换成了两侧过道上统一的壁龛。（410-411）

皇在切尔维亚的盐厂而制定的。[58]

　　1567 年 5 月 23 日，庇护五世发布了禁止非婚生子女继承教皇领地的谕令（Prohibitio alenandi feudi）。这对于埃斯特王朝来说不啻于一个重磅炸弹。这道谕令的确是一项激进的举措，特别是考虑到文艺复兴时期有多少伟大的统治者和赞助人实际上是私生子。但这次似乎正是冲着埃斯特家族来的。阿方索二世和他的第一任妻子卢克蕾齐娅·德·美第奇没有生育子女，这很容易理解，因为她患有肺结核。但他的第二任妻子至今无法生育则很难解释。他们结婚两年都没有生下继承人，导致谣言四起，说费拉拉公爵没有生育能力。据他的医生判断，应该是先天性缺陷。[59]阿方索二世指定的继承人是他的私生子堂弟切萨雷（Cesare），但庇护五世的诏书判定这是非法的。阿方索二世越来越担心埃斯特家族会失去费拉拉公国。为了证明他的家族对费拉拉的统治权，阿方索二世于 1577 年委托人制作了大约 200 幅所有能想到的家族祖先的画像，用来装饰费拉拉公爵府的庭院，以展示其统治权威的合法性。

　　相比之下，佛罗伦萨公爵科西莫一世已经开始刻意去迎合庇护五世的改革。根据日记作者阿戈斯蒂诺·拉皮尼的记载，公爵已经开始实施特伦特会议关于教堂设计的改革方案。他的日记详细记载了科西莫一世公爵的宫廷生活，这有助于我们了解这一时期佛罗伦萨的情况。在佛罗伦萨的方济各会主教座堂、圣十字大教堂，以及多明我会的主教座堂、新圣母大教堂（Santa Maria Novella），科西莫一世已着手拆除了欧洲中世纪教堂典型的、造型精致的圣坛屏风，并将唱诗班与教堂的主体分开。特伦特会议曾建议拆除这些屏风，并将唱诗班席位移到主祭坛后面的新位置上，以便让教众在做弥撒期间可以不受干扰地看到祭坛上发生的圣餐奇迹。1565 年 3 月，拉皮尼记录了在新圣母大教堂建造的一个新祭坛，位于旧祭坛前约 3.7 米处，并且移走了"已经在那里很多年的唱诗班，破坏了（教堂）所有的美感"[60]。

　　科西莫一世可能开始屈服于教皇压力的另一个迹象出现在 1567 年 5 月 15 日。当时公爵和他的儿子们在大教堂参加弥撒，并与其他 25 000 名佛罗伦萨人一起，欢迎新任佛罗伦萨大主教的到来。[61]拉皮尼记录了安东尼奥·阿尔托维蒂（Antonio Altoviti）大主教进入他所任职的主教辖区的场景："他担任佛罗伦萨的大主教已经 19 年了，但这还是他第一次亲自来到这里。"阿尔托维蒂的父亲是一位著名的反美第奇家族分子，他曾于 16 世纪 50 年代在皮埃特罗·斯特罗齐手下与法国人作战，因此个人财产被公爵没收。1548 年 5 月，当阿尔托维蒂被任命为佛罗伦萨大主教后，科西莫一世明显表示出不欢迎，直到此时，他才允许阿尔托维蒂进入佛罗伦萨城。

　　阿尔托维蒂来到佛罗伦萨后，进一步推动了该城宗教生活的变革。1567 年 5 月，拉皮尼记录道："佛罗伦萨的犹太人开始戴装饰着 O 形标志的黄色帽子出门。"第二年，日记作者提到科西莫一世开始修建一座新的修道院，以纪念他的妻子托莱多的埃莱奥诺拉，她于 1562 年死于肺结核，并用昂贵的彩色大理石装饰了主教座堂的新唱诗班席位。[62]1568 年 11 月 28 日，是耶稣降

临节的第一个礼拜日，佛罗伦萨举行了首次遵照特伦特会议所定
教义的弥撒仪式。[63] 接下来的复活节，阿尔托维蒂大主教还制定
了一个新的仪式，即在濯足节为穷人洗脚。拉皮尼解释说，这个
仪式并不新鲜，"但今年大主教决定自费举行这个新仪式"，其中
包括给穷人发放面包和硬币，以及"一顶装饰有橄榄花环的白布
帽"[64]。

　　来自罗马的压力还不止于此，科西莫一世此时还卷入皮埃特
罗·卡内塞奇（Pietro Carnesecchi）的案件之中。他是美第奇家
族忠实的支持者，在克莱芒七世的宫廷中事业蒸蒸日上。他曾被
怀疑是异端，但到目前为止，他通过拜访自己位于教会高层的朋
友，设法在审讯中幸存了下来。保罗三世在位时期，他第一次被
传唤到宗教裁判所，教皇为他洗清了所有罪名。1557 年，当保罗
四世宣判他有罪，以至于他的雕像在罗马被焚毁之后，他还能呼
吁威尼斯当局保护他。[65] 不幸的是，1566 年，当庇护五世上台六
个月后，他再次遭到异端指控，这一次科西莫一世拒绝保护他，
并同意将他移交给罗马宗教裁判所。1567 年 9 月，在红衣主教团
的见证下，他接受了信仰审判仪式的惩罚，并于十天后被处决。

　　科西莫一世对冷酷的庇护五世的种种迎合与讨好终于开花结
果。1569 年 12 月 13 日，拉皮尼记录了"一场无比庄严肃穆的
圣灵弥撒……在阿尔托维蒂大主教的吟唱中，我们的公爵沐浴在
幸福的荣光之中，因为教皇庇护五世在他的家族纹章上加上了王
冠"，以表彰他对教会做出的贡献。[66] 1570 年 3 月 4 日，大斋期
的第四个星期日，教皇庇护五世在罗马授予科西莫一世金玫瑰

勋章，以表彰他对教会的杰出贡献，并加冕他为大公爵。科西莫一世终于实现了自己的梦想，尽管皇帝马克西米利安二世拒绝承认这个称号。科西莫一世现在被称为"尊贵的殿下"（Serene Highness），享有王室地位，且令人信服地超过了埃斯特家族，实际上也超过了意大利所有其他的王公贵族。

　　红衣主教伊波利托于 1572 年去世，两年后佛罗伦萨大公科西莫一世去世。由于庇护五世，美第奇家族成员成为大公，而埃斯特家族在与佛罗伦萨新贵政权的竞争中败下阵来。当阿方索二世于 1597 年去世时，仍然没有合法的继承人，教皇克莱芒八世援引庇护五世的诏书，剥夺了他的私生子堂弟切萨雷的继承权。切萨雷不得不离开费拉拉，但仍然保留了雷焦和摩德纳的公爵领地，埃斯特王朝从此在那里继续发展。在过去的两个世纪里，埃斯特家族委托人制作的文艺复兴艺术精品现在属于教皇和他的家族了。不过对我们来说，幸运的是，埃斯特家族文件被转移到了摩德纳。在那里，它们成为历史学家研究的宝库。从长远来看，埃斯特家族幸存了下来。科西莫一世的后代于 1737 年绝嗣，而切萨雷的继承人则一直统治着摩德纳，直到 1796 年拿破仑的军队占领该城。

第十一章 尾声

征服者

主要登场人物：

弗朗索瓦一世
法国国王

查理五世（Charles V，1500—1558）
神圣罗马帝国皇帝

腓力二世
查理五世之子，西班牙国王

斐迪南一世
查理五世的弟弟，神圣罗马帝国皇帝

匈牙利的玛丽（Mary of Hungary）
查理五世的妹妹，尼德兰总督

亨利二世
弗朗索瓦一世之子，法国国王

　　1519 年 1 月 12 日，神圣罗马帝国皇帝马克西米利安一世去
世。随之而来的帝国皇帝选举，竞争空前激烈。还差一个月即将
年满 19 岁的西班牙国王查理五世，同时也是已故皇帝的孙子，
俨然是这个王朝当仁不让的候选人。但这个权力巨大的职位并不
是世袭的。法国国王弗朗索瓦一世在教皇的支持下，决定加入竞
争。甚至有传言说，英国国王亨利八世也会成为第三位候选人。
虽然最终的结果是查理五世当选，但这次选举让查理五世和弗朗
索瓦一世都付出了高昂的代价，每人花费了高达 50 万杜卡特用于
贿赂选票。然而，更重要的是，双方都通过密集的宣传攻势，试
图左右帝国内部的公共舆论。查理五世这边煽动德意志人憎恨一
切法国人，而弗朗索瓦一世则借法国人之口，颂扬他们君主制的
美德。除此之外，谁会成为更好的皇帝，以及两种文化传统孰优
孰劣，也成为争论的话题。

　　不幸的是，这场争论进一步凸显了两位统治者之间竞争的激
烈程度，已远远超过了他们自身的政治分歧。1536 年，查理五世
在罗马进行国事访问时，在街头墙壁上出现了一幅皇帝骑着小虾

的涂鸦。他的一位盟友信誓旦旦地说，这一定是"法国人干的，如果不是，那也是他们的盟友干的！"[1]

弗朗索瓦一世和查理五世之间的竞争导致欧洲四分五裂，其影响之深远，已远远超过他们的一生。我们已经看到国王和皇帝如何争夺对意大利的政治控制权，他们的军队为米兰和那不勒斯而战，他们驻罗马的外交官用不那么暴力的手段敦促教皇选边站队，并取得了不同程度的胜利。他们也曾在佛兰德斯、勃艮第、纳瓦尔和其他边境地区浴血奋战。他们还把亨利八世牵扯进了他们的争吵之中。亨利八世的女儿玛丽公主先是与弗朗索瓦一世的儿子订婚，然后又与查理五世本人订婚，最后在她成为苏格兰女王之后的第二年嫁给了皇帝的儿子。虽然弗朗索瓦一世顶着"基督教国王之最"（Most Christian King）的头衔，但他却与异教的土耳其苏丹以及异端新教徒结盟，从而损害了自己的信仰。神圣罗马帝国皇帝查理五世以意大利的主人自居，但他却指使自己的指挥官抓捕和囚禁教皇，且没有试图阻止他的军队肆意劫掠罗马这座基督教国家的首都。[2]

在双方所有这些敌意和仇恨中，人们似乎忘了，1530年依据双方签署的《马德里条约》（Treaty of Madrid），弗朗索瓦一世与查理五世的姐姐埃莉诺（Eleanor）结婚，实际上成了他的姐夫。多年来，这对竞争对手签署了许多和平条约，但也撕毁了其中的大部分。事实上，他们有许多共同点，尤其是对狩猎和女人的热爱。更重要的是，他们都有充分的动机来展示自己的权力，此外，他们拥有的资源也远远超过了那些意大利的地

让·克鲁埃（Jean Clouet），《弗朗索瓦一世》，约作于 1530 年（巴黎卢浮宫藏）。自信且魅力十足的弗朗索瓦一世将自己的一生都献给了打猎、赌博和女人。（420）

区统治者。他们都收藏了大量珍贵的挂毯、珠宝、艺术品和其
他来自意大利的手工艺品，有些是作为礼物或战利品获得的。

　　和意大利的那些王公贵族一样，君主们既懂得展示宏大而壮
观场景的重要性，也明白其竞争本质，所以这两位君主成为这
一时期规模盛大的艺术的赞助者也就不足为奇了。更令人惊讶
的是，他们很乐意采用文艺复兴时期意大利王公贵族们的话语
体系，而这些地区统治者往往是他们征服的敌人。当然，两位
统治者都可以声称自己是古罗马皇帝的继承人，但事实上，他
们是第一位神圣罗马帝国皇帝查理大帝的继承人。他们还将自
己的艺术赞助品位与亚历山大大帝相提并论。亚历山大大帝不
仅因其卓越的军事才能闻名于世，还因其对传奇画家阿佩莱斯
（Apelles）的赞助而被人津津乐道。作为帝国荣耀的继承人，他
们用古典的语言来塑造自己的形象，来展示自己的权威，但结
果却大相径庭。双方都对古罗马的形象进行了改造与调整，以
迎合各自特定的环境与形势。艺术史的传统观点认为，在卓越
的古典意大利式风格的冲击下，中世纪欧洲文化已经濒于消亡，
但这是一种误读。如果我们仔细审读这些艺术项目的语境与内
核，可以看到中世纪欧洲文化在其中发挥着极其重要的作用。

※

　　弗朗索瓦一世英俊潇洒，体格健壮，喜欢充满活力的运动，

尤其是打猎和网球。他讲究饮食，大多数晚上都在宫廷里举办舞会，以及参加为了庆祝王室婚姻和其他活动而举办的模拟战斗。从各方面来看，他都是个好人，聪明，受过良好教育，但很少有时间去学习宫廷的繁文缛节。

最重要的是，他是一名幸存者。他的纹章是一只火焰中的蝾螈，其灵感来自古老的信仰，即这种类似蜥蜴的怪物可以忍受烈火的炙烤。这一形象首次出现在他 10 岁时制作的一枚勋章上，上面写着一句拉丁格言"淬火而生"（Nutrisco et extinguo），这是他的座右铭"食善火，灭恶火"的简略版。[3] 1515 年 1 月 1 日，当他从堂兄路易十二手中继承法国王位时，年仅 20 岁。同年晚些时候，他征服了米兰公国，赢得了他在意大利的第一场重大胜利。此后十年间，法国成为意大利北部的主导力量。但 1525 年 2 月帕维亚战役失利，国王本人也被查理五世俘虏，彻底粉碎了弗朗索瓦一世建立意大利帝国的梦想。许多年过去，国王还是无法面对这个事实。

弗朗索瓦一世并不是第一个梦想建立意大利帝国的法国国王，也不是第一个喜欢意大利半岛文化的国王。1495 年，当查理八世征服那不勒斯后，他和他的军队洗劫了那里的王室城堡，缴获了大量的手工艺品，仿佛"最壮观的财富陈列室"，包括银质餐具、"金银制成的桌子"、卧室衣柜、地毯、挂毯和珍贵的书籍。但在返回法国的途中，他们不得不将战利品留在帕尔马附近的战场上。[4] 他的继任者路易十二收藏了一批意大利绘画作品。两位国王从意大利回来时，都带着意大利工匠。这些工匠后来在昂布瓦兹和布卢瓦的王室城堡工作，但可惜的是，他们的作品在后来的修缮工程中几乎没有幸存下来。路易十二驻米兰的总督红衣主教昂布瓦兹的乔治（Georges d'Amboise）对意大利艺术印象深刻。他收集了大量的意大利艺术作品，其位于盖永的城堡（兴建于 1502 年）可以被视为法国第一座文艺复兴时期的建筑。

弗朗索瓦一世执政之初，就着手改造卢瓦尔河谷的几座王室城堡，这里是他最喜欢的狩猎场之一。在布卢瓦城堡，他加盖了一间新侧厅和一部精致的楼梯（兴建于 1515—1524 年），这些明显受到意大利风格的影响，就像他于 1519 年在香波尔动工兴建的新城堡一样。帕维亚战役失利，加上从马德里的监禁返回法国后，他集中精力对王国政府进行了大刀阔斧的改革，在巴黎建立了一个中央集权的行政机构，以此来宣示他的统治权威。为了给这些政治改革提供视觉证据，他把注意力从卢瓦尔河谷转向了首都巴黎。在那里，他开始在城内及周边的王室领地上大兴土木。

他翻修了位于圣日耳曼昂莱的中世纪宫殿；翻新并加固了位于巴黎市中心但破旧不堪的卢浮宫王室堡垒，还增建了一座方形庭院（始建于 1546 年）；在城墙外的布洛涅森林（Bois du Boulogne）修建了马德里城堡（Château of Madrid，1528 年动工）。* 国王将这座城堡设计成一个远离政务的休闲场所，在那里他可以"在打猎中放松和寻找乐趣"。显然这座城堡的灵

---

* 马德里城堡在 18 世纪 90 年代基本被拆毁。

感来源于他被查理五世囚禁时，在马德里郊外看到的一个狩猎小屋。[5]

　　然而，他最重要的工程项目是改造枫丹白露，这是位于巴黎以南约 64 千米的另一个古老的狩猎小屋。改造后的枫丹白露成为展示他的王室威望和帝国野心的绝佳场所，很快就成为他主要的居住点。整个改造工程包括加装了一座豪华的三层古典式宫殿大门——多雷门（Porte Dorée），以及一部用于仪式接待的楼梯，还有著名的弗朗索瓦一世画廊（Galerie François Ier）。国王的象征物蝾螈在整个宫殿的壁炉和其他细节装饰中随处可见，而画廊的装饰包括彩绘嵌板和灰泥雕塑，均以古典神话人物的丰功伟绩为原型。根据瓦萨里的说法，这些画作还包括描绘亚历山大大帝的 24 个生活场景，以及展示弗朗索瓦一世本人成就的 13 个寓言式场景。[6]

　　这些新增建筑和装饰均采用意大利风格，对当时的法国人来说，这种惊人的创新性令人耳目一新。这绝非偶然为之。负责改造设计工程的两位艺术家——乔瓦尼·巴蒂斯塔·罗索（Giovanni Battista Rosso）和弗朗切斯科·普里马蒂乔（Francesco Primaticcio）都来自意大利。他们在法国宫廷的工作不仅限于改造弗朗索瓦一世的建筑项目，还彻底革新了包括化装舞会在内的其他宫廷娱乐活动，以及为正式的入城仪式而精心设计和搭建的临时装饰，特别是 1540 年查理五世到巴黎的入城仪式。罗索出生在佛罗伦萨，在罗马接受艺术训练，他于 1530 年前后来到法国，被任命为弗朗索瓦一世画廊的总负责人。很明

枫丹白露宫，弗朗索瓦一世画廊，兴建于 1533 年。画廊的装饰充分利用了国王最喜欢的象征物，如公鸡、蝾螈和狮子。（422—423）

显，弗朗索瓦一世本人是这一时期法国艺术风格戏剧性转变重要的幕后推手。他曾求教于曼图亚侯爵费德里戈·贡萨加（见第六章和第七章），请他推荐一位擅长粉饰灰泥的专家。侯爵给出的人选就是普里马蒂乔，他曾在曼图亚宫廷艺术大师朱利奥·罗马诺手下接受过训练。1533 年，法国王室开支账簿中首次提到普里马蒂乔，显示支付了他为枫丹白露的一个房间创作粉饰灰泥装饰和绘画的费用。[7]

弗朗索瓦一世还吸引了其他几位意大利艺术家来到法国，其中最著名的是达·芬奇。瓦萨里在《艺苑名人传》中讲述了国王与达·芬奇的故事。1515 年，在征服米兰之后，弗朗索瓦一世第一次到访该城，艺术家创作的《最后的晚餐》给他留下了深刻印象，他决心将这幅作品运回法国，但他的工匠们却设计不出一种不破坏壁画的运输方法。[8]1516 年，达·芬奇应国王的邀请移居法国，虽然他似乎并没有在法国宫廷中承担任何艺术职务。但在昂布瓦兹王室城堡附近，弗朗索瓦一世为其提供了一处房屋，艺术家在这里度过了生命中最后的三年时光。1540 年，佛罗伦萨金匠本韦努托·切利尼（Benvenuto Cellini）搬到法国宫廷，为国王创作了两件他最著名的作品：一只精美绝伦的船形镀金镶宝石的盐罐，以及一件著名的仙女浮雕，本打算用来装饰枫丹白露宫的多雷门。国王还试图吸引米开朗琪罗前来，但似乎不太成功。这位大艺术家拒绝了弗朗索瓦一世驻威尼斯的大使开出的丰厚条件，包括优渥的薪酬和位于法国宫廷的工作室与住处等。[9]

然而，值得注意的是，弗朗索瓦一世更喜欢本土画家为其绘制官方肖像，特别是佛兰德斯画家朱斯·范·克利夫（Joos van Cleve）和法国画家让·克卢埃（Jean Clouet）及其儿子弗朗索瓦·克卢埃（François Clouet），后者于 1540 年接替父亲成为御用画师。

尤其令我们感兴趣的是，克卢埃父子留下了两百多幅王室成员和廷臣的粉笔肖像画。提香于 1538 年创作的弗朗索瓦一世肖像画，人物素材取自国王的勋章而非本人，由皮埃特罗·阿雷蒂诺作为礼物送给国王。当然，这也许是为了在更广泛的欧洲舞台上帮他的朋友宣传其高超的艺术才能。弗朗索瓦一世似乎也认识到了提香毋庸置疑的才华，并邀请他到法国宫廷工作，但提香拒绝了邀请。正如我们将看到的那样，他正在其他宫廷忙碌着。

弗朗索瓦一世收藏了大量的意大利艺术品，成为当时欧洲闻名的艺术鉴赏家和收藏家。这是查理五世永远都无法匹敌的。瓦萨里曾列举了法国国王收藏的数百件意大利绘画和雕塑作品。他似乎很早就对艺术产生了浓厚的兴趣，几乎可以肯定这源自他的母亲萨伏依的路易丝（Louise of Savoy）的启蒙教育。在他十岁的时候，他的秘书写信给费德里戈的父亲弗朗切斯科·贡萨加侯爵，请求他推荐"一些优秀的意大利绘画大师的作品，王子从这些画作中获得了不少乐趣"[10]。他委托人复制了拉斐尔为西斯廷礼拜堂设计的挂毯，以及由朱利奥·罗马诺设计的讲述古罗马将军大西庇阿历史功绩的挂毯。国王为这些挂毯花费了 2 万多杜卡特。[11] 他的藏品中还有许多是作为馈赠的外交礼物获得的，如教皇利奥十世赠送的拉斐尔的《圣米迦勒》（*St Michael*，创作于

1517 年）和《神圣家族》（*Holy Family*，创作于 1518 年）。弗
朗索瓦一世对这一时期充满肉欲和官能色彩的作品也饶有兴趣。
1518 年，当弗朗切斯科侯爵听说他想要一些意大利艺术家创作
的绘画作品，特别是表现女性裸体的作品后，给他送来了洛伦
佐·科斯塔的一幅作品。后来，佛罗伦萨公爵科西莫一世还献上
布龙齐诺的《维纳斯、丘比特和时间的寓言》来讨好国王。在瓦
萨里的描述中，这幅画"一边表现的是丘比特带着嬉戏和消遣的
愉悦之情，亲吻着裸体的维纳斯，另一边展现的则是激情所带来
的欺诈和嫉妒等负面情绪"[12]。

　　弗朗索瓦一世还收集了大量的古董，尽管没有那么多原件，
因为教皇当局禁止将这些古董带出罗马，但他还是将复制品收入
囊中。1515 年，红衣主教毕比耶纳以教皇特使的身份出访法国
时，发现弗朗索瓦一世的收藏品中缺少雕塑作品，抓住这个为
国王效力的良机，承诺请求利奥十世赠送给他一些"精美的作
品"[13]。1540 年，红衣主教伊波利托·德·埃斯特出于友谊而非
外交的考虑，向国王赠送了一尊古典雕像的青铜复制品，即鼎鼎
大名的《挑刺的少年》（*Spinario*）。[14] 同年，弗朗索瓦一世又派
普里马蒂乔去罗马购买古典雕塑，这表明国王对古代遗迹产生了
更为浓厚的考古兴致。最重要的是，这位艺术家不辱使命，带
回了城中著名的古典雕像的铸模，包括梵蒂冈收藏的《拉奥孔》
（*Laocoön*）、《幸运的维纳斯》（*Venus Felix*）和《观景殿的阿波
罗》（*Apollo Belvedere*），以及图拉真凯旋柱上的浮雕构件、卡皮
托山上马库斯·奥勒留骑马雕像的坐骑部分。[15]

本韦努托·切利尼,《盐罐》,作于 1543 年（维也纳艺术史博物馆藏）。这位佛罗伦萨金匠大师的奢华之作以大地和海洋的小雕像为主要特色,整件作品由珐琅、黄金和象牙制成。(425)

　　瓦萨里声称普里马蒂乔此次罗马之行一共购买了 125 件作品,但他没有具体说明是哪些作品。这些作品和上述雕像的铸模一起运回法国后,用青铜翻模铸造成青铜雕像,摆放在枫丹白露的画廊和花园。[16] 从雕塑原件上取模、铸造的技艺古已有之,15 世纪末在意大利也出现了小规模的复兴。然而,这仍然是一种非常复杂的技术,弗朗索瓦一世此次翻铸古典塑像的工程不仅规模前所未有,而且耗资巨大。他们翻铸青铜马时带回来的铸模被放置在枫丹白露的一处庭院,这里被重新命名为白马庭院（Cour de

Cheval Blanc)。[17]

　　弗朗索瓦一世最活跃的代理人之一是佛罗伦萨人巴蒂斯塔·德拉·帕拉（Battista della Palla），他"尽其所能地按照弗朗索瓦一世的委托定制雕塑和绘画作品，以便将它们送到国王手中。他还购买各种古董……只要是出自大师之手。他每天都忙着将这些作品打包装箱，寄往法国"[18]。据巴蒂斯塔自己的说法，他按照国王及其家人的指示，"为他们提供大量精美的古董，种类不限，包括大理石、青铜器、勋章，以及值得国王陛下收藏的大师之作，这是他毕生的爱好"[19]。但他在罗马的运气并不太好，没有人愿意卖给他任何有价值的东西。1529 年初，他转头去了佛罗伦萨，看看在那里的联络人能做些什么。不幸的是，当地政府有更紧迫的政务要处理，尤其是努力与查理五世谈判达成和平条约，因此不太愿意参与到弗朗索瓦一世的艺术收藏活动中。巴蒂斯塔只得自己想办法，他在城市的街头游荡，四处打听。一次，当他登门拜访米开朗琪罗的朋友兼经纪人、佛罗伦萨银行家皮尔弗朗切斯科·博尔盖里尼（Pierfrancesco Borgherini）时，接待他的不是银行家本人而是其妻子。她愤怒地拒绝出售他看中的几幅画，这些画装饰在她卧室几件精美的家具上，描绘了圣约瑟的几个生活场景。

　　她怒不可遏，狠狠地辱骂道："你休想为了满足自己贪婪的欲望拿走这张床！……它是我的婚床，是公公送给我们的新婚贺礼！"她大声尖叫，呵斥他是"卑鄙的二手货商"，命他立刻离开。[20]最终，他还是在佛罗伦萨找到了足够多的作品运回马赛，包括米开朗琪罗和蓬托尔莫的作品。如今，在法国还能找到的为数不多的作品之一是尼科洛·特里波罗的雕像《自然女神》（*Nature*，创作于 1528—1529 年）。该雕像表现了自然女神在哺育各种生物。从瓦萨里的描述中可以看到"（她）第一排乳房上点缀着摆出各种美丽造型的赤身小天使，手中拿着垂花装饰，下一排乳房上覆盖着四足动物，脚下围绕着许多不同种类的鱼"，"国王非常喜欢这件作品"[21]。

弗朗索瓦一世的继任者们继续采用这种古典艺术手法，以越来越法国化的方式展示他们的王室权力和威望。例如，菲利贝尔·德·奥尔姆（Philibert de l'Orme）的建筑论文可能受到维特鲁威的启发，但它也探讨了法式石柱设计风格。在宗教战争（1562—1598 年）几乎撕裂整个法国，导致王室权威日益衰微之际，绘画、雕塑和建筑风格中体现出的民族特性增强了法国的民族认同感。由于时运不济，健康状况堪忧，瓦卢瓦王朝没能在宗教战争中幸存下来。1559 年，弗朗索瓦一世的儿子亨利二世在一次骑士比武中意外身亡，他的三个儿子依次继承了法国王位。但不幸的是，1560 年，长子弗朗索瓦二世死于溃疡；1574 年，次子查理九世（Charles IX）死于肺结核；1589 年，三子亨利三世遭到暗杀。法国王位只得由他们的妹夫、新教徒纳瓦尔的亨利（Henri of Navarre）继承。他最终选择皈依天主教，用那句著名的也可能是杜撰的话——"巴黎值得一场弥撒"，赢得了他的首都及国民的心。

尼科洛·特里波罗，《自然女神》(枫丹白露国家博物馆藏)。多乳的女神雕像在意大利花园的喷泉设计中很受欢迎，她们的乳头常常被用作喷泉的出水口。(428)

※

　　弗朗索瓦一世对枫丹白露宫的改造使其名声大振，很快就成为整个欧洲王室争相仿效的对象，以及展示王室权威的标准。他对法国王室形象雄心勃勃的改造与重塑，震惊了英国王室，亨利八世也试图在这方面与他的对手一较高下。1520 年，两位国王在加来附近举行了一场被称为"金帛盛会"（Field of the Cloth of Gold）的高峰论坛。为此次会议临时搭建的昂贵装饰设施，已经成为华丽和奢侈的代名词，甚至给在场的意大利人留下了深刻印象。亨利八世去世时，英国王室收藏的挂毯已经超过 2 000 件。弗朗索瓦一世的藏品数量不及这个总数的 1/4。[22] 英国国王对古典文化也抱有极其浓厚的兴趣。或许只是为了让他的对手相形见绌，弗朗索瓦一世曾经向亨利八世承诺，从普里马蒂乔罗马之行带回的铸模中复制一些作品相赠，但由于政治因素的干扰，这一承诺从未实现。和弗朗索瓦一世一样，亨利八世也偏爱北欧画家的肖像画，尤其是汉斯·霍尔拜因（Hans Holbein）的肖像画，及其给廷臣所作的粉笔素描，还有佛兰德斯的微型画师杰拉德（Gerard）和卢卡斯·霍伦布特（Lucas Horenbout）的作品。

　　亨利八世是一位慷慨的艺术赞助人，尤其是在解散修道院（1536—1539 年）之后，他的个人财富急剧增加。国王决定与罗马教会脱钩，更多是出于政治而非宗教考虑。他对教皇不同意自己与阿拉贡的凯瑟琳离婚，感到尤为愤怒。此前其他统治者同样的请求都得到了批准，特别是法国国王路易十二。但这次情况稍有不同，阿拉贡的凯瑟琳是查理五世的姨妈，教皇不得不屈从于帝国的压力。吉罗拉莫·达·特雷维索（Girolamo da Treviso）所作的《四位福音传道者向教皇投掷石块》（*Four Evangelists Stoning the Pope*），描绘了与象征着"贪婪"和"虚伪"的两个女性形象一起被践踏在地的教皇，淋漓尽致地表明了他对教皇这一决定的态度。

亨利八世主持兴建的项目中唯一留存至今的是汉普顿宫（Hampton Court Palace）。这是他从红衣主教沃尔西（Wolsey）那里收到的一份赠礼。他将其改造成了一座王室宫殿，扩建了起居套间、一间大厅和一个网球场。遗憾的是，他建造的另外两座宏伟的宫殿几乎没有留下任何痕迹。这两座宫殿——白厅宫（Whitehall，兴建于1530—1536年）和无双宫（Nonsuch，1538年动工兴建）本意是为了与弗朗索瓦一世的枫丹白露宫一较高下而设计的。与法国国王一样，亨利八世也聘请了意大利工匠，但规模不大。来自摩德纳的尼古拉斯·贝林（Nicholas Bellin）曾在枫丹白露与普里马蒂乔共事过，他将自身所长用于无双宫的装饰。他还聘请了意大利画家吉罗拉莫·达·特雷维索，他曾在曼图亚的得特宫工作过。据瓦萨里所说，他也是一位防御工事方面的专家，并与英国军队一起，在1544年布洛涅围攻战中壮烈牺牲。[23] 亨利八世还委托一位意大利艺术家为他的父亲亨利七世（Henry VII）建造坟墓。佛罗伦萨雕塑家皮埃特罗·托里贾尼（Pietro Torrigiani）设计的石棺采用了明显的古

典风格装饰细节。托里贾尼还设计了亨利的母亲约克的伊丽莎白
（Elizabeth of York），以及他的祖母玛格丽特·博福特（Margaret
Beaufort）的坟墓，这些坟墓如今都安置在位于威斯敏斯特教堂
（Westminster Abbey）的亨利七世礼拜堂内。

　　亨利八世去世后，他的儿子和两个女儿依次继位。爱德华六
世（Edward Ⅵ，1547—1553 年在位）进一步推动了英国与罗马
教会的决裂，在英格兰强力推行新教。阿拉贡的凯瑟琳所生的女
儿玛丽一世（Mary Ⅰ，1553—1558 年在位）推翻了爱德华六世
的宗教政策，在英格兰恢复了天主教信仰和对罗马教皇的服从，
但也使许多新教徒成为殉道者。伊丽莎白一世（Elizabeth Ⅰ，
1558—1603 年在位）再次将新教恢复为国教，但她一直对天主教
徒很容忍，直到她发现他们正在密谋暗杀她，试图让英国教会重
归罗马天主教管辖。很明显，伊丽莎白一世极其厌恶法国和西班
牙插手本国事务，这充分体现在她自我塑造的权威形象之中，这
种形象最显著的特点就是缺乏古典文化的兴趣。16 世纪下半叶的
英格兰和法国一样，几十年的宗教冲突造成了整个社会的分裂，
并直接导致了亨利八世的都铎王朝走向覆灭。

※

　　相较之下，查理五世的哈布斯堡王朝注定要延续许多个世
纪。1500 年，查理出生于根特，他是勃艮第公爵菲利普（Philip,

Duke of Burgundy）与西班牙的胡安娜（Joanna of Spain）之子，注定要成为那个时代最强大的统治者。最初，他是由自己的外曾祖母约克的玛格丽特（Margaret of York，亨利八世的母亲约克的伊丽莎白的姑妈）抚养长大；之后，被他的姑妈奥地利的玛格丽特（Margaret of Austria, 此处不要与查理五世的私生女混淆）抚养长大。查理在佛兰德斯度过了童年。6 岁时，他成为勃艮第公爵，也是低地国家的统治者；15 岁时，被任命为卡斯提尔的摄政王，以辅佐他精神失常的母亲；次年，在他的外祖父阿拉贡的斐迪南去世后，查理成为西班牙国王，并继承了西班牙在美洲的财产。三年后，他的祖父马克西米利安一世去世，他成为奥地利和哈布斯堡家族的继承人；同年晚些时候，他当选为神圣罗马帝国皇帝。

甫一上台，查理五世就面临一个令人望而生畏的大难题。起初新教呼吁教会改革，之后迅速发展转向对天主教会的全面反抗，帝国内部 2/3 的城市都选择了新教信仰。当发现自己的侄子，即他的弟弟斐迪南的儿子也成为新教徒时，他意识到新教甚至已经渗透到了他的家庭之中。此外，政治因素让信仰问题变得更加危险。新教不仅在帝国内部，也在低地国家成为全面反抗他的统治权威的中心议题。帝国的南部边界也面临着严峻挑战。土耳其苏丹苏莱曼大帝高举扩张主义大旗，将奥斯曼帝国的势力沿着巴尔干半岛，一致延伸到维也纳城墙之下。美洲的秘鲁和西班牙爆发了叛乱，他在意大利的权威也不断受到挑战。日渐增加的战争费用，让帝国的国库濒临破产边缘。

文艺复兴时期所有的宫廷都处于流动之中，但查理五世宫廷
的流动规模是前所未有的。17 岁时，查理五世从法拉盛启程前往
西班牙。抵达之后仅仅一个月，马丁·路德（Martin Luther）就
发表了著名的《九十五条论纲》，拉开了宗教改革运动的序幕，
并对查理五世的统治产生了极为深远的影响。自此，终其一生，
查理五世一直不断地穿梭在自己庞大的帝国中。尽管他没有冒险
远航，前往大西洋彼岸的帝国殖民地，但他是那个时代旅行次数
最多的国家元首，他总共四次横渡波涛汹涌的比斯开（Biscay）
湾，六次穿越地中海，四次翻越阿尔卑斯山——倒是从未在冬季
尝试过。1556 年 10 月，56 岁的查理五世宣布退位。他搬到了马
德里以西约 241 千米的尤斯特（Yuste）修道院，两年后，精疲力
竭的一代帝国皇帝在那里去世。

查理五世任命总督来协助自己管理庞大的帝国领土，并尽可
能地安排家庭成员，通常是女性成员出任总督一职。在西班牙，
他的妻子葡萄牙的伊莎贝拉（Isabella of Portugal），在他多次出
巡期间接管政府事务，直至 1539 年死于难产。之后，由他们的
儿子腓力亲王（Prince Philip）接任。他的弟弟奥地利的斐迪南
（Ferdinand of Austria）是他在帝国的代表。当他的姑姑奥地利的
玛格丽特去世后，由他的妹妹匈牙利的玛丽（Mary of Hungary）
接任荷兰总督。相较之下，他在意大利属地的代表如米兰总督和
那不勒斯总督，均由帝国宫廷的廷臣出任，他们来自西班牙或意
大利，并曾在帝国军队中服役。

查理五世勤奋、内向而虔诚，恪守君主的责任。跟开朗、快

活的弗朗索瓦一世相比，查理五世的性格截然相反。尽管性格腼
腆，但他神情温和、彬彬有礼，是一个健康向上的年轻人。

据威尼斯大使说，他喜欢吃烤肉，"不喝汤，不喜甜食"，晚
年备受痛风的折磨。[24]他身材矮小，长着一张苍白的长脸，下巴
尖细而突出，这个著名的下巴遗传自他哈布斯堡家族的父系祖
先。他往往用稀疏的胡须来掩饰这一点。可能他也没有弗朗索瓦
一世那样的魁梧身躯，但在自己最喜欢的休闲活动——打猎上，
他的竞争力不容小觑。

他在年轻时使用的纹章是一对石柱，上面写着一句格言："通
向更远处。"（Plus Oultre）这对石柱与文艺复兴时期欧洲最负盛
名的骑士团——勃艮第金羊毛骑士团有关，寓意传说中位于直
布罗陀海峡（Straits of Gibraltar）的海格立斯之柱（Pillars of
Hercules）。它象征着查理五世希望超越古典神话传说中的大力士
海格立斯的成就。当然，对于一个统治领域横跨大西洋的帝国皇
帝来说，这的确是再合适不过的纹章了。

查理五世以查理大帝继承人的身份自居。作为基督教欧洲的
世俗统治者，皇帝的职责就是捍卫自己的宗教信仰。然而，他
的鼓吹者更热衷于把他塑造成一位古罗马帝国皇帝的继承人，
如英明而公正的恺撒大帝、奥古斯都、马可·奥勒留等。1536
年，当他首次访问罗马时，为了欢迎他的来访而临时设置的装
饰无数次提及他的古罗马文化遗产。官方的骑兵护卫队包括罗
马的名门望族，他们装扮成古罗马元老院成员的模样，护送着
查理五世穿过城市的街道和古罗马的废墟，并充当他的导游，

提香，《查理五世与他的猎犬》，作于 1533 年（马德里普拉多美
术馆藏）。皇帝对提香为费德里戈·贡萨加所作的肖像画印象深
刻，遂任命这位艺术家为自己的御用肖像画家。（433）

莱昂内·莱昂尼（Leone Leoni），《查理五世与腓力二世》，作于 1550 年
（纽约大都会艺术博物馆藏）。这幅皇帝与其子的双重肖像是莱昂尼模仿古罗
马帝国浮雕，用缠丝玛瑙雕刻而成的。（434）

回答他的各式提问。[25] 1548—1549 年，当查理五世带着他的儿子腓力巡访，穿越低地国家时，为了让帝国的臣民宣誓效忠，并正式承认腓力王子的继承人身份，沿途城市设置的装饰纷纷歌颂查理五世是他祖先的继承人。例如，在根特，为庆祝活动竖立的五座临时凯旋门分别采用了不同的古典风格柱式，从托斯卡纳式到复合式。在北欧的商业和金融中心安特卫普，他们被赞颂为亚伯拉罕和以撒、大卫和所罗门，以及古典时期几位著名的父子皇帝继承人，尤其是马其顿的菲利普（Philip of Macedon）和亚历山大大帝、维斯帕先和提图斯，以及图拉真和哈德良。[26]

　　将这一时期帝国所有的建筑艺术作品都归于查理五世的赞助，并不太合适。在他统治的疆域范围内，大部分的帝国工程都是由那些代表他掌权的人、政府委员会或个人统治者委托人修建的。例如，意大利南部海岸线上的防御工事就是由那不勒斯的总督们委托建造而成，以抵御土耳其人的进攻。我们即将看到，在低地国家，是由匈牙利的玛丽负责这些工程项目。作为尼德兰总督，她的主要官邸位于布鲁塞尔的中世纪宫殿——库登堡宫（Coudenberg）。* 她对这座宫殿的翻新改造主要是在细节装饰上采用古典式风格，以及新建了一座凯旋门，上面装饰着端坐在老鹰身上的查理五世雕像，这是帝国的标志，并配以铭文将他誉为古罗马皇帝。在布拉格和因斯布鲁克，查理

---

　　*　这座中世纪流传下来的库登堡宫在 1731 年的大火中被烧毁。

五世的弟弟奥地利的斐迪南委托并聘请了米兰雕塑家和建筑师保罗·斯特拉（Paolo Stella）来设计宫殿和教堂。哈布斯堡家族领地上的这些建筑通过视觉效果，鲜明地传递出帝国的统治权威。

查理五世直接参与的少数重大项目之一是位于格拉纳达的皇家宫殿。这座巨大的方形建筑于1527年动工。宫殿环绕着一座中央庭院，造价极其高昂，查理五世预计将花费48 000杜卡特来建造它。它的外立面采用明显的古典主义风格，底层选用厚重而质朴的地面，入口处有成对的多立克式、爱奥尼亚式和科林斯式石柱装饰，里面巨大的圆形庭院也是由多立克式和爱奥尼亚式石柱支撑。这座宫殿的设计风格与费德里戈·贡萨加的得特宫有一定关联。艺术史学家也常常将它与克莱芒七世位于罗马郊外的玛达玛别墅相提并论，但这种类比过于简单。查理五世在这座宫殿中采用古罗马的建筑风格当然有呼应古罗马帝国的言外之意，但除此之外，还有其他的共鸣回响。这座宫殿位于中世纪摩尔人建造的阿尔汉布拉宫（Alhambra）的宫墙之内。当代人入这一历史背景，就会理解，这座带有罗马色彩的古典式建筑，旨在传递出1492年查理五世的外祖父阿拉贡的斐迪南（Ferdinand of Aragon）战胜摩尔人，取得基督教大胜利的庆贺之意。

查理五世还在尤斯特修道院建造了一座质朴的房舍，供自己退位后使用。因此这座建筑并不那么帝王气派，相反，更为温馨而居家。

这座房舍沿着修道院教堂中殿的外墙而造，墙上有一个打通的

格拉纳达，查理五世皇宫，始建于 1527 年。宫殿中引入的古典建筑风格在西班牙产生了共鸣，它清晰地传达出 1492 年基督教对摩尔人的征服。（437）

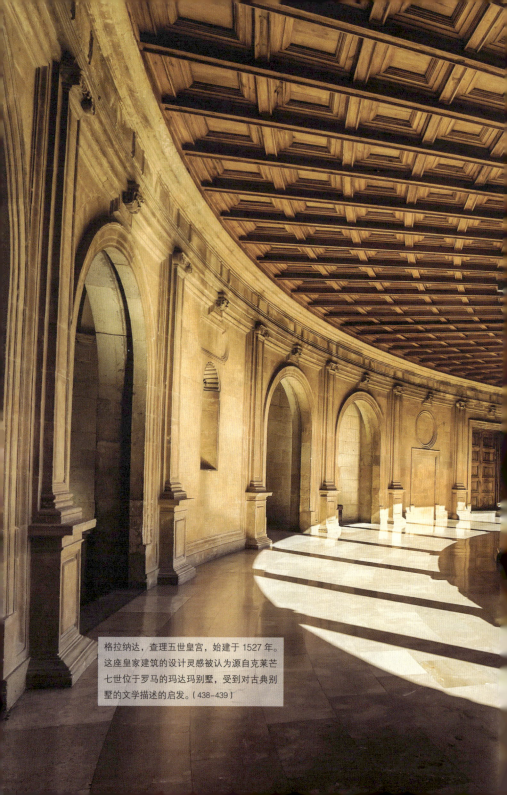

格拉纳达，查理五世皇宫，始建于 1527 年。这座皇家建筑的设计灵感被认为源自克莱芒七世位于罗马的玛达玛别墅，受到对古典别墅的文学描述的启发。(438–439)

小窗口，可供他观看教堂里举行的宗教仪式。房舍内部有厨房和储藏室，还有一个庭院和望向花园的凉廊。查理五世在房间里摆放了他最心爱的家庭成员的画像，包括他的妻子、他的儿子腓力，以及腓力的妻子英格兰的玛丽一世（Mary Ⅰ of England）。[27] 他还从之前居住的宫殿带来了几套挂毯，包括属于他母亲卡斯提尔的胡安娜（Joanna of Castile）的挂毯，描绘了圣母的生命周期。这些挂毯采用金银丝线编制而成，价格昂贵，闪闪发光。[28]

※

查理五世的妹妹匈牙利的玛丽，从 1531 年到 1556 年 10 月查理五世退位期间，一直担任驻尼德兰总督。她是高效的管理者和精明的政治家，也是硕果累累的艺术赞助人。但不得不说，在大部分时间里，她充当的还是皇帝的艺术代理人。她在低地国家的主要权力中心是位于布鲁塞尔郊外班什（Binche）的宫殿。这原是一座中世纪的城堡，1545 年查理五世将其赠送给她。玛丽委托佛兰德斯建筑师雅克·德·布罗克（Jacques de Broeucq）重建这座城堡，在规模和装饰风格上都向枫丹白露宫看齐。讽刺的是，仅仅 9 年后，亨利二世的军队就烧毁了这座城堡，以报复帝国军队对法国王室财产的袭击。据当时的英国大使说，这座宫殿是"完全按照古典风格建造而成，没有任何抵抗如今战争所需的防御措施"[29]。在其短暂的一生中，这座宫殿举办了各类骑士比武大赛、宴会、模拟战斗和假面舞会，并以其非同寻常的想象力驰名于欧洲。1549 年 8 月，玛丽为哥哥查理五世、外甥腓力以及姐姐埃莉诺（弗朗索瓦一世的遗孀）举办的骑士假面舞会尤其奢华。在场的宾客们目睹了一名"野人"闯入了宫殿，他身着金绿相间的金丝织物，头戴精致的羽毛头饰，"绑架"了在舞会上开心玩闹的宫廷贵妇，把她们"关押"在附近的城堡，第二天一队"骑士"前来"拯救"了她们。[30]

尽管我们对班什宫的外形知之甚少，但多亏现存的一张素描图，我们能一窥宫廷内部的陈设。从这张描绘在宫殿大厅举办的"野人"化装舞会的素描图中，我们可以看到整座大厅采用明显的古典风格装饰，巨大的桶形拱顶由赫尔密斯（Herms）方形壁柱支撑，壁炉上装饰着罗马皇帝半身像的勋章，其中有恺撒大帝和哈德良皇帝。但其余的装饰远不是对帝国的威严和霸权的赞美，而是对滥用这种巨大权力的警告。赫尔密斯壁柱之间的墙壁上挂着描述"七宗罪"（Seven Deadly Sins）的挂毯，宝座后面的挂毯寓意"傲慢"（Pride）。[31] 还有约 2.4 米高的巨大画作，描绘的是所谓"死刑犯"（Condemned），即古典神话中被判处了永恒酷刑的统治者，他们因犯下罪行而接受惩罚。这些惩罚的细节被描绘得令人毛骨悚然，如：西西弗斯永远在徒劳地推着他的巨石上山，巨石却每每滚下来，迫使他重新开始；秃鹰啄食提图斯的肝脏；等等。

除了这些带有清教徒意味的权力形象之外，还有一些更为传统的作品，并有意与枫丹白露宫的风格相呼应。如 1540 年弗朗索瓦一世委托人制作一组著名的古典雕像复制品，均从梵蒂冈收藏的雕像原件翻模制作。1549 年，匈牙利的玛丽听闻这批当年由普里马蒂乔从罗马带回的铸模正在出售，她立即派雕塑家莱昂内·莱昂尼去巴黎购买这套模型。在写给查理五世驻米兰的总督费兰特·贡萨加的信中，莱昂尼提道："皇帝特别高兴，特批我为这个项目休假四天。"当时莱昂尼在米兰担任铸币厂厂长，年薪 150 杜卡特，还包括一套住房。[32] 显然，皇帝和他的妹妹都参与了这个项目。莱昂尼买下普里马蒂乔的模具后，将其运回到米兰家中，在那里他为班什宫铸造了一批青铜复制件。之后，他精明地预料到这将是一项有利可图的商机，开始为其他富有的赞助人翻铸这批古典雕像的青铜复制件，从中获得丰厚的回报。[33]

查理五世充分意识到宣传的价值，并掀起了一场维护他在欧洲的统治权威、庆祝他所取得的辉煌政绩的公开宣传运动。此时刚刚兴起的廉价印刷术成为新教事业强大的宣传工具。他迅速利用这一新型媒介，确保自己胜利的消息能得到广泛传播。如：关于 1530 年皇帝查理五世在博洛尼亚举行加冕仪式的报道，并配有木刻插图宣传；哈布斯堡家族的谱系图；由宫廷艺术家彼得·库克·范·阿尔斯特（Pieter Coecke van Aelst）设计，描绘 1548—1549 年皇帝查理五世携子在低地国家巡游的版画；记录 1558 年腓力二世为其父举行盛大空前的葬礼的精美插图报道。

其中最著名的是宣传查理五世在突尼斯战胜土耳其人（1535年）的故事。这场胜利不仅被织成一系列非常昂贵的挂毯，还以一系列印刷品的形式出版，使这场战役的来龙去脉能被更多的人知晓。仿佛是预见了这场胜利一般，查理五世带着两位诗人、两名历史学家和一位画家踏上了横跨地中海远征土耳其人的航程。正是画家扬·科内利斯·维尔梅因（Jan Cornelisz Vermeyen）依据其在战场上的写生，设计了这一系列挂毯。可见查理五世对真实还原现实场景的要求很高。《征服突尼斯》（Conquest of Tunis）系列由 12 幅挂毯组成，高约 4.6 米，宽 2.4～3.7 米，由匈牙利的玛丽代表她哥哥委托人制作而成。1546 年 6 月与维尔梅因签订的设计合同要求，画家在该项任务完成之前禁止接受任何其他委托项目。[34] 9 个月后，在与织工签订的合同中明确规定了需要使用的金银的确切数量。不幸的是，制造挂毯的时间比预期要长得多，因此皇帝不得不发布诏书，允许织工违反行会规定，增加额外雇员。[35]

　　另一套由 12 幅版画组成的系列作在查理五世退位的 1556 年完成。主要是为了庆祝查理五世在统治时期所取得的主要功绩以及所获得的胜利，包括对土耳其人、法国人、新教徒、教皇以及美洲的胜利。其中 11 幅版画展现了皇帝的个人成就，包括：在帕维亚战役中战胜弗朗索瓦一世；在罗马之劫时战胜教皇，将克莱芒七世囚禁在圣天使堡，迫使其签署投降条约；在突尼斯和维也纳战胜土耳其人。但在维也纳战役版画中出现的查理五世和他的弟弟斐迪南，实际上都没有参加这场战役。除此之外，还有查理五世在米尔堡战役中击败新教徒。他对美洲原住民的胜利是通过展现他们在火上炙烤帝国士兵的肉，将这些美洲印第安人描述为食人者，需要西班牙人的文明和教化来表现的。最重要的是，在第一个场景中，查理五世被所有他击败过的对手包围着，除了苏丹之外，其他对手都被绳索捆绑在皇帝身上。这幅图是查理五世在欧洲强大统治的有力证明。

查理五世还在布鲁塞尔大教堂利用一系列彩色玻璃装饰，来吹嘘哈布斯堡王朝在欧洲强大的统治，以及这种统治背后的基督教性质。这些玻璃窗描绘了皇帝本人以及他在世的五个兄弟姐妹及其配偶，一起进行虔诚奉献的行为：查理五世和葡萄牙的伊莎贝拉；凯瑟琳和葡萄牙的约翰三世（John Ⅲ，伊莎贝拉的弟弟）；玛丽和匈牙利的路易二世；奥地利的斐迪南和匈牙利的安妮（Anne of Hungary，路易的妹妹）；埃莉诺和法国的弗朗索瓦一世。离世的妹妹伊莎贝拉此前已经嫁给了丹麦、挪威和瑞典的国王。1554 年 7 月，他的儿子腓力与英格兰的玛丽一世结婚后，甚至连英格兰的王位也在哈布斯堡家族的掌控之中。

※

展示哈布斯堡王朝的权威是查理五世赞助工程的一个重要主题，但他采用了一种在意大利不太常见的手法来彰显他的家族传统。与意大利人将家族祖先承继周期绘制在墙面上不同，他选择铸造真人大小的青铜雕像来展示家族的生生不息。当然，这么一来，工程成本就要昂贵得多，但这也正好成为体现帝国优越性的证据。马克西米利安一世曾计划为他的陵寝建造 28 座哈布斯堡家族成员的大型铜像，这项雄心勃勃的工程最后由查理五世的弟弟奥地利的斐迪南接替完成，并放置在因斯布鲁克的宫廷教堂（Hofkirche）内。这组铜像将哈布斯堡王朝的历史追溯到亚瑟王（King Arthur）、法兰克人的第一位基督教国王克洛维（Clovis），以及东哥特王国（Ostrogoths）的狄奥多里克大帝（Theodoric），当然大多数铜像仍是较为晚近的家庭成员。查理五世委托莱昂尼制作了一系列家族铜像，这些铜像曾放置在匈牙利的玛丽的班什宫展出，后来被腓力二世安置在马德里郊外的埃斯科里亚尔（Escorial）皇家陵园中。

令人惊讶的是，与他的对手弗朗索瓦一世不同，查理五世对收集意大利文艺复兴时期的大师作品或聘请意大利艺术家的兴趣不大。他热爱北欧艺术，但仍有两个重要的例外，即此前已经提到的莱昂尼和提香。他们都是这一时期才华横溢的肖像画家。但这并不是说他对意大利艺术一无所知。值得一提的是，查理五世在意大利待的时间比弗朗索瓦一世要多得多，在意大利半岛的旅行范围也要广泛得多，他对自己亲眼所见的东西兴趣很高。比如，他第一次到访意大利时，在热那亚靠岸后，观察家们注意到他花了很长时间欣赏为入城仪式而临时竖立的凯旋门，以及绘制在上面的场景。我们在其他的编年史家记录的入城仪式中也找到了对类似行为的记载。[36] 1530 年，当他在博洛尼亚参加完加冕礼后访问曼图亚，并在费德里戈·贡萨加的邀请下参观得特宫时，他对这座郊外别墅里的艺术作品赞誉有加，"我看到皇帝陛下完全被大厅里的装饰惊呆了，他站在那里看了不下半个小时的（壁画），对一切都赞不绝口”[37]。接下来的这段话也许更能说明皇帝的情况，饭后“陛下说他想去侯爵的宫廷打网球，那里实在是漂亮极了……他们打了大概 4 个小时的网球……每场比赛下注 20 斯库迪，最后陛下输了 60 斯库迪”[38]。

最重要的是，在曼图亚，查理五世第一次见到了提香的作品，特别是他为费德里戈侯爵所作的肖像画。提香在意大利的经历很有启发性。1516 年，他被任命为威尼斯的官方画师，他早期的赞助人都是威尼斯本地人。到了 1530 年，他已经赚够了钱，在威尼斯城内给自己买了一座带花园的房子。[39] 肖像画是他的官方业务中的重要组成部分，每画一个人物收取 25 杜卡特。[40] 16 世纪 30 年代，他开始接受意大利本土赞助人的委托，在那里他可以收取比威尼斯更高的费用。这些新的赞助人主要来自意大利的贵族宫廷，特别是费拉拉公爵阿方索一世、曼图亚侯爵费德里戈·贡萨加、乌尔比诺公爵弗朗切斯科·马里亚·德拉·罗韦雷。到了 16 世纪 40 年代，他也受雇于法尔内塞家族。

1529 年，也就是皇帝于 1530 年 2 月在博洛尼亚加冕前不久，费德里戈·贡萨加安排了提香和查理五世的第一次会面。不幸的是，皇帝提出的报价是一幅肖像画“只需支付 1 杜卡特”，而这仅仅是这位大画家一夜风流后支付给“宫娥”价格的一半，提香感到完全被侮辱了，愤而离去。[41] 但那是查理五世在曼图亚看到艺术家作品之前的事了。1532 年 10 月，皇帝重返意大利时，侯爵终于安排了一次查理五世亲自到场，提香为其画像。遗憾的是，这幅画像的原作已遗失，我们只能通过几件复制品窥知其原

貌，其中一件复制品由鲁本斯所作（1603 年）。这幅肖像画只描
绘了皇帝约 3/4 的身长，他身穿昂贵的镀金盔甲，右手握着一把
出鞘的剑。利刃出鞘往往是征服的象征，并不是帝王肖像的标准
姿势，在意大利也不常见。但它似乎与查理五世早期的肖像画有
关，是其个人的标志。[42]

　　皇帝对这幅画像极为满意，奖励了提香 500 杜卡特，并册封
他为金马刺教宗骑士（Golden Spur）。这幅画比他画满了人物的
大型祭坛画所得的报酬还要多。[43] 在任命他为骑士的官方文件中，
查理五世将提香与亚历山大大帝的御用画师阿佩莱斯相提并论，
阿佩莱斯是唯一有权为其赞助人作画的艺术家。提香接下来至少
又为查理五世创作了 5 幅肖像画。从这时起，他实际上已经成为
皇帝的宫廷画家，他的大部分作品都陈列于哈布斯堡王朝的宫廷
内，尤其是在班什和马德里的皇宫。

　　1548 年，查理五世邀请提香到奥格斯堡（Augsburg），艺术
家在那里待了 9 个月，为皇帝和他的家人们创作超过 12 幅肖像
画。他们当时正好住在这里，参加奥格斯堡帝国会议。[44] 查理五
世和匈牙利的玛丽计划在班什宫装饰一间家庭肖像画廊，这些画
作就是为其准备的。这批肖像画中包括匈牙利的玛丽、奥地利的
斐迪南，以及 3 幅皇帝本人的肖像，其中一幅描绘了他和皇后伊
莎贝拉坐在一张桌子前的场景。遗憾的是，除了那幅著名的《查
理五世骑马图》之外，其他的均已遗失，这幅画是为了纪念前一
年帝国军队在米尔堡战役中战胜新教徒而创作的。

　　在接下来的 7 年时间里，提香在其画室助手的帮助下，为皇

提香，《查理五世骑马图》（*Charles V on Horseback*），作于 1548 年（马德里普拉多美术馆藏）。一幅饱含感情的肖像画，展现了一位一生都致力于履行职责的帝王形象。（445）

室成员和哈布斯堡宫廷创作了至少 70 幅作品，其中 1/3 是为匈牙利的玛丽所作，包括 19 幅肖像画，以及 2 幅复制于班什宫大殿的《死刑犯》帆布画。[45] 查理五世还委托提香为尤斯特修道院绘制《三位一体》(Trinity, 1554)。这幅祭坛画描绘了身着白色亚麻服装的查理五世在死后不久被献祭给上帝，他的妻子、儿子和他最喜欢的两个妹妹——法国的埃莉诺和匈牙利的玛丽在一旁祈祷。他非常看重这幅画的意义，甚至在遗嘱中指定要将这幅画的副本镌刻在他的墓室上。[46] 1550—1551 年，提香又回到了奥格斯堡，这次是应查理五世的儿子腓力的邀请，绘制了更多哈布斯堡家族肖像，其中一幅是腓力日渐虚弱、年迈的父亲。腓力还委托提香绘制十幅宗教和神话题材的巨型画作，提香以此换取了一大笔养老金。

这次委托产生了首批所谓的"诗歌"(poesie)系列作品。这组作品以奥维德《变形记》中的故事为基础，并且往往以一个或多个裸体女性为主要特征，如《达那厄》、《维纳斯与阿多尼斯》、《戴安娜与卡利斯托》(Diana and Calisto, 1559)。

查理五世于 1558 年去世，他的弟弟和儿子瓜分了他巨大的帝国。斐迪南一世成为神圣罗马帝国皇帝和奥地利境内哈布斯堡家族世袭领地的统治者，腓力二世则成为西班牙国王，拥有包括西班牙、低地国家、意大利和美洲在内的统治领地。在布鲁塞尔，他为父亲的葬礼安排了一场可以说是前所未见的、最华丽的帝国盛典。表演的核心环节是一艘由海怪牵引的巨大的凯旋船，在装扮而成的"信仰"、"希望"和"慈善"之士的操纵下缓缓向

提香，《维纳斯与阿多尼斯》(*Venus and Adonis*)，作于 1554 年（马德里普拉多美术馆藏）。提香根据奥维德的《变形记》为腓力二世绘制的一系列古典神话场景中的第一个。(446–447)

前。腓力二世继续赞助提香，并委托他创作了大量的宗教和世俗
作品。腓力二世还在西班牙和低地国家的皇家项目中继续采用古
典建筑风格。

　　查理五世和弗朗索瓦一世之间的竞争对 16 世纪欧洲政治发展
产生了巨大影响。如果说查理五世在权力斗争中获得了胜利，那
么在欧洲文化的转型与变革里，赢得胜利者桂冠的则是法国。

提香，《身着盔甲的腓力二世》，作于 1550 年（马德里普拉多美术馆藏）。1548 年，提香第一次见到腓力可能就是为了绘制这幅肖像画。画中巧妙地描绘了这位 21 岁的王子，身着盛装盔甲，神情拘谨。（450）

维罗内塞，《维纳斯与阿多尼斯》，约作于 1580 年（马德里普拉多美术馆藏）。这幅作品由西班牙廷臣、艺术家迭戈·委拉斯开兹（Diego Velázquez）于 1650 年前后为皇家收藏购入。（452–453）

家族谱系表和教皇名单

（1）家族谱系表中的日期代表生卒年

（2）"历任教皇"中的日期代表在位时间

（3）家族谱系表中使用的缩写标识：

　　掌权者的名字有下划线

　*　表示该人物也在另一个家族谱系表中

　†　表示非婚生子女

表 1 那不勒斯的阿拉贡王朝

阿拉贡的斐迪南一世 (1380-1416)
妻 阿尔伯克基的埃莉诺

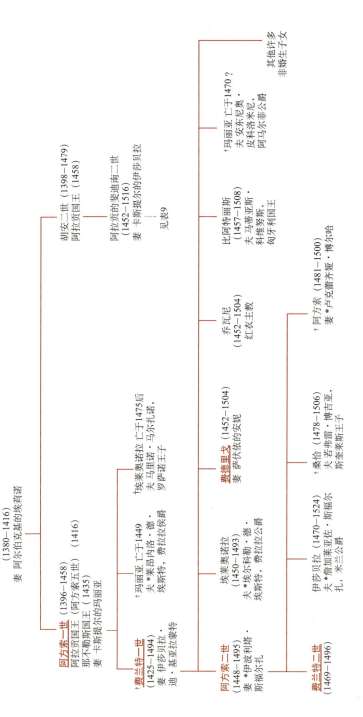

阿方索一世 (1396-1458)
阿拉贡国王 (阿方索五世) (1416)
那不勒斯国王
妻 卡斯提尔的玛丽亚

胡安二世 (1398-1479)
阿拉贡国王 (1458)

阿拉贡的斐迪南二世 (1452-1516)
妻 卡斯提尔的伊莎贝拉
见表9

†费兰特一世 (1425-1494)
那不勒斯国王
妻 伊莎贝拉·迪·基亚拉蒙特

†玛丽亚 亡于1449
夫 *莱昂内洛·德·埃斯特，埃斯特，费拉拉侯爵

†埃莱奥诺拉 亡于1475后
夫 马里诺·马尔扎诺，罗萨诺王子

比阿特丽斯 (1457-1508)
夫 马蒂亚斯·科维努斯，匈牙利国王

乔瓦尼 (1452-1504)
红衣主教

†玛丽亚 亡于1470？
夫 安东尼奥·皮科洛米尼，阿马尔菲公爵

其他许多非婚生子女

阿方索二世 (1448-1495)
妻 *伊波利塔·斯福尔扎

埃莱奥诺拉 (1450-1493)
夫 *埃尔科勒·德·埃斯特，费拉拉公爵

费德里戈 (1452-1504)
妻 萨诺依的安妮

†阿方索 (1481-1500)
妻 *卢克蕾齐娅·博尔哈

费兰特二世 (1469-1496)

伊莎贝拉 (1470-1524)
夫 *詹加莱亚佐·斯福尔扎，米兰公爵

†桑恰 (1478-1506)
夫 若弗雷·博吉亚，斯奎莱斯王子

表 2 米兰的维斯康蒂和斯福尔扎家族

詹加莱亚佐·维斯康蒂 (1351–1402)
首任米兰公爵 (1395)
妻[1] 瓦卢瓦的伊莎贝尔
妻[2] 卡特琳娜·维斯康蒂

瓦伦蒂娜 (1371–1408)
夫 奥尔良公爵路易

查理 (1394–1465)
奥尔良公爵
妻[3] 克利夫的玛丽

路易 (1462–1515)
法王路易十二 (1498)
[见表8]

詹玛丽亚 (1388–1412)

菲利波·马里亚 (1388–1412)
妻 萨伏依的玛丽

弗朗切斯科
(1401–1466)

†比安卡·玛丽亚 =
(1426–1467)

†穆齐奥·阿滕多洛
人称"斯福尔扎" (1396–1424)

亚历山德罗 (1409–1473)
佩萨罗领主 (1444)
妻[1] 科斯坦萨·瓦拉诺
妻[2] *斯韦瓦·达·蒙特费尔特罗

巴蒂斯塔 (1446–1472)
夫 *费德里戈·达·
蒙特费尔特罗,
乌尔比诺公爵
[见表6]

科斯坦佐 (1447–1483)
妻 阿拉贡的卡米拉

乔瓦尼 (1466–1510)
佩萨罗领主
妻[1] *马达德拉·贡萨加
妻[2] *卢克蕾齐娅·博吉亚
妻[3] 吉内芙拉·提埃波罗

其他子女,
包括至少17名
非婚生子女

斯福尔扎 (1451–1479)
妻 利佩托·迪·罗西

卢多维科 (1452–1508)
妻 *比阿特丽斯·
德·埃斯特

阿斯卡尼奥 (1455–1505)
红衣主教 (1484)

埃尔科勒(马克西米利亚诺) (1493–1530)
公爵 (1512–1515)

弗朗切斯科 (1495–1535)
公爵 (1521–1535)

†切萨雷
生于 1491

伊波利塔 (1445–1484)
夫 *阿拉贡的阿方索
[见表1]

安娜 (1476–1497)
夫 *阿方索·
德·埃斯特

其他子女

加莱亚佐·马里亚 (1444–1476)
妻 萨伏依的博纳

波利塞纳 (1428–1449)
夫 *西吉斯蒙多·马拉泰斯塔,里米尼领主

詹加莱亚佐 (1469–1494)
妻 *阿拉贡的
伊莎贝拉

比安卡·玛丽亚 (1472–1510)
夫 *马克西米利安一世,皇帝

†卡特琳娜 (1463–1509)
夫 吉罗拉莫·里亚里奥, 弗利领主

弗朗切斯科 (1491–1512)

伊波利塔 (1493–1501)

伊波利塔 (1495–1496)

博纳 (1494–1557)
波兰王后

比安卡 (1495–1496)

表3 费拉拉和摩德纳的埃斯特家族

†尼科洛三世 (1383–1441)
妻[1] 吉廖拉·达·卡拉拉
妻[2] *帕里西纳·马拉泰斯塔
妻[3] 萨鲁佐的里扎尔达

- †乌戈 (1405–1424)
- †梅利亚杜斯 (1406–1452)
- †莱昂内洛 (1407–1450)
  妻[1] *玛格丽塔·贡萨加
  妻[2] *阿拉贡的玛丽亚
- 博尔索 (1413–1471)
  摩德纳公爵 (1452)
  费拉拉公爵 (1471)
- [2] 吉内芙拉 (1419–1440) 夫西吉斯蒙多·马拉泰斯塔，里米尼领主
- 露西亚 (1419–1437) 夫*卡罗·贡萨加
- †伊索塔 (1425–1456) 夫*奥丹托尼奥·达·蒙特费尔特罗，乌尔比诺公爵
- †玛格丽塔 亡于1452 夫*加莱奥托·罗伯托·马拉泰斯塔，里米尼诸公爵
- [3] 埃尔科勒 (1431–1507) 妻*阿拉贡的埃莱奥诺拉

埃尔科勒的子女：

- †卢克雷齐娅 (1473–1516)
- 伊莎贝拉 (1474–1539) 夫*弗朗切斯科·贡萨加，曼图亚侯爵，米兰公爵 [见表5]
- 比阿特丽斯 (1475–1497) 夫*卢多维科·斯福尔扎，米兰公爵
- 阿方索一世 (1476–1534)
  妻[1] *安娜·斯福尔扎
  妻[2] *卢克蕾齐娅·博尔哈
  妻[3] 劳拉·迪安蒂
- 费兰多 (1477–1540)
- †朱利奥 (1478–1561)
- 伊波利托一世 (1479–1520) 红衣主教 (1493)
- 西吉斯蒙多 (1480–1524)

阿方索一世的子女：

- †卢克雷齐娅 (约1524–1572) 修女
- [2] 埃尔科勒二世 (1508–1559) 妻 法兰西的勒妮
- [2] 伊波利托二世 (1509–1572) 红衣主教
- [2] 埃莱奥诺拉 (1515–1517) 修女
- [2] 弗朗切斯科 (1516–1578)
- [3] 阿方索 (1527–1587)
- [3] 阿方西诺 (1530–1547)

埃尔科勒二世的子女：

- 安娜 (1531–1607) 夫弗朗西斯，吉斯公爵
- 阿方索二世 (1533–1597)
  妻[1] *卢克蕾齐娅·德·美第奇
  妻[2] 奥地利的芭芭拉
  妻[3] 玛格丽塔·贡萨加
- 卢克蕾齐娅 (1535–1598)
- 埃莱奥诺拉 (1537–1581) 夫弗朗切斯科·玛丽亚二世，乌尔比诺公爵
- 路易吉 (1538–1586) 红衣主教 (1561)

弗朗切斯科 / 阿方索的子女：

- †卢克蕾齐娅 (约1524–1572) 修女
- 切萨雷 (1562–1628) 摩德纳公爵 (1597)

表 4 里米尼的马拉泰斯塔家族

加莱奥托一世 (1299−1385)
里米尼领主

卡罗 (1368−1429)
里米尼领主
妻伊丽莎白·贡萨加

潘多尔福三世 (约1369−1427)
三次法诺领主

安德烈亚 (1373−1416)
妻卢克蕾齐娅·奥尔德拉菲

伦加达逝于1423
夫*吉丹托尼奥·达·蒙特费尔特罗，乌尔比诺伯爵
[见表6]

帕里西纳
夫尼科洛·德·埃斯特，费拉拉侯爵

†加莱奥托·罗伯托 (1411−1432)
妻*玛格丽塔·德·埃斯特

†西吉斯蒙多 (1417−1468)
里米尼领主
妻[1]*吉内瓦拉·德·埃斯特
妻[2]*波利塞纳·斯福尔扎
妻[3]伊索塔·德·阿蒂

†多梅尼科 (1418−1465)
法诺领主
妻*维奥兰特·达·蒙特费尔特罗

†罗伯托 (1441−1482)
妻伊莎贝塔·达·蒙特费尔特罗

†乔瓦尼 亡于1459

†萨卢斯蒂奥 (1450−1470)

†瓦莱里奥 亡于1471

潘道福 (1475−1534)
1500年被切萨雷·博吉亚从里米尼赶下台

其他至少八名
非婚生子女

表 5　曼图亚的贡萨加家族

詹弗朗切斯科 (1395-1444)
妻宝拉·马拉泰斯塔

- **卢多维科** (1412-1478)
  妻勃兰登堡的芭芭拉
- 卡洛 (1417-1456)
  妻*露西亚·德·埃斯特
- 玛格丽塔 (1418-1439)
  夫莱昂内洛·德·埃斯特，费拉拉侯爵
- 詹卢多 (1423-1424)
- 塞西莉亚 (1426-1451)
  修女
- 亚历山德罗 (1427-1466)
- 其他四名子女
- 三名幼年夭折子女

卢多维科 (1412-1478) 之子女：
- **费德里戈** (1441-1484)
  妻巴伐利亚的玛格丽塔
- 弗朗切斯科 (1444-1483)
  红衣主教 (1461)
- 詹弗朗切斯科 (1446-1496)
  萨比奥内塔伯爵
- 苏珊娜 (1447-1461)
- 多罗蒂娅 (1449-1467)
- 卢多维科 (1460-1511)
  曼图亚主教

费德里戈 (1441-1484) 之子女：
- 基娅拉 (1465-1505)
- **弗朗切斯科** (1466-1519)
  妻*伊莎贝拉·德·埃斯特
- 西吉斯蒙多 (1469-1525)
  红衣主教 (1506)
- 伊丽莎白 (1471-1526)
  夫*圭多巴尔多·德·蒙特费尔特罗，乌尔比诺公爵
- 马达莱娜 (1471-1526)
  夫*乔瓦尼·斯福尔扎，佩萨罗领主
- 乔瓦尼 (1474-1523)

弗朗切斯科 (1466-1519) 之子女：
- 埃莱奥诺拉 (1493-1570)
  夫*弗朗切斯科·马里亚·德·罗韦雷，乌尔比诺公爵
  [见表6]
- **费德里戈二世** (1500-1540)
  曼图亚公爵 (1530)
  妻玛格丽塔·帕莱奥罗古斯
- 伊波利塔 (1503-1570)
  修女
- 埃尔科勒 (1505-1563)
  红衣主教 (1527)
- 费兰特 (1507-1557)
  米兰总督，瓜斯塔拉王子
  妻伊莎贝拉·迪·卡普阿
- 利维亚 (1508-1569)
  修女
- 伊丽莎白 (1471-1526)
  夫*圭多巴尔多·德·斯福尔扎，佩萨罗领主

费德里戈二世 (1500-1540) 之子女：
- **弗朗切斯科** (1533-1550)
  妻*奥地利的卡特琳娜
- 伊莎贝拉 (1537-1579)
- **古列尔莫** (1538-1570)
  妻*奥地利的埃莱奥诺拉
  [见表6]
- 卢多维科 (1539-1580)
- 费德里戈 (1540-1565)
  红衣主教 (1563)

表6 乌尔比诺和佩萨罗的蒙特费尔特罗家族与德拉·罗韦雷家族

吉丹托尼奥·达·蒙特费尔特罗
(1377—1443)
乌尔比诺伯爵 (1403)
妻[1] *伦加诺·马拉泰斯塔·科隆纳
妻[2] 卡特琳娜

费德里戈 (1422—1482)
乌尔比诺伯爵 (1444)
佩萨罗领主
乌尔比诺公爵 (1473)
妻[1] 真蒂莱·布兰卡莱奥尼
妻[2] *巴蒂斯塔·斯福尔扎

其他多名
非婚生子女

圭多巴尔多一世
(1472—1508)
妻 *伊丽莎白·贡萨加

[2] 其他五
个女儿

[2] **奥丹托尼奥**
(1427—1444)
乌尔比诺公爵 (1444)
妻 *伊萨塔·德·埃斯特

[2] 斯韦瓦 (1434—1478)
夫 *亚历山德罗·
斯福尔扎,切塞纳
领主

[2] 维奥兰特
(1430—1482后)
夫 *多梅尼科·马拉
泰斯塔

四名
非婚生子女

[2] 伊莎贝塔 (1461—1521)
夫 *罗伯托·马拉泰斯
塔,里米尼领主

[2] 乔凡娜
(1462—1514)
夫 乔瓦尼·德拉·
罗韦雷,塞尼加利亚
领主

弗朗切斯科·马里亚一世
(1490—1538)
妻 *埃莱奥诺拉·贡萨加

圭多巴尔多二世
(1514—1574)
妻[1] 朱莉娅·瓦拉诺
妻[2] *维多利亚·法尔内塞

朱利奥 (1533—1578)
红衣主教 (1547)

三个女儿

其他八名幼年
天折的子女

弗朗切斯科·马里亚二世
(1549—1631)
死后乌尔比诺回归教皇国

表 7 法尔内塞家族

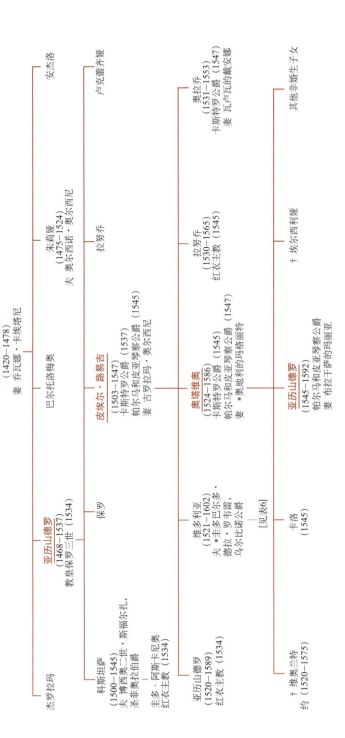

拉努乔
(1390—1450)
妻 艾格妮丝·蒙纳尔代斯基

皮埃尔·路易吉
(1420—1478)
妻 乔瓦娜·卡埃塔尼

杰罗拉玛

亚历山德罗
(1468—1537)
教皇保罗三世 (1534)

巴尔托洛梅奥

朱莉娅
(1475—1524)
夫 奥尔西诺·奥尔西尼

卢克蕾齐娅

杰木洛

科斯坦萨
(1500—1545)
夫 博西奥二世·斯福尔扎,
圣菲奥拉伯爵

圭多·阿斯卡尼奥
红衣主教 (1534)

保罗

皮埃尔·路易吉
(1503—1547)
卡斯特罗公爵 (1537)
帕尔马和皮亚琴察公爵 (1545)
妻 吉罗拉玛·奥尔西尼

拉努乔

奥拉乔
(1531—1553)
卡斯特罗公爵 (1547)
妻 瓦卢瓦的戴安娜

亚历山德罗
(1520—1589)
红衣主教 (1534)

维多利亚
(1521—1602)
夫 *圭多巴尔多·
德拉·罗韦雷,
乌尔比诺公爵

奥塔维奥
(1524—1586)
卡斯特罗公爵 (1545)
帕尔马和皮亚琴察公爵 (1547)
妻 *奥地利的玛格丽特

拉努乔
(1530—1565)
红衣主教 (1545)

† 埃尔西利娅

约 (1520—1575)
† 维奥兰特

卡洛
(1545)
[见表6]

亚历山德罗
(1545—1592)
帕尔马和皮亚琴察公爵
妻 葡萄牙的玛丽亚

其他非婚生子女

表 8 法国的瓦卢瓦王朝

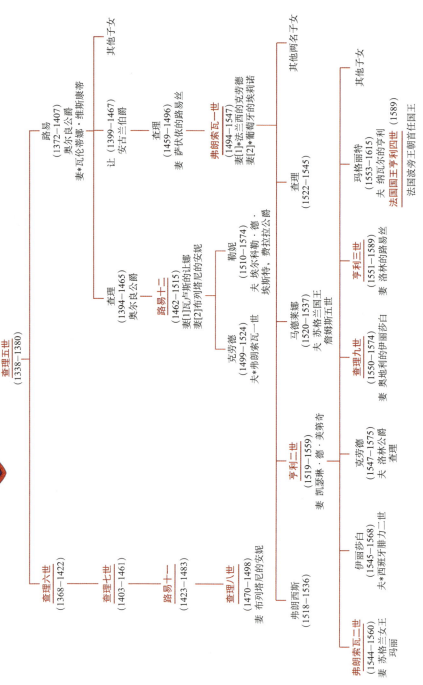

查理五世
(1338-1380)

路易
(1372-1407)
奥尔良公爵
妻*瓦伦蒂娜·维斯康蒂

查理
(1394-1465)
奥尔良公爵

让 (1399-1467)
安古兰伯爵

其他子女

路易十二
(1462-1515)
妻[1]瓦卢瓦斯的让娜
妻[2]布列塔尼的安妮

查理
(1459-1496)
妻 萨伏依的路易丝

克劳德
(1499-1524)
夫*弗朗索瓦一世

弗朗索瓦一世
(1494-1547)
妻[1]*法兰西的克劳德
妻[2]*葡萄牙的埃莉诺

其他两名子女

勒妮
(1510-1574)
夫 埃尔科勒[1]·德·埃斯特, 费拉拉公爵

马德莱娜
(1520-1537)
夫 苏格兰国王
詹姆斯五世

查理
(1522-1545)

玛格丽特
(1553-1615)
夫 纳瓦尔的亨利
法国国王亨利四世

其他子女

查理六世
(1368-1422)

查理七世
(1403-1461)

路易十一
(1423-1483)

查理八世
(1470-1498)
妻 布列塔尼的安妮

弗朗西斯
(1518-1536)

伊丽莎白
(1545-1568)
夫*西班牙腓力二世

亨利二世
(1519-1559)
妻 凯瑟琳·德·美第奇

克劳德
(1547-1575)
夫 洛林公爵
查理

查理九世
(1550-1574)
妻 奥地利的伊丽莎白

亨利三世
(1551-1589)
妻 洛林的路易丝

法国波旁王朝首任国王

弗朗索瓦二世
(1544-1560)
妻 苏格兰女王
玛丽

表 9 神圣罗马帝国和西班牙的哈布斯堡家族

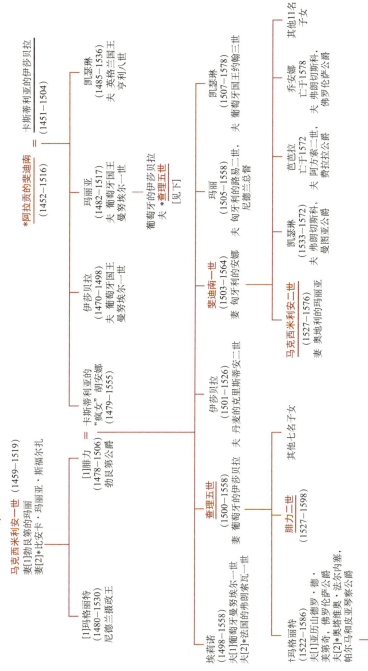

马克西米利安一世 (1459—1519)
妻[1]勃艮第的玛丽
妻[2]*比安卡·玛丽亚·斯福尔扎

*阿拉贡的斐迪南
(1452—1516)

卡斯蒂利亚的伊莎贝拉
(1451—1504)

[1]玛格丽特
[1480—1530]
尼德兰摄政王

[1]腓力
(1478—1506)
勃艮第公爵

＝ 卡斯蒂利亚的
"疯女"胡安娜
(1479—1555)

伊莎贝拉
(1470—1498)
夫 葡萄牙国王
曼努埃尔一世

玛丽亚
(1482—1517)
夫 葡萄牙国王
曼努埃尔一世

凯瑟琳
(1485—1536)
夫 英格兰国王
亨利八世

伊莎贝拉
(1501—1526)
夫 丹麦的克里斯蒂安二世

查理五世
(1500—1558)
妻 葡萄牙的伊莎贝拉

斐迪南一世
(1503—1564)
妻 匈牙利的安娜

玛丽
(1505—1558)
夫 匈牙利国王路易二世
尼德兰总督

葡萄牙的伊莎贝拉 夫 *查理五世
[见下]

凯瑟琳
(1507—1578)
夫 葡萄牙国王约翰三世

埃莉诺
(1498—1558)
夫[1]葡萄牙曼努埃尔一世
夫[2]法国的弗朗索瓦一世

腓力二世
(1527—1598)

其他七名子女

马克西米利安二世
(1527—1576)
妻 奥地利的玛丽亚

凯瑟琳
(1533—1572)
夫 弗朗切斯科·
曼图亚公爵

芭芭拉
亡于1572
夫 阿方索二世,
费拉拉公爵

乔安娜
亡于1578
夫 弗朗切斯科二世,
佛罗伦萨公爵

其他11名
子女

†玛格丽特
(1522—1586)
夫[1]亚历山德罗·德·
美第奇,佛罗伦萨公爵
夫[2]奥塔维奥·法尔内塞,
帕尔马和皮亚琴察公爵

[见表7]

表10 历任教皇（1417—1605）

1417–1431	马丁五世	奥多内·科隆纳
1431–1447	尤金四世	加布里埃莱·孔杜尔梅尔
1447–1455	尼古拉五世	托马索·帕伦图切利
1455–1458	加里斯都三世	阿隆索·博尔贾
1458–1464	庇护二世	埃内亚·西尔维奥·皮科洛米尼
1464–1471	保罗二世	皮埃特罗·巴尔博
1471–1484	西克斯图斯四世	弗朗切斯科·德拉·罗韦雷
1484–1492	英诺森八世	乔瓦尼·巴蒂斯塔·西博
1492–1503	亚历山大六世	罗德里戈·博尔哈
1503	庇护三世	弗朗切斯科·托代斯基尼-皮科洛米尼
1503–1513	尤利乌斯二世	朱利亚诺·德拉·罗韦雷
1513–1521	利奥十世	乔瓦尼·德·美第奇
1522–1523	阿德里安六世	乌得勒支的阿德里安·弗洛里岑·博延斯
1523–1534	克莱芒七世	朱利亚诺·德·美第奇
1534–1549	保罗三世	亚历山德罗·法尔内塞
1550–1555	尤利乌斯三世	乔瓦尼·马里亚·德尔·蒙特
1555	马塞勒斯二世	马塞洛·切尔维尼
1555–1559	保罗四世	吉安彼得罗·卡拉法
1559–1565	庇护四世	乔瓦尼·安杰洛·美第奇
1566–1572	庇护五世	米凯勒·吉斯利里
1572–1585	格雷戈里十三世	乌戈·邦孔帕尼
1585–1590	西克斯图斯五世	费利切·佩雷蒂
1590	乌尔班七世	詹巴蒂斯塔·卡斯塔尼亚
1590–1591	格雷戈里十四世	尼科洛·斯方德拉蒂
1591	英诺森九世	乔瓦尼·安东尼奥·法基内蒂
1591–1605	克莱芒八世	伊波利托·阿尔多布兰迪尼

参考书目

Adams, Nicholas, 'Censored anecdotes from Francesco Maria I della Rovere's *Discorsi Militari*', *Renaissance Studies*, 13 (1999), 55–62.

Adelson, Candace, 'Cosimo I de' Medici and the foundation of tapestry production in Florence', in Giancarlo Garfagnini (ed.), *Firenze e la Toscana dei Medici nell'Europa del '500* (Florence, 1983), pp. 899–924.

Ady, Cecilia M., *A History of Milan under the Sforza* (London, 1907).
—— 'Morals and manners of the Quattrocento', in George Holmes (ed.), *Art and Politics in Renaissance Italy* (Oxford, 1993), pp. 1–18.

Ariosto, Ludovico, *Orlando Furioso* (Harmondsworth, 1975).

Atlas, Allan W., *Music at the Aragonese Court of Naples* (Cambridge, 1985).

Barocchi, Paola and Giovanna Gaeta Bertelà, *Collezionismo mediceo. Cosimo I, Francesco I e il Cardinale Ferdinando* (Modena, 1993).

Baxandall, Michael, 'A dialogue on art from the court of Leonello d'Este', *Journal of the Warburg and Courtauld Institutes*, 26 (1963), 304–26.
—— 'Guarino, Pisanello and

Manuel Chrysoloras', *Journal of the Warburg and Courtauld Institutes*, 28 (1965), 183–204.

Benedetti, Alessandro, *Diario de bello Carolino*, ed. and trans. Dorothy M. Schullian (New York, 1967).

Bentley, Jerry H., *Politics and Culture in Renaissance Naples* (Princeton, 1987).

Bertini, Giuseppe, 'Center and periphery: Art patronage in Renaissance Piacenza and Parma', in Charles M. Rosenberg (ed.), *The Court Cities of Northern Europe* (Cambridge, 2010), pp. 71–137.

Bertolotti, A., 'Spese segrete e pubbliche di Paolo III', *Atti e Memorie delle RR. Deputazioni di storia patria per le provincie dell'Emilia*, 3 (1878), 169–212.

Bestor, Jane Fair, 'Titian's portrait of Laura Eustochia: The decorum of female beauty and the motif of the black page', *Renaissance Studies*, 17 (2003), 628–73.

Black, Christopher F., *The Italian Inquisition* (New Haven and London, 2009).

Blastenbrei, Peter, 'The soldier and his cardinal: Francesco Sforza and Nicolò Acciapacci, 1438–1444', *Renaissance Studies*, 3 (1989), 290–302.

Bornstein, Daniel, 'The wedding feast of Roberto Malatesta and Isabetta Montefeltro: Ceremony and power', *Renaissance & Reformation*, 24 (1988), 101–17.

Borsi, Franco, *Leon Battista Alberti* (Milan, 1973).

Botley, Paul, 'Giannozzo Manetti, Alfonso of Aragon and Pompey the Great: A crusading document of 1455', *Journal of the Warburg and Courtauld Institutes*, 67 (2004), 129–56.

Boucher, Bruce, 'Leone Leoni and Primaticcio's moulds of antique sculpture', *Burlington Magazine*, 123 (1981), 23–6.

Bourne, Molly, 'Towards the study of the Renaissance courts of the Gonzaga', *Quaderni di Palazzo Te*, 3 (1996), 80–1.
—— 'Renaissance husbands and wives as patrons of art: The *Camerini* of Isabella d'Este and Francesco II Gonzaga', in Sheryl E. Reiss and David G. Wilkins (eds), *Beyond Isabella. Secular Women Patrons in Renaissance Italy* (Kirksville, 2001), pp. 93–123.

——— *Francesco II Gonzaga. The Soldier-Prince as Patron* (Rome, 2008).

——— 'The art of diplomacy: Mantua and the Gonzaga, 1328–1630', in Charles M. Rosenberg (ed.), *The Court Cities of Northern Italy* (Cambridge, 2010), pp. 138–95.

Brown, B. L., 'The patronage and building history of the tribune of SS. Annunziata in Florence', *Mitteilungen des Kunsthistorisches Institutes in Florenz*, 25 (1981), 59–146.

Brown, C. M., '"Lo insaciabile desiderio nostro de cose antique": New documents on Isabella d'Este's collection of antiquities', in Cecil H. Clough (ed.), *Cultural Aspects of the Italian Renaissance: Essays in Honour of Paul Oskar Kristeller* (Manchester and New York, 1976), pp. 324–53.

——— 'Documents regarding Duke Federico II Gonzaga's interest in Flemish art', *Source: Notes in the History of Art*, 11 (1992), 17–20.

Brown, Patricia Fortini, *Private Lives in Renaissance Venice* (New Haven, 2004).

Bryce, Judith, '"Fa finire uno bello studio et dice volere studiare": Ippolita Sforza and her books', *Bibliothèque d'Humanisme et Renaissance*, 64 (2002), 55–69.

Buchanan, Iain, 'Designers, weavers and entrepreneurs: Sixteenth-century Flemish tapestries in the Patrimonio Nacional', *Burlington Magazine*, 134 (1992), 380–4.

Bueno de Mesquita, Daniel M., 'The privy council in the government of the Dukes of Milan', in *Florence and Milan: Comparisons and Relations* (Florence, 1989), 1:135–56.

——— 'The Conscience of the Prince', in George Holmes (ed.), *Art and Politics in Renaissance Italy* (Oxford, 1993), pp. 159–83.

Burchard, Johannes, *Liber Notarum*, abridged in *Dans le Secret des Borgia* (Paris, 2003).

Burns, Howard, 'The Gonzaga and Renaissance Architecture', in David Chambers and Jane Martineau (eds), *Splendours of the Gonzaga* (London, 1981), pp. 27–38.

Butters, Humfrey, 'Florence, Milan and the Barons' War', in Gian Carlo Garfagnini (ed.), *Lorenzo de' Medici Studi* (Florence, 1992), pp. 281–308.

Cashman, Anthony B. III, 'The problem of audience in Mantua: Understanding ritual efficacy in an Italian Renaissance princely state', *Renaissance Studies*, 16 (2002), 355–65.

——— 'Performance anxiety: Federico Gonzaga at the court of Francis I and the uncertainty of ritual action', *The Sixteenth-Century Journal*, 33 (2002), 333–52.

Casola, Pietro, *Canon Pietro Casola's Pilgrimage to Jerusalem in the Year 1494*, ed. M. Margaret Newett (Manchester, 1907).

Cevizli, Antonia Gatward, 'Mehmed II, Malatesta and Matteo de' Pasti: A match of mutual benefit between the "Terrible Turk" and a "Citizen of Hell"', *Renaissance Studies*, 31 (2017), 43–65.

Chambers, David S., *The Imperial Age of Venice 1380–1580* (London, 1970).

——— 'The housing problems of Cardinal Francesco Gonzaga', *Journal of the Warburg and Courtauld Institutes*, 39 (1976), 21–58.

——— 'Sant'Andrea at Mantua and Gonzaga Patronage 1460–72', *Journal of the Warburg and Courtauld Institutes*, 40 (1977), 99–127.

——— 'Cardinal Francesco Gonzaga in Florence', in Peter Denley and Caroline Elam (eds), *Florence and Italy* (London, 1988), pp. 241–61.

——— 'Virtù militare del Cardinale Francesco Gonzaga', in Carlo Marco Belfanti et al. (eds), *Guerri, stati e città: Mantova e l'Italia Padana dal secolo XIII al XIX* (Mantua, 1988), pp. 215–29.

——— 'An unknown letter by Vittorino da Feltre', *Journal of the Warburg and Courtauld Institutes*, 52 (1989), 219–21.

——— 'Bartolomeo Marasca, master of Cardinal Gonzaga's household (1462–1469)', *Aevum*, 63 (1989), 265–83.

——— *A Renaissance Cardinal and his Worldly Goods* (London, 1992).

——— 'The Enigmatic eminence of Cardinal Sigismondo Gonzaga', *Renaissance Studies*, 16 (2002), 330–54.

——— *Popes, Cardinals and War. The Military Church in Renaissance and Early Modern Europe* (London and New York, 2006).

——— 'A Condottiere and his books: Gianfrancesco Gonzaga (1446–96)', *Journal of the Warburg and Courtauld Institutes*, 70 (2007), 33–97.

Chambers, D. S. and Jane Martineau, *Splendours of the Gonzaga* (London, 1981).

Chambers, David S. and Brian Pullan, *Venice. A Documentary History 1450–1630* (Oxford, 1992).

Chastel, André, *The Sack of Rome, 1527* (Princeton, 1983).

Chatenet, Monique, 'Hippolyte II d'Este à la cour de France à travers la correspondance des ambassadeurs de Ferrare et de Mantoue', in Marina Cogotti and Francesco Paolo Fiore (eds), *Ippolito II d'Este. Cardinale, principe, mecenate* (Rome, 2013), pp. 67–72.

Cheles, Luciano, *The Studiolo of Urbino: An Iconographic Investigation* (Wiesbaden, 1986).

Clark, Leah R., 'The peregrinations of porcelain. The collections of Duchess Eleonora d'Aragona of Ferrara', *Journal of the History of Collections **** (2019), ****

Clough, Cecil H., 'The library of the Dukes of Urbino', *Librarium*, 9 (1966), 101–5.

——— 'Federigo da Montefeltro's Artistic Patronage', *Journal of the Royal Society of Arts*, 126 (1978), 718–34.

——— 'Federigo da Montefeltro: The good Christian prince', *Bulletin of the John Rylands University Library of Manchester*, 67 (1984), 293–348.

——— 'Federico da Montefeltro and

the Kings of Naples: A study in fifteenth-century survival', *Renaissance Studies*, 6 (1992), 113–72.

Cockram, Sarah, 'Interspecies understanding: Exotic animals and their handlers at the Italian Renaissance court', *Renaissance Studies*, 31 (2017), 277–96.

Coffin, David R., *The Villa in the Life of Renaissance Rome* (Princeton, 1979).

Commines, Philippe de, *Mémoires de Commines* (Paris, 1843).

Corradini, Elena, 'Medallic portraits of the Este: Effigies *ad vivum expressae*', in Nicholas Mann and Luke Syson (eds), *The Image of the Individual* (London, 1998), pp. 22–39.

Corvisieri, C., 'Il trionfo romano di Eleonora d'Aragona nel Giugno del 1473', *Archivio della Società Romana per la Storia Patria*, 1 (1878), 475–91 (part 1); 10 (1887), 639–87 (part 2).

DBI, *Dizionario Bibliografico degli Italiani* (www.treccani.it/biografie).

Delle Donne, Fulvio, 'Il trionfo, l'incoronazione mancata, la celebrazione letteraria: I paradigmi della propaganda di Alfonso il Magnanimo', *Archivio Storico Italiano*, 169 (2011), 447–76.

Dennistoun, James, *Memoirs of the Dukes of Urbino* (London, 1851).

Dorez, L., *La Cour du Pape Paul III d'après les régistres de la Trésorie Secrète*, 2 vols (Paris, 1932).

Duni, Matteo, 'Impotence, witchcraft and politics: A Renaissance case', in Sara F. Matthews-Grieco (ed.), *Cuckoldry, Impotence and Adultery in Europe (15th-17th Century)* (Farnham, 2014), pp. 85–101.

Duruy, George, *Le Cardinal Carlo Carafa (1519-1651)* (Paris, 1882).

Eiche, Sabine, 'July 1547 in Palazzo Farnese', *Mitteilungen des Kunsthistorischen Institutes in Florenz*, 33 (1989), 395–401.

Eiche, Sabine (ed.), *Ordine et officii de casa de lo illustrissimo Signor Duca de Urbino* (Urbino, 1999).

Eisenbichler, Konrad, 'Charles V in Bologna: The self-fashioning of a man and a city', *Renaissance Studies*, 13 (1999), 430–9.

Eisler, Colin, 'A portrait of L. B. Alberti', *Burlington Magazine*, 116 (1974), 529–30.

Elam, Caroline, 'Art in the service of liberty. Battista della Palla, art agent for Francis I', *I Tatti Studies*, 5 (1993), 33–109.

Erlanger, Rachel, *Lucrezia Borgia* (London, 1978).

Ettlinger, Helen S., 'Visibilis et invisibilis: The mistress in Italian Renaissance court society', *Renaissance Quarterly*, 47 (1994), 770–92.

Fabriczy, C. von, 'Toscanische und oberitalienische Künstler in Diensten der Aragonese zu Neapel', *Repertorium für Kunstwissenschaft*, 20 (1897), 85–120.

Fenlon, Iain, *The Ceremonial City. History, Memory and Myth in Renaissance Venice* (New Haven, 2007).

Ferrière, Hector de la, *Lettres de Catherine de Médicis*, 8 vols (Paris, 1880).

Filangieri, R., 'Rassegna critica delle fonti per la storia di Castel Nuovo', *Archivio Storico per le Provincie Napoletane*, 62 (1937), 5–71 (parts 1–2); 63 (1938), 3–87 (parts 3–4).

Finlay, Robert, 'Fabius Maximus in Venice: Doge Andrea Gritti, the war of Cambrai, and the rise of Habsburg Hegemony, 1509–1530', *Renaissance Quarterly*, 53 (2000), 988–1031.

Forti Grazzini, Nello, 'Gli arazzi di Ferrara nei secoli XV e XVI', in Jadranka Bentini (ed.), *Este a Ferrara. Una corte nel Rinascimentale* (Milan, 2004), pp. 197–201.

Franceschini, Chiara, 'La corte di Renata di Francia (1528-1560)', in Alessandra Chiappini et al. (eds), *Storia di Ferrara vol. VI: Il Rinascimento. Situazioni e personaggi* (Ferrara, 2000), pp. 186–214.

Francesco di Giorgio, *Trattati*, ed. C. Maltese, 2 vols (Milan, 1967).

Frommel, Christoph Luitpold, *Der Römische Palastbau der Hochrenaissance*, 3 vols (Rome, 1973).

Fubini, Riccardo, 'Federico da Montefeltro e la congiura dei Pazzi: politica e propaganda alla luce di nuovi documenti', in Giorgio Cerboni Baiardi, Giorgio Chittolini and Piero Floriani (eds), *Federico di Montefeltro. Lo stato. Le arti. La cultura*, 3 vols (Rome, 1986), 1:355–470.

Gáldy, Andrea, 'The Scrittoio della Calliope in the Palazzo Vecchio', *Renaissance Studies*, 19 (2005), 699–709.

——— 'Lost in antiquities: Cardinal Giovanni de' Medici (1543-1562)', in Mary Hollingsworth and Carol M. Richardson (eds), *The Possessions of a Cardinal: Politics, Piety, and Art 1450–1700* (University Park, 2010), 153–65.

Gamrath, Helge, *Farnese. Pomp, Power and Politics in Renaissance Italy* (Rome, 2007).

Ghirardo, Diane Yvonne, 'Lucrezia Borgia as entrepreneur', *Renaissance Quarterly*, 61 (2008), 53–91.

Gilbert, Creighton E., *Italian Art 1400–1500. Sources and Documents* (Eaglewood Cliffs, 1980).

Gilbert, Felix, 'Venice in the crisis of the League of Cambrai', in J. R. Hale (ed.), *Renaissance Venice* (Totowa, 1973), pp. 274–92.

——— *The Pope, His Banker, and Venice* (Cambridge, MA, 1980).

Giovio, Paolo, *Notable Men and Women of our Time*, trans. Kenneth Gouwens (Cambridge, MA, 2013).

Gnoli, D., 'Un censimento della popolazione di Roma avanti il sacco borbonico', *Archivio della Reale Società di Roma di Storia Patria*, 17 (1894), 375–507.

Goldthwaite, Richard A., *The Building of Renaissance Florence* (Baltimore and London, 1980).

Gombrich, E. H., '"That rare Italian Master…": Giulio Romano, court architect, painter and impresario', in David Chambers and Jane Martineau (eds), *Splendours of the Gonzaga* (London, 1981), pp. 77–85.

Gonzaga, Luigi, *Cronaca del soggiorno di Carlo V in Italia (dal 26 luglio 1529 al 25 aprile 1530)*, ed. Giacinto Romano (Milan, 1892).

Goodgal, Dana, 'The Camerino of Alfonso I d'Este', *Art History*, 1 (1978), 162–90.

Gronau, Georg, 'Die Kunstbestrebungen der Herzöge von Urbino', *Jahrbuch der preussischen Kunstsammlungen*, 27 (1906), Beiheft, 1–44.

Guicciardini, Francesco, *Storia d'Italia*, 6 vols (Rome, 1967).
——— *Storie Fiorentine* (Milan, 1998).

Gundersheimer, Werner L., *Ferrara. The Style of a Renaissance Despotism* (Princeton, 1973).

Hale, J. R., 'War and public opinion in Renaissance Italy', in E. F. Jacob (ed.), *Italian Renaissance Studies* (London, 1960), pp. 94–122.
——— 'The early development of the bastion: An Italian chronology c.1450 – c.1534', in J. R. Hale, J. R. L. Highfield and B. Smalley (eds), *Europe in the Late Middle Ages* (London, 1965), pp. 466–94.

——'Renaissance armies and political control: The Venetian proveditorial system 1509–1529', *The Journal of Italian History*, 2 (1979), 11–31.

Haskell, Francis and Nicholas Penny, *Taste and the Antique* (New Haven and London, 1981).

Herrero Carretero, C., 'Les tapisseries', in *Charles Quint, Tapisseries et armures des collections royales d'Espagne* (Brussels, 1994), pp. 43–113.

Hersey, George L., *Alfonso II and the Artistic Renewal of Naples 1485–95* (New Haven and London, 1969).

——— *The Aragonese Arch at Naples 1443–1475* (New Haven and London, 1973).

Hollingsworth, Mary, *Patronage in Renaissance Italy* (London, 1994).
——— 'Alberti: A courtier and his patrons', in Cesare Mozzarelli, Robert Oresko and Leandro Venturi (eds), *La Corte di Mantova nell'età di Andrea Mantegna* (Rome, 1997), pp. 217–24.
——— 'Ippolito d'Este: A cardinal and his household in Rome and Ferrara in 1566', *The Court Historian*, 5 (2000), 105–26.
——— *The Cardinal's Hat. Money, Ambition and Housekeeping in a Renaissance Court* (London, 2004).
——— 'Coins, cloaks and candlesticks: The economics of extravagance', in Michelle O'Malley and Evelyn Welch (eds), *The Material Renaissance* (Manchester, 2007), pp. 260–87.
——— 'A cardinal in Rome: Ippolito d'Este in 1560', in Jill Burke and Michael Bury (eds), *Art and Identity in Early Modern Rome* (Aldershot, 2008), pp. 81–94.
——— *Conclave 1559* (London, 2013).
——— *The Medici* (London, 2017).

Hope, Charles, 'Titian's role as official portrait painter to the Venetian republic', in *Tiziano e Venezia* (Vicenza, 1980), pp. 301–5.
——— 'Artists, patrons, and advisors in the Italian Renaissance', in G. F. Lytle and S. Orgel (eds), *Patronage in the Renaissance* (Princeton, 1981), pp. 293–343.
——— 'La produzione pittorica di Tiziano per gli Asburgo', in *Venezia e la Spagna* (Milan, 1988), pp. 49–72.
——— 'Tiziano e la committenza', in *Tiziano* (Venice, 1990), pp. 77–84.
——— 'The early history of the Tempio Malatestiano', *Journal of the Warburg and Courtauld Institutes*, 55 (1992), 51–154.
——— 'Titian's life and times', in *Titian* (London, 2003), pp. 9–28.
——— 'Cacce e baccanali nei Camerini d'Este', in Jadranka Bentini (ed.), *Una corte nel Rinascimento* (Milan, 2004), pp. 169–72.

——— 'Titian's Life and Times', in *Titian* (London: 2003), 9–28.
——— 'Tiziano e la committenza', in *Tiziano* (Venice: 1990), 77–84.

Hopkins, Andrew, 'Architecture and Infirmitas. Doge Andrea Gritti and the cChancel of San Marco', *Journal of the Society of Architectural Historians*, 57 (1998), 182–97.

Horn, Hendrik J., *Jan Cornelisz Vermeyen, Painter of Charles V and his Conquest of Tunis: Paintings, Etchings, Drawings, Cartoons, Tapestries* (Doornspijk, 1989).

Howard, Deborah, *Jacopo Sansovino. Architecture and Patronage in Renaissance Venice* (New Haven and London, 1987).

Hurtubise, Pierre, 'Une vie de palais: la cour du cardinal Alexandre Farnèse vers 1563', *Renaissance and Reformation*, 16 (1992), 37–54.

Ianziti, Gary, 'A humanist historian and his documents: Giovanni Simonetta, secretary to the Sforzas', *Renaissance Quarterly*, 34 (1981), 491–516.
——— 'The rise of Sforza historiography', in *Florence and Milan: Comparisons and Relations* (Florence, 1989), 1:79–94.

Ilardi, Vincent, 'The banker-statesman and the condottiere prince: Cosimo de' Medici and Francesco Sforza (1450–1464)', in *Florence and Milan: Comparisons and Relations* (Florence, 1989), 1:217–39.

James, Carolyn, 'Marriage by correspondence: Politics and domesticity in the letters of Isabella d'Este and Francesco Gonzaga, 1490–1519', *Renaissance Quarterly*, 65 (2012), 321–52.

Jones, Philip J., 'The end of Malatesta rule in Rimini', in E. F. Jacob (ed.), *Italian Renaissance Studies* (London, 1960), pp. 217–55.

Kent, F. W., *Lorenzo de' Medici and the Art of Magnificence* (Baltimore and London, 2004).

Kliemann, Julian, *Gesta Dipinte: la grande decorazione nelle dimore italiane dal Quattrocento al Seicento* (Milan, 1993).

Knecht, Robert J., *Renaissance Warrior and Patron: The Reign of Francis I* (Cambridge, 1994).

Lane, Frederic C., *Venice. A Maritime Republic* (Baltimore, 1973).

Langdon, Gabrielle, *Medici Women: Portraits of Power, Love, and Betrayal* (Toronto, 2006).

Lapini, Agostino, *Diario Fiorentino* (Florence, 1900).

Lee, Egmont, *Sixtus IV and Men of Letters* (Rome, 1978).

Lefevre, Renato, *Madama Margherita d'Austria (1522–1586)* (Rome, 1986).

Lettenhove, H. Kervyn de, *La Toison d'Or* (Brussels, 1907).

Lewis, Douglas, 'Patterns of preference: Patronage of sixteenth-century architects by the Venetian patriciate', in G. F. Lytle and S. Orgel (eds), *Patronage in the Renaissance* (Princeton, 1981), pp. 354–80.

Lippincott, Kristen, 'The neo-Latin historical epics of the north Italian courts: An examination of "courtly culture" in the fifteenth century', *Renaissance Studies*, 3 (1989), 415–28.

Lockwood, Lewis, *Music in Renaissance Ferrara 1400–1505* (Oxford, 1984).

Luzio, A., *Isabella d'Este e il Sacco di Roma* (Milan, 1908).

Luzio, A. and R. Renier, 'Delle relazioni di Isabella d'Este Gonzaga con Ludovico e Beatrice Sforza', *Archivio Storico Lombardo*, 17 (1890), 74–119, 346–99, 619–74.
—— *Mantova e Urbino, Isabella d'Este ed Elisabetta Gonzaga nelle relazione famigliare, e nelle vicende politiche* (Turin, 1893).

Machiavelli, Niccolò, *Tutti l'opere di Niccolò Machiavelli*, 3 vols (London, 1772).

Mack Smith, Denis, *A History of Sicily. Medieval Sicily 800–1713* (London, 1969).

Madariaga, Salvador de, *Carlo Quinto* (Novara, 1973).

Mallett, Michael, *Mercenaries and their Masters* (London, 1974).
—— 'Diplomacy and war in later fifteenth-century Italy', in Gian Carlo Garfagnini (ed.), *Lorenzo de' Medici. Studi* (Florence, 1992), pp. 233–56.

Mallett, Michael and Christine Shaw, *The Italian Wars 1494–1559* (Oxford, 2012).

Marinesco, Constantin, 'Les affaires commerciales en Flandre d'Alphonse V d'Aragon, roi de Naples (1416–1458)', *Revue historique*, 221 (1959), 33–48.

Martines, Lauro, *Power and Imagination* (London, 1979).
—— *April Blood* (London, 2003).

Maurer, Maria F., 'A love that burns: Eroticism, torment and identity at the Palazzo Te', *Renaissance Studies*, 30 (2016), 370–88.

Mazzi, Maria Serena, 'La fame e la paura della fame', in Jadranka Bentini et al. (eds), *A tavola con il principe* (Ferrara, 1988), pp. 153–69.

McGrath, Elizabeth, 'Ludovico il Moro and his Moors', *Journal of the Warburg and Courtauld Institutes*, 65 (2002), 67–94.

Messisbugo, Cristoforo di, *Banchetti Composizioni di vivande e aparecchio generale* (Venice, 1960).

Millon, Henry A. and Vittorio Magnago Lampugnani (eds.), *The Renaissance from Brunelleschi to Michelangelo. The Representation of Architecture* (London, 1994).

Miranda, Salvador, *The Cardinals of the Holy Roman Church* (1998–2015) http://ww2.fiu.edu/~mirandas/cardinals/cardinals.htm

Mitchell, Bonner, *The Majesty of State: Triumphal Progresses of Foreign Sovereigns in Renaissance Italy (1494–1600)* (Florence, 1986).

Montaigne, Michel de, *The Complete Works. Essays, Travel Journal and Letters* (London, 2003).

Muir, Edward, 'The doge as *Primus Inter Pares*: Interregnum rites in early sixteenth-century Venice', in S. Bertelli and G. Ramakus (eds), *Essays Presented to Myron P. Gilmore* (Florence, 1978), 1:145–60.

Müller, Theodor, *Das Konklave Pius' IV. 1559* (Gotha, 1889).

Müntz, Eugène, 'Un Mécène italien au Xve siècle: Les Lettres, les arts à la cour de Rome pendant le règne de Sixte IV', *Revue des duex mondes*, 51 (1881), 154–92.

Murry, Gregory, *The Medicean Succession. Monarchy and Sacral Politics in Duke Cosimo dei Medici's Florence* (Cambridge, MA, 2014).

Musacchio, Jacqueline Marie, *The Art and Ritual of Childbirth in Renaissance Italy* (New Haven and London, 1999).
—— 'Weasels and pregnancy in Renaissance Italy', *Renaissance Studies*, 15 (2001), 172–87.

Newton, Stella Mary, *The Dress of the Venetians 1495–1525* (Aldershot, 1988).

Occhipinti, Carmelo, *Carteggio d'arte degli ambasciatori estensi in Francia (1536–1553)* (Pisa, 2001).

Onians, John, *Bearers of Meaning* (Princeton, 1988).

Pacifici, Vincenzo, *Ippolito d'Este, Cardinale di Ferrara* (Tivoli, 1920).

Pade, Marianne, 'Guarino and Caesar at the court of the Este', in Marianne Pade, Lene Waage Petersen and Daniela Quarta (eds), *La corte di Ferrara e il suo mecenatismo 1441–1598* (Copenhagen, 1990), pp. 71–91.

Parker, Geoffrey, *Emperor. A New Life of Charles V* (New Haven and London, 2019).

Partner, Peter, *The Pope's Men. The Papal Civil Service in the Renaissance* (Oxford, 1990).

Pastor, Ludwig von, *The History of the Popes from the Close of the Middle Ages*, 29 vols (London, 1894–1951).

Pederson, Jill, 'Henrico Boscano's *Isola beata*: New evidence for the Academia Leonardi Vinci in Renaissance Milan', *Renaissance Studies*, 22 (2008), 450–75.

Pellegrini, Marco, *Ascanio Maria Sforza: La parabola politica di un cardinale-principe del Rinascimento* (Rome, 2002).

——— 'A turning-point in the history of the factional system in the Sacred College: The power of the pope and cardinals in the age of Alexander VI', in Gianvittorio Signorotto and Maria Antonietta Visceglia (eds), *Court and Politics in Papal Rome 1492–1700* (Cambridge, 2002), pp. 8–30.

Pernis, Maria Grazia and Laurie Schneider Adams, *Federico da Montefeltro and Sigismondo Malatesta* (New York and Washington DC, 1996).

Perry, Marilyn, 'The statuario pubblico of the Venetian Republic', *Saggi e memorie di storia dell'arte*, 8 (1972), 75–253.

Petrucelli della Gattina, Ferdinando, *Histoire Diplomatique des Conclaves*, 2 vols (Paris, 1864).

Piccolomini, Aeneas Silvius, *Secret Memoirs of a Renaissance Pope*, ed. F. A. Gragg and L. C. Gabel (London, 1988).

Pinelli, Antonio and Orietta Rossi, *Genga architetto. aspetti della cultura urbinate del primo 500* (Rome, 1971).

Piseri, Federico, '*Filius et servitor*. Evolution of dynastic consciousness in the titles and subscriptions of the Sforza princes' familiar letters', *The Court Historian*, 22 (2017), 168–88.

Podestà, B., 'Carlo V a Roma', *Atti della Società Romana per Storia Patria*, 1 (1878), 303–34.

Pontano, Giovanni, 'Ioannis Ioviani Pontani to Charitteo: On splendour', *Journal of Design History*, 15 (2002), 222–7.

Prizer, William F., 'Isabella d'Este and Lucrezia Borgia as patrons of music: The frottola at Mantua and Ferrara',

Journal of the American Musicological Society, 38 (1985), 1–33.
——— 'North Italian Courts, 1460–1540', in Iain Fenlon (ed.), *Man and Music: The Renaissance* (London, 1989), pp. 133–55.

Quint, David, 'Political allegory in the *Gerusalemme Liberata*', *Renaissance Quarterly*, 43 (1990), 1–29.

Ray, Meredith K., 'Impotence and corruption: Sexual function and dysfunction in Early Modern books of secrets', in Sara F. Matthews-Grieco (ed.), *Cuckoldry, Impotence and Adultery in Europe (15th- 17th Century)* (Farnham, 2014), pp. 125–46.

Rebecchini, Guido, 'Exchanges of works of art at the court of Federico II Gonzaga with an appendix on Flemish art', *Renaissance Studies*, 16 (2002), 381–91.
——— 'After the Medici. The New Rome of Pope Paul III Farnese', *I Tatti Studies*, 11 (2007), 147–200.

Ribier, Guillaume, *Lettres et Mémoires d'Estat, des Roys, Princes, Ambassadeurs, et autres Ministres, sous les règnes de François premier, Henri II et François II*, 2 vols (Blois, 1667).

Richardson, Carol M., 'Francesco Todeschini Piccolomini (1439–1503), Sant'Eustachio and the Consorteria Piccolomini', in Mary Hollingsworth and Carol M. Richardson (eds.), *The Possessions of the Cardinal. Politics, Piety and Art 1450–1700* (University Park, 2010), pp. 46–60.

Richardson, Glenn, *Renaissance Monarchy* (London, 2002).

Robertson, Clare, *Il Gran Cardinale. Alessandro Farnese, Patron of the Arts* (New Haven, 1992).

Robin, Diana, *Filelfo in Milan* (Princeton, 1991).

Romano, Serena, 'Patrons and painting from the Angevins to the Spanish Habsburgs', in Marcia B. Hall and Thomas Willette (eds.), *Naples* (Cambridge, 2017), pp. 171–232.

Ronchini, A., 'Giorgio Vasari alla corte del Cardinale Farnese', *Atti e Memorie delle R. Deputazioni di Storia Patria per le provincie modenesi et parmensi*, 2 (1864), 121–8.

Roover, Raymond de, *The Rise and Decline of the Medici Bank 1397–1494* (Washington DC, 1999).

Rosenberg, Charles M., 'The double portrait of Federigo and Guidobaldo da Montefeltro: Power, wisdom and dynasty', in Giorgio Cerboni Baiardi, Giorgio Chittolini, and Piero Floriani (eds.), *Federigo di Montefeltro: Le Arti* (Rome, 1986), pp. 213–22.
——— *The Este Monuments and Urban Development in Renaissance Ferrara* (Cambridge, 1997).

Ross, Janet, *Lives of the Early Medici as Told in Their Correspondence* (London, 1910).

Rotondi, P., *The Ducal Palace at Urbino*, 2 vols (London, 1950).

Ryder, A. F. C., 'La politica italiana di Alfonso d'Aragona (1442–1458),' *Archivio Storico per le Provincie Napoletane*, 38 (1958), 43–106.
——— 'The evolution of imperial government in Naples under Alfonso V of Aragon', in J. Hale, R. Highfield and B. Smalley (eds.), *Europe in the Late Middle Ages* (London, 1965), pp. 332–57.
——— 'Antonio Beccadelli: A humanist in government', in Cecil H. Clough (ed.), *Cultural Aspects of the Italian Renaissance. Essays in Honour of Paul Oskar Kristeller* (Manchester and New York, 1976), pp. 123–40.
——— *The Kingdom of Naples under Alfonso the Magnanimous* (Oxford, 1976).
——— *Alfonso the Magnanimous, King of Aragon, Naples and Sicily, 1396–1458* (Oxford, 1990).
——— 'Ferdinando I d'Aragona, re di Napoli', *Dizionario Biografico degli Italiani*, 46 (1996), xx.

Rzepińska, Maria, 'The peculiar greyhounds of Sigismondo Malatesta. An attempt to interpret the fresco of Piero della Francesca in Rimini', *L'Arte*, 13 (1971), 45–65.

Salvini, Roberto, 'The Sistine Chapel: Ideology and architecture', *Art History*, 3 (1980), 144–57.

Santuosso, Antonio, 'An account of the election of Paul IV to the pontificate', *Renaissance Quarterly*, 31 (1978), 486–98.

Sanudo, Marin, *Diarii*, ed. R. Fulin et al. (Venice, 1879–1903).

Schofield, Richard, 'Ludovico il Moro and Vigevano', *Arte Lombarda*, 62 (1986), 93–140.

——— 'A humanist description of the architecture for the wedding of Hian Galeazzo Sforza and Isabella d'Aragona (1489)', *Papers of the British School in Rome*, 56 (1988), 213–40.

——— 'Florentine and Roman elements in Bramante's Milanese architecture', in *Florence and Milan: Comparisons and Relations* (Florence, 1989), 1:201–22.

——— 'Leonardo's Milanese architecture: Career, sources and graphic techniques', *Achademia Leonardi Vinci*, 4 (1991), 111–56.

Shaw, Christine, *Julius II. The Warrior Pope* (Oxford, 1996).

Shearman, John, 'The chapel of Sixtus IV', in M. Giacometti (ed.), *The Sistine Chapel: Michelangelo Rediscovered* (New York, 1986), pp. 22–91.

Shemek, Deanna, 'Aretino's "Marescalco": Marriage woes and the duke of Mantua', *Renaissance Quarterly*, 16 (2002), 366–80.

Shephard, Tim, 'Constructing Isabella d'Este's musical decorum in the visual sphere', *Renaissance Studies*, 25 (2011), 684–706.

Signorini, Rodolfo, 'A dog named Rubino', *Journal of the Warburg and Courtauld Institutes*, 41 (1978), 317–20.

——— 'Acquisitions for Ludovico II Gonzaga's library', *Journal of the Warburg and Courtauld Institutes*, 44 (1981), 180–3.

Simonetta, Marcello, 'Federico da Montefeltro contro Firenze: Retroscena inediti della congiura dei Pazzi', *Archivio Storico Italiano*, 161 (2003), 261–84.

Spencer, J. R., *Filarete's Treatise on Architecture* (New Haven and London, 1965).

Steinitz, Kate Trauman, 'The voyage of Isabella of Aragon: from Naples to Milan, January 1489', *Bibliothèque d'Humanisme et Renaissance*, 23 (1961), 17–33.

Stenhouse, William, 'Visitors, display and reception in the antiquity collections of late-Renaissance Rome', *Renaissance Quarterly*, 58 (2005), 397–434.

Strong, Roy, *Art and Power. Renaissance Festivals 1450–1650* (Woodbridge, 1984).

Swain, Elisabeth Ward, 'The wages of peace: The *condotte* of Ludovico Gonzaga, 1436–1478', *Renaissance Studies*, 3 (1989), 442–52.

Syson, Luke and Dillian Gordon, *Pisanello. Painter to the Renaissance Court* (London, 2001).

Tafuri, Manfredo, *Venice and the Renaissance* (Cambridge, MA and London, 1989).

——— *Ricerca del Rinascimento. Principi, città, architetti* (Turin, 1992).

Talvacchia, Bette L., 'Homer, Greek heroes and Hellenism in Giulio Romano's *Hall of Troy*', *Journal of the Warburg and Courtauld Institutes*, 51 (1988), 235–42.

Taylor, Valerie, 'Banquet plate and Renaissance culture: A day in the life', *Renaissance Studies*, 19 (2005), 621–33.

Torello-Hill, Giulia, 'The exegesis of Vitruvius and the creation of theatrical spaces in Renaissance Ferrara', *Renaissance Studies*, 29 (2014), 227–46.

Tristano, Richard M., 'The precedence controversy and the devolution of Ferrara: A shift in Renaissance politics', *Sixteenth-Century Journal*, 48 (2017), 681–709.

Tuohy, Thomas, *Herculean Ferrara: Ercole d'Este (1471–1505)* (Cambridge, 1996).

Van de Put, Albert, 'Two Drawings of the Fêtes at Binche for Charles V and Philip (II) 1549', *Journal of the Warburg and Courtauld Institutes*, 3 (1939–40), 49–57.

Vasari, Giorgio, *Le vite de' più eccelenti pittori, scultori, et architettori*, ed. Gaetano Milanese, 9 vols (Florence, 1906).

Vasić Vatovec, Corinna, *Luca Fancelli architetto: epistolario gonzaghesco* (Florence, 1979).

Vasseur, Jean-Marc, '1536–1550. L'irrésistible ascension d'Hippolyte le "Magnifique"', in Marina Cogotti and Francesco Paolo Fiore (eds.), *Ippolito II d'Este. Cardinale, principe, mecenate* (Rome, 2013), pp. 115–37.

Vespasiano da Bisticci, *The Vespasiano Memoirs: Lives of Illustrious Men of the XVth Century*, trans. William George and Emily Waters (London, 1926).

Virgil (Loeb edition), 2 vols (London and New York, 1920).

Visceglia, Maria Antonietta, 'Il ceremoniale come linguaggio politico', in Maria Antonietta Visceglia and Catherine Brice (ed.), *Cérémonial et Rituel à Rome (XVIe-XIXe siècles)* (Rome, 1997), pp. 117–76.

Welch, Evelyn Samuels, 'Galeazzo Maria Sforza and the Castello di Pavia, 1469', *Art Bulletin*, 71 (1989), 352–75.

——— 'The process of Sforza patronage', *Renaissance Studies*, 3 (1989), 370–86.

——— *Art and Authority in Renaissance Milan* (New Haven and London, 1995).

——— 'Women as patrons and clients on the courts of Quattrocento Italy', in Letizia Panizza (ed.), *Women in Italian Renaissance Culture and Society* (Oxford, 2000), 18–34.

——— *Shopping in the Renaissance* (New Haven and London, 2005).

——— 'Art on the edge: Hair and hands in Renaissance Italy', *Renaissance Studies*, 23 (2009), 241–68.

Weller, A. S., *Francesco di Giorgio 1439–1501* (Chicago, 1943).

Westfall, C. W., 'Chivalric declaration: The Palazzo Ducale in Urbino as a political statement', in H. Millon and L. Nochlin (eds), *Art and Architecture in the Service of Politics* (Cambridge, MA, 1978), pp. 20–45.

Williams, Robert, 'The Sala Grande in the Palazzo Vecchio and the precedence controversy between Florence and Ferrara', in Philip Jacks (ed.), *Vasari's Florence. Artists and Literati at the Medicean Court* (Cambridge, 1998), pp. 163–81.

Woods-Marsden, Joanna, 'How quattrocento princes used art: Sigismondo Pandolfo Malatesta of Rimini and *cose militare*', *Renaissance Studies*, 3 (1989), 387–414.
———— 'Images of castles in the Renaissance: Symbols of "signoria", symbols of tyranny', *Art Journal*, 48 (1989), 130–7.
———— 'Art and political identity in fifteenth-century Naples: Pisanello, Cristoforo di Geremia, and King Alfonso's imperial fantasies', in Charles M. Rosenberg (ed.), *Art and Politics in Late Medieval and Early Renaissance Italy, 1250–1500* (Notre Dame and London, 1990), pp. 11–37.
———— 'The sword in Titian's portraits of Emperor Charles V', *Artibus et Historiae*, 34 (2013), 201–18.

Wright, Alison, 'The myth of Hercules', in Gian Carlo Garfagnini (ed.), *Lorenzo il Magnifico e il suo mondo* (Florence, 1994), 323–39.

Yriarte, Charles, *Un Condottiere au XVe siècle. Rimini: Études sur les lettres et les arts à la cour des Malatesta* (Paris, 1882).

Zambotti, Bernardino, *Diario ferrarese dal anno 1476 sino al 1504*, in *Rerum Italicarum Scriptores*, new series, vol. 24 pt. 7 (Bologna, 1928).

Zancani, Diego, 'Writing for women rulers in Quattrocento Italy: Antonio Cornazzano', in Letizia Panizza (ed.), *Women in Italian Renaissance Culture and Society* (Oxford, 2000), pp. 57–74.

Zapperi, Roberto, 'Alessandro Farnese, Giovanni della Casa and Titian's Danae in Naples', *Journal of the Warburg and Courtauld Institutes*, 54 (1991), 159–71.

Zerbinati, Giovanni Maria, *Croniche di Ferrara* (Ferrara, 1989).

Zimmerman, T. C. Price, *Paolo Giovio. The Historian and the Crisis of Sixteenth-Century Italy* (Princeton, 1995).

sscondottieridiventura.it
Dizionario biografico degli Italiani

注 释

导论

1 Thomas Tuohy, *Herculean Ferrara: Ercole d'Este (1471–1505)* (Cambridge, 1996), pp.157–60.

2 Ibid., p.237.

3 Ibid., p.220.

僭主

1 A. F. C. Ryder, *Alfonso the Magnanimous, King of Aragon, Naples and Sicily, 1396–1458* (Oxford, 1990), p.203; A. F. C. Ryder, *The Kingdom of Naples under Alfonso the Magnanimous* (Oxford, 1976), p.301.

2 Ryder, *Alfonso the Magnanimous*, p.204.

3 Ryder, *Kingdom of Naples*, p.29 n.13.

4 Aeneas Silvius Piccolomini, *Secret Memoirs of a Renaissance Pope*, ed. F. A. Gragg and L. C. Gabel (London, 1988), pp.123–4.

5 Jerry H. Bentley, *Politics and Culture in Renaissance Naples* (Princeton, 1987), p.51; Vespasiano da Bisticci, *The Vespasiano Memoirs: Lives of Illustrious Men of the XVth Century*, trans. William George and Emily Waters (London, 1926), pp.60–1.

6 Ryder, *Kingdom of Naples*, p.76.

7 Vespasiano, *Memoirs*, pp.69–70.

8 Quoted in Ryder, *Kingdom of Naples*, p.25.

9 Ryder, *Kingdom of Naples*, pp.27–28 n.5; Ryder, *Alfonso the Magnanimous*, p.114.

10 Elisabeth Ward Swain, 'The wages of peace: The *condotte* of Ludovico Gonzaga, 1436–1478', *Renaissance Studies*, 3 (1989), 445 n.7.

11 Ryder, *Alfonso the Magnanimous*, p.208.

12 Ibid., pp.207–8.

13 condottieridiventura.it (Francesco Sforza).

14 Raymond de Roover, *The Rise and Decline of the Medici Bank 1397–1494* (Washington DC, 1999), pp.56, 59.

15 A. F. C. Ryder, 'The evolution of imperial government in Naples under Alfonso V of Aragon', in J. Hale, R. Highfield and B. Smalley (eds.), *Europe in the Late Middle Ages* (London, 1965), pp.351–2.

16 Denis Mack Smith, *A History of Sicily. Medieval Sicily 800–1713* (London, 1969), p.96; Luke Syson and Dillian Gordon, *Pisanello. Painter to the Renaissance Court* (London, 2001), p.241 n.74.

17 Ryder, *Kingdom of Naples*, p.275.

18 Ibid., p.47.

19 On Sforza's campaign, see Peter Blastenbrei, 'The soldier and his cardinal: Francesco Sforza and Nicolò Acciapacci, 1438–1444', *Renaissance Studies*, 3 (1989), pp.291–3.

20 Bentley, *Politics and Culture*, pp.13, 141–2.

21 Ryder, *Kingdom of Naples*, pp.284–5.

22 George L. Hersey, *The Aragonese Arch at Naples 1443–1475* (New Haven and London, 1973), pp.63–4.

23 Fulvio delle Donne, 'Il trionfo, l'incoronazione mancata, la celebrazione letteraria: I paradigmi della propaganda di

Alfonso il Magnanimo',
Archivio Storico Italiano, 169
(2011), pp.462–70.

24　Ryder, *Kingdom of Naples*,
pp.359–61; Dizionario
Biografico degli Italiani [DBI],
'Alfonso V d'Aragona, re di
Napoli'.

25　Francesco di Giorgio, *Trattati*,
ed. C. Maltese, 2 vols (Milan,
1967), 1:3.

26　Joanna Woods-Marsden,
'Images of castles in the
Renaissance: Symbols of
"signoria", symbols of tyranny',
Art Journal, 48 (1989), p.133; R.
Filangieri, 'Rassegna critica
delle fonti per la storia di Castel
Nuovo', *Archivio Storico per le
Provincie Napoletane*, 62 (1937),
pp.23–4.

27　On the arch, see Hersey, *The
Aragonese Arch*, passim.

28　Filangieri, 'Rassegna critica',
4:83 doc.7.

29　Ibid., 4:22–30; Ryder, *Alfonso
the Magnanimous*, p.344 and
n.191.

30　Filangieri, 'Rassegna critica',
1:10.

31　Ibid., 1:10–11.

32　Ibid., 4:83 doc.7.

33　Ibid., 1:18–20

34　Allan W. Atlas, *Music at the
Aragonese Court of Naples*
(Cambridge, 1985), p.101.

35　Filangieri, 'Rassegna critica',
4:77–8.

36　Ibid., 4:43.

37　Ryder, *Kingdom of Naples*, p.76
nn. 145, 188; Constantin
Marinesco, 'Les affaires
commerciales en Flandre
d'Alphonse V d'Aragon, roi de
Naples (1416–1458)', *Revue
historique*, 221 (1959), p.37.

38　H. Kervyn de Lettenhove, *La
Toison d'Or* (Brussels, 1907),
p.103.

39　Marinesco, 'Les affaires
commerciales', pp.38, 45–7.

40　Ryder, *Kingdom of Naples*, p.70,
nn. 97–100; Ryder, *Alfonso the
Magnanimous*, 347.

41　Bentley, *Politics and Culture*,
pp.56–9; Ryder, *Kingdom of
Naples*, p.78.

42　Serena Romano, 'Patrons and
painting from the Angevins to
the Spanish Habsburgs', in
Marcia B. Hall and Thomas
Willette (eds.), *Naples*
(Cambridge, 2017), p.194.

43　Woods-Marsden, 'Art and
political identity in fifteenth-
century Naples: Pisanello,
Cristoforo di Geremia, and
King Alfonso's imperial
fantasies', in Charles M.
Rosenberg (ed.), *Art and Politics
in Late Medieval and Early
Renaissance Italy, 1250–1500*
(Notre Dame and London,
1990), p.13.

44　Syson and Gordon, *Pisanello*,
p.38.

45　Woods-Marsden, 'Art and
political identity', passim; Syson
and Gordon, *Pisanello*,
pp.123–30.

46　Ryder, *Kingdom of Naples*,
pp.55–7.

47　Ibid., pp.73–4.

48　Ibid., p.190.

49　Atlas, *Music at the Aragonese
Court*, pp.32–3.

50　Ryder, *Kingdom of Naples*,
pp.57–8.

51　Ibid., p.52 n.100.

52　Bentley, *Politics and Culture*,
p.10.

53　Ibid., pp.52, 89.

54　Ibid., p.47.

55　Paul Botley, 'Giannozzo
Manetti, Alfonso of Aragon and
Pompey the Great: A crusading
document of 1455', *Journal of the
Warburg and Courtauld
Institutes*, 67 (2004), pp.136–7.

56　Bentley, *Politics and Culture*,
pp.56–9.

57　A. F. C. Ryder, 'Antonio
Beccadelli: A humanist in
government', in Cecil H.
Clough (ed.), *Cultural Aspects of
the Italian Renaissance. Essays in
Honour of Paul Oskar Kristeller*
(Manchester and New York,
1976), passim; Bentley, *Politics
and Culture*, pp.84–95.

58　Bentley, *Politics and Culture*,
pp.224–8.

59　Ibid., p.60; Ryder, *Kingdom of
Naples*, p.81.

60　Bentley, *Politics and Culture*,
pp.108–22.

61　Ibid., pp.228–32.

62　Ibid., pp.113–20.

63　A. F. C. Ryder, 'La politica
italiana di Alfonso d'Aragona
(1442–1458),' *Archivio Storico per
le Provincie Napoletane*, 38
(1958), pp.52–3.

64　Quoted in Ryder, *Kingdom of
Naples*, pp.28–9.

65　Ryder, 'La politica italiana',
p.56.

66　David S. Chambers, *Popes,
Cardinals and War. The Military
Church in Renaissance and Early
Modern Europe* (London and
New York, 2006), pp.45–6.

67　On the campaign, see Ryder, 'La
politica italiana', pp.58–61.

68　Vespasiano, *Memoirs*, p.70.

69　Ryder, 'La politica italiana',
pp.59–60; Michael Mallett,
Mercenaries and their Masters
(London, 1974), pp.204, 272.

70　Ryder, *Kingdom of Naples*, p.174.

71　Ryder, 'La politica italiana',
p.62.

72　Ibid., pp.70–1.

73　Piccolomini, *Secret Memoirs*,
p.45.

74　Lauro Martines, *Power and
Imagination* (London, 1979),
pp.190–201.

75　Evelyn Samuels Welch, 'Women as patrons and clients on the courts of Quattrocento Italy', in Letizia Panizza (ed.), *Women in Italian Renaissance Culture and Society* (Oxford, 2000), p.25.

76　Diana Robin, *Filelfo in Milan* (Princeton, 1991), p.65 n.43.

77　Machiavelli, *Tutti l'opere di Niccolò Machiavelli*, 3 vols (London, 1772), 1:217.

78　Robin, *Filelfo in Milan*, p.87 n.26.

79　Daniel M. Bueno de Mesquita, 'The privy council in the government of the Dukes of Milan', in *Florence and Milan: Comparisons and Relations* (Florence, 1989), p.139.

80　Federico Piseri, '*Filius et servitor*. Evolution of dynastic consciousness in the titles and subscriptions of the Sforza princes' familiar letters', *The Court Historian*, 22 (2017), pp.173–6.

81　Evelyn Samuels Welch, 'Galeazzo Maria Sforza and the Castello di Pavia, 1469', *Art Bulletin*, 71 (1989), p.362.

82　Vincent Ilardi, 'The banker-statesman and the condottiere prince: Cosimo de' Medici and Francesco Sforza (1450–1464)', in *Florence and Milan: Comparisons and Relations* (Florence, 1989), p.229.

83　Piccolomini, *Secret Memoirs*, p.110.

84　Ilardi, 'The banker-statesman', p.229.

85　Gary, Ianziti, 'A humanist historian and his documents: Giovanni Simonetta, secretary to the Sforzas', *Renaissance Quarterly*, 34 (1981), pp.493–7.

86　Mallett, *Mercenaries and their Masters*, pp.91, 124–5; Evelyn Samuels Welch, 'The process of Sforza patronage', *Renaissance Studies*, 3 (1989), p.371.

87　Robin, *Filelfo in Milan*, p.57 n.6.

88　Gary Ianziti, 'The rise of Sforza historiography', in *Florence and Milan: Comparisons and Relations* (Florence, 1989), p.85.

89　Robin, *Filelfo in Milan*, p.62.

90　Ianziti, 'The rise of Sforza historiography', pp.89–92.

91　Robin, *Filelfo in Milan*, pp.78–9.

92　Ibid., p.46.

93　Ibid., p.11 n.4.

94　Marinesco, 'Les affaires commerciales', p.37.

95　Ludwig von Pastor, *The History of the Popes from the Close of the Middle Ages*, 29 vols (London, 1894–1951), 2:143–4.

96　Ryder, *Kingdom of Naples*, p.300.

97　Ibid., p.70; Atlas, *Music at the Aragonese Court*, pp.102–3.

98　Ryder, *Alfonso the Magnanimous*, pp.348–57.

99　Ibid., pp.397–8.

100　Ibid., p.397; Piccolomini, *Secret Memoirs*, pp.69–70.

101　Swain, 'The wages of peace', p.446.

102　Welch, 'Women as patrons', p.25; Robin, *Filelfo in Milan*, p.56.

103　Pastor, *History of the Popes*, 2:291.

104　Piccolomini, *Secret Memoirs*, p.72.

105　Pastor, *History of the Popes*, 2:552–53 doc.46.

106　Piccolomini, *Secret Memoirs*, p.89.

107　Piseri, '*Filius et servitor*' pp.176–8.

108　J. R. Spencer, *Filarete's Treatise on Architecture* (New Haven and London, 1965), ff. 7v–8r.

109　John Onians, *Bearers of Meaning* (Princeton, 1988), pp.165–70.

110　Ilardi, 'The banker-statesman', pp.231, 238 n.88.

111　Ibid., p.229.

2　骑士与人文主义者

1　Tuohy, *Herculean Ferrara*, p.4.

2　Werner L. Gundersheimer, *Ferrara. The Style of a Renaissance Despotism* (Princeton, 1973), p.77 n.17; Helen S. Ettlinger, 'Visibilis et invisibilis: The mistress in Italian Renaissance court society', *Renaissance Quarterly*, 47 (1994), pp.786–7.

3　Philippe de Commines, *Mémoires de Commines* (Paris, 1843), 7:2.

4　Gundersheimer, *Ferrara*, p.79.

5　Ibid., p.86.

6　Charles M. Rosenberg, *The Este Monuments and Urban Development in Renaissance Ferrara* (Cambridge, 1997), p.52.

7　Elena Corradini, 'Medallic portraits of the Este: Effigies *ad vivum expressae*', in Nicholas Mann and Luke Syson (eds), *The Image of the Individual* (London, 1998), pp.27, 195 n.40.

8　Gundersheimer, *Ferrara*, p.95.

9　Marianne Pade, 'Guarino and Caesar at the court of the Este', in Marianne Pade, Lene Waage Petersen and Daniela Quarta (eds), *La corte di Ferrara e il suo mecenatismo 1441–1598* (Copenhagen, 1990), pp.75, 77–8.

10　Gundersheimer, *Ferrara*, p.81.

11　Ryder, 'La politica italiana', p.55.

12　Gundersheimer, *Ferrara*, p.121.

13　Ibid., p.121 n.50.

14　Corradini, 'Medallic portraits of the Este', p.25; Syson and Gordon, *Pisanello*, p.87.

15　Corradini, 'Medallic portraits of the Este', pp.23, 193 n.7.

16　Ibid., p.25.

17　Syson and Gordon, *Pisanello*, p.123.

18　Lewis Lockwood, *Music in Renaissance Ferrara 1400–1505* (Oxford, 1984), pp.44–5.

19　Gundersheimer, *Ferrara*, p.102.

20　Ibid., p.106.

21　Ibid., p.95.

22　Tuohy, *Herculean Ferrara*, p.7.

23　Michael Baxandall, 'A dialogue on art from the court of Leonello d'Este', *Journal of the Warburg and Courtauld Institutes*, 26 (1963), pp.304–26, 304.

24　Baxandall, 'A dialogue on art', p.316.

25　Nello Forti Grazzini, 'Gli arazzi di Ferrara nei secoli XV e XVI', in Jadranka Bentini (ed.), *Este a Ferrara. Una corte nel Rinascimentale* (Milan, 2004), pp.197–8.

26　Tuohy, *Herculean Ferrara*, pp.312, 363.

27　Michael Baxandall, 'Guarino, Pisanello and Manuel Chrysoloras', *Journal of the Warburg and Courtauld Institutes*, 28 (1965), pp.186–7.

28　Baxandall, 'A dialogue on art', p.309.

29　Franco Borsi, *Leon Battista Alberti* (Milan, 1973), p.20.

30　Syson and Gordon, *Pisanello*, p.112.

31　Colin Eisler, 'A portrait of L. B. Alberti', *Burlington Magazine*, 116 (1974), p.530.

32　Rosenberg, *The Este Monuments*, p.208 n.28.

33　James Dennistoun, *Memoirs of the Dukes of Urbino* (London, 1851), 1:85.

34　Maria Grazia Pernis and Laurie Schneider Adams, *Federico da Montefeltro and Sigismondo Malatesta* (New York and Washington DC, 1996), p.28.

35　Pernis and Schneider, *Federico da Montefeltro*, p.29.

36　Dennistoun, *Memoirs of the Dukes of Urbino*, 1:78–9.

37　Philip J. Jones, 'The end of Malatesta rule in Rimini', in E. F. Jacob (ed.), *Italian Renaissance Studies* (London, 1960), p.231.

38　Cecil H. Clough, 'Federico da Montefeltro and the Kings of Naples: A study in fifteenth-century survival', *Renaissance Studies*, 6 (1992), p.116.

39　Ryder, *Kingdom of Naples*, p.262.

40　Ibid., pp.269, 276, 279.

41　Mallett, *Mercenaries and their Masters*, p.196.

42　Ettlinger, 'Visibilis et invisibilis', pp.773–4 and passim.

43　Pernis and Schneider, *Federico da Montefeltro*, p.13.

44　Joanna Woods-Marsden, 'How quattrocento princes used art: Sigismondo Pandolfo Malatesta of Rimini and *cose militare*', *Renaissance Studies*, 3 (1989), pp.389, 390 n.12.

45　Woods-Marsden, 'Images of castles', p.131.

46　Woods-Marsden, 'How quattrocento princes used art', p.395.

47　Syson and Gordon, *Pisanello*, p.224.

48　Ibid., pp.35, 64.

49　Cecil H. Clough, 'Federigo da Montefeltro's Artistic Patronage', *Journal of the Royal Society of Arts*, 126 (1978), pp.721–2.

50　Woods-Marsden, 'How quattrocento princes used art', pp.400–1.

51　Pernis and Schneider, *Federico da Montefeltro*, p.163; Piccolomini, *Secret Memoirs*, p.104.

52　Woods-Marsden, 'Images of castles', pp.132–3.

53　Kristen Lippincott, 'The neo-Latin historical epics of the north Italian courts: An examination of "courtly culture" in the fifteenth century', *Renaissance Studies*, 3 (1989), p.419.

54　Charles Hope, 'The early history of the Tempio Malatestiano', *Journal of the Warburg and Courtauld Institutes*, 55 (1992), pp.58–9.

55　Maria Rzepińska, 'The peculiar greyhounds of Sigismondo Malatesta. An attempt to interpret the fresco of Piero della Francesca in Rimini', *L'Arte*, 13 (1971).

56　Hope, 'The early history of the Tempio Malatestiano', p.66.

57　Henry A. Millon and Vittorio Magnago Lampugnani (eds.), *The Renaissance from Brunelleschi to Michelangelo. The Representation of Architecture* (London, 1994), p.485 cat. 98.

58　Piccolomini, *Secret Memoirs*, p.104.

59　Hope, 'The early history of the Tempio Malatestiano', p.52 n.5.

60　Onians, *Bearers of Meaning*, p.127.

61　Hope, 'The early history of the Tempio Malatestiano', p.86.

62　Woods-Marsden, 'Images of castles', pp.132, 136 n.27.

63　Piccolomini, *Secret Memoirs*, p.104.

64　Ettlinger, 'Visibilis et invisibilis', p.777.

65　Piccolomini, *Secret Memoirs*, p.178.

66　Pastor, *History of the Popes*, 3:117.

67　David S. Chambers, 'The housing problems of Cardinal Francesco Gonzaga', *Journal of the Warburg and Courtauld Institutes*, 39 (1976), p.44 doc.5.

68　Pastor, *History of the Popes*, 3:125.

69　Ibid., 3:120, 126.

70　Antonia Gatward Cevizli, 'Mehmed II, Malatesta and Matteo de' Pasti: A match of mutual benefit between the "Terrible Turk" and a "Citizen of Hell"', *Renaissance Studies*, 31 (2017).

71　Mallett, *Mercenaries and their Masters*, p.89.

72　Gundersheimer, *Ferrara*, p.126.

3　以家族为重的人

1　Piccolomini, *Secret Memoirs*, p.110.

2　Virgil, *Georgics*, III.12.

3　Anthony B. Cashman III, 'The problem of audience in Mantua: Understanding ritual efficacy in an Italian Renaissance princely state', *Renaissance Studies*, 16 (2002), pp.359, 361–2.

4　Molly Bourne, 'The art of diplomacy: Mantua and the Gonzaga, 1328–1630', in Charles M. Rosenberg (ed.), *The Court Cities of Northern Italy* (Cambridge, 2010), p.150.

5　D. S. Chambers and Jane Martineau, *Splendours of the Gonzaga* (London, 1981), p.110 cat. 16.

6　Pernis and Schneider, *Federico da Montefeltro*, p.123 n.75.

7　David S. Chambers, 'An unknown letter by Vittorino da Feltre', *Journal of the Warburg and Courtauld Institutes*, 52 (1989), p.220.

8　Welch, 'Women as patrons', p.21.

9　Swain, 'The wages of peace', p.445.

10　B. L. Brown, 'The patronage and building history of the tribune of SS. Annunziata in Florence', *Mitteilungen des Kunsthistorisches Institutes in Florenz*, 25 (1981).

11　Swain, 'The wages of peace', p.452 n.27.

12　Ibid., p.443.

13　Ibid., p.442.

14　DBI, 'Ludovico III Gonzaga, marchese di Mantova'.

15　Swain, 'The wages of peace', pp.445, 451.

16　Ibid., pp.447–8.

17　Piccolomini, *Secret Memoirs*, p.115.

18　Ibid., p.29.

19　Ibid., pp.114–15.

20　Borsi, *Leon Battista Alberti*, p.142.

21　Pastor, *History of the Popes*, 3:62 n.

22　Piccolomini, *Secret Memoirs*, p.126.

23　Pastor, *History of the Popes*, 3:75 n.

24　Piccolomini, *Secret Memoirs*, p.117.

25　Corinna Vasić Vatovec, *Luca Fancelli architetto: epistolario gonzaghesco* (Florence, 1979), pp.87–8.

26　David S. Chambers, 'Cardinal Francesco Gonzaga in Florence', in Peter Denley and Caroline Elam (eds), *Florence and Italy* (London, 1988), p.242.

27　David S. Chambers, *A Renaissance Cardinal and his Worldly Goods* (London, 1992), p.50 and n.3.

28　David S. Chambers, 'Virtù militare del Cardinale Francesco Gonzaga', in Carlo Marco Belfanti et al. (eds), *Guerri, stati e città: Mantova e l'Italia Padana dal secolo XIII al XIX* (Mantua, 1988), p.215 and n.2.

29　Chambers, 'Cardinal Francesco Gonzaga in Florence', pp.253–58 doc.7.

30　Howard Burns, 'The Gonzaga and Renaissance Architecture', in David Chambers and Jane Martineau (eds), *Splendours of the Gonzaga* (London, 1981), p.28.

31　Mary Hollingsworth, 'Alberti: A courtier and his patrons', in Cesare Mozzarelli, Robert Oresko and Leandro Venturi (eds), *La Corte di Mantova nell'età di Andrea Mantegna* (Rome, 1997), passim.

32　Borsi, *Leon Battista Alberti*, p.142.

33　Vasić Vatovec, *Luca Fancelli architetto*, p.86 (27 February 1460); on the Virgilio, see Burns, 'The Gonzaga and Renaissance Architecture', p.29 and n.17.

34　David S. Chambers, 'Sant'Andrea at Mantua and Gonzaga Patronage 1460–72', *Journal of the Warburg and Courtauld Institutes*, 40 (1977), p.103.

35　Chambers, 'Sant'Andrea at Mantua', pp.100–9.

36　Borsi, *Leon Battista Alberti*, p.154.

37　Ibid., p.149.

38　Vasić Vatovec, *Luca Fancelli architetto*, p.91 (27 December 1463).

39　Ibid., p.135 (2 August 1475).

40　Borsi, *Leon Battista Alberti*, p.163.

41　Ibid., p.163.

42　Vasić Vatovec, *Luca Fancelli architetto*, p.97.

43 Bourne, 'The art of diplomacy', p.152; Syson and Gordon, *Pisanello*, pp.116–17.

44 Rodolfo Signorini, 'Acquisitions for Ludovico II Gonzaga's library', *Journal of the Warburg and Courtauld Institutes*, 44 (1981), p.181.

45 Vasić Vatovec, *Luca Fancelli architetto*, p.181.

46 Ibid., p.180.

47 Bourne, 'The art of diplomacy', p.158; Chambers, 'Sant'Andrea at Mantua', p.101 n.13.

48 Rodolfo Signorini, 'A dog named Rubino', *Journal of the Warburg and Courtauld Institutes*, 41 (1978), passim.

49 Chambers and Martineau, *Splendours of the Gonzaga*, pp.118–21 cat. 29.

50 Swain, 'The wages of peace', pp.448–9.

51 Ibid., pp.449–50.

52 Chambers, *Renaissance Cardinal*, p.23 n.156.

53 David S. Chambers, 'A Condottiere and his books: Gianfrancesco Gonzaga (1446–96)', *Journal of the Warburg and Courtauld Institutes*, 70 (2007), p.37 n.24.

54 Molly Bourne, *Francesco II Gonzaga. The Soldier-Prince as Patron* (Rome, 2008), p.30 n.2.

55 Chambers, *Renaissance Cardinal*, p.20 n.133.

56 Chambers, 'The housing problems of Cardinal Francesco Gonzaga', pp.22–3.

57 Chambers, *Renaissance Cardinal*, p.14.

58 David S. Chambers, 'Bartolomeo Marasca, master of Cardinal Gonzaga's household (1462–1469)', *Aevum*, 63 (1989), pp.275–6.

59 Chambers, *Renaissance Cardinal*, p.6.

60 Chambers, 'Virtù militare del Cardinale Francesco Gonzaga', p.215.

61 Chambers, *Renaissance Cardinal*, pp.7, 9.

62 Chambers, 'Sant'Andrea at Mantua', pp.110, 124–5 doc.18.

63 Ibid., p.111.

64 Vasić Vatovec, *Luca Fancelli architetto*, pp.119–20.

65 Ibid., p.120.

66 Chambers, *Renaissance Cardinal*, p.76 n.211.

67 Chambers, 'Sant'Andrea at Mantua', pp.111, 126 doc.21.

68 Chambers, 'Cardinal Francesco Gonzaga in Florence', p.23.

69 Chambers, 'Sant'Andrea at Mantua', pp.113–14 and doc.23.

70 Chambers, *Renaissance Cardinal*, p.24.

71 Ibid., pp.105–10.

72 Ibid., pp.60–4.

73 Ibid., pp.37 n.7, 78 n.221.

74 Ibid., p.78 n.223.

75 Ibid., pp.115–16.

4 阴谋与贪婪

1 Janet Ross, *Lives of the Early Medici as Told in Their Correspondence* (London, 1910), pp.205–7.

2 Cecil H. Clough, 'Federigo da Montefeltro: The good Christian prince', *Bulletin of the John Rylands University Library of Manchester*, 67 (1984), p.327; Dennistoun, *Memoirs of the Dukes of Urbino*, 1:51.

3 Clough, 'Federico da Montefeltro and the Kings of Naples', p.162.

4 Pernis and Schneider, *Federico da Montefeltro*, pp.14–15; C. W. Westfall, 'Chivalric declaration: The Palazzo Ducale in Urbino as a political statement', in H. Millon and L. Nochlin (eds), *Art and Architecture in the Service of Politics* (Cambridge, MA, 1978), p.22.

5 Pernis and Schneider, *Federico da Montefeltro*, p.29.

6 Clough, 'Federico da Montefeltro and the Kings of Naples', pp.158–9.

7 Ibid., p.119.

8 Ibid., p.118 n.27.

9 condottieridiventura.it (Federigo da Montefeltro).

10 Ryder, *Kingdom of Naples*, p.265.

11 Clough, 'Federico da Montefeltro and the Kings of Naples', pp.122–3.

12 DBI, 'Ferdinando I d'Aragona, re di Napoli'.

13 Carol M. Richardson, 'Francesco Todeschini Piccolomini (1439–1503), Sant'Eustachio and the Consorteria Piccolomini', in Mary Hollingsworth and Carol M. Richardson (eds), *The Possessions of the Cardinal. Politics, Piety and Art 1450–1700* (University Park, 2010), p.46.

14 Pastor, *History of the Popes*, 3:104–05.

15 Ibid., 3:149–50.

16 Clough, 'Federico da Montefeltro and the Kings of Naples', p.132 n.81.

17 Ibid., p.129.

18 DBI, 'Ferdinando I d'Aragona, re di Napoli'.

19 Pastor, *History of the Popes*, 3:338.

20 Filangieri, 'Rassegna critica', 4:30–1.

21 Ibid., 2:68–9; Hersey, *The Aragonese Arch*, p.77.

22 Hersey, *The Aragonese Arch*, pp.42–4.

23 Ibid., p.41.

24　Bentley, *Politics and Culture*, pp.62–3.

25　Atlas, *Music at the Aragonese Court*, p.73.

26　Ibid., p.52.

27　Bentley, *Politics and Culture*, p.77.

28　Ibid., p.99.

29　Ibid., pp.127–30.

30　Giovanni Pontano, 'Ioannis Ioviani Pontani to Chariteo: On splendour', *Journal of Design History*, 15 (2002), p.227.

31　Clough, 'Federico da Montefeltro and the Kings of Naples', p.116.

32　Vespasiano, *Memoirs*, pp.108–9.

33　Ryder, *Kingdom of Naples*, pp.73–74 and n.122.

34　Michael Mallett, 'Diplomacy and war in later fifteenth-century Italy', in Gian Carlo Garfagnini (ed.), *Lorenzo de' Medici. Studi* (Florence, 1992), p.249.

35　Sabine Eiche (ed.), *Ordine et officii de casa de lo illustrissimo Signor Duca de Urbino* (Urbino, 1999), pp.98–101.

36　Luciano Cheles, *The Studiolo of Urbino: An Iconographic Investigation* (Wiesbaden, 1986), p.10.

37　Dennistoun, *Memoirs of the Dukes of Urbino*, 1:131.

38　Ibid., 1:132–3.

39　Clough, 'Federico da Montefeltro and the Kings of Naples', p.148.

40　P. Rotondi, *The Ducal Palace at Urbino*, 2 vols (London, 1950), 1:109; Martines, *Power and Imagination*, p.310.

41　Martines, *Power and Imagination*, p.310.

42　Clough, 'Federigo da Montefeltro's Artistic Patronage', pp.8–10.

43　Cecil H. Clough, 'The library of the Dukes of Urbino', *Librarium*, 9 (1966), p.102; Vespasiano, *Memoirs*, pp.102–4.

44　Pastor, *History of the Popes*, 4:214 n.

45　C. Corvisieri, 'Il trionfo romano di Eleonora d'Aragona nel Giugno del 1473', *Archivio della Società Romana per la Storia Patria*, 1 (1878), 2:653.

46　Corvisieri, 'Il trionfo romano di Eleonora d'Aragona', 2:648–52.

47　Welch, 'Women as patrons', p.20.

48　Pastor, *History of the Popes*, 4:254.

49　Ibid., 4:247–48 n.

50　Egmont Lee, *Sixtus IV and Men of Letters* (Rome, 1978), pp.32–3 n.90, 147–8 n.108.

51　Jacqueline Marie Musacchio, *The Art and Ritual of Childbirth in Renaissance Italy* (New Haven and London, 1999), p.21.

52　Clough, 'The library of the Dukes of Urbino', p.102.

53　Alison Wright, 'The myth of Hercules', in Gian Carlo Garfagnini (ed.), *Lorenzo il Magnifico e il suo mondo* (Florence, 1994), p.332; F. W. Kent, *Lorenzo de' Medici and the Art of Magnificence* (Baltimore and London, 2004), pp.50–1.

54　Pastor, *History of the Popes*, 4:249–50.

55　Ibid., 4:261.

56　Charles M.Rosenberg, 'The double portrait of Federigo and Guidobaldo da Montefeltro: Power, wisdom and dynasty', in Giorgio Cerboni Baiardi, Giorgio Chittolini, and Piero Floriani (eds.), *Federigo di Montefeltro: Le Arti* (Rome, 1986), passim.

57　Lauro Martines, *April Blood* (London, 2003), p.103.

58　Ibid., p.104.

59　Pastor, *History of the Popes*, 4:279.

60　Martines, *April Blood*, p.100.

61　Pastor, *History of the Popes*, 4:290.

62　Martines, *April Blood*, p.152.

63　Ibid., p.153.

64　Ibid., p.155.

65　Riccardo Fubini, 'Federico da Montefeltro e la congiura dei Pazzi: politica e propaganda alla luce di nuovi documenti', in Giorgio Cerboni Baiardi, Giorgio Chittolini and Piero Floriani (eds), *Federico di Montefeltro. Lo stato. Le arti. La cultura* (Rome, 1986), pp.462–6 doc.5.

66　Marcello Simonetta, 'Federico da Montefeltro contro Firenze: Retroscena inediti della congiura dei Pazzi', *Archivio Storico Italiano*, 161 (2003), p.270 n.22.

67　Ibid., p.265 n.9.

68　Ibid., pp.264–7.

69　Ibid., p.266.

70　Ibid., p.270 n.22.

71　Dennistoun, *Memoirs of the Dukes of Urbino*, 1:236.

72　A. S. Weller, *Francesco di Giorgio 1439–1501* (Chicago, 1943), p.347 doc.23; George L. Hersey, *Alfonso II and the Artistic Renewal of Naples 1485–95* (New Haven and London, 1969), p.73.

73　Pastor, *History of the Popes*, 4:334; Bentley, *Politics and Culture*, p.29.

74　Bentley, *Politics and Culture*, p.66.

75　Pastor, *History of the Popes*, 4:335.

76　Chambers, *Popes, Cardinals and War*, p.78.

77　Martines, *April Blood*, p.7.

78 Mallett, 'Diplomacy and war in later fifteenth-century Italy', p.247.

79 Ibid., p.248.

80 Clough, 'Federigo da Montefeltro: The good Christian prince', pp.294–300.

81 On the commission for the church and altarpiece, see Clough, 'Federigo da Montefeltro: The good Christian prince', pp.317–22.

82 Clough, 'Federico da Montefeltro and the Kings of Naples', p.160.

83 Bentley, Politics and Culture, pp.32–3; Hersey, Alfonso II and the Artistic Renewal of Naples, p.4.

84 Hersey, Alfonso II and the Artistic Renewal of Naples, p.23 n.22.

85 Hersey, Alfonso II and the Artistic Renewal of Naples, pp.71–2.

86 Ibid., p.77.

87 Johannes Burchard, Liber Notarum, abridged in Dans le Secret des Borgia (Paris, 2003), p.99.

88 Bernardino Zambotti, Diario ferrarese dal anno 1476 sino al 1504, in Rerum Italicarum Scriptores, new series, vol.24 pt.7 (Bologna, 1928), p.231.

89 Alessandro Benedetti, Diario de bello Carolino, ed. and trans. Dorothy M. Schullian (New York, 1967), p.67.

5 蝮蛇之巢

1 Cecilia M. Ady, A History of Milan under the Sforza (London, 1907), p.114.

2 Ibid., p.121.

3 Ibid., p.124.

4 Burchard, Liber Notarum, p.48.

5 Elizabeth McGrath, 'Ludovico il Moro and his Moors', Journal of the Warburg and Courtauld Institutes, 65 (2002), passim.

6 Paolo Giovio, Notable Men and Women of our Time, trans. Kenneth Gouwens (Cambridge, MA, 2013), p.141.

7 DBI, 'Ascanio Maria Sforza'.

8 Marco Pellegrini, Ascanio Maria Sforza: La parabola politica di un cardinale-principe del Rinascimento (Rome, 2002), p.137.

9 Jill Pederson, 'Henrico Boscano's Isola beata: New evidence for the Academia Leonardi Vinci in Renaissance Milan', Renaissance Studies, 22 (2008).

10 Ianziti, 'The rise of Sforza historiography', p.80; McGrath, 'Ludovico il Moro and his Moors', p.75.

11 Richard Schofield, 'Leonardo's Milanese architecture: Career, sources and graphic techniques', Achademia Leonardi Vinci, 4 (1991), p.114.

12 Ibid., pp.113–16.

13 Evelyn Samuels Welch, Art and Authority in Renaissance Milan (New Haven and London, 1995), p.177.

14 Richard Schofield, 'Ludovico il Moro and Vigevano', Arte Lombarda, 62 (1986), pp.116–17.

15 Richard Schofield, 'Florentine and Roman elements in Bramante's Milanese architecture', in Florence and Milan: Comparisons and Relations (Florence, 1989), p.213.

16 Schofield, 'Ludovico il Moro', p.103.

17 Ibid., pp.96–7.

18 Ibid., p.118.

19 Richard Schofield, 'A humanist description of the architecture for the wedding of Hian Galeazzo Sforza and Isabella

d'Aragona (1489)', Papers of the British School in Rome, 56 (1988), pp.217–18.

20 Julian Kliemann, Gesta Dipinte: la grande decorazione nelle dimore italiane dal Quattrocento al Seicento (Milan, 1993), p.13.

21 McGrath, 'Ludovico il Moro and his Moors', p.71 n.15.

22 Schofield, 'A humanist description', pp.215, 230.

23 Matteo Duni, 'Impotence, witchcraft and politics: A Renaissance case', in Sara F. Matthews-Grieco (ed.), Cuckoldry, Impotence and Adultery in Europe (15th-17th Century) (Farnham, 2014), p.85; on the dowry, see DBI, 'Isabella d'Aragona, duchessa di Milano'.

24 Kate Trauman Steinitz, 'The voyage of Isabella of Aragon: from Naples to Milan, January 1489', Bibliothèque d'Humanisme et Renaissance, 23 (1961), p.22.

25 Duni, 'Impotence, witchcraft and politics', p.86.

26 Ibid., pp.85–6.

27 Meredith K.Ray, 'Impotence and corruption: Sexual function and dysfunction in Early Modern books of secrets', in Sara F. Matthews-Grieco (ed.), Cuckoldry, Impotence and Adultery in Europe (15th- 17th Century) (Farnham, 2014), pp.129–31.

28 Duni, 'Impotence, witchcraft and politics', p.86.

29 Ibid., p.92.

30 Ibid., pp.92–3.

31 Welch, 'Women as patrons', pp.22, 31 n.16.

32 McGrath, 'Ludovico il Moro and his Moors', p.72.

33 Welch, Art and Authority in Renaissance Milan, pp.223–35.

34　Jacqueline Marie Musacchio, 'Weasels and pregnancy in Renaissance Italy', *Renaissance Studies*, 15 (2001), pp.173–5.

35　Pellegrini, *Ascanio Maria Sforza*, p.403; Martines, *Power and Imagination*, p.310.

36　Pellegrini, *Ascanio Maria Sforza*, p.39.

37　Pastor, *History of the Popes*, 5:285 n.

38　Francesco Guicciardini, *Storia d'Italia*, 6 vols (Rome, 1967), 1:2.

39　Pastor, *History of the Popes*, 5:532–33 doc.8.

40　Ibid., 5:380.

41　Burchard, *Liber Notarum*, pp.42–3.

42　Ibid., p.55.

43　Welch, *Art and Authority in Renaissance Milan*, pp.225–7.

44　Cecilia M. Ady, 'Morals and manners of the Quattrocento', in George Holmes (ed.), *Art and Politics in Renaissance Italy* (Oxford, 1993), pp.5–6.

45　Rachel Erlanger, *Lucrezia Borgia* (London, 1978), p.36.

46　Burchard, *Liber Notarum*, p.96.

47　Ady, *A History of Milan under the Sforza*, p.145.

48　Francesco Guicciardini, *Storie Fiorentine* (Milan, 1998), pp.189–90.

49　Pastor, *History of the Popes*, 5:409–10.

50　Ibid., 5:415 n.

51　A. Luzio and R. Renier, 'Delle relazioni di Isabella d'Este Gonzaga con Ludovico e Beatrice Sforza', *Archivio Storico Lombardo*, 17 (1890).

52　Martines, *Power and Imagination*, p.312.

53　Ady, *A History of Milan under the Sforza*, p.149.

54　DBI, 'Ascanio Maria Sforza'.

55　Burchard, *Liber Notarum*, p.106.

56　Pastor, *History of the Popes*, 5:424.

57　Pellegrini, *Ascanio Maria Sforza*, p.532.

58　Ibid., p.532.

59　Giovio, *Notable Men and Women of our Time*, p.55.

60　Commines, *Mémoires*, 7:6.

61　Duni, 'Impotence, witchcraft and politics', p.95.

62　Benedetti, *Diario de bello Carolino*, p.206 n.31.

63　Burchard, *Liber Notarum*, p.136.

64　Pastor, *History of the Popes*, 5:450.

65　Benedetti, *Diario de bello Carolino*, p.67.

66　Pastor, *History of the Popes*, 5:479–80.

67　Guicciardini, *Storia d'Italia*, 1:11.

68　Michael Mallett and Christine Shaw, *The Italian Wars 1494–1559* (Oxford, 2012), p.182.

69　J. R. Hale, 'War and public opinion in Renaissance Italy', in E. F. Jacob (ed.), *Italian Renaissance Studies* (London, 1960), p.95.

70　Guicciardini, *Storia d'Italia*, 2:13.

71　Burchard, *Liber Notarum*, pp.243, 284, 304.

72　Ibid., p.227.

73　Luzio and Renier, 'Delle relazioni di Isabella d'Este Gonzaga'.

74　Daniel M. Bueno de Mesquita, 'The Conscience of the Prince', in George Holmes (ed.), *Art and Politics in Renaissance Italy* (Oxford, 1993), p.164.

75　Welch, *Art and Authority in Renaissance Milan*, p.222.

76　Pastor, *History of the Popes*, 5:501.

77　Ibid., 5:498–9.

78　Marco Pellegrini, 'A turning-point in the history of the factional system in the Sacred College: The power of the pope and cardinals in the age of Alexander VI', in Gianvittorio Signorotto and Maria Antonietta Visceglia (eds), *Court and Politics in Papal Rome 1492–1700* (Cambridge, 2002), p.22.

79　Burchard, *Liber Notarum*, p.240.

80　Pastor, *History of the Popes*, 5:520.

81　Welch, *Art and Authority in Renaissance Milan*, p.222.

82　Pastor, *History of the Popes*, 6:63.

83　Sarah Cockram, 'Interspecies understanding: Exotic animals and their handlers at the Italian Renaissance court', *Renaissance Studies*, 31 (2017), p.284.

84　Burchard, *Liber Notarum*, p.338.

85　Ibid., p.441.

6　幸存者

1　Zambotti, *Diario ferrarese*, p.314.

2　Tuohy, *Herculean Ferrara*, pp.243, 245.

3　Bourne, *Francesco II Gonzaga*, p.34; Evelyn Samuels Welch, *Shopping in the Renaissance* (New Haven and London, 2005), pp.253–4.

4　A. Luzio and R. Renier, *Mantova e Urbino, Isabella d'Este ed Elisabetta Gonzaga nelle relazione famigliare, e nelle vicende politiche* (Turin, 1893), p.70 n.1.

5　Carolyn James, 'Marriage by correspondence: Politics and domesticity in the letters of Isabella d'Este and Francesco Gonzaga, 1490–1519', *Renaissance Quarterly*, 65 (2012), p.332 n.35.

6 Molly Bourne, 'Renaissance husbands and wives as patrons of art: The *Camerini* of Isabella d'Este and Francesco II Gonzaga', in Sheryl E. Reiss and David G. Wilkins (eds), *Beyond Isabella. Secular Women Patrons in Renaissance Italy* (Kirksville, 2001), p.94.

7 Zambotti, *Diario ferrarese*, pp.252–3.

8 Benedetti, *Diario de bello Carolino*, p.101.

9 Ibid., pp.85, 89; Zambotti, *Diario ferrarese*, p.253.

10 Benedetti, *Diario de bello Carolino*, p.107.

11 DBI, 'Francesco II Gonzaga, marchese di Mantova'.

12 DBI, 'Isabella d'Este, marchesa di Mantova'.

13 Creighton E.Gilbert, *Italian Art 1400–1500. Sources and Documents* (Eaglewood Cliffs, 1980), pp.135–6.

14 Welch, *Shopping in the Renaissance*, pp.256–7.

15 Tuohy, *Herculean Ferrara*, p.84; Cockram, 'Interspecies understanding', pp.282–4.

16 Musacchio, *The Art and Ritual of Childbirth*, p.39.

17 Clark.

18 Welch, *Shopping in the Renaissance*, p.250.

19 Ibid., p.251.

20 Ibid., p.260.

21 Ibid., p.247.

22 Pastor, *History of the Popes*, 6:109.

23 Diane Yvonne Ghirardo, 'Lucrezia Borgia as entrepreneur', *Renaissance Quarterly*, 61 (2008), p.59.

24 Tuohy, *Herculean Ferrara*, p.277.

25 Giulia Torello-Hill, 'The exegesis of Vitruvius and the creation of theatrical spaces in Renaissance Ferrara', *Renaissance Studies*, 29 (2014), p.230; Tuohy, *Herculean Ferrara*, pp.117–19.

26 Maria Serena Mazzi, 'La fame e la paura della fame', in Jadranka Bentini et al. (eds), *A tavola con il principe* (Ferrara, 1988), p.165.

27 Luzio and Renier, *Mantova e Urbino*, p.125.

28 William F.Prizer, 'Isabella d'Este and Lucrezia Borgia as patrons of music: The frottola at Mantua and Ferrara', *Journal of the American Musicological Society*, 38 (1985), p.5 n.14.

29 Evelyn Samuels Welch, 'Art on the edge: Hair and hands in Renaissance Italy', *Renaissance Studies*, 23 (2009), pp.245–7.

30 Zambotti, *Diario ferrarese*, p.324; Prizer, 'Isabella d'Este and Lucrezia Borgia', pp.5–7.

31 Shephard, Tim, 'Constructing Isabella d'Este's musical decorum in the visual sphere', *Renaissance Studies*, 25 (2011), pp.691–3.

32 Prizer, 'Isabella d'Este and Lucrezia Borgia', pp.11–14; see Welch, *Shopping in the Renaissance*, p.255 for a different interpretation.

33 Zambotti, *Diario ferrarese*, p.342.

34 Giovio, *Notable Men and Women of our Time*, pp.131–3.

35 Hale, 'War and public opinion in Renaissance Italy', p.98.

36 Giovanni Maria Zerbinati, *Croniche di Ferrara* (Ferrara, 1989), p.62.

37 Zambotti, *Diario ferrarese*, p.356 n.5.

38 Luzio and Renier, *Mantova e Urbino*, p.157.

39 Mallett and Shaw, *The Italian Wars*, p.82.

40 Zambotti, *Diario ferrarese*, p.287.

41 Chambers and Martineau, *Splendours of the Gonzaga*, p.147 cat. 75.

42 Bourne, 'The art of diplomacy', p.162.

43 David S. Chambers and Brian Pullan, *Venice. A Documentary History 1450–1630* (Oxford, 1992), pp.405–6.

44 Bourne, Molly, 'Towards the study of the Renaissance courts of the Gonzaga', *Quaderni di Palazzo Te*, 3 (1996), pp.80–1.

45 Bourne, 'Renaissance husbands and wives', p.108.

46 Gilbert, *Italian Art 1400–1500*, pp.140–1.

47 Bourne, 'Renaissance husbands and wives', pp.99, 116 n.26.

48 Ibid., p.103.

49 Ibid., p.108.

50 Shephard, 'Constructing Isabella d'Este's musical decorum', pp.699–701.

51 Bourne, 'Renaissance husbands and wives', pp.96–7.

52 C. M. Brown, '"Lo insaciabile desiderio nostro de cose antique": New documents on Isabella d'Este's collection of antiquities', in Cecil H. Clough (ed.), *Cultural Aspects of the Italian Renaissance: Essays in Honour of Paul Oskar Kristeller* (Manchester and New York, 1976), p.328.

53 Ibid., p.324.

54 Clark.

55 Brown, 'Lo insaciabile desiderio', passim.

56 Bourne, 'The art of diplomacy', pp.166–7.

57 David S. Chambers, 'The enigmatic eminence of Cardinal Sigismondo Gonzaga', *Renaissance Studies*, 16 (2002), pp.330, 333.

58　James, 'Marriage by correspondence', p.334.

59　Cashman, 'The problem of audience in Mantua', p.362.

60　Burchard, *Liber Notarum*, p.374.

61　Luzio and Renier, *Mantova e Urbino*, pp.193–5.

62　Cockram, 'Interspecies understanding', p.290.

63　Prizer, 'Isabella d'Este and Lucrezia Borgia', p.8.

64　Christine Shaw, *Julius II. The Warrior Pope* (Oxford, 1996), pp.258–9.

65　Ady, 'Morals and manners of the Quattrocento', p.13.

66　Pastor, *History of the Popes*, 6:342.

67　Luzio and Renier, *Mantova e Urbino*, p.206.

68　Pastor, *History of the Popes*, 6:339 n.

69　Guicciardini, *Storia d'Italia*, 2:9.

70　Zerbinati, *Croniche di Ferrara*, pp.104–5.

71　Chambers, 'The enigmatic eminence of Cardinal Sigismondo Gonzaga', pp.343–4 & n.100.

72　Zerbinati, *Croniche di Ferrara*, p.116.

73　Pastor, *History of the Popes*, 6:400.

74　Ibid., 6:420 n.

75　Bourne, 'Renaissance husbands and wives', p.107.

76　Pastor, *History of the Popes*, 7:103.

77　Anthony B. Cashman III, 'Performance anxiety: Federico Gonzaga at the court of Francis I and the uncertainty of ritual action', *The Sixteenth-Century Journal*, 33 (2002), p.336.

78　J. R. Hale, 'The early development of the bastion: An Italian chronology *c.*1450 – *c.*1534', in J. R. Hale, J. R. L.

Highfield and B. Smalley (eds), *Europe in the Late Middle Ages* (London, 1965), p.490.

79　Dana Goodgal, 'The Camerino of Alfonso I d'Este', *Art History*, 1 (1978), p.175.

80　Ludovico Ariosto, *Orlando Furioso* (Harmondsworth, 1975), 13:69–70.

81　Charles Hope, 'Artists, patrons, and advisors in the Italian Renaissance', in G. F. Lytle and S. Orgel (eds), *Patronage in the Renaissance* (Princeton, 1981), p.315 and n.41; Charles Hope, 'Cacce e baccanali nei Camerini d'Este', in Jadranka Bentini (ed.), *Una corte nel Rinascimento* (Milan, 2004), p.170.

82　Prizer, 'Isabella d'Este and Lucrezia Borgia', p.3.

83　Ghirardo, 'Lucrezia Borgia as entrepreneur', p.56.

84　Ibid., pp.60–5 and passim.

85　Pastor, *History of the Popes*, 8:41 n.

86　Ibid., 9:26 n.

87　Bestor, Jane Fair, 'Titian's portrait of Laura Eustochia: The decorum of female beauty and the motif of the black page', *Renaissance Studies*, 17 (2003), pp.637–8.

88　Ibid., p.644.

89　Pastor, *History of the Popes*, 9:495 doc.34.

90　A. Luzio, *Isabella d'Este e il Sacco di Roma* (Milan, 1908), p.15.

91　Ibid., p.13.

92　Pastor, *History of the Popes*, 9:502 doc.44.

93　Ibid., 9:384 n.4.

94　Luzio, *Isabella d'Este e il Sacco di Roma*, p.77.

95　For details of the sack, see André Chastel, *The Sack of Rome, 1527* (Princeton, 1983).

96　Pastor, *History of the Popes*, 9:506 doc.49.

97　Ibid., 9: 504–5 doc.48.

98　Ibid., 9:411.

99　Chastel, *The Sack of Rome*, p.97.

7　新政治秩序

1　Marin Sanudo, *Diarii*, ed. R. Fulin et al. (Venice, 1879–1903), 51:398–99; Bonner Mitchell, *The Majesty of State: Triumphal Progresses of Foreign Sovereigns in Renaissance Italy (1494–1600)* (Florence, 1986), p.136.

2　Pastor, *History of the Popes*, 10:68.

3　Sanudo, *Diarii*, 51:399–403.

4　Salvador de Madariaga, *Carlo Quinto* (Novara, 1973), pp.296–7.

5　Chambers, *Popes, Cardinals and War*, p.121; Shaw, *Julius II*, p.269.

6　Dennistoun, *Memoirs of the Dukes of Urbino*, 3:52.

7　Luzio and Renier, *Mantova e Urbino*, p.206.

8　Shaw, *Julius II*, p.278.

9　Ibid., pp.286–7.

10　Antonio Pinelli and Orietta Rossi, *Genga architetto. aspetti della cultura urbinate del primo 500* (Rome, 1971), p.186 n.33.

11　Giorgio Vasari, *Le vite de' più eccelenti pittori, scultori, et architettori*, ed. Gaetano Milanese, 9 vols (Florence, 1906), 7:192.

12　Georg Gronau, 'Die Kunstbestrebungen der Herzöge von Urbino', *Jahrbuch der preussischen Kunstsammlungen*, 27 (1906), p.5 doc.3.

13　Luzio and Renier, *Mantova e Urbino*, pp.228–9.

14 Zerbinati, *Croniche di Ferrara*, p.140.

15 Luzio and Renier, *Mantova e Urbino*, p.230.

16 Dennistoun, *Memoirs of the Dukes of Urbino*, 2:358–60.

17 Ibid., 2:361–2.

18 Ibid., 2:366.

19 Giovio, *Notable Men and Women of our Time*, p.133.

20 Ibid., pp.135–7.

21 Shaw, *Julius II*, p.286.

22 Chambers, *Popes, Cardinals and War*, p.129.

23 Chambers, 'The enigmatic eminence of Cardinal Sigismondo Gonzaga', pp.352–3.

24 Welch, 'Art on the edge', p.254.

25 Cashman, 'Performance anxiety', p.342.

26 Ibid., p.343.

27 Luzio and Renier, *Mantova e Urbino*, p.241 n.5.

28 Ibid., p.243 n.1.

29 DBI, 'Federigo II Gonzaga, marchese di Mantova'.

30 Dennistoun, *Memoirs of the Dukes of Urbino*, 2:405.

31 Vasari, *Le vite de' più eccelenti pittori*, 6:322.

32 Ibid., 6:413–14.

33 Pinelli and Rossi, *Genga architetto*, p.115.

34 Nicholas Adams, 'Censored anecdotes from Francesco Maria I della Rovere's *Discorsi Militari*', *Renaissance Studies*, 13 (1999), p.56.

35 Ibid., p.56.

36 Dennistoun, *Memoirs of the Dukes of Urbino*, 2:426–7.

37 J. R. Hale, 'Renaissance armies and political control: The Venetian proveditorial system 1509–1529', *The Journal of Italian History*, 2 (1979), p.30.

38 Sanudo, *Diarii*, 51:369–72.

39 Ibid., 51: 432–33.

40 Ibid., 51:428.

41 Geoffrey Parker, *Emperor. A New Life of Charles V* (New Haven and London, 2019), p.191 and pl.13.

42 Konrad Eisenbichler, 'Charles V in Bologna: The self-fashioning of a man and a city', *Renaissance Studies*, 13 (1999), p.436.

43 Luigi Gonzaga, *Cronaca del soggiorno di Carlo V in Italia (dal 26 luglio 1529 al 25 aprile 1530)*, ed. Giacinto Romano (Milan, 1892), p.190.

44 Eisenbichler, 'Charles V in Bologna', p.435.

45 Giovio, *Notable Men and Women of our Time*, p.137.

46 Gonzaga, *Cronaca del soggiorno di Carlo V in Italia*, p.244.

47 Ibid., p.257.

48 Ibid., p.243.

49 E. H. Gombrich, '"That rare Italian Master…": Giulio Romano, court architect, painter and impresario', in David Chambers and Jane Martineau (eds), *Splendours of the Gonzaga* (London, 1981)', p.81.

50 Maria F. Maurer, 'A love that burns: Eroticism, torment and identity at the Palazzo Te', *Renaissance Studies*, 30 (2016), p.375.

51 Valerie Taylor, 'Banquet plate and Renaissance culture: A day in the life', *Renaissance Studies*, 19 (2005), p.622.

52 Cristoforo di Messisbugo, *Banchetti Composizioni di vivande e aparecchio generale* (Venice, 1960), p.48.

53 William F. Prizer, 'North Italian Courts, 1460–1540', in Iain Fenlon (ed.), *Man and Music: The Renaissance* (London, 1989), p.150.

54 Deanna Shemek, 'Aretino's "Marescalco": Marriage woes and the duke of Mantua', *Renaissance Quarterly*, 16 (2002), passim.

55 Bourne, 'The art of diplomacy', pp.170–2.

56 Bette L. Talvacchia, , 'Homer, Greek heroes and Hellenism in Giulio Romano's *Hall of Troy*', *Journal of the Warburg and Courtauld Institutes*, 51 (1988), pp.235–6.

57 Chastel, *The Sack of Rome*, pp.98–9.

58 Guido Rebecchini, 'Exchanges of works of art at the court of Federico II Gonzaga with an appendix on Flemish art', *Renaissance Studies*, 16 (2002), p.383.

59 C. M. Brown, 'Documents regarding Duke Federico II Gonzaga's interest in Flemish art', *Source: Notes in the History of Art*, 11 (1992), p.18.

60 Rebecchini, 'Exchanges of works of art', p.385.

61 Charles Hope, 'Titian's life and times', in *Titian* (London, 2003), p.19.

62 Vasari, *Le vite de' più eccelenti pittori*, 7:444.

63 Charles Hope, 'Tiziano e la committenza', in *Tiziano* (Venice, 1990), p.81.

64 Pinelli and Rossi, *Genga architetto*, pp.185–6 n.32.

65 Kliemann, *Gesta Dipinte*, pp.21–8.

66 Pinelli and Rossi, *Genga architetto*, pp.315–17.

67 Ibid., p.319 (22 August 1533).

68 Dennistoun, *Memoirs of the Dukes of Urbino*, 3:46.

8 新罗马

1 Pietro Casola, *Canon Pietro Casola's Pilgrimage to Jerusalem in the Year 1494*, ed. M. Margaret Newett (Manchester, 1907), p.143.

2 Patricia Fortini Brown, *Private Lives in Renaissance Venice* (New Haven, 2004), p.150.

3 Chambers and Pullan, *Venice*, p.241.

4 Deborah Howard, *Jacopo Sansovino. Architecture and Patronage in Renaissance Venice* (New Haven and London, 1987), p.9.

5 Hale, 'Renaissance armies and political control', pp.15–16.

6 Ibid., p.23.

7 Ibid., p.19.

8 Sanudo, *Diarii*, 9:72–3.

9 Giovio, *Notable Men and Women of our Time*, p.99.

10 Hale, 'Renaissance armies and political control', p.22.

11 Robert Finlay, 'Fabius Maximus in Venice: Doge Andrea Gritti, the war of Cambrai, and the rise of Habsburg Hegemony, 1509–1530', *Renaissance Quarterly*, 53 (2000), p.1002 n.68.

12 Iain Fenlon, *The Ceremonial City. History, Memory and Myth in Renaissance Venice* (New Haven, 2007), p.80.

13 Frederic C. Lane, *Venice. A Maritime Republic* (Baltimore, 1973), p.237.

14 Felix Gilbert, *The Pope, His Banker, and Venice* (Cambridge, MA, 1980), pp.127–8 n.40.

15 Chambers and Pullan, *Venice*, p.143.

16 Gilbert, *The Pope, His Banker, and Venice*, p.30.

17 Ibid., p.31.

18 Felix Gilbert, 'Venice in the crisis of the League of Cambrai', in J. R. Hale (ed.), *Renaissance Venice* (Totowa, 1973), pp.287, 288.

19 Ibid., p.278.

20 Chambers and Pullan, *Venice*, pp.188–9.

21 Sanudo, *Diarii*, 17:506.

22 Gilbert, *The Pope, His Banker, and Venice*, p.25.

23 Manfredo Tafuri, *Venice and the Renaissance* (Cambridge, MA and London, 1989), p.201 n.24.

24 Chambers and Pullan, *Venice*, p.178.

25 Tafuri, *Venice and the Renaissance*, p.7; Sanudo, *Diarii*, 24:341, 28:71.

26 Burchard, *Liber Notarum*, p.353; Salvador Miranda, *The Cardinals of the Holy Roman Church (1998–2015)*, (Francesco Pisani).

27 Chambers and Pullan, *Venice*, p.251 (31 July 1527).

28 DBI, 'Andrea Gritti'.

29 Sanudo, *Diarii*, 34:159.

30 Edward Muir, 'The doge as *Primus Inter Pares*: Interregnum rites in early sixteenth-century Venice', in S. Bertelli and G. Ramakus (eds), *Essays Presented to Myron P. Gilmore* (Florence, 1978), p.154.

31 Sanudo, *Diarii*, 55:19.

32 Stella Mary Newton, *The Dress of the Venetians 1495–1525* (Aldershot, 1988), p.27.

33 Finlay, 'Fabius Maximus in Venice', p.989.

34 Andrew Hopkins, 'Architecture and *Infirmitas*. Doge Andrea Gritti and the chancel of San Marco', *Journal of the Society of Architectural Historians*, 57 (1998), p.187.

35 Ibid., p.194.

36 Sanudo, *Diarii*, 50:151–2.

37 Ibid., 50:211.

38 Ibid., 51:461–74.

39 Finlay, 'Fabius Maximus in Venice', passim.

40 Sanudo, *Diarii*, 50:59, 62.

41 Ibid., 51:466.

42 David S.Chambers, *The Imperial Age of Venice 1380–1580* (London, 1970), p.30.

43 Gonzaga, *Cronaca del soggiorno di Carlo V in Italia*, pp.168–9.

44 Lane, *Venice. A Maritime Republic*, p.309.

45 Chambers, *The Imperial Age of Venice*, pp.25–6.

46 Marilyn Perry, 'The statuario pubblico of the Venetian Republic', *Saggi e memorie di storia dell'arte*, 8 (1972), p.219 and passim.

47 Hale, 'The early development of the bastion', p.490.

48 Vasari, *Le vite de' più eccelenti pittori*, 6:343.

49 Onians, *Bearers of Meaning*, pp.271–7.

50 Chambers and Pullan, *Venice*, p.394.

51 Howard, *Jacopo Sansovino*, p.11.

52 Fenlon, *The Ceremonial City*, p.111.

53 Ibid., pp.69–70.

54 Hopkins, 'Architecture and *Infirmitas*', p.187.

55 Chambers and Pullan, *Venice*, p.409 n.52.

56 Howard, *Jacopo Sansovino*, pp.39, 41; Onians, *Bearers of Meaning*, p.288.

57 Howard, *Jacopo Sansovino*, pp.31, 165 n.76.

58 Ibid., pp.20–1.

59 Ibid., p.165 n.83.

60 Chambers and Pullan, *Venice*, p.252.

61 Douglas Lewis, 'Patterns of preference: Patronage of sixteenth-century architects by the Venetian patriciate', in G. F. Lytle and S. Orgel (eds), *Patronage in the Renaissance* (Princeton, 1981), p.368.

62 Howard, *Jacopo Sansovino*, p.159; Vasari, *Le vite de' più eccelenti pittori*, 7:95–6.

63 Tafuri, *Venice and the Renaissance*, p.3.

64 Lewis, 'Patterns of preference', p.367.

65 Howard, *Jacopo Sansovino*, pp.126–32; Manfredo Tafuri, *Ricerca del Rinascimento. Principi, città, architetti* (Turin, 1992), pp.317–27.

66 Sanudo, *Diarii*, 56:76.

67 Hopkins, 'Architecture and *Infirmitas*', p.194.

68 Sanudo, *Diarii*, 56:751–4.

69 Ibid., 56: 751–4.

70 Howard, *Jacopo Sansovino*, pp.137–8.

9 王朝

1   DBI, 'Guidubaldo II Della Rovere, duca d'Urbino'.

2   Peter Partner, *The Pope's Men. The Papal Civil Service in the Renaissance* (Oxford, 1990), p.231.

3   Pastor, *History of the Popes*, 6:91–2.

4   D. Gnoli, 'Un censimento della popolazione di Roma avanti il sacco borbonico', *Archivio della Reale Società di Roma di Storia Patria*, 17 (1894), pp.387, 471.

5   Kliemann, *Gesta Dipinte*, p.37.

6   Christoph Luitpold Frommel, *Der Römische Palastbau der Hochrenaissance*, 3 vols (Rome, 1973), 2:103.

7   A. Bertolotti, ' Spese segrete e pubbliche di Paolo III', *Atti e Memorie delle RR. Deputazioni di storia patria per le provincie dell'Emilia*, 3 (1878), passim.

8   Pastor, *History of the Popes*, 11:357; Bertolotti, ' Spese segrete e pubbliche di Paolo III', p.183; Mary Hollingsworth, 'Ippolito d'Este: A cardinal and his household in Rome and Ferrara in 1566', *The Court Historian*, 5 (2000), pp.112–13.

9   Clare Robertson, *Il Gran Cardinale. Alessandro Farnese, Patron of the Arts* (New Haven, 1992), p.210.

10 Guido Rebecchini, 'After the Medici. The New Rome of Pope Paul III Farnese', *I Tatti Studies*, 11 (2007), p.163.

11 Pastor, *History of the Popes*, 11:301–2.

12 Rebecchini, 'After the Medici', p.167.

13 Bertolotti, ' Spese segrete e pubbliche di Paolo III', p.103.

14 B. Podestà, 'Carlo V a Roma', *Atti della Società Romana per Storia Patria*, 1 (1878), p.316.

15 Pastor, *History of the Popes*, 11:243–5.

16 Podestà, 'Carlo V a Roma', p.342 n.2.

17 Bertolotti, ' Spese segrete e pubbliche di Paolo III', p.186.

18 Mary Hollingsworth, *The Cardinal's Hat. Money, Ambition and Housekeeping in a Renaissance Court* (London, 2004), p.206.

19 L. Dorez, *La Cour du Pape Paul III d'après les régistres de la Trésorie Secrète*, 2 vols (Paris, 1932), 2:228.

20 Rebecchini, 'After the Medici', p.167.

21 Pastor, *History of the Popes*, 11:366.

22 Robertson, *Il Gran Cardinale*, p.158.

23 Pastor, *History of the Popes*, 12:611, 619.

24 Dorez, *La Cour du Pape Paul III*, 2:29–36.

25 Ibid., 2:10, 12, 46, 68, 108 and passim.

26 Bertolotti, ' Spese segrete e pubbliche di Paolo III', p.183.

27 Helge Gamrath, *Farnese. Pomp, Power and Politics in Renaissance Italy* (Rome, 2007), Appendix 2.

28 Frommel, *Der Römische Palastbau der Hochrenaissance*, 2:107–8 doc.43.

29 Ibid., 2:108–9 doc.46.

30 Pastor, *History of the Popes*, 12:580 n.1.

31 Frommel, *Der Römische Palastbau der Hochrenaissance*, 2:109 doc.47.

32 Sabine Eiche, 'July 1547 in Palazzo Farnese', *Mitteilungen des Kunsthistorischen Institutes in Florenz*, 33 (1989), p.400 doc.1.

33 Ibid., pp.400–1 doc.2.

34 Ibid., p.396.

35 Robertson, *Il Gran Cardinale*, p.11.

36 Roberto Zapperi, 'Alessandro Farnese, Giovanni della Casa and Titian's Danae in Naples', *Journal of the Warburg and Courtauld Institutes*, 54 (1991), pp.161–2.

37 Renato Lefevre, *Madama Margherita d'Austria (1522–1586)* (Rome, 1986), p.245.

38 Vasari, *Le vite de' più eccelenti pittori*, 7:681–2.

39 A. Ronchini, 'Giorgio Vasari alla corte del Cardinal Farnese', *Atti e Memorie delle R. Deputazioni di Storia Patria per le provincie modenesi et parmensi*, 2 (1864), pp.126–7; Vasari, *Le vite de' più eccelenti pittori*, 6:447.

40 T. C. Price Zimmerman, *Paolo Giovio. The Historian and the Crisis of Sixteenth-Century Italy* (Princeton, 1995), p.194.

41 Pastor, *History of the Popes*, 12:188.

42 Ibid., 12:218–19.

43 Ibid., 12:221.

44 Ibid., 12:675–76 doc.29.

45 Lefevre, *Madama Margherita d'Austria*, p.136.

46 Bertolotti, ' Spese segrete e pubbliche di Paolo III', p.192.

47 Ibid., p.195.

48 Ibid., pp.195–6.

49 Lefevre, *Madama Margherita d'Austria*, p.169.

50 Ibid., pp.151–2.

51 Vasari, *Le vite de' più eccelenti pittori*, 3:682, 7:56–7.

52 Robertson, *Il Gran Cardinale*, p.25.

53 Ibid., pp.38–48.

54 Ibid., p.70.

55 Ibid., p.72.

56 Giuseppe Bertini, 'Center and periphery: Art patronage in Renaissance Piacenza and Parma', in Charles M. Rosenberg (ed.), *The Court Cities of Northern Europe* (Cambridge, 2010), p.109.

57 Pastor, *History of the Popes*, 13:29 n.4.

58 Bertini, 'Center and periphery', p.110.

59 Pierre Hurtubise, 'Une vie de palais: la cour du cardinal Alexandre Farnèse vers 1563', *Renaissance and Reformation*, 16 (1992), p.39.

60 Ibid., p.42.

61 Pastor, *History of the Popes*, 20:574 n.2.

62 Ibid., 21:242.

63 Ibid., 21:242.

10 **优先权与宗教改革**

1 Richard M. Tristano, 'The precedence controversy and the devolution of Ferrara: A shift in Renaissance politics', *Sixteenth-Century Journal*, 48 (2017), pp.688–90.

2 Maria Antonietta Visceglia, 'Il ceremoniale come linguaggio politico', in Maria Antonietta Visceglia and Catherine Brice (ed.), *Cérémonial et Rituel à Rome (XVIe-XIXe siècles)* (Rome, 1997), pp.126, 163 n.164.

3 Forti Grazzini, 'Gli arazzi di Ferrara', pp.198–9.

4 Candace Adelson, 'Cosimo I de' Medici and the foundation of tapestry production in Florence', in Giancarlo Garfagnini (ed.), *Firenze e la Toscana dei Medici nell'Europa del '500* (Florence, 1983), p.915.

5 Paola Barocchi and Giovanna Gaeta Bertelà, *Collezionismo mediceo. Cosimo I, Francesco I e il Cardinale Ferdinando* (Modena, 1993), pp.3 doc.1, 7–8 doc.5.

6 Andrea Gáldy, 'The Scrittoio della Calliope in the Palazzo Vecchio', *Renaissance Studies*, 19 (2005).

7 Monique Chatenet, 'Hippolyte II d'Este à la cour de France à travers la correspondance des ambassadeurs de Ferrare et de Mantoue', in Marina Cogotti and Francesco Paolo Fiore (eds), *Ippolito II d'Este. Cardinale, principe, mecenate* (Rome, 2013), p.72.

8 Guillaume Ribier, *Lettres et Mémoires d'Estat, des Roys, Princes, Ambassadeurs, et autres Ministres, sous les règnes de François premier, Henri II et François II*, 2 vols (Blois, 1667), 2:220.

9 Jean-Marc Vasseur, '1536–1550. L'irrésistible ascension d'Hippolyte le "Magnifique"', in Marina Cogotti and Francesco

Paolo Fiore (eds), *Ippolito II d'Este. Cardinale, principe, mecenate* (Rome, 2013), p.117.

10 Mary Hollingsworth, 'A cardinal in Rome: Ippolito d'Este in 1560', in Jill Burke and Michael Bury (eds), *Art and Identity in Early Modern Rome* (Aldershot, 2008), pp.82–3.

11 Mary Hollingsworth, *Conclave 1559* (London, 2013), p.26.

12 Vincenzo Pacifici, *Ippolito d'Este, Cardinale di Ferrara* (Tivoli, 1920), pp.120–1 n.4.

13 Hollingsworth, *The Cardinal's Hat*, pp.176–82.

14 Hollingsworth, *Conclave 1559*, pp.31–2.

15 Hollingsworth, 'A cardinal in Rome', p.81.

16 Pacifici, *Ippolito d'Este*, p.262 n.2.

17 Hollingsworth, *Conclave 1559*, p.31.

18 Antonio Santuosso, 'An account of the election of Paul IV to the pontificate', *Renaissance Quarterly*, 31 (1978), p.490.

19 Ferdinando Petrucelli della Gattina, *Histoire Diplomatique des Conclaves*, 2 vols (Paris, 1864), 2:111.

20 Pastor, *History of the Popes*, 14:265–8.

21 Ibid., 14:99, 102.

22 Chiara Franceschini, 'La corte di Renata di Francia (1528–1560)', in Alessandra Chiappini et al. (eds), *Storia di Ferrara vol. VI: Il Rinascimento. Situazioni e personaggi* (Ferrara, 2000), pp.196–8.

23 Carmelo Occhipinti, *Carteggio d'arte degli ambasciatori estensi in Francia (1536–1553)* (Pisa, 2001), pp.327–31.

24 Agostino Lapini, *Diario Fiorentino* (Florence, 1900), pp.122, 124.

25 Ibid., pp.121–2.

26 Ibid., p.124; Gregory Murry, *The Medicean Succession. Monarchy and Sacral Politics in Duke Cosimo dei Medici's Florence* (Cambridge, MA, 2014), p.159.

27 Gabrielle Langdon, *Medici Women: Portraits of Power, Love, and Betrayal* (Toronto, 2006), p.140.

28 Ibid., p.140.

29 Ibid., p.115.

30 Hollingsworth, *Conclave 1559*, p.19.

31 George Duruy, *Le Cardinal Carlo Carafa (1519–1651)* (Paris, 1882), pp.296–97 n.4; Pastor, *History of the Popes*, 14:228–9.

32 Petrucelli della Gattina, *Histoire Diplomatique des Conclaves*, 2:118.

33 Hector de la Ferrière, *Lettres de Catherine de Médicis*, 8 vols (Paris, 1880), 1:123–4.

34 Hollingsworth, *Conclave 1559*, p.94.

35 Theodor Müller, *Das Konklave Pius' IV. 1559* (Gotha, 1889), p.33

36 Hollingsworth, *Conclave 1559*, p.125.

37 Ibid., p.204.

38 Petrucelli della Gattina, *Histoire Diplomatique des Conclaves*, 2:150.

39 Pastor, *History of the Popes*, 15:15.

40 Hollingsworth, *Conclave 1559*, pp.223–4.

41 David R. Coffin, *The Villa in the Life of Renaissance Rome* (Princeton, 1979), p.256; Andrea Gáldy, 'Lost in antiquities: Cardinal Giovanni de' Medici (1543–1562)', in Mary Hollingsworth and Carol M. Richardson (eds), *The Possessions of a Cardinal: Politics, Piety, and Art 1450–1700* (University Park, 2010), pp.156–8.

42 Hollingsworth, 'A cardinal in Rome', p.86.

43 Hollingsworth, *Conclave 1559*, p.243.

44 Hollingsworth, 'A cardinal in Rome', pp.86–7.

45 William Stenhouse, 'Visitors, display and reception in the antiquity collections of late-Renaissance Rome', *Renaissance Quarterly*, 58 (2005), p.414.

46 Michel de Montaigne, *The Complete Works. Essays, Travel Journal and Letters* (London, 2003), p.1135.

47 Ibid., p.1174.

48 On the visit, see Hollingsworth, 'A cardinal in Rome', pp.87–8.

49 Robert Williams, 'The Sala Grande in the Palazzo Vecchio and the precedence controversy between Florence and Ferrara', in Philip Jacks (ed.), *Vasari's Florence. Artists and Literati at the Medicean Court* (Cambridge, 1998), pp.166–9.

50 Tristano, 'The precedence controversy', p.688.

51 Pacifici, *Ippolito d'Este*, pp.302–4 n.1.

52 Williams, 'The Sala Grande in the Palazzo Vecchio', p.166.

53 Ibid., pp.176–7.

54 Robertson, *Il Gran Cardinale*, p.161.

55 Pastor, *History of the Popes*, 17:100.

56 Ibid., 17:55, 57.

57 Ibid., 17:86–97, 101.

58 David Quint, 'Political allegory in the *Gerusalemme Liberata*', *Renaissance Quarterly*, 43 (1990), p.12.

59 Ibid., pp.13, 14 n.19.

60 Lapini, *Diario Fiorentino*, p.152.

61 Ibid., p.156.

62 Ibid., pp.157, 160, 164.

63 Ibid., p.162.

64 Ibid., p.168.

65 Christopher F. Black, *The Italian Inquisition* (New Haven and London, 2009), pp.124–5.

66 Lapini, *Diario Fiorentino*, p.165.

II 尾声

1 Rebecchini, 'After the Medici', p.164 n.59.

2 Parker, *Emperor*, pp.172–3.

3 Robert J. Knecht, *Renaissance Warrior and Patron: The Reign of Francis I* (Cambridge, 1994), pp.10–11.

4 Benedetti, *Diario de bello Carolino*, p.107.

5 Knecht, *Renaissance Warrior and Patron*, pp.400, 404–5.

6 Vasari, *Le vite de' più eccelenti pittori*, 5:168, 172 n.1.

7 Ibid., 7:407 n.

8 Vasari, *Le vite de' più eccelenti pittori*, 4:31–2.

9 Caroline Elam, 'Art in the service of liberty. Battista della Palla, art agent for Francis I', *I Tatti Studies*, 5 (1993), p.61 n.97.

10 Knecht, *Renaissance Warrior and Patron*, p.425.

11 C. Herrero Carretero, 'Les tapisseries', in *Charles Quint, Tapisseries et armures des collections royales d'Espagne* (Brussels, 1994), pp.97–101; Glenn Richardson, *Renaissance Monarchy* (London, 2002), p.184.

12 Vasari, *Le vite de' più eccelenti pittori*, 7:598–9.

13 Ibid., 6:145.

14 Mary Hollingsworth, 'Coins, cloaks and candlesticks: The economics of extravagance', in Michelle O'Malley and Evelyn

Welch (eds), *The Material Renaissance* (Manchester, 2007), p.269.

15 Vasari, *Le vite de' più eccelenti pittori*, 7:106, 407.

16 Ibid., 7:407.

17 Richardson, *Renaissance Monarchy*, p.186.

18 Vasari, *Le vite de' più eccelenti pittori*, 6:61.

19 Elam, 'Art in the service of liberty', pp.47–9 and Appendix 5.

20 Vasari, *Le vite de' più eccelenti pittori*, 6:262–3.

21 Ibid., 6:61.

22 Richardson, *Renaissance Monarchy*, pp.184, 187.

23 Vasari, *Le vite de' più eccelenti pittori*, 5:138.

24 Sanudo, *Diarii*, 52:209–10.

25 Pastor, *History of the Popes*, 11:243–5.

26 Roy Strong, *Art and Power. Renaissance Festivals 1450–1650* (Woodbridge, 1984), pp.88–9.

27 Parker, *Emperor*, p.472.

28 Herrero Carretero, 'Les tapisseries', p.43.

29 Parker, *Emperor*, p.457.

30 Strong, *Art and Power*, p.91; Albert van de Put, 'Two drawings of the fêtes at Binche for Charles V and Philip (II) 1549', *Journal of the Warburg and Courtauld Institutes*, 3 (1939–40), pp.51–2.

31 Van de Put, 'Two drawings of the fêtes', pp.52–3.

32 Vasari, *Le vite de' più eccelenti pittori*, 7:537; Bruce Boucher, 'Leone Leoni and Primaticcio's moulds of antique sculpture', *Burlington Magazine*, 123 (1981), p.24.

33 Francis Haskell and Nicholas Penny, *Taste and the Antique* (New Haven and London, 1981), p.5.

34 Hendrik J. Horn, *Jan Cornelisz Vermeyen, Painter of Charles V and his Conquest of Tunis: Paintings, Etchings, Drawings, Cartoons, Tapestries* (Doornspijk, 1989), p.122.

35 Iain Buchanan, 'Designers, weavers and entrepreneurs: Sixteenth-century Flemish tapestries in the Patrimonio Nacional', *Burlington Magazine*, 134 (1992), p.384; Horn, *Jan Cornelisz Vermeyen*, p.126.

36 Mitchell, *The Majesty of State*, p.136.

37 Gonzaga, *Cronaca del soggiorno di Carlo V in Italia*, p.262.

38 Ibid., p.263.

39 Hope, 'Titian's life and times', p.18.

40 Charles Hope, 'Titian's role as official portrait painter to the Venetian republic', in *Tiziano e Venezia* (Vicenza, 1980), passim.

41 Parker, *Emperor*, p.193; Charles Hope, 'La produzione pittorica di Tiziano per gli Asburgo', in *Venezia e la Spagna* (Milan, 1988), p.49.

42 Joanna Woods-Marsden, 'The sword in Titian's portraits of Emperor Charles V', *Artibus et Historiae*, 34 (2013), pp.202–4.

43 Hope, 'La produzione pittorica di Tiziano per gli Asburgo', p.49.

44 Hope, 'Titian's life and times', p.22.

45 Hope, 'La produzione pittorica di Tiziano per gli Asburgo', p.54.

46 Ibid., p.53.

图片来源①

p.13 Kreder Katja / Alamy Stock Photo; pp.14–15
Witold Skrypczak / Alamy Stock Photo;
p.17 Patrick Guenette / Alamy Stock Photo;
pp.20–21 Wikimedia Commons / The Yorck
Project, 2002 / National Gallery London; p.27
Metropolitan Museum of Art, New York /
Bequest of Gwynne M. Andrews, 1931; p.27
Metropolitan Museum of Art, New York /
Rogers Fund, 1974; pp.32–33 Jack Zhou 2015 /
Getty Images; p.40 Dea L. Romano, 2007 /
De Agostini / Getty Images; p.50 Nadezhda
Bolotina / Alamy Stock Photo; pp.56– 57
REDA&CO / Getty Images; p.58 Mondadori
Portfolio/Electa/ Antonio Quattrone /
Bridgeman Images; p.61 Wikimedia Commons /
Web Gallery of Art / Pinacoteca di Brera; p.66
Heritage Images /Hulton Fine Art Collection /
Getty Images; p.71 Photo Josse/Leemage /
Corbis Historical / Getty Images; p.72 Heritage
Images, 2000 / Hulton Archive / Getty Images;
p.77 Wikimedia Commons / AA.VV., L'opera
completa di Pisanello, Rizzoli, Milano 1966 /
Louvre Museum; p.78 Shutterstock 1434816479 /
Gaia Conventi; p.84 Wikimedia Commons /
Samuel H. Kress Collection, 1957 / National
Gallery of Art; p.87 Shutterstock 1439339201 /
Aliaksandr Antanovich; pp.96–97 Stuart Forster,
2018 / Alamy Stock Photo; p.105 Artexplorer,
2016 / Alamy Stock Photo; p.109 National
Gallery, Washington / Samuel H. Kress
Collection; p.110 Dea / A. Baguzzi, 2006 / De
Agostini / Getty Images; p.115 Fine Art Images /
Bridgeman Images; p.116 Dea / A. Dagli Orti,
2003 / De Agostini / Getty Images; pp.118–119
Fine Art Images / Heritage Images / Heritage
Image Partnership Ltd / Alamy Stock Photo;
p.120 Wikimedia Commons / Web Gallery of
Art / Palazzo Ducale Mantua; pp.124–125 Andia,
2015 / Universal Images Group / Getty Images;
p.127 Illustration Art, 2017 / Alamy Stock Photo;
p.136 De Agostini Picture Library, 2009 /
De Agostini / Getty Images; pp.138–139 Dea /
Archivio J. Lange, 2015 / De Agostini / Getty
Images; p.141 Stefano Ravera, 2018 / Alamy
Stock Photo; pp.144–145 Wikimedia Commons /
The Yorck Project, 2002 / The Uffizi; pp.148–149
Shutterstock 1090044326 / Stefano_Valeri;
pp.150–151 Roberharding, 2019 / Alamy Stock
Photo; p.153 Metropolitan Museum of Art /
Fletcher Fund, 1952; p.158 Marage Photos /
Bridgeman Images; p.166 Dea / L. Romano,
2017 / De Agostini / Getty Images; p.177 Dea
Picture Library, 2002 / De Agostini / Getty
Images; p.178 Adam Eastland, 2017 / Alamy
Stock Photo; p.181 AGF, 2011 / Universal Images
Group / Getty Images; p.182 Leemage /
Corbis Historical / Getty Images; p.187 FineArt /
Alamy Stock Photo; p.190 Alinari Archives,
1992 / Alinari / Getty Images; p.199, pp.200–201
Wikimedia Commons / Santa Maria delle

---

① 图片来源中的页码为正文中图注括注的页码，即原书页码。

Grazie collection; PP.212–213 Luisa Ricciarini / Bridgeman Images; P.216 akg-images / Erich Lessing; P.221 Shutterstock 1631007619 / Gaia Conventi; P.224 A. Dagli Orti / De Agostini Picture Library / Bridgeman Images; P.228, P.229, PP.230–231 Wikimedia Commons / Royal Collection, Hampton Court Palace; P.233 Dea / A. Dagli Orti, 2016 / De Agostini; PP.234–235 Print Collector, Hulton Archive / Getty Images; P.237 Dea/ G. Nimatallah, 2003 / De Agostini / Getty Images; P.238 Wikimedia Commons / Metropolitan Museum of Art; PP.244–245 National Gallery, Washington / Widener Collection; PP.248–249 GL Archive / Alamy Stock Photo; P.252 Sepia Times / Universal Images Group / Getty Images; P.253 Munsey Fund, 1927 / Metropolitan Museum of Art; P.262 Picturenow, 2018 / Universal Images Group Editorial / Getty Images; P.269 Wikimedia Commons / Museo del Prado; PP.280–281 Shutterstock 1199013787 / Claudio Zaccherini; PP.284–286 The Picture Art Collection / Alamy Stock Photo; PP.288–289 De Agostini Picture Library / M. Carrieri / Bridgeman Images; PP.290–291 Raffaello Bencini / Bridgeman Images; P.294 Bridgeman Images; P.297 Universal Images Group North America LLC / Alamy Stock Photo; P.299 Dea / M. Borchi, 2018 / Getty Images; P.303 National Gallery, Washington / Samuel H. Kress Collection; PP.306–307 Fine Art Images / Heritage Image Partnership Ltd / Alamy Stock Photo; PP.316–317 Wikimedia Commons / Dorotheum; P.321 AGF / Universal Images Group, 2015 / Getty Images; PP.324–325 StockStudio, 2016 / Alamy Stock Photo; P.327 Peter Delius, 2018 / Alamy Stock Photo; P.328 funkyfood London −Paul Williams, 2018 / Alamy Stock Photo; PP.330–331 Wikimedia Commons / National Gallery ; P.333 Bailey-Cooper Photography, 2016 / Alamy Stock Photo; PP.334–335 Art Heritage, 2019 / Alamy Stock Photo; P.336 Jason Knott, 2015 / Alamy Stock Photo; PP.338–339 Panther Media GmbH, 2014 / Alamy Stock Photo; P.341 gardenpics, 2012 / Alamy Stock Photo; P.342 Wikimedia Commons / Museo del Prado; P.349 The Picture Art Collection / Alamy Stock Photo; P.355 Wikimedia Commons / National Museum of Capodimonte; PP.360–361 Wikimedia Commons / Metropolitan Museum of Art; Rogers Fund, transferred from the Library; P.363 The Picture Art Collection / Alamy Stock Photo; P.368 akg-images / Erich Lessing; PP.370–371 Getty 587495004 / Leemage / Corbis Historical / Getty Images; P.373 Heritage Images / Hulton Fine Art Collection; P.374 Fine Art Images/Heritage Images; P.378 Wikimedia Commons / Alessio Damato; P.383 Wikimedia Commons / Art Gallery of New South Wales, Sydney, Australia; P.386 Walker Art Gallery; P.392 The Picture Art Collection / Alamy Stock Photo; P.397 Danita Delimont, 2019 / Alamy Stock Photo; PP.398–399 Sklifas Steven, 2009 / Alamy Stock Photo; P.401 Florian Monheim, 2006 / Bildarchiv Monheim GmbH / Alamy Stock Photo; P.402 Alex Ramsay, 2016 / Alamy Stock Photo; PP.406–407 Wikimedia Commons / National Gallery; PP.410–411 Vyacheslav Lopatin, 2014 / Alamy Stock Photo; P.420 incamerastock, 2020 / Alamy Stock Photo; PP.422–423 Photo Josse / Bridgeman Images; P.425 akg-images / Erich Lessing; P.428 Ruslan Gilmanshin, 2017 / Alamy Stock Photo; P.433 Bridgeman Images; P.434 Metropolitan Museum of Art; The Milton Weil Collection, 1938; P.437 liz finlayson, 2010 / Alamy Stock Photo; PP.438–439 Shutterstock 1631007619 / Marquez; P.445, PP.446–447 Wikimedia Commons / Museo del Prado; P.450, PP.452–453 Wikimedia Commons / Museo del Prado;

致 谢

在众多慷慨地支持我、分享他们的想法给我、用他们的研究激励我的人当中，我要感谢吉尔斯·班克罗夫特、伊丽莎白·德·比弗尔、莎拉·卡尔－高姆、亚历山大·德·查卢斯、大卫·钱伯斯、弗洛拉·丹尼斯、梅丽莎·弗里曼、塔比莎·戈德斯陶布、迈尔斯·戈斯莱特、查尔斯·汉迪、克里斯·霍林斯沃斯、罗莎蒙德·霍林斯沃斯、查尔斯·霍普、安娜·凯伊、艾米·肯特、梅尔·金斯伯里、朱利安·克利曼、莎莉·劳伦斯·史密斯、奈杰尔·卢埃林、劳罗·马丁内斯、米歇尔·奥马利、菲利普·曼塞尔、安·马赛特、卢卡·莫拉、约翰·奥尼安斯、迈尔斯·帕滕登、蒂姆·波特、克莱尔·雷诺兹、奈杰尔·雷诺兹、卡洛尔·理查森、格伦·理查森、尼克·罗斯、洛娜·塞奇、亨利·赛威尔、理查德·斯科菲尔德、鲁珀特·谢泼德、罗宾·西蒙、大卫·斯塔基、特里·斯威尼、托马斯·托伊、特伦纳姆·韦瑟黑德、伊芙琳·韦尔奇、杰夫·威廉姆斯和阿诺·威特。

我也想以此纪念在本书写作过程中去世的挚友和同事，他们是苏茜·巴特斯、爱德华·伊登、丽兹·汉迪、戴维·霍尔德、大卫·罗兰和托比·萨拉曼。

很高兴能与宙斯之首（Head of Zeus）团队一起工作，特别是与温文尔雅的编辑理查德·米尔班克一起。

最后，我由衷地感谢我的经纪人安德鲁·洛尼，感谢他坚持不懈的鼓励和支持。

图书在版编目（CIP）数据

文艺复兴与意大利君主. 下，声名与荣耀/（英）玛
丽·霍林斯沃斯（Mary Hollingsworth）著；尚洁译
. -- 北京：中国人民大学出版社，2024.4
　　ISBN 978-7-300-31682-6

Ⅰ.①文…　Ⅱ.①玛…②尚…　Ⅲ.①意大利—中世
纪史—通俗读物　Ⅳ.① K546.320.9

中国国家版本馆 CIP 数据核字（2023）第 079588 号

文艺复兴与意大利君主（下）
声名与荣耀

［英］玛丽·霍林斯沃斯（Mary Hollingsworth）　著
尚洁　译

Wenyi Fuxing yu Yidali Junzhu

出版发行	中国人民大学出版社	
社　　址	北京中关村大街 31 号	**邮政编码**　100080
电　　话	010-62511242（总编室）	010-62511770（质管部）
	010-82501766（邮购部）	010-62514148（门市部）
	010-62515195（发行公司）	010-62515275（盗版举报）
网　　址	http：//www.crup.com.cn	
经　　销	新华书店	
印　　刷	北京尚唐印刷包装有限公司	
开　　本	890mm×1240mm　1/32	**版　　次**　2024 年 4 月第 1 版
印　　张	9.5 插页 4	**印　　次**　2024 年 4 月第 1 次印刷
字　　数	189 000	**定　　价**　238.00 元（上、下）